Klar|text 8

Sprach-Lesebuch Deutsch
Nordrhein-Westfalen

Erarbeitet von:
Bettina Dohmann
Hiltrud Fox
Andrea Heinrichs
Heiko Judith
Silke Kavulok
Jelko Peters
Martina Wolff

Beratung:
Andrea Heinrichs
Heiko Judith
Martina Wolff

westermann

Inhaltsverzeichnis

Weggemobbt 8–19
Und alle machen mit – sich in die Rolle einer Figur hineinversetzen
- *Anja Tuckermann, Weggemobbt* 10
- *Anja Tuckermann, Weggemobbt* 12

Darüber sprechen ist nicht leicht – Gründe für das Schweigen der Opfer
- *Anja Tuckermann, Weggemobbt* 13
- *Warum sprechen Mobbingopfer nicht über ihre Situation?* 13

Mobbing-Situationen durchschauen – Beweggründe für Mobbing
- *Anja Tuckermann, Weggemobbt* 15
- *Warum mobben Kinder und Jugendliche?* 16

Wehret den Anfängen! – Verhaltensmöglichkeiten im Rollenspiel erproben 17

Mobbing darf niemals ignoriert werden – einen Klassenvertrag abschließen 19

Kompetenzen
Mündlicher Aufgabentyp 3b): Streitgespräche als Rollenspiel führen
Ein Jugendbuch kennenlernen | Texte erschließen und bewerten | Rollen im szenischen Spiel erproben

Auf die Plätze, fertig, los! 20–35
Wofür wollen wir das Geld ausgeben? – Zu einem Thema diskutieren 22

Wir sind für einen Klassenbeamer! – Argumente zu einem Thema sammeln, gewichten und entfalten 24

Einwände gegen einen Klassenbeamer sammeln und entkräften 25

Dafür wollen wir laufen! – Argumente schriftlich entfalten und Einwände entkräften 26

Einen argumentierenden Brief schreiben 28

Einen argumentierenden Brief überarbeiten 29

- ■ Kompetenz-Check: einen argumentierenden Brief verfassen 31
- ■ Im Blickpunkt: Sprache betrachten
  Sätze richtig miteinander verbinden 32
- ■ Im Blickpunkt: richtig schreiben
  Kommasetzung im Satzgefüge 33
- ■ Im Blickpunkt: Lesen
  Rund 1000 tapfere Schüler beim Sponsoren-„Waten" 34
  31 Runden mit dem Abi in der Tasche 34

Kompetenzen
Mündlicher Aufgabentyp 3a): Gruppengespräche führen
eigenen Standpunkt vortragen

Schriftlicher Aufgabentyp 3: eine Argumentation zu einem Sachverhalt verfassen
zu einer kritischen Fragestellung eine Position vertreten | argumentierenden Brief schreiben | Brief überarbeiten

Stopp! – Wir reden mit 36–51
Der Jugendtreff ist platt! – Appelle untersuchen 38

Ein Treff für alle – zum Mitgestalten auffordern 40

Benehmen erwünscht! – Einen appellativen Text formulieren 43

Einen appellativen Text überarbeiten 45

- ■ Kompetenz-Check: einen appellativen Brief überarbeiten 46

Kompetenzen
Schriftlicher Aufgabentyp 5: einen vorgegebenen Text überarbeiten
appellative Texte kennen und überarbeiten | Ausdrucksweisen und Wirkungsabsichten unterscheiden

- Im Blickpunkt: Sprache betrachten
  Schreibabsichten: informieren, appellieren, kritisieren 47
- Im Blickpunkt: richtig schreiben
  Schreibweisen kontrollieren 48
- Im Blickpunkt: Lesen
  Offene Ohren im Netz – Webseiten zum Mitreden 49
  Blog: Mitreden ist echt anstrengend! 49

Was gibt es Neues? 52–71

Hier war der Bär los – einen Bericht untersuchen 54
   Nasenbären auf der Flucht 55
Bärenstark – eine Reportage untersuchen 56
   Nasenbäriges Happy End 57
Ende gut, alles gut? – Kommentar 59
   Angemerkt 59
Renovierung des Schülercafés –
einen Zeitungsbericht schreiben 60
Fast eine Sensation – einen Bericht überarbeiten 63
   Wir schalten um nach Calgary 63
- Kompetenz-Check: einen Bericht über den „Mauerfall"
  in Berlin 2009 schreiben 66
- Im Blickpunkt: Sprache betrachten
  Zeitformen richtig gebrauchen 68
- Im Blickpunkt: richtig schreiben
  Kommasetzung bei Appositionen 69
- Im Blickpunkt: Lesen
  Ratten-Horror in Dortmund 70
  Ratten flüchten von Baustelle 70

Schriftlicher Aufgabentyp 2:
auf der Basis von Material berichten
sich in Zeitungen orientieren:
Ressorts kennenlernen |
Textsorten unterscheiden |
sachlich berichten

Schaust du nur oder kaufst du schon? 72–95

Alles so schön bunt hier – versteckte Verführung 74
   Erika Krause-Gebauer, Kennt ihr die Leute? 74
Was ich eigentlich kaufen wollte –
falsche Versprechen in der Werbung 76
   *Kristiane Allert-Wybranietz, Mein Einkaufsnetz muss
Löcher haben* 76
Schau genau hin! – Die Bestandteile einer Werbeanzeige
kennenlernen 78
Sprache der Werbung I – Slogan 80
Sprache der Werbung II – Werbetext 82
Welche Botschaft steckt dahinter? –
Eine Werbeanzeige untersuchen 84
   Stoffsammlung und Schreibplan 85
Das ist die Botschaft! – Die Untersuchung formulieren 86
Die Untersuchung einer Werbeanzeige überarbeiten 88
- Kompetenz-Check: eine Werbeanzeige untersuchen 91
- Im Blickpunkt: Sprache betrachten
  Anglizismen in der deutschen Sprache 92
- Im Blickpunkt: richtig schreiben
  Wortzusammensetzungen mit Bindestrich richtig
  schreiben 93
- Im Blickpunkt: Lesen
  Wozu Werbung? 94

Schriftlicher Aufgabentyp 4a):
einen medialen Text untersuchen
und bewerten
Bilder auf Wirkung und Intention
untersuchen | Verfahren der Text-
erschließung anwenden: Bestandteile
einer Werbeanzeige kennen | Fragen
zur Werbebotschaft und Zielgruppe
beantworten

Global denken – lokal handeln 96–113

Der Treibhauseffekt – Sachtext und Schaubild
zusammenfassen und vergleichen 98
   *Britta Pawlak, Der Treibhauseffekt – Ursachen des
   Klimawandels* 98
   Die Entstehung des Treibhauseffektes 100
Informationen aus zwei Sachtexten zusammenfassen,
vergleichen und bewerten 102
   Wir zapfen Sonnenlicht, du auch? 103
   Wir sparen Wasser. Mach mit! 103
Einen Broschürentext überarbeiten 105
   Aus und vorbei – nie wieder hitzefrei! 105
   Energieverlust durch fehlende Dämmung 106
- Kompetenz-Check: Informationen aus Texten
  zusammenfassen, vergleichen und bewerten 108
- Im Blickpunkt: Sprache betrachten
  Relativsätze 110
- Im Blickpunkt: richtig schreiben
  das oder *dass*? 111
- Im Blickpunkt: Lesen
  Saci Lloyd, Euer schönes Leben kotzt mich an! 112

**Schriftlicher Aufgabentyp 4b):
Informationen vergleichen,
reflektieren und bewerten**
Informationen aus (dis-)kontinuierlichen Texten erschließen | Informationen zueinander in Beziehung setzen | Informationen reflektieren und bewerten

Bilder von Menschen – Menschen in Bildern 114–127

Edward Hopper – ein Selbstportrait genau und
lebendig beschreiben 116
Abend in Cape Cod – ein Bild für einen Audioführer
beschreiben 118
Sommerabend – eine Bildbeschreibung für einen
Audioführer überarbeiten 120
- Kompetenz-Check: ein Bild für einen Audioführer
  beschreiben 122
- Im Blickpunkt: Sprache betrachten
  Beim Adressaten Interesse wecken 123
- Im Blickpunkt: richtig schreiben
  Farbbezeichnungen richtig schreiben 124
- Im Blickpunkt: Lesen
  Edward Hopper: Sein Leben – seine Bilder 125

**Mündlicher Aufgabentyp 1a):
Beobachtungen sachgerecht
vortragen**
**Schriftlicher Aufgabentyp 2:
auf der Basis von Material
beschreiben**
in einem funktionalen Rahmen Bilder (u. a. von Personen) beschreiben

Heimat hier und anderswo 128–145

Zu Hause sein – einen Text umschreiben 130
   Franz Hohler, Daheim 130
Meine Heimat Ruhrgebiet – ein Gespräch führen 132
   Spardosen-Terzett, Glück auf Ruhrgebiet 132
Ein neues Zuhause finden – einen Dialog schreiben 134
   Andrea Heinrichs, Sweet home Magdeburg 134
Zurück in die „Heimat"? – Einen Dialog überarbeiten 137
   *Sigrid Schuster-Schmah, Staatsangehörigkeit:
   griechisch* 137
- Kompetenz-Check: einen literarischen Text umgestalten ..140
  König/Straube/Taylan, Oya: Fremde Heimat Türkei 140
- Im Blickpunkt: Sprache betrachten
  Sprachvarianten verstehen 142

**Schriftlicher Aufgabentyp 6:
sich mit einem literarischen Text
produktionsorientiert auseinandersetzen**
Mit Texten experimentieren:
Dialoge, Parallel- und Gegentexte verfassen

- Im Blickpunkt: richtig schreiben
  Straßennamen richtig schreiben 143
- Im Blickpunkt: Lesen
  Advanced Chemistry, Fremd im eigenen Land 144

Begegnungen mit mir und anderen   146–167

Frederike Frei, Selbstporträt 147
Begegnung mit mir – Inhalte zusammenfassen 148
   Margret Steenfatt, Im Spiegel 148
Vorurteilen begegnen –
wichtige Aussagen indirekt wiedergeben 150
   Gudrun Pausewang, Tante Wilma riecht nach
   Knoblauch 150
Den Ratschlägen anderer begegnen – die Wirkung der
Erzählhaltung untersuchen 152
   Johann Peter Hebel, Seltsamer Spazierritt 152
Begegnung mit dem Unerwarteten – die Wirkung von
Erzähltechniken untersuchen 154
   Antina Heinolff, Fahrkarte bitte! 154
Eine Textuntersuchung schreiben 157
Begegnung mit dem Ich – einen Text untersuchen
und bewerten 158
   Michaela Seul, Allmorgendlich 158
Eine Textuntersuchung überarbeiten 160
- Kompetenz-Check: eine Textuntersuchung
  schreiben 161
  Katja Reider, Der Wahnsinnstyp oder:
  Während sie schläft 161
- Im Blickpunkt: Sprache betrachten
  Konjunktiv I in der indirekten Rede 163
- Im Blickpunkt: richtig schreiben
  Zeichensetzung beim Zitieren 164
- Im Blickpunkt: Lesen
  Irene Strothmann, Jenny und Sebastian 165

Schriftlicher Aufgabentyp 4a):
einen literarischen Text untersuchen
und bewerten
Verfahren der Texterschließung anwenden | erzählende Texte zusammenfassen | Fragen zu erzählenden Texten und ihrer Gestaltung beantworten

Prickelnde Momente – in Gedichten aufgespürt   168–185

Nora Clormann-Lietz, Was zum Kuss gehört 168
Manfred Mai, wenn's anfängt 169
Voll erwischt – den Inhalt eines Gedichts verstehen 170
   Hans-Peter Tiemann, Gegendarstellung 170
Liebesgeflüster – den Inhalt eines Gedichts
zusammenfassen 172
   Barbara Winter, ohne Titel 172
Liebesgeflüster – den Zusammenhang zwischen Inhalt
und Form ermitteln 173
Vorfreude – ein Gedicht untersuchen 175
   Bettina Weis, Auf Wolken 175
Immer bei dir – eine Gedichtuntersuchung vorbereiten ... 177
   Johann Wolfgang Goethe, Nähe des Geliebten 177
Eine Gedichtuntersuchung überarbeiten 179
- Kompetenz-Check: ein Gedicht untersuchen 181
  Christine von dem Knesebeck, Ob ich ihr sag,
  dass ich sie mag? 181

Mündlicher Aufgabentyp 2b):
Gedichte gestaltend vortragen
Schriftlicher Aufgabentyp 4a):
einen literarischen Text untersuchen und bewerten
Verfahren der Texterschließung anwenden | Gedichte zusammenfassen | Fragen zu Gedichten und ihrer Gestaltung beantworten

- ■ Im Blickpunkt: Sprache betrachten
  Mittelhochdeutsche Gedichte 182
  Dû bist mîn, ich bin dîn 182
  Albrecht von Johansdorf, Wie sich minne hebt daz weiz ich wohl 182
- ■ Im Blickpunkt: richtig schreiben
  Zeichensetzung bei *dass* und *das* 183
- ■ Im Blickpunkt: Lesen
  Gedichte gestaltend vortragen 184
  Sommerferien 184
  Rolf Krenzer, Sommerabend 185

Ein Tag in der Arbeitswelt   186–195

Da möchte ich arbeiten: sich telefonisch um ein Tagespraktikum bewerben 188
Das möchte ich von Ihnen wissen: einen Interviewbogen erstellen 190
Frag dich schlau! – Sich in einem Betrieb angemessen äußern und verhalten 192
Schon an morgen denken: sich um einen Praktikumsplatz bewerben 194

Mündlicher Aufgabentyp 3c): Sprechakte gestalten und reflektieren, z. B. in Interviews

Gefahren im Netz   196–203

Mein Profil im Netz – öffentlich ganz privat? 196
Ich bin öffentlich ganz privat 197
Verhalten in Schülernetzwerken 198
„Wer … hasst, hier rein!" – Cyber-Mobbing 199
Was ist Cyber-Mobbing? 200
- ■ Im Blickpunkt: Lesen
  Susanne Clay, Cybermob – Mobbing im Internet 201

Kritisch mit neuen Medien umgehen: soziale Netzwerke

Türkisch Gold – Wir auf der Bühne   204–215

Das Stück beginnt – ins Spielen kommen 206
Figurenkonstellationen untersuchen 208
Durch die Stimme interpretieren 209
Texte gestaltend vorspielen 210
Gerüchteküche – eine Spielszene erweitern 212
Ausflug in die Türkei – Szenen improvisieren 213
Alles hat ein Ende … – Eine Fortsetzung spielen 215

Mündlicher Aufgabentyp 2a): Dialogische Texte gestaltend vortragen

Sprache betrachten   216–243

Einstiegstest zu den Wortarten 216
Nomen und ihre Fälle 218
Präpositionen: Ort oder Richtung? 220
Pronomen 221
Verben 222
   Vorzeitigkeit bei Texten im Präsens 222
   Vorzeitigkeit bei Texten im Präteritum 223
   Aktiv und Passiv 224
Konjunktiv I – indirekte Rede 226
Konjunktiv II – Wünsche und Vorstellungen äußern 228

Wortarten und ihre Funktion untersuchen

Adverbien – Aussagen genauer formulieren 229
Satzverknüpfungswörter – Sätze aufeinander beziehen 230

Strukturen des Satzes untersuchen

Satzglieder ermitteln: Subjekt und Prädikat 232
Satzglieder ermitteln: die Objekte 233
Adverbiale Bestimmungen – genaue Angaben machen 234
Relativsätze und andere Attribute – Nomen näher erläutern 236
dass-Sätze, Infinitivsätze – abwechslungsreich formulieren 238

Sprachvarianten kennen und anwenden

Ist das sachlich? – Sprachfunktionen erkennen 239
Sich verständlich ausdrücken 240
Erfolgreich Gespräche führen 241
Fachbegriffe verstehen und anwenden 242

Richtig schreiben   244–263
Rechtschreibstrategien anwenden 244
Großschreibung 246
   Nomen an Signalwörtern erkennen 246
   Nomen oder Adjektiv? – Großschreibung von Farben 248
   Groß- und Kleinschreibung bei Eigennamen 249
Getrennt- und Zusammenschreibung 250
   Verbindungen aus Nomen und Verb 250
   Verbindungen aus Adjektiv und Verb 251
   Verbindungen aus „anderen Wortarten" und Verb 252
Fach- und Fremdwörter richtig schreiben 254
Rechtschreibprüfung am PC 256
Kommasetzung bei Haupt- und Nebensätzen 257
   Satzreihe und Satzgefüge 257
   Komplexe Satzgefüge 259
   Kommasetzung bei Infinitivgruppen 260
Texte zum Üben verwenden 261

Methoden und Arbeitstechniken   264–272
Partnerpuzzle – arbeitsteilig arbeiten 264
   Werbeanzeigen arbeitsteilig untersuchen 264
Richtig zitieren – Untersuchungsergebnisse belegen 266
Fundgrube – produktives Schreiben 268
Schaubilder auswerten 270
Übersicht: Arbeitstechniken (TIPPs) 272

Basiswissen   273–288

Anhang   289–296
Textsortenverzeichnis 289
Stichwortverzeichnis 291
Textquellen 293
Bildquellen 295
Impressum 296

1. Gemobbt wird auf verschiedene Arten. Sprecht über die Beispiele auf den Filmstreifen:
   a) Beschreibt, welche Situationen auf den Filmstreifen dargestellt werden.
   b) Was ist *mobben* im Gegensatz zu *ärgern*? Nutze die Information im letzten Filmstreifen.

2. Was geht den Personen auf den einzelnen Bildern wohl durch den Kopf?
   a) Versetze dich in eine der Personen hinein und schreibe ihre Gedanken in der Ich-Form auf:
   Warum immer ich? Ich weiß nicht, was ich tun soll. Ich verstehe gar nicht, was sie über mich sagen. Und das ist heute nicht das erste Mal, dass sie tuschelnd zusammenstehen!
   b) Stellt euch die Gedanken gegenseitig vor und findet heraus, zu welcher Situation und Person auf den Filmstreifen sie gehören könnten.

3 Habt ihr selbst bereits einmal Erfahrungen mit Mobbing gemacht oder von solchen Vorfällen gehört? Erzählt davon.

Auf den folgenden Seiten findest du Auszüge aus dem Jugendbuch *Weggemobbt* von Anja Tuckermann, in dem eine Mobbing-Geschichte erzählt wird, die sich an jeder Schule abgespielt haben könnte. Ihr sollt euch dabei in die Situation von Schülern hineinversetzen, die gemobbt werden, und Möglichkeiten erproben, dem Mobbing entgegenzutreten.

Und alle machen mit – sich in die Rolle einer Figur hineinversetzen

Weggemobbt – eine Geschichte, die sich an jeder Schule abgespielt haben könnte …

Anja Tuckermann (Textauszug)

Mit ihrer großen Klappe hat Dorita sich die ganze Klasse untertan gemacht. Auf Philip hat sie es ganz besonders abgesehen!

Im Sportunterricht, der wegen Lehrermangels leider mit den Mädchen zusammen stattfand, machten sie Übungen am Stufenbarren. Von der oberen Stange über die untere auf die Matte hinunterschwingen. Immer zwei sollten Hilfestellung leisten. Als Philip an der Reihe war, kreischte Vicky: „Den fasse ich
5 nicht an. Der hat Pickel." „Ist ja ekelhaft", rief Dorita.
Der Lehrer bat zwei andere Mädchen, die schüttelten die Köpfe und drehten sich weg. Dann rief der Lehrer streng zwei Jungen auf, die weigerten sich auch. Niemand mehr wollte Philip anfassen. Der Lehrer befahl Kai, die Hilfestellung zu übernehmen. Kai wurde rot, wandte sich ab, bemerkte die feixenden Gesichter
10 der anderen, dann blickte er kurz zu Philip hinüber und rührte sich nicht vom Fleck. Es war sehr still in der Sporthalle. Fast unmerklich bewegte Kai den Kopf zu einem Nein. Philip sah ihn an, Kai schaute zur Seite.
Da trat Philip aus der Reihe, die anderen wichen ihm aus und er verließ die Sporthalle. Im Gang stand er herum, bis irgendwann der Lehrer kam und den
15 Umkleideraum aufschloss, Philip zog sich nicht um, er nahm nur seine Sachen und ging nach Hause. Niemand hielt ihn auf.
Philip begann die Schule zu schwänzen.

1 Welche Gedanken sind dir beim Lesen durch den Kopf gegangen? Tauscht euch darüber aus.

2 a) Auf welche Weise wird Philip in dieser Situation gemobbt?
b) Nennt die Folgen des Mobbings.
c) Tauscht euch darüber aus, wie realistisch ihr diesen Vorfall einschätzt.
d) Diskutiert in der Klasse über das Verhalten des Lehrers und der Mitschüler.

3 Versetze dich in eine der beteiligten Personen und schildere den Vorfall in der Sportstunde aus deren Sicht.

a) Verfasse für deine Person einen inneren Monolog und nimm dabei den **TIPP** zu Hilfe. Du kannst frei entscheiden, auf welche Stelle des Textes der innere Monolog Bezug nimmt.

Z. B. Z. 4–5 (Philip): „Wenn mich Vicky schon so anpöbelt, weiß ich ja, was mir bevorsteht. Bestimmt werden mir die anderen auch keine Hilfestellung geben. Mir kriecht schon wieder die Angst in die Knochen. Meine Knie zittern ..."

b) Bildet Gruppen: Diejenigen, die aus der Sicht derselben Person einen inneren Monolog geschrieben haben, setzen sich zusammen. Lest euch die Texte vor und beurteilt sie:
– Auf welche Stelle im Text habt ihr Bezug genommen?
– Passen die Gedanken und Gefühle der Person zur Stimmung und zur Rolle in der Textstelle?
– Habt ihr die Gedanken und Gefühle anschaulich zum Ausdruck gebracht?

4 Verleiht nun mithilfe eures inneren Monologs den einzelnen Personen eure Stimme. Geht so vor:

a) Besetzt jede Person in der Textstelle mit einem Schüler und klebt den Namen der Person auf die Brust des Schülers, der die Rolle einnimmt. Die betreffenden Schüler stellen sich nebeneinander vor die Tafel.

b) Die anderen Schüler treten hinter die einzelnen Personen und sprechen in der Ich-Form Gedanken, die der Person in der Situation durch den Kopf gehen könnten (innerer Monolog).

c) Sprecht darüber, wie unterschiedlich sich die Personen in der dargestellten Situation fühlen.

💡 TIPP

So schreibst du einen inneren Monolog:

1. Versetze dich in die **Rolle einer Figur** und beschreibe die **Gedanken und Gefühle aus ihrer Sicht.** Beantworte dazu folgende **Fragen:**
   – Welche Rolle hast du: Mitglied der Mobbing-Clique, Opfer, Mitschüler/in, Lehrer/in ...?
   – Was erlebst du gerade: Was tust oder beobachtest du? Oder was geschieht mit dir?
   – Was denkst du?
   – Wie fühlst du dich? Was hoffst oder befürchtest du?
   – Wie verhältst du dich in der Situation? Warum verhältst du dich so?
   – Wie verhältst du dich nach dem Vorfall in der Sportstunde?
2. Verwende dabei die **Ich-Form** und schreibe im **Präsens.**

Jeden Tag eine neue Qual
(aus: Anja Tuckermann, Weggemobbt)

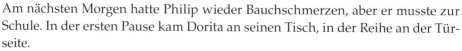

Am nächsten Morgen hatte Philip wieder Bauchschmerzen, aber er musste zur Schule. In der ersten Pause kam Dorita an seinen Tisch, in der Reihe an der Türseite.

„Ich hab Hunger", sagte sie und nahm ihm seine Brote weg. Einfach aus der Tasche. Philip sprang auf und wollte sie ihr entreißen, aber es gelang ihm nur ein Schlag an ihre Schulter, Dorita war schon im Pulk der anderen verschwunden, verdeckt von Vicky, Lisa, Timo, Kerim und den anderen.

„Stirb!", rief er. Von ihr angefasste Brote wollte er sowieso nicht essen. Dorita mampfte auch schon. (…)

Dorita nahm ihm von nun an jeden Tag die Brote oder Brötchen weg, die sein Vater jeden Morgen zubereitete.

Philip versuchte das Essen im Rucksack hinter Büchern zu verstecken. Dann im Beutel mit den Sportsachen. Dorita schlug ihn ins Gesicht. Timo und Kerim schubsten und schlugen ihn auf dem Hof. André nahm ihm das Essen ab – für das gepuderte Ungeheuer, das die Jungen so niedlich fanden. Philip versuchte alles vor der Schule in sich hineinzustopfen. Manchmal schmiss er die Brote in den Müll. Er konnte seinem Vater nicht mehr in die Augen sehen, weil er sich dafür schämte. Aber das half nichts. Dorita hatte Hunger und verlangte, dass er ihr für die entgangenen Brote etwas aus der Cafeteria kaufte. Wenn er es nicht tat, lauerte ihm die halbe Klasse am Schultor auf und verprügelte ihn. Er versuchte nur alle von sich zu stoßen, aber sie waren zu viele.

„Was ist denn bloß los?", fragte der Vater ab und zu mal. „Rede doch mal, sag, was dich bedrückt." „Nichts. Wieso?", erwiderte Philip dann und wusste genau, dass niemand ihm glaubte. Erst recht nicht, als die Mutter die blauen Flecke am Oberarm entdeckte. „Wenn du nichts sagst, gehe ich in die Schule und frage Herrn Niks."

„Ich bin beim Fußball gegen den Torpfosten gelaufen", sagte Philip. Er hatte Angst, dass alles nur schlimmer werden würde, wenn seine Mutter in die Schule ginge.

5 Verfasse einen Tagebucheintrag aus Philips Sicht (Ich-Form), in dem du schilderst, was ihm in der Schule passiert und wie er sich dabei fühlt. Erkläre in dem Eintrag auch, warum Philip nicht mit seinen Eltern darüber reden will. So kannst du beginnen:

Dienstag, 15.06.20..
Heute war wieder einer dieser Tage, die einfach nur schrecklich sind! Eigentlich wollte ich gar nicht zur Schule, ich weiß doch, was mich dort erwartet. Dorita und ihre Sklaven warteten auf mich und rissen mir meine Brote aus der Hand. Immer wieder kommen sie und warten auf mich…

6 a) Sprecht darüber, warum Philip nichts gegen das Mobbing unternimmt.
b) Entwickelt Möglichkeiten, was er dagegen tun könnte, und diskutiert, ob die Verhaltensweisen durchführbar und sinnvoll sind.
c) Erklärt mithilfe der Definition im Bild auf Seite 9, warum es sich bei dieser Situation um Mobbing handelt.

Darüber sprechen ist nicht leicht – Gründe für das Schweigen der Opfer

Philip will nicht darüber reden
(aus: Anja Tuckermann, Weggemobbt)

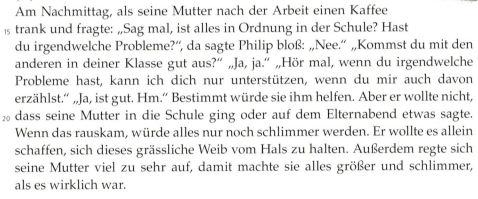

Seinen Eltern erzählte Philip nichts. Wenn die Mutter oder der Vater fragte: „Wie läuft es so in der Schule? Kommst du klar?", dann nickte Philip. Aber er erzählte nichts von Dorita, Timo oder Kerim und den anderen. Er hatte keine Lust, über die Schule zu
5 sprechen. Eigentlich hatte er zurzeit auch sonst keine große Lust, mit seinen Eltern zu sprechen. Sie stellten zu viele Fragen, sie wollten alles genauer wissen und bohrten immer weiter. Dann lieber gleich schweigen, als ausgequetscht zu werden wie eine Zitrone. (…)
10 Heute wachte Philip vor dem Weckerklingeln mit Bauchschmerzen auf. Sein Vater kochte ihm Kamillentee und er durfte zu Hause bleiben. Schön, ein ganzer Tag allein.
(…)
Am Nachmittag, als seine Mutter nach der Arbeit einen Kaffee
15 trank und fragte: „Sag mal, ist alles in Ordnung in der Schule? Hast du irgendwelche Probleme?", da sagte Philip bloß: „Nee." „Kommst du mit den anderen in deiner Klasse gut aus?" „Ja, ja." „Hör mal, wenn du irgendwelche Probleme hast, kann ich dich nur unterstützen, wenn du mir auch davon erzählst." „Ja, ist gut. Hm." Bestimmt würde sie ihm helfen. Aber er wollte nicht,
20 dass seine Mutter in die Schule ging oder auf dem Elternabend etwas sagte. Wenn das rauskam, würde alles nur noch schlimmer werden. Er wollte es allein schaffen, sich dieses grässliche Weib vom Hals zu halten. Außerdem regte sich seine Mutter viel zu sehr auf, damit machte sie alles größer und schlimmer, als es wirklich war.

1 a) Philip will immer noch nicht, dass das Mobbing öffentlich gemacht wird. Sprecht in der Klasse über mögliche Gründe.
b) Tauscht euch darüber aus, ob ihr euch auch so wie Philip verhalten würdet. Begründet eure Meinung.

2 So wie Philip geht es vielen Mobbingopfern. Sie ertragen oftmals eher das Mobbing, als darüber zu sprechen oder etwas dagegen zu unternehmen. Lies dazu den folgenden Expertentext.

Warum sprechen Mobbingopfer nicht über ihre Situation?
Wenn das Opfer sich einer Person seines Vertrauens öffnet und von seinem Leiden erzählt, ist bereits ein wichtiger Schritt getan. Schon darüber zu sprechen bedeutet eine große Entlastung. Aber genau das tun die meisten Opfer nicht. Manche leugnen sogar, dass sie gemobbt werden.
5 Für das Schweigen der Opfer gibt es viele Gründe: Als einen der Hauptgründe nennen betroffene Kinder und Jugendliche, dass sie von den Erwachsenen keine

Hilfe erwarten. Sie glauben nicht, dass die Erwachsenen verhindern können, dass das Mobben weitergeht. Einige haben diese Erfahrung auch schon gemacht. Viele Mobbingopfer schämen sich und schweigen, weil sie befürchten, noch
10 mehr im Ansehen der anderen zu sinken. Manche Opfer haben Angst vor dem Täter, der mit noch mehr Schikanen droht, wenn das Opfer über die Vorfälle spricht. Es gibt auch Kinder und Jugendliche, die die Schuld bei sich suchen und glauben, dass mit ihnen selbst etwas nicht stimmt. Andere wollen nicht als überempfindlich dastehen oder wollen keine Petze sein.
15 Viele haben auch Angst vor der Reaktion der Erwachsenen. Sie befürchten, dass der Vater oder die Mutter wütend werden und sich aufregen könnte. Sie haben Angst vor Vorwürfen und Ratschlägen, nach denen sie sich noch schlechter fühlen würden, auch wenn diese Ratschläge oft gut gemeint sind. Solche Vorwürfe oder Empfehlungen sind zum Beispiel:
20 „Du musst dich wehren und darfst dir nicht alles gefallen lassen."
„Die haben dich nicht ohne Grund geärgert."
„Geh ihnen aus dem Weg."
„Das gibt sich schon von selbst, warte ab."
„Ach, stell dich nicht so an."

 Folie

3 Erkläre mithilfe des Textes, warum Mobbingopfer häufig ihre Notlage verschweigen. Gehe so vor:
a) Markiere im Text die Gründe für das Schweigen der Opfer und schreibe sie in Stichworten heraus.
b) Fallen dir weitere Gründe ein? Ergänze stichwortartig deine Ideen.
c) Tausche dich mit einem Partner über die Gründe aus: Inwieweit könnt ihr das Verhalten der Opfer nachvollziehen?

4 Die Sprüche und Empfehlungen der Eltern (Z. 20–24) helfen dem Opfer oft nicht weiter. Nehmt kritisch zu den Aussagen der Eltern Stellung, z. B. *„Du musst dich wehren und darfst dir nicht alles gefallen lassen"* (Z. 20).

Das weiß derjenige selbst. Wenn ihm das gelingen würde, wäre er nicht in dieser Situation …

5 Vergleicht die Gründe, die Philip für sein Schweigen haben könnte, mit denen, die ihr aus dem Informationstext herausgefunden habt.

6 Philip will sich nicht mit seiner Mutter in einem Gespräch auseinandersetzen und schreibt ihr deshalb in einem Brief, was er sich von ihr wünscht bzw. welche Reaktion er von ihr erwartet. Versetze dich in Philips Lage und schreibe den Brief an die Mutter. So kannst du beginnen:

Liebe Mama,

ich weiß, dass du es nur gut meinst. Aber wenn ich dir erzähle, was ich in der Schule erlebe, regst du dich fürchterlich auf und gibst mir Ratschläge, die mir nicht helfen. Ich schreibe dir diesen Brief, damit du erst einmal in Ruhe über meine Situation nachdenkst. Ich wünsche mir von dir, dass …

Mobbing-Situationen durchschauen – Beweggründe für Mobbing

Und alle machen mit
(aus: Anja Tuckermann, Weggemobbt)

Peng! Und die ganze Klasse lachte. Philip rappelte sich hoch und stürzte sich auf Dorita. Diesmal wollte er zuschlagen, doch bevor er ausholen konnte, durchschnitt eine Stimme den Raum. „Philip! Setz dich hin! Wenn du schon ausnahmsweise durch Aktivität glänzt, musst du nicht noch stören!"
5 Paff! Die Worte von Herrn Niks waren wie ein Schlag. Und die ganze Klasse lachte. Am meisten Dorita, die Philips Stuhl einen Stoß gegeben hatte, als er gerade kippelte.
„Du Affenarsch!", zischte er in ihre Richtung. „Herr Niks, der sagt Schimpfwörter." Wieder lachten viele. Herr Niks schaute nicht einmal. „Ruhe jetzt! –
10 Also wie war das? Wer kann die Dreifelderwirtschaft erklären?" (…)
(Doritas Unverschämtheiten werden von vielen in der Klasse unterstützt.)
Alle fürchteten sie – auch die, die für sie schwärmten. Und alle Jungen schwärmten für sie. Träumten davon, einmal so ein schlankes Mädchen in den Armen zu halten. (…) Außer Philip. Er konnte das nicht
15 begreifen. Weshalb schwärmten sie für ein Mädchen, das ihnen jeden Moment eins reinwürgen würde? Dorita brauchte nur einen Jungen anzulächeln, schon war er ihr ergeben. Philip nicht. Er hasste dieses zu einer Maske gepuderte Gesicht, von dem er noch nie die wahre Hautfarbe gesehen hatte. Er konnte solche aufgepäppelten Mädchen
20 sowieso nicht anschauen. Diese mit schwarzer Farbe verkleisterten Augen fand er nicht schön. (…)
„Kannst du dich nicht wehren?", fragte seine Mutter. „Was ist mit dir bloß?", fragte der Vater. Philip erzählte alles.
„Wenn ich zurückschlage, werden es immer mehr. Die helfen sich gegen-
25 seitig. Sie wollen Dorita gefallen, weil Dorita alle fertigmacht, die nicht zu ihr halten. Und die Jungen sind alle scharf auf sie und helfen ihr deshalb."
„Wie kann denn eine über alle bestimmen?"
„Sie findet etwas über sie heraus, z. B. wie ihr Freund heißt oder ob die Eltern arbeitslos sind oder irgendwelche Geheimnisse, und wer nicht auf
30 ihrer Seite ist oder sich unsichtbar macht, über den tratscht sie alles aus. Die schnüffelt in den Taschen herum und nimmt sich, was ihr gefällt. Auch Briefe. Und die liest sie dann laut vor. So eine alte … Sie klaut Handys, um die SMS zu lesen …"

1 a) Wie schätzt Herr Niks die Situation (Z. 1–10) ein?
b) Bewerte das Verhalten von Herrn Niks in dieser Situation. Wie hätte der Lehrer reagieren können (direkt in der Situation oder auch nach der Stunde)?

2 Alle fürchten sich vor Dorita – auch die, die für sie schwärmen.
a) Weshalb schwärmen die Jungen für Dorita?
b) Wie sieht Philip Dorita?

3 a) Überlege anhand des Textauszugs, warum Dorita beim Mobben viele Mittäter hat.
b) In diesem Jugendbuch werden die Mittäter „Sklaven" genannt. Erkläre, was damit gemeint sein könnte.

4 Es gibt unterschiedliche Gründe, warum Dorita und andere Jugendliche mobben. Stelle Vermutungen an, wie es dazu kommt.

5 Vergleiche deine Vermutungen aus Aufgabe **4** mit dem folgenden Expertentext.

Warum mobben Kinder und Jugendliche?

Die Gründe, warum Kinder und Jugendliche andere schikanieren, sind vielfältig. Viele mobben, weil sie glauben, dass sie dadurch bei den anderen beliebter werden. Sie wollen ihre Machtposition in der Gruppe, teilweise auch gegenüber Lehrern, stärken und die Aufmerksamkeit und Anerkennung der
5 anderen bekommen.
Ein weiterer Grund für die Täter kann sein, dass sie in der Familie selbst Opfer waren und körperliche und seelische Misshandlungen erlebt haben. Aus Opfern werden manchmal Täter. Sie können sich nur schwer in andere Menschen hineinversetzen. So haben Befragungen gezeigt, dass die Mobber
10 oft keine Vorstellung davon haben, wie sehr ihre Opfer leiden. Auch Neid ist ein häufiger Grund für das Mobbing, z.B. sind sie neidisch auf das Handy, die Kleidung oder Urlaubsreisen anderer.
Dabei suchen sich Mobber häufig Menschen aus, die innerhalb der Gruppe auffallen oder Außenseiter sind und deshalb weniger Rückhalt innerhalb
15 einer Gemeinschaft haben.
Es gibt auch Ursachen, die nicht direkt etwas mit den Tätern zu tun haben, sondern mit dem Umfeld, in dem Mobbing stattfindet. Gerade in der Schule kann es durch eine neu zusammengesetzte Klasse zu Mobbing-Aktionen kommen. Ein neuer Schüler in der Klasse, eine fehlende Klassengemein-
20 schaft und zu wenig Konsequenzen im Einhalten der Klassenregeln können zudem ausschlaggebend für Mobbing-Vorfälle sein. Je länger das Mobbing andauert, desto mehr Mitschüler beteiligen sich an den Übergriffen.

 Folie

6 Welche Gründe für das Mobbing werden im Text genannt?
Markiere mit unterschiedlichen Farben,
– warum Kinder und Jugendliche mobben,
– welche Personen sie sich aussuchen,
– welche Situationen Mobbing begünstigen.

7 Besprecht in der Klasse, in welchen Situationen es in der Schule häufig zu Mobbing-Vorfällen kommt. Beziehst dabei eure Ergebnisse aus Aufgabe **6** mit ein.

8 Am Ende des Expertentextes heißt es: „Je länger das Mobbing andauert, desto mehr Mitschüler beteiligen sich an den Übergriffen" (Z. 21–22). Was solltet ihr daher tun? Zieht gemeinsam Schlussfolgerungen aus dieser Aussage.

Wehret den Anfängen! – Verhaltensmöglichkeiten im Rollenspiel erproben

Hinschauen und Handeln ist in vielen Situationen gar nicht so einfach. Mithilfe eines Rollenspiels könnt ihr Handlungsmöglichkeiten zu einer der folgenden Situationen erarbeiten.

A Die Klasse diskutiert darüber, was sie beim Wandertag unternehmen will. Dazu werden an der Tafel Vorschläge gesammelt und jeder muss etwas dazu sagen. Selda ist dran: „Ich finde …", beginnt sie. „Interessiert keinen", kräht Johanna, „was du findest."

B Amelie fragt Falk in der Pause, ob sie seine Mathehausaufgaben abschreiben dürfe. Falk schiebt ihr seine Mappe hin. In der nächsten Pause hören Alexandra, Carla und Jonas, wie Ines zu ihren Untertanen sagt: „Amelie macht den Falk an, ihr gefällt es, wenn Falk sie anfasst. Die Frage ist, wie viel Falk für sie zahlen würde!"

C Zu Lenas wunder Stelle am Bein heißt es in der Klasse: „Iih, die hat Krätze!" Einige Mitschüler lachen. Beim Wählen der Mannschaften für das Volleyballspiel bleibt Lena übrig. Niemand will sie in der Mannschaft haben.

D Mark wird nach der Schule auf dem Weg nach Hause von mehreren Jungen abgefangen und auf eine Parkbank gedrückt. Seine zappelnden Beine werden von einem Jungen festgehalten. Ein anderer Junge zieht die Arme in die entgegengesetzte Richtung. Ein dritter piekst mit dem Zeigefinger in regelmäßigen Abständen in die Magengrube des wehrlosen Jungen, der aus voller Kehle schreit. Jonas steht neben seinem Kopf und kitzelt mit einem Streichholz die Nasenlöcher des „Gefangenen". Dabei lacht er über die seltsamen Grimassen, die der Gefolterte schneidet. Lea und Murat hören die Schreie.

E Während der Englischstunde schnipsen Sandra und Stella mit dem Zeigefinger Papierkügelchen auf Malte und Felix. Sie landen auf dem Hals oder auf dem T-Shirt. Felix dreht sich um und zischt leise: „Mann, hört auf, ihr Penner!" Felix hat seinen Satz noch nicht beendet, da klebt schon ein Kügelchen in seinem Gesicht. „Mann, hört auf, ihr Penner!", äfft Sandra ihn nach. „Heul doch und beschwer dich bei der Lehrerin!", flüstert Stella. Die Mitschüler schauen gespannt zu, was passiert.

F Immer wieder, sei es während der Sportstunden oder in den Pausen, kippt Lisa die Schultasche von Maren aus und verteilt alles auf dem Boden. Einige Schüler wissen es, schweigen aber.

1 a) Bildet Gruppen und wählt eine Situation von Seite 17 aus, mit der ihr euch intensiver im Rollenspiel auseinandersetzen möchtet.
b) Bevor ihr das Spiel probt und vorspielt, besprecht folgende Aspekte und macht euch dazu Notizen:
– Worin besteht der Konflikt?
– Welche Handlungsmöglichkeiten gibt es, damit aus dieser Situation kein Mobbing entstehen kann? Einigt euch auf eine Möglichkeit zum Handeln.
– Welche Personen werden aktiv, mischen sich ein oder holen Hilfe?
– Wer soll welche Rolle spielen? Ihr könnt weitere Figuren (Lehrer, Freunde, Nachbarn, Mitschüler …) einbauen.
– Was geht in den einzelnen Personen vor?
– Was sagen die Personen? Beachtet, dass sie sich im Gespräch aufeinander beziehen sollen.
c) Klebt euch Namensschilder vorne auf das T-Shirt. – Probiert aus, wie ihr mit der Stimme und mit dem Körper Gefühle der Personen ausdrücken könnt, z. B. Ärger, Wut, Angst, Empörung.
d) Probt euer Rollenspiel mehrmals.
e) Spielt die Szene im Anschluss in der Klasse vor.

2 Wertet die Spiele mithilfe folgender Fragen aus:

Spieler:
– Wie hast du dich in deiner Rolle gefühlt?
– Was ist dir durch den Kopf gegangen?

Zuschauer:
– Welche Handlungsmöglichkeit wurde für die Mobbing-Situation entwickelt?
– Was hat zu dieser Handlungsmöglichkeit beigetragen?
– Wie beurteilst du die Handlungsmöglichkeit für diese Situation? Ist sie realistisch und durchführbar?
– Welche anderen Handlungsmöglichkeiten sind für dich noch denkbar?
– Sind die Gefühle der beteiligten Personen deutlich geworden?

Beachtet in euren Rückmeldungen, dass die Spieler eine fremde Figur und nicht sich selbst spielen. Sprecht sie mit ihrem Rollennamen an.

3 Ermutigen euch die Erfahrungen und Handlungsmöglichkeiten aus den Rollenspielen dazu, im Alltag ebenfalls hinzuschauen und zu handeln? Diskutiert darüber.

Mobbing darf niemals ignoriert werden – einen Klassenvertrag abschließen

1. Was könnt ihr in eurer Klasse unternehmen, damit es nicht zu Mobbing kommt? Sammelt an der Tafel Möglichkeiten zum Handeln, wenn ihr Vorfälle beobachtet oder selbst davon betroffen seid, z. B.
   - in der Klasse,
   - auf dem Schulweg,
   - in der Pause.

   Berücksichtigt dabei auch eure Erfahrungen, die ihr in den Rollenspielen gesammelt habt.

2. Schließt einen Klassenvertrag. Geht dabei so vor:
   a) Überlegt, wie ihr die Handlungsmöglichkeiten, die ihr in Aufgabe 1 gesammelt habt, formulieren wollt. Lest dazu die folgenden Möglichkeiten und entscheidet euch für eine Formulierungsweise.
   - *Ich informiere die Streitschlichter.*
   - *Wir informieren die Streitschlichter.*
   - *Streitschlichter informieren*
   - *Informiere die Streitschlichter!*
   - *Informiert die Streitschlichter!*

   b) Schreibt die Handlungsmöglichkeiten auf ein Plakat. Die Vereinbarungen sollen am Schluss von allen in der Klasse unterschrieben werden.

Habt Mut – stoppt Mobbing!

- 👁 Wir schauen hin und handeln!
- 🚑 Wir holen Hilfe, wenn wir uns nicht trauen einzugreifen, z. B. bei Lehrern oder älteren Schülern.
- ℹ Wir informieren die Streitschlichter.
- ⏭ …

Auf die Plätze, fertig, los!

1 Tauscht euch darüber aus, was ein Sponsorenlauf ist:
 – Was versteht ihr darunter?
 – Mit welchem Ziel wird er veranstaltet?

2 Habt ihr schon einmal an einem Sponsorenlauf teilgenommen?
Wenn ja, wofür wurde das erlaufene Geld verwendet?
Berichtet über eure Erfahrungen.

3 Schaut euch das Bild an und sprecht über die Vorschläge der Schüler auf Seite 21:
Für welche Projekte wollen die Läufer die Einnahmen des Sponsorenlaufs ausgeben?

- Patenkind in Afrika
- Tischtennisplatte in der Pausenhalle
- Amnesty International
- Beamer für die Klasse
- Beachvolleyballfeld neben dem Schulhof
- WWF
- Verschönerung der Leseecke in der Bibliothek
- neue Dekorationen für die Mensa
- Greenpeace
- Schließfächer in der Schule
- Sand fürs Volleyballfeld
- Schule in einem Entwicklungsland
- Obdachlosenhilfe in unserem Ort
- Skaterbahn auf dem Schulgelände
- Spielsachen für Kinderklinik
- Fotovoltaikanlage auf dem Schulgebäude
- Biotop im Schulgarten
- Skaterbahn

4 a) Ordne die Vorschläge zur besseren Übersicht den entsprechenden Oberbegriffen zu. Übertrage dazu die Tabelle in dein Heft.

Einnahmen aus dem Sponsorenlauf für:

eigene Klasse	Schule (drinnen/draußen)	unseren Ort	wohltätigen Zweck
...	Skaterbahn	...	...

b) Ergänze die Tabelle um eigene Vorschläge.
c) Für welches dieser Anliegen würdest du gerne laufen? Begründe deine Entscheidung.
d) Tausche dich mit einem Partner darüber aus.

Auf die Plätze ... | 3.3.1 Informationen entnehmen und in Beziehung setzen

Wofür wollen wir das Geld ausgeben? – Zu einem Thema diskutieren

1 a) Worüber diskutiert die Gruppe auf dem Foto?
b) Beschreibe, wie die Gruppenmitglieder miteinander arbeiten.
– Welche Verhaltensweisen tragen zu einem erfolgreichen Gesprächsverlauf bei?
– Welche Verhaltensweisen behindern das Gespräch?

Erkan:	Ich würde das Geld für Farbe ausgeben. Unser Klassenraum braucht dringend einen neuen Anstrich. Oder wir könnten das Geld für eine soziale Einrichtung spenden.
Lea:	Finde ich gut. So sollten wir's machen. Ich mache jetzt Mathe.
Tamara:	5 Mir gefällt der Vorschlag, das Geld bei der nächsten Klassenfahrt auszugeben.
Mario:	Ich bin dagegen. Wir fahren dieses Schuljahr ja gar nicht weg, sondern erst nach den Sommerferien. Wer weiß, wer dann zu unserer Klasse gehört!
Tamara:	Das sagst du ja nur, weil du vielleicht sitzenbleibst.
Artur:	Ich sage nur wie Erkan, Farbe für den Klassenraum. Lila. Über etwas anderes 10 brauchen wir nicht zu diskutieren.
Mario:	Mit dir diskutier ich auch nicht. Und ich bleibe nicht sitzen.
Lea:	Ich diskutier mit dir auch nicht, Blödmann. Hei, Tamara hast du GZSZ gesehen?
Tamara:	Oh ja, der Blonde ist ja so süß.
Lea:	Kannst du mir eben mal Mathe erklären?
Tamara:	15 Oh, nee. Hab ich auch nicht verstanden. Bist du nachher beim Training?
Sabina:	Stopp! Das gehört alles nicht hierher. Ich sehe das auch so wie Mario. Nächstes Jahr sind vielleicht gar nicht mehr alle dabei und andere sind dazugekommen.
Erkan:	Was meint ihr zu dem Kinobesuch mit der ganzen Klasse?
Sabina:	Gute Idee! Aber glaubt ihr, dass wir uns auf einen Film einigen können?
Lehrer:	20 Die Zeit ist um, stellt bitte euren Vorschlag vor.
Sabina:	…

2 Was wird Sabina am Ende der Diskussion wohl sagen? Ergänze ihre Antwort.

3 Untersuche, wie die Gruppe ihr Gespräch auf Seite 22 führt. Lies dazu den **TIPP** und mache dir Notizen. Achte dabei auf Folgendes:
  a) – Welche Beiträge gehören zur Sache und welche lenken vom Thema ab?
   – Wie reden die Schüler miteinander? Achte auf ihr Gesprächsverhalten: Wann verwenden sie Gesprächsförderer oder Gesprächsblocker?
  b) Erkläre, warum die Schüler kein Ergebnis erzielt haben.

4 Wofür würdet ihr das Geld ausgeben, wenn die Einnahmen aus dem Sponsorenlauf in eurer Klasse verbleiben dürften? Diskutiert diese Frage in Gruppen:
  a) Erstellt mithilfe des **TIPPs** einen Beobachtungsbogen, mit dem ihr euer Gesprächsverhalten bewerten könnt:
  \+ (Regel beachtet),
  – (Regel nicht beachtet),
  O (nicht eindeutig).
  Bestimmt anschließend zwei Gesprächsbeobachter, die den Bogen ausfüllen.

Gesprächsverhalten in der Gruppe	Jan	Pia	...	...
Zum Thema sprechen	+	–		
Ausreden lassen	–	O		
Respektvoller Umgang	+	+		
...				

  b) Führt nun die Diskussion durch.
  c) Beurteilt anschließend euer Diskussionsverhalten mithilfe der Einträge der Gesprächsbeobachter.

5 Gestaltet mithilfe eurer Auswertung ein Plakat mit Gesprächsregeln für faires und ergebnisorientiertes Diskutieren.

TIPP

So diskutiert ihr fair und ergebnisorientiert:
Um eine faire und ergebnisorientierte Diskussion zu führen, müsst ihr auf euer Gesprächsverhalten achten.
1. **Verliert euer Gesprächsziel nicht aus den Augen.** Bestimmt einen Diskussionsleiter, der darauf achtet.
2. **Nutzt Gesprächsförderer:**
   – Unterstützt den anderen in seiner Meinung: *Ich stimme deiner Meinung zu und möchte dazu noch sagen, dass ...*
   – Geht auf den Redebeitrag des Gesprächspartners ein und ergänzt gegebenenfalls seinen Beitrag: *Ich möchte etwas zu Sabinas Beitrag ergänzen: ...*
   – Geht höflich und respektvoll miteinander um, auch wenn ihr nicht einer Meinung seid: *Leider muss ich dir widersprechen, ich kann dir in diesem Punkt nicht zustimmen.*
3. **Vermeidet Gesprächsblocker.** Zu ihnen gehören:
   – persönliche Beleidigungen,
   – abwertende Bemerkungen zu Beiträgen,
   – Unterbrechungen, indem ihr dem Sprechenden ins Wort fallt,
   – Ablenkungen, indem ihr zu einem anderen Thema sprecht.

Wir sind für einen Klassenbeamer! – Argumente zu einem Thema sammeln, gewichten und entfalten

Eine Gruppe will ihre Klasse davon überzeugen, von den Einnahmen aus dem Sponsorenlauf einen Klassenbeamer anzuschaffen.

Wir möchten für einen Klassenbeamer laufen!
1. Wir können Filme sehen.
2. Wir müssen den Beamer nicht mehr mit anderen Klassen teilen.
3. Der Beamer geht nicht mehr so schnell kaputt.
4. Präsentationen können besser vorgeführt werden.
…

1 a) Ergänze die Argumenteliste um weitere Ideen.
b) Vergleiche deine Liste mit der eines Partners und ergänzt eure Listen.
c) Sammelt eure Argumente an der Tafel und übertragt die Liste in euer Heft.

2 a) Gewichte die Argumente, indem du jedem Argument von null (= nicht überzeugend) bis drei (= sehr überzeugend) Überzeugungspunkte gibst.
b) Vergleiche deine Punkteverteilung mit der eines Partners und begründe ihm gegenüber, warum du diese Argumente ausgewählt hast.

3 a) Notiere die drei überzeugendsten Argumente auf je einer Karteikarte.
b) Entfalte und stütze die Argumente auf der Rückseite der Karteikarte. Orientiere dich dazu am TIPP.
c) Tausche deine Karteikarten mit einem Partner und prüfe, ob die jeweilige Entfaltung überzeugend ist.

💡 TIPP

So kannst du Argumente adressatenorientiert entfalten:
1. **Berücksichtige deinen Adressaten,** damit er sich in deine Überlegungen einbezogen fühlt: *Sie müssen wissen, dass … / Wie du ja sicher weißt, … / Erinnere dich doch daran, dass …*
2. Gestalte deine **Argumente** stichhaltig und nachvollziehbar, indem du sie **entfaltest** und dadurch überzeugender machst. Ein Argument *(Wir möchten für einen Klassenbeamer laufen, damit wir den Beamer nicht mit anderen Klassen teilen müssen)* gewinnt an Überzeugungskraft, wenn
   - du die **Folgen einer Maßnahme** erklärst: *Wenn wir einen Beamer in der Klasse haben, können wir ihn jederzeit einsetzen.*
   - du **Belege und Beispiele** findest: *Die Klassen unserer Nachbarschule, die einen Beamer besitzen, nutzen das Gerät fast jede Stunde.*
   - du **Vergleiche** herstellst: *Referate können mit einem Beamer viel leichter vorgetragen werden als mit einem OH-Projektor.*

Einwände gegen einen Klassenbeamer sammeln und entkräften

Einige Schüler sind dagegen, dass die Einnahmen des Sponsorenlaufs für einen Klassenbeamer ausgegeben werden. Um sie aber von der Anschaffung des Beamers zu überzeugen, solltest du ihre Einwände entkräften und zurückweisen können.

Mögliche Einwände gegen einen Klassenbeamer
1. Unsere Schule hat schon genügend Beamer.
2. …

1 Was könnte noch gegen einen Beamer für die Klasse sprechen? Betrachte dazu den Comic. Ergänze die Liste um weitere mögliche Einwände.

2 Ermittle und gewichte die stärksten Einwände. Gehe dabei so vor wie in Aufgabe 2 auf Seite 24.

3 a) Notiere den stärksten Einwand auf einer Karteikarte und entkräfte ihn auf der Rückseite. Orientiere dich dazu am TIPP.
   b) Tauscht eure Karteikarten aus und vergleicht eure Entkräftungen.

> **TIPP**
>
> **So kannst du Einwände adressatenorientiert entkräften:**
> 1. **Gehe auf mögliche Einwände deines Adressaten ein**, um ihm zu zeigen, dass du seinen Einwand ernst nimmst *(Beamer sind zu anfällig, um sie in einem Klassenraum aufzubewahren)*:
> *Auch wenn Sie denken, dass … / Es stimmt schon, wenn du sagst …, aber … / Deinen Einwand können wir verstehen, aber …*
> 2. **Schwäche mögliche Folgen und Bedenken des Einwands ab:** *Sicher denken einige, dass ein Beamer im Klassenraum schnell kaputtgehen kann. Allerdings weise ich euch darauf hin, dass der Beamer in unserem Schrank sicher aufbewahrt werden kann.*
> 3. **Mache einen Vorschlag, der den Einwand entkräftet:** *Statt in unserer Klasse könnte man den Beamer in einem Medienraum aufbewahren.*

Dafür wollen wir laufen! – Argumente schriftlich entfalten und Einwände entkräften

Deine Klasse hat sich darauf geeinigt, die Einnahmen aus dem Sponsorenlauf für ein Beachvolleyballfeld auszugeben. Nun sollst du als Klassensprecher die SV in einem Brief von diesem Vorschlag überzeugen.

1 Plane deinen Brief. Gehe dabei so vor:
  a) Übertrage den Argumentationsplan in dein Heft und beantworte darin die ersten drei Fragen.
  b) Überlege, warum es wichtig ist, dass du dir vor der Auswahl deiner Argumente die Ausgangssituation klarmachst.

Argumentationsplan

An wen richtet sich dein Brief?		
Was ist der Anlass deines Briefes?		
Was ist Ziel/Standpunkt deines Briefes?		
Was sind deine Argumente?	Argument: Nr. _____ Nr. _____ Nr. _____	Entfaltung/Erläuterung:
Welchen Einwand willst du entkräften?	Einwand:	Entkräftung:

Argumente für die Einrichtung eines Beachvolleyballfeldes:
1. Beachvolleyball ist sehr beliebt bei vielen Schülern.
2. Es gibt keine Gelegenheit zum Beachvolleyballspielen im Ort.
3. Unsere Schule belegte den letzten Platz im Volleyball beim Vergleichswettkampf.
4. …

2 Überlege, mit welchen Argumenten du die SV überzeugen könntest.
  a) Ergänze dazu im Heft die Argumenteliste um eigene Ideen.
  b) Verteile Überzeugungspunkte und wähle die drei überzeugendsten Argumente aus. Trage sie in deinen Argumentationsplan ein.
  c) Entfalte in Stichworten die von dir ausgewählten Argumente.
  Argument Nr. 1: Viele Schüler spielen in den Ferien Beachvolleyball.

Folie

3 Untersuche, wie Jannik auf Seite 27 oben sein Argument entfaltet hat.
  a) Welchen Aspekt aus der Liste hat er ausgewählt? Markiere ihn.
  b) Unterstreiche in Janniks Entfaltung, an welchen Stellen er sich direkt an den Adressaten wendet. Lies dazu den **TIPP** auf Seite 27.
  c) Erkläre, mit welchen Beispielen / Erläuterungen Jannik sein Argument stützt.

Jannik: Wenn ein Beachvolleyballfeld an unserer Schule eingerichtet wird, werden wir sicher bei den Vergleichswettkämpfen besser abschneiden. Denn dann könnten wir nachmittags spielen und trainieren, was in der Halle nicht immer möglich ist, da sie, wie ihr ja wisst, auch von den Sportvereinen genutzt wird. Es ist doch auch in eurem Interesse, wenn wir bei den Turnieren nicht mehr den letzten Platz belegen.

4 **a)** Entscheide dich für ein anderes Argument und entfalte es.
b) Tausche dein Heft mit dem eines Partners und überprüft gegenseitig, wie ihr das Argument inhaltlich entfaltet und ob ihr die Hinweise im TIPP berücksichtigt habt.

Mögliche Einwände der SV gegen ein Beachvolleyballfeld:
1. Beachvolleyball ist nur bei trockenem Wetter möglich.
2. Viele Schüler wollen nicht im Sand spielen.
3. …

5 Welche Einwände könnte die SV dagegen haben? Lies dazu die Beispiele oben und ergänze im Heft die Liste durch weitere mögliche Einwände.

6 **a)** Untersuche, wie Jannik einen möglichen Einwand der SV entkräftet hat.

Jannik: Ihr wendet vielleicht ein, dass viele kein Interesse am Beachvolleyball haben und dass das Feld dann nicht richtig genutzt wird. Allerdings möchten wir euch darauf hinweisen, dass Hallenvolleyball an unserer Schule sehr beliebt ist, wie die hohe Teilnehmerzahl der Volleyball-AG beweist, an der ja auch einige von euch teilnehmen. Wie ihr aber sicher auch gehört habt, trifft sich die AG schon jetzt fast jeden Nachmittag im Nachbarort zum Training. Könnten wir an unserer eigenen Schule spielen, so würden sicher viel mehr Schüler mitmachen, die bisher den weiten Weg scheuen.

b) Wähle selbst einen Einwand aus deiner Liste aus und entkräfte ihn.

💡 TIPP

So schreibst du adressatenbezogen:
1. Der Adressat ist derjenige, an den du dich in deinem Brief richtest, z. B. Schulleiter/in, Elternpflegschaftsvorsitzende/r, deine Klasse, deine Eltern, die SV, Leser der Schülerzeitung. **Wende dich immer wieder an deinen Adressaten, um ihn in deine Argumentation einzubeziehen:**
   Ihr wisst / Sie wissen ja, dass … – Ich möchte euch darauf hinweisen, dass … – Wie euch allen bewusst ist, … – Es ist euch bekannt, dass …
2. Auch wenn du auf mögliche **Einwände** deines Adressaten eingehst, solltest du **ihn direkt ansprechen**. Er lässt sich dann leichter überzeugen:
   Auch wenn ihr denkt, dass … – Einerseits verstehe ich, wenn ihr meint …, andererseits bitte ich euch zu bedenken … – Natürlich können wir euren Standpunkt nachvollziehen, aber ihr solltet auch bedenken, dass …

Einen argumentierenden Brief schreiben

1 a) Schreibe einen Brief an die SV, in dem du ihr vorschlägst, die Einnahmen des Sponsorenlaufs für ein Beachvolleyballfeld auszugeben.
Verwende dazu die Argumente aus dem Argumentationsplan und ergänze im folgenden Schreibplan die Inhaltsspalte zum Hauptteil.
Achte auch darauf, dass du in deiner Argumentation die Sätze sinnvoll miteinander verbindest.

 Folie

 Seite 32

b) Überarbeitet eure Briefe in einer Schreibkonferenz mithilfe der **CHECKLISTE** von Seite 30.

Arbeitsschritte	Inhalte	Formulierungshilfen
Einleitung: – Wende dich direkt an deinen Adressaten. – Nenne den Anlass des Briefes. – Beschreibe dein Anliegen. – Lege deinen eigenen Standpunkt kurz dar.	– Anrede – Sponsorenlauf der Schule / Aufruf der SV, Vorschläge abzugeben – Vorschlag im Namen der Klasse: Einnahmen sollten für ein Beachvolleyballfeld ausgegeben werden	*Liebe Mitglieder der SV,* *ihr habt uns aufgerufen … / wir wollen auf euren Aufruf reagieren … /* *Wir sind der Meinung, dass … / Wir haben folgenden Entschluss getroffen:* …
Hauptteil: – Nenne drei Argumente, die deinen Standpunkt begründen. – Entfalte jedes Argument durch ein Beispiel, eine Erläuterung, eine Folge oder einen Vergleich. – Gehe auf ein Gegenargument ein und entkräfte es. – Mache nach jedem ausgestalteten Argument einen Absatz. – Beachte weiter deinen Adressaten.	– 1. Argument: …	– …, weil es kein Beachvolleyballfeld in unserer Stadt gibt. – Falls wir ein Beachvolleyballfeld erhalten, werden … – Es ist im Interesse von uns Schülern und der SV, dass … – Bedenkt bitte, dass …. – Wir möchten euch darauf hinweisen, dass … – Ihr könntet einwenden, … – Doch dagegen spricht … – Aber wir weisen euch darauf hin, dass … – Dennoch käme niemand auf die Idee …
Schluss: – Wiederhole noch mal dein Anliegen. – Bekräftige in einem Schlusssatz deinen Standpunkt.	*Wiederholung des Anliegens und des Vorschlags, ein Beachvolleyballfeld anzuschaffen; Grußformel*	– Unser Anliegen ist also, … – Zusammenfassend möchten wir betonen, dass … / Abschließend möchten wir wiederholen …

Einen argumentierenden Brief überarbeiten

Die SV möchte den Sponsorenlauf nicht auf dem Sportplatz stattfinden lassen. Stattdessen soll der Lauf durch den Stadtteil gehen. Dazu müssten einige Straßen gesperrt werden. In einem Brief an die Bürgermeisterin Frau Schulze will die SV sie von ihrer Idee überzeugen. Dazu hat die SV folgende Argumente für und gegen einen Lauf durch den Stadtteil notiert:

Argumente der SV für einen Lauf durch den Ort:
1. Laufstrecke ist viel interessanter
2. Läufer verteilen sich besser
3. mehr Zuschauer
4. bessere Bedingungen für den Lauf
5. Getränkeverkauf an der Straße
6. Event für die ganze Stadt

Mögliche Einwände der Bürgermeisterin:
1. Behinderung des Anwohnerverkehrs
2. Lauf zu unübersichtlich
3. Unfallgefahr zu hoch

1 a) Notiere, welches Anliegen die SV verfolgt.
   b) Verteile Überzeugungspunkte für die Argumente, die für den Lauf durch den Ort sprechen, und für die möglichen Einwände der Bürgermeisterin.

Der Schülersprecher Erkan übernimmt die Aufgabe, den Brief an die Bürgermeisterin zu schreiben, und hat zur Vorbereitung folgenden Argumentationsplan erstellt.

Argumentationsplan

An wen richtet sich der Brief?	Bürgermeisterin Frau Schulze	
Was ist der Anlass des Briefes?	Sponsorenlauf soll durch den Stadtteil gehen	
Was ist Ziel/Standpunkt des Briefes?	Straßensperrung für die Dauer des Sponsorenlaufs	
Was sind deine Argumente?	Argument: Nr. 3 Nr. 1 Nr. 2	Entfaltung/Erläuterung: Zu 3: Platz für mehr Zuschauer auf den Bürgersteigen Zu 1: Laufbahn ist eintönig Zu 2: Läufer haben mehr Platz, deshalb geringere Verletzungsgefahr
Welchen Einwand willst du entkräften?	Einwand: Nr. 1	Entkräftung: Anwohner werden rechtzeitig informiert, kein Durchgangsverkehr

Was ist dein Anliegen an Frau Schulze? Welche Straßen sind betroffen?

im ganzen Brief: Adressaten deutlicher einbeziehen

Sehr geehrte Frau Schulze,

wie jedes Jahr organisiert die SV auch dieses Jahr an unserer Schule die wichtigste Sportveranstaltung, den Sponsorenlauf. Und dieses Jahr haben wir etwas Besonderes vor: Wir wollen nicht auf dem Sportplatz
5 laufen. Dazu brauchen wir einige Straßen um unsere Schule. Die Veranstaltung wird von 9.00 bis 12.00 Uhr dauern.

Wenn der Lauf durch die Straßen führt, können mehr Menschen die Läufer anfeuern und beim Sponsorenlauf zusehen. Viele blieben dem Lauf bisher fern, weil der Sportplatz nicht genug Zuschauerplätze bietet.

10 Wir haben außerdem festgestellt, dass die Strecke für uns Schüler viel interessanter ist. Wir haben mehr Abwechslung, wenn wir durch die Straßen laufen, da wir immer wieder etwas Neues sehen. Auf dem Sportplatz sehen wir nur die Asche und das Laufen ist sehr eintönig.

Gegen die Sperrung der Straßen spricht natürlich, dass kein Auto durch
15 diese Straßen fahren kann. Allerdings fahren um diese Zeit ohnehin nur sehr wenige Autos durch diese Straßen, da dort kein Durchgangsverkehr herrscht, sondern nur Anwohner fahren.

Abschließend bitten wir, uns zu ermöglichen, dass der Sponsorenlauf um unsere Schule herum stattfinden kann. Dazu ist es notwendig, dass die
20 Straßen gesperrt werden.

Mit freundlichen Grüßen

Ihr Erkan Altun, Schülersprecher

 Folie

2 Überprüfe mithilfe des Argumentationsplans und der **CHECKLISTE**, an welchen Stellen Erkans Brief an die Bürgermeisterin überarbeitet werden muss. Setze dazu die Notizen am Rand fort und schreibe dann den Brief neu.

☑ CHECKLISTE

Einen argumentierenden Brief überarbeiten
1. Hast du dich **durchgehend direkt an den Adressaten gewandt** und seine Interessen berücksichtigt?
2. Hast du in der **Einleitung** den **Anlass des Briefes**, dein **Anliegen** und deinen **eigenen Standpunkt** deutlich genannt?
3. Hast du im **Hauptteil drei Argumente** für deinen Standpunkt genannt?
4. Hast du die **Argumente durch Beispiele oder Erläuterungen entfaltet?**
5. Hast du einen **Einwand aufgegriffen und nachvollziehbar entkräftet?**
6. Hast du am **Schluss noch einmal das Anliegen genannt** und deinen **Standpunkt bekräftigt?**
7. Hast du Einleitung, Hauptteil und Schluss durch **Absätze** voneinander getrennt? Hast du auch deine Argumente durch Absätze gegliedert?
8. Hast du **Rechtschreibung** und **Zeichensetzung** überprüft?

Seite 33

Kompetenz-Check:
einen argumentierenden Brief verfassen

Du sollst als Schülersprecher im Namen der SV einen Brief an den Schulleiter Herrn Schmidt schreiben, in dem du ihn darum bittest, dass der Sponsorenlauf nicht nur die letzten beiden Stunden, sondern den ganzen Schultag umfassen soll. Dazu hat die SV folgende Argumente für ihr Anliegen und mögliche Einwände des Schulleiters gesammelt:

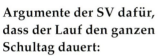

Argumente der SV dafür, dass der Lauf den ganzen Schultag dauert:
1. mehr Zeit fürs Umziehen und Aufwärmen
2. längere Laufzeit
3. keine Hektik
4. mehr Zuschauer
5. bessere Organisation des Laufs möglich
6. umfangreiches Begleitprogramm kann stattfinden

Mögliche Einwände des Schulleiters:
1. Schüler haben Langeweile und machen Unsinn
2. Unterrichtszeit geht verloren
3. Schüler überfordern sich beim Laufen

1 Bereite den Brief an den Schulleiter Herrn Schmidt vor, in dem du ihn davon überzeugst, dass der Sponsorenlauf den ganzen Schultag andauern soll.
   a) Lege einen Argumentationsplan an, in dem du notierst, an wen du den Brief schreibst, was dein Anliegen ist und welchen Standpunkt du vertrittst.
   b) Verteile Überzeugungspunkte und wähle drei Argumente aus, mit denen du den Schulleiter überzeugen willst.
   c) Wähle einen möglichen Einwand des Schulleiters aus und überlege, wie du ihn entkräften kannst.
   d) Gliedere deinen Brief mithilfe des Schreibplans von Seite 28.

2 Schreibe mithilfe deiner Vorarbeiten aus Aufgabe 1 den Brief an den Schulleiter.

3 a) Überprüfe nach dem Schreiben deinen Brief:
   – Hast du alle Aspekte deines Argumentationsplans berücksichtigt?
   – Hast du den Brief richtig gegliedert?
   – Hast du den Schulleiter direkt angesprochen?
   b) Überarbeite deinen Brief und schreibe ihn wenn nötig noch einmal ab.

Im Blickpunkt: Sprache betrachten
Sätze richtig miteinander verbinden

1 a) Ergänze im folgenden Brief die fehlenden Satzverknüpfungswörter.
  b) Notiere, welche sprachliche Absicht durch das Satzverknüpfungswort jeweils deutlich gemacht wird. Nutze dazu die Hinweise im **TIPP**.
  (1) weil: begründen
  c) Vergleiche dein Ergebnis mit dem eines Partners: Bei welchen Lücken habt ihr die gleichen Wörter, bei welchen habt ihr unterschiedliche Möglichkeiten gefunden?

Liebe SV,

ich möchte einen Vorschlag machen, wofür wir das Geld des Sponsorenlaufs ausgeben könnten. Wir sollten das Geld für das Projekt „Schulen für Afrika" spenden, (1) das meines Erachtens am sinnvollsten wäre. (2) viele
5 Schüler in Afrika können nicht zur Schule gehen. (3) alle Kinder ein Recht auf Bildung besitzen, geht doch etwa jedes dritte Kind in den Ländern Afrikas südlich der Sahara nicht zur Schule.
Zwar ist die durchschnittliche Einschulungsrate in Afrika in den vergangenen Jahren stark gestiegen. (4) erreichen nur zwei Drittel der einge-
10 schulten Kinder die letzte Grundschulklasse. Viele Familien sind sehr arm und kämpfen ums Überleben. (5) die Eltern den Schulbesuch ihrer Kinder nicht bezahlen können, können sie sie nicht mehr zur Schule schicken.
Ohne Schulbildung können die Kinder ihre Lage nicht verändern. (6) ist eine gute und umfassende Bildung die entscheidende Voraussetzung für
15 ein besseres Leben. (7) viele Kinder die Möglichkeit haben, einen Schulabschluss zu erzielen, haben sie bessere Berufsaussichten.
Wir sollten die Einnahmen deshalb für das Projekt spenden.

Viele Grüße
Viktor Kurz

💡 TIPP

So kannst du Sätze sinnvoll miteinander verknüpfen:
1. Wenn du etwas **begründen** willst, benutze Satzverknüpfungswörter wie *weil, denn, da, deshalb, deswegen, darum …*
2. Wenn du **einen Gegensatz ausdrücken** willst, benutze Satzverknüpfungswörter wie *obwohl, aber, dennoch, trotzdem, sowieso …*
3. Wenn du eine **Bedingung** stellen willst, benutze Satzverknüpfungswörter wie *wenn, falls, sobald, dann …*
4. Wenn du einen bestimmten **Zweck** ausdrücken willst, verwende Satzverknüpfungswörter wie *damit, um … zu, deshalb, dazu, dafür …*

Im Blickpunkt: richtig schreiben

Kommasetzung im Satzgefüge

A Realschule organisiert Sponsorenlauf für Haiti

[Um den Opfern des Erdbebens in Haiti zu helfen], [organisiert die SV einen Sponsorenlauf]. Weil so viele Menschen ums Leben kamen, verletzt oder obdachlos wurden war das Erdbeben in Haiti das schwerste Beben des 21. Jahrhunderts mit den größten Schäden. Deshalb brauchen wir besonders viele Sponsoren. Nur wenn viele sich an der Aktion beteiligen können wir eine wirkliche Hilfe leisten. Alle acht Klassen haben sich über die Katastrophe in Haiti informiert damit wir genauer über die Verwendung der Einnahmen entscheiden können. Sobald die Unterrichtsprojekte zu Haiti in den Klassen abgeschlossen sind werden wir auf der Homepage unserer Schule darüber berichten. Der Sponsorenlauf findet am 8.5. ab 9 Uhr morgens statt.

B Sponsorenlauf um die Schule

Zum ersten Mal wird der Sponsorenlauf nicht auf dem Sportplatz stattfinden weil wir dort nicht genügend Platz für alle Läufer und Zuschauer haben. Deshalb wird die Stadt die Uferstraße und die Waldstraße sperren damit wir ungestört um die Schule laufen können. Obwohl schlechtes Wetter für den kommenden Mittwoch angekündigt wurde hoffen wir auf zahlreiche Zuschauer und laden alle ein, uns zu unterstützen und anzufeuern.

1 In Text A wird ein weiteres Projekt vorgestellt, für das Schüler die Einnahmen aus einem Sponsorenlauf ausgeben. Wie findest du die Wahl des Projektes? Begründe deine Meinung.

2 a) In beiden Texten fehlen noch die Kommas. Gehe die Texte durch und setze mithilfe des **TIPPs** die fehlenden Kommas ein.
   b) Begründe, warum du jeweils ein Komma eingesetzt hast.

Folie

💡 TIPP

So setzt du das Komma zwischen Haupt- und Nebensätzen (Satzgefüge):
Ein **Satzgefüge** besteht aus einem Haupt- und einem Nebensatz, die durch Komma getrennt werden.
1. So kannst du die Haupt- und Nebensätze ermitteln:
   – Unterstreiche die Verben. Klammere dann die zum Verb gehörigen Sinneinheiten ein. Der Nebensatz ergibt allein keinen Sinn. Der Hauptsatz kann dagegen für sich allein stehen.
   – Du erkennst den Nebensatz auch daran, dass er durch eine Konjunktion eingeleitet wird und das Verb am Ende steht.
2. Trenne nun den Haupt- und den Nebensatz durch ein **Komma**.

   [Die SV organisiert einen Sponsorenlauf, weil wir Spenden sammeln wollen].
                   HS   NS
   [Weil wir Spenden sammeln wollen, organisiert die SV einen Sponsorenlauf].
                   NS   HS

Im Blickpunkt: Lesen

Rund 1000 tapfere Schüler beim Sponsoren-„Waten"
Sportlehrerin Martina Wolff lobt tolle Motivation der Läuferinnen und Läufer – trotz riesiger Pfützen auf Sportplatz der Reichwein-Gesamtschule
Von Wolfgang Kleinfeld

LÜDENSCHEID. Pitschnass und im wahrsten Sinne des Wortes „eingesaut" waren zahlreiche Teilnehmer des Sponsorenlaufes gestern an der Adolf-Reichwein-Gesamtschule oft schon nach der ersten Runde. Doch trotz riesiger Pfützen auf der Laufbahn rund um den Sportplatz, „kriechender" Kälte und unauf-
5 hörlichen Regen-„Nachschubs" – die meisten der rund 1000 Läuferinnen und Läufer ließen sich „ihren" Sponsorenlauf nicht vermiesen. „Die Motivation der Schülerinnen und Schüler ist einfach toll", meinte Sportlehrerin Martina Wolff. Und auch die vielen Abschlussschüler hielten tapfer durch. – Sie hatten die organisatorische Arbeit im Dauerregen übernommen.
10 Das unter so erschwerten Bedingungen erlaufene Geld soll dem Projekt „Bewegungsfreudige Schule" zugute kommen. Attraktive Sport- und Bewegungsgeräte für das Mittagspausenangebot sollen angeschafft werden. Und ein Teil des Sponsorengeldes soll für die Rückzahlung eines Darlehens genutzt werden. Der Förderverein hatte etwa die Hälfte der Skiausrüstungen für die jährliche
15 Skiexkursion gestiftet und den Rest als Darlehen vorgestreckt – in Zeiten knapper öffentlicher Kassen wohl notwendig, um das Schulleben attraktiver gestalten zu können.

31 Runden mit dem Abi in der Tasche
Sponsorenlauf: Tobias Schnapka hält „seiner" Gesamtschule die Treue
Von Wolfgang Kleinfeld

LÜDENSCHEID. Beispielhaft für das Schülerengagement an der Adolf-Reichwein-Gesamtschule steht Tobias Schnapka: Beim Sponsorenlauf dreht der frisch gebackene Abiturient bemerkenswerte 31 Runden unter heißer Sonne um den Sportplatz am Eulenweg. „Ich habe alle bisherigen drei Läufe als aktiver Schüler mitgemacht – da dachte ich mir, den Lauf nach meinem Abschluss gönne ich mir auch noch", meint Schnapka. Diese Premiere beim vierten Sponsorenlauf zugunsten des Projektes „Bewegte Schule" ist dem Sportlehrer Andre Staack zu verdanken, der den „Ehemaligen reaktiviert" hat und selbst 21 Runden gelaufen ist.

Die beiden bestens gelaunten Läufer gehörten zu rund 1100 Schülerinnen und Schülern sowie einigen Lehrerinnen und Lehrern, die gestern bei herrlichem Wetter Zigtausende von gesponserten Metern für ihre Schule gelaufen sind. Mit dem Erlös sollen attraktive Sport- und Bewegungsgeräte auch für das Mittagspausenangebot angeschafft werden, erklärte Sportlehrer Staack.

Mit einem Teil des Sponsorengeldes soll ein Darlehen zurückgezahlt werden: Der Förderverein hatte im vergangenen Schuljahr etwa die Hälfte der Skiausrüstungen für die jährliche Skiexkursion gestiftet und den Rest vorgestreckt. „Rate 1" hatten die Teilnehmer des regelrechten Sponsoren-„Watens" 2004 bei immensem Dauerregen erlaufen, „Rate 2" war gestern dran. Die Organisation an den Start- und Zielstationen rund um den Sportplatz übernahmen dabei die Damen des Jahrgangs 12. Zudem brachten sie noch ein wenig mehr Geld in die Kasse durch einen kleinen Grill- und Verpflegungsstand – und einige Schülerinnen liefen „nebenbei" sogar noch mit.

1 Vergleiche die beiden Zeitungsartikel zu den Sponsorenläufen. Übertrage dazu die Tabelle in dein Heft und beantworte folgende Fragen:

	Text 1	Text 2
a) Wer organisierte die Sponsorenläufe?		
b) Wie war das Wetter bei den Sponsorenläufen?		
c) Wo fanden die Sponsorenläufe jeweils statt?		
d) Wie viele Schüler nahmen an den Läufen teil?		
e) Wofür wurde das Geld aus dem Sponsorenlauf ausgegeben?		

2 Fasse die Unterschiede zwischen den beiden Sponsorenläufen in einem kurzen Text zusammen.

3 Erläutere, wie der Förderverein die beiden Projekte unterstützt.

4 Die Schüler liefen für unterschiedliche Zwecke: Für welches der genannten Ziele würdest du am ehesten laufen wollen? Begründe deine Entscheidung.

Jugendliche sollen an Entscheidungen beteiligt werden

Coesfeld. Jugendliche wollen mitreden bei politischen Entscheidungen – zumindest dann, wenn sie selber betroffen sind. In verschiedenen Räumen des Jugendhauses sowie auf der Skateranlage treffen sich daher städtische Politiker zu einem sogenannten Jugendhearing mit den Jugendlichen, um sich deren Meinung anzuhören und um miteinander zu diskutieren. Die Jugendlichen haben dazu Sprecher gewählt, die ihre Interessen bei diesem Gespräch einbringen sollen. Dadurch können sie am besten zu den Politikern Kontakt halten, darin ist sich die Gruppe einig. Eine Wunschliste, was in Coesfeld fehlt, wollen die Jugendlichen zudem aufschreiben. „Ich denke, Jugendliche haben Interesse an allem, was sie betrifft", schätzt Andreas Walde, Mitglied des Jugendausschusses, die Situation ein.

Stopp! – Wir reden mit

1 Sprecht über das Kapitelthema *Stopp! – Wir reden mit*.
Bezieht auch die Fotos mit ein.
- Worum könnte es in dem Kapitel gehen?
- Wer ist mit „wir" gemeint?
- Bei welchen Themen möchtet ihr gern mitreden?

2 a) Tauscht euch über den Inhalt der Texte aus:
- Worum geht es in den drei Texten?
- Wer äußert sich?
- An wen richten sich die Texte?

b) Welche eurer Vermutungen aus Aufgabe **1** haben sich bestätigt?

Sehr geehrter Herr Meurer,

wir wenden uns an Sie als Vorsitzenden des Jugendausschusses, weil unsere Skateranlage dringend renoviert werden muss. Es kann doch nicht angehen, dass wir Skater durch den katastrophalen Zustand der Rampe Verletzungen hinnehmen müssen.

Helfen Sie uns bitte, damit wir schnell wieder sicher skaten können.

Mareen und Jan
(Sprecher der Skater)

Leute, rafft euch auf!

Es ist so weit: Das nächste Treffen mit unseren Politikern im Rahmen des Jugendhearings steht in Kürze an und wir brauchen dringend Interessierte, die in unserem Gremium mitarbeiten.
Ihr wisst ja: Ohne Engagement werden wir nichts verändern können! Wir setzen auf eure tatkräftige Unterstützung. Jeder ist angesprochen.

Erstes Treffen ist am **Montag** um **18.00 Uhr** im Jugendhaus.

Ich rechne mit euch! Euer Henner

3 a) Sprecht darüber, wie ihr euch in eurem Wohnort für die Interessen von Jugendlichen einsetzen könnt.
b) Sammelt in zwei Clustern Ideen zu folgenden Fragen:
– Wofür würdet ihr euch gerne einsetzen?
– An wen könnt ihr euch wenden?

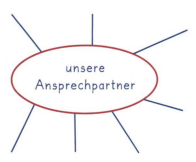

Stopp! – Wir reden mit | 3.3.1 Textaussagen mit eigenem Wissen verbinden

Der Jugendtreff ist platt! – Appelle untersuchen

So sah es früher aus:

Ende einer Gleisfahrt: Jugendtreff „Bahnwaggon" weicht Feuerwache

Traurig schaut Saleem dem mächtigen Bagger bei der Arbeit zu, der gerade die beiden Bahnwaggons zermalmt. Zwei Jahre lang gehörte Saleem zu den Jugendlichen, die in diesen Bahnwaggons ihre Freizeit verbrachten. Damit ist es nun vorbei …

1 Klärt gemeinsam, um welches Problem es in dem Zeitungsartikel geht.

2 Zum Thema des Artikels hat ein Reporter verschiedene Personen befragt:

A Saleem (14): Jetzt gibt es hier gar nichts mehr für Jugendliche. Wir können nur noch zu Hause rumhängen oder uns irgendwo draußen treffen. Denkt doch auch mal an uns!

B Walter M. (75): Nun geht der Rummel wieder von vorne los! Die Jugendlichen treiben sich nächtelang wie früher auf dem Spielplatz rum und schlagen Krach. Wir Anwohner wünschen uns einen ungestörten Feierabend. Ist das etwa zu viel verlangt?

C Elisabeth Kranz (47), Leiterin des Jugendamts: Es kommt nicht von ungefähr, dass sich immer mehr junge Leute draußen aufhalten. Solange es nicht genügend Jugendtreffpunkte gibt, suchen sie sich ihre eigenen Orte, an denen sie unter sich sein können. Jeden Tag ins Kino, in die Disko oder ins Schwimmbad zu gehen, kann sich keiner leisten. Deshalb brauchen wir unbedingt einen neuen Ort für die Kids!

D Sven Martin (37), Streetworker: Die Stadt muss offizielle Outdoor-Treffs schaffen wie Basketballplätze, Skaterrampen oder Klettergärten. Sie werden erfahrungsgemäß von Jugendlichen gut angenommen. Nicht alle Jugendlichen wollen nun mal in ein Jugendhaus kommen.

E Greta Sonntag (16): Jugendliche treffen sich gerne auch mal ohne Pädagogen. Das geht nur in offenen Jugendtreffs. Daher wäre es schön, wenn der Gemeinderat uns den neuen Jugendtreff selbst gestalten ließe.

F Silke Förster (56), Sozialarbeiterin: Das ist nicht das Ende für den Jugendtreff. Bereits in vier Wochen öffnet der „Jugendtreff Bahnwaggon" unter gleichem Namen an anderer Stelle. Damit es aber ein Ort für alle wird, sollten möglichst viele Jungendliche dieses Projekt aktiv unterstützen. Also steckt nicht den Kopf in den Sand, sondern helft uns!

a) Versetzt euch in die Personen und tragt deren Äußerungen in der Klasse vor.
b) Sprecht über die Äußerungen: Welche Personen kommen zu Wort, und was wollen sie erreichen?

3 Untersuche die Aussagen genauer:
  a) Welche Äußerungen enthalten Aufforderungen? An wen richten sich diese?
  b) Unterstreiche die Formulierungen, die zu etwas auffordern.
  c) Vergleiche deine Ergebnisse mit dem ersten TIPP.

Folie

4 a) Macht euch klar, wie ihr zu Jugendtreffs steht. Diskutiert in einem 4-Ecken-Gespräch jeweils eine der folgenden Fragen A–D. Geht vor wie im zweiten TIPP beschrieben.
  A Brauchen Jugendliche einen Jugendtreff?
  B Wie soll ein Jugendtreff aussehen?
  C Unter welchen Bedingungen würdest du dich für einen Jugendtreff einsetzen?
  D Was würdest du für die Einrichtung eines Jugendtreffs tun?
  b) Notiert die Ergebnisse eurer Diskussion in Stichpunkten.

5 a) Verfasst aus euren Notizen eine Aufforderung. Überlegt, an wen sich die Aufforderung richtet, und nutzt die Formulierungshilfen aus dem ersten TIPP.
  b) Tragt eure Aufforderung vor. Die anderen beurteilen, ob sie angemessen formuliert ist.

💡 TIPP

So formulierst du eine Aufforderung (einen Appell):
Aufforderungen können sprachlich unterschiedlich ausgedrückt werden: fordernd, nachdrücklich, freundlich, höflich.
Bedenke dabei immer, wen du ansprechen willst:
1. Verwende den **Imperativ** (Befehlsform): *Sorgen Sie dafür, dass wir einen neuen Jugendtreff bekommen! / Tut etwas!*
2. Bilde **Aufforderungssätze mit Modalverben** *(sollen, müssen, dürfen, können)*: *Sie müssen uns einen neuen Jugendtreff geben!*
3. **Sprich deinen Adressaten direkt an**, um ihn für dein Anliegen zu gewinnen: *Bitte, Herr Meier, setzen Sie sich für unser Anliegen ein.*
4. Verwende den **Konjunktiv II**: *Es wäre schön, wenn Sie mit uns reden würden. / Wir würden gerne mit Ihnen reden.*

Seite 228

💡 TIPP

So führt ihr ein 4-Ecken-Gespräch:
1. Entscheide dich für eine der vier Fragen, zu der du etwas sagen möchtest, und gehe in die entsprechende Ecke.
2. Nennt in der Ecke nacheinander den Grund, warum ihr zu dieser Frage etwas sagen möchtet, und stellt dann eure Meinung dar. Begründet sie.
3. Notiert die wichtigsten Gesprächsinhalte. Ihr könnt dazu auch ein Plakat in eure Ecke hängen, auf dem ihr eure Gesprächsinhalte festhaltet.
4. Bestimmt jemanden aus der Ecke, der eure Gesprächsinhalte den anderen Gruppen vorstellt.

Ein Treff für alle – zum Mitgestalten auffordern

Jugendtreff Bahnwaggon vor Neustart

Ein großer, ziemlich heruntergekommener Raum mit verblasster Farbe an den Wänden – dieses Bild bietet sich zurzeit denjenigen, die ⁵ den zukünftigen Jugendtreff aufsuchen. Als Erstes muss die neue Bleibe renoviert werden. Damit diese auch den Vorstellungen und Bedürfnissen der vielen Jungen ¹⁰ und Mädchen entspricht, haben sie die Möglichkeit, bei einem ersten Besichtigungstermin am nächsten Samstag Ideen für die Renovierung zu äußern. Um auch wirklich „gescheite" Jugendarbeit in diesem ¹⁵ Stadtteil zu leisten, appelliert die Sozialarbeiterin Silke Förster an Eltern, Helfer und Sponsoren, sich in nächster Zeit an einen runden Tisch zu setzen und zu überlegen, ²⁰ wie die bevorstehende Mammutaufgabe am besten zu bewältigen ist. Natürlich haben sich auch im Vorfeld viele Jugendliche angeboten, tatkräftig bei den anfallenden ²⁵ Arbeiten mitzuhelfen.

1 Mache dir die Situation klar, die in dem Zeitungsartikel beschrieben wird:
   a) Worum geht es? Welche Intention (welches Ziel) verfolgt der Autor?
   b) Im Zeitungsartikel wird Silke Förster erwähnt. An wen wendet sie sich? Was will sie erreichen?

INFO

Was sind appellative Texte?
Mit einem appellativen Text willst du den Leser *(Adressaten)* zu einer bestimmten Handlung auffordern *(Intention)*.
Appellative Texte können sein: *persönlicher Brief, Leserbrief, Plakat, Aushang.*

Seite 47

An alle,
ist es nicht toll, dass wir jetzt bald einen neuen Standort für unseren Jugendtreff bekommen? Und wir können sogar dafür sorgen, dass er so gestaltet wird, wie wir es uns wünschen.
⁵ Dafür müssen wir aber auch alle bei dem Besichtigungstermin erscheinen, damit unsere Vorschläge ernst genommen werden und die Planer nicht wieder über unsere Köpfe hinweg entscheiden, was gut für uns ist.
Ich hoffe also, dass alle, die diesen Aushang lesen, auch kommen. Helft mit und sammelt doch schon mal Ideen, wie wir unseren neuen Jugend-
¹⁰ treff renovieren können. Ich zähl auf euch!

Greta Sonntag

Anlass des Aushangs

2 Greta schrieb auf den Zeitungsartikel hin einen Aushang, den sie am Schwarzen Brett ihrer Schule aushängen will. Untersuche Gretas Aushang:
a) Erkläre, an wen sich Greta wendet *(Adressat)* und was sie mit ihrem Aushang erreichen will *(Intention)*. Überprüfe dein Ergebnis mit der **INFO** von Seite 40.
b) Erläutere, wie Greta ihr Anliegen deutlich macht. Markiere dazu entsprechende Textstellen und ordne sie den Gliederungspunkten des **TIPPs** zu.

Folie

3 Die Sozialarbeiterin Silke Förster will in einem Brief auch die Eltern um ihre Mithilfe bei der Renovierung des Jugendtreffs bitten.
a) Schreibe anstelle von Silke Förster diesen Brief. Orientiere dich an den Gliederungspunkten des **TIPPs** und lege dir einen Schreibplan an. Beachte auch die Anredeformen für Erwachsene.
b) Überarbeitet in einer Schreibkonferenz eure appellativen Texte: Wird eure Intention deutlich? Passt die Sprache zu dem Adressaten?

TIPP

So schreibst du einen appellativen Text:
1. Nenne **den Anlass** deines Schreibens *(Schließung des Bahnwaggons)* und **dein Anliegen** *(Einrichtung eines neuen Treffs)*.
2. Nenne das **Ziel** (die Intention), das du mit deinem Text erreichen möchtest: *„Da unser Waggon geschlossen wurde, brauchen wir einen neuen Jugendtreff."*
3. Verwende **appellierende Formulierungen,** die du je nach Adressat und Absicht mit Schärfe oder höflich vortragen kannst:
   „Sie müssen unseren Antrag im Gemeinderat vortragen, denn …"
   „Wir hoffen, dass Sie unseren Antrag im Gemeinderat vortragen, denn …"
4. Führe **Sachinformationen** und **Begründungen** an, damit deine Aufforderung nachvollziebar ist: *„Damit die Befürchtungen der Anwohner nicht Wirklichkeit werden, brauchen wir einen neuen Jugendtreff."*
5. **Sprich am Schluss deine Leser noch einmal an und fordere sie auf:**
   „Unterstützen Sie unseren Wunsch nach einem neuen Jugendtreff und setzen Sie sich für uns ein!"

4 a) Saleem möchte möglichst viele Jugendliche auffordern, bei der Renovierung zu helfen. Lies seinen Artikel für die Jugendseite der Tageszeitung:

A

Den Jugendtreff renovieren

Der Besichtigungstermin im neuen Jugendzentrum wird sicher richtig interessant, obwohl mich Besichtigungen immer eher an alte Gemäuer erinnern. Es ist doch sehr schön, dass wir selber tätig werden können:
5 Wann werden wir sonst schon mal nach unserer Meinung gefragt? Erst neulich habe ich gelesen, dass die Meinung Jugendlicher bei den Erwachsenen kaum gefragt ist. Also helft mit und kommt möglichst zahlreich! Alle sind willkommen. Es wäre schön, wenn viele sich die Zeit nehmen und erscheinen. Nicht, dass wieder alle kneifen und ich alleine da-
10 stehe! Das ist mir erst neulich passiert, als ich allein beim Umwelttag am Start war, um Müll zu sammeln, und sich sonst niemand hat sehen lassen. Hört gut zu: Wir brauchen Personen mit Ideen. Wir brauchen Leute, die stark sind. Wir brauchen auch Leute, die planen können. Wir brauchen Leute, die malen können. Getreu dem Motto „Wer ein Heim will, muss
15 auch arbeiten" – spuckt in die Pfoten und legt los. Lasst uns den Treff nett renovieren!

Saleem

A: fasst an!

 Folie

b) Wie wirkt Saleems Text auf dich? Beschreibe deinen Leseeindruck.
c) Überarbeite den Text so, dass er zu den Lesern einer Jugendseite passt. Orientiere dich dazu am **TIPP** auf Seite 41. Wende das ESAU-Verfahren an, wie es im **TIPP** unten beschrieben wird.
d) Vergleiche deine Überarbeitungsvorschläge mit einem Partner. Welche Formulierungen gefallen euch besser? Übernehmt sie in euren Text.
e) Schreibe Saleems Appell überarbeitet auf.

TIPP

So arbeitest du mit dem ESAU-Verfahren:
Notiere zunächst am Rand des Textes, was du verändern möchtest (E, S, A, U). Schreibe dann deine Änderungen in den Text oder an den Rand:

1. **Ergänzen:** fehlende Wörter, Sätze, Gedanken, Abschnitte
   Wichtig ist, dass wir zahlreich erscheinen.
   Besonders wichtig ist, dass wir zahlreich erscheinen.

2. **Streichen:** überflüssige Wörter, Wiederholungen, Sätze, Gedanken
   Wichtig ist, dass wir zahlreich, also mit vielen Leuten, erscheinen.

3. **Austauschen:** unpassende Wörter (z. B. Umgangssprache, falsche Fremdwörter), Sätze, Gedanken
   Es ist doch völliger Schwachsinn, uns nicht zu beteiligen.
   Es ist doch unsinnig, uns nicht zu beteiligen.

4. **Umstellen:** die Reihenfolge der Sätze, Wörter, Gedanken ändern oder Sätze miteinander verknüpfen
   Wir wollen auch unsere Meinung äußern. Das ist doch klar.
   Es ist doch klar, dass wir auch unsere Meinung äußern wollen.

Benehmen erwünscht! – Einen appellativen Text formulieren

1 Betrachtet das Foto und sprecht darüber: Wer könnte die Hütte nutzen und zu welchem Zweck? Wie könnten andere Personen darauf reagieren?

Zu diesem Foto erschien folgender Zeitungsartikel:

Bunt besprühte Hütte beherbergt Jugendliche

Wulfen. „Was wird das eigentlich?", fragten sich seit Monaten Passanten. Die Fantasien reichten vom Stromhäuschen bis zum Kiosk. Verwunderlich war nur, dass so viele eifrige Jugendliche an der Baustelle mitwirkten. Darunter waren meist auch Streetworker Pater Pauly und seine Mitarbeiter. In den letzten Wochen wurde das Geheimnis nach und nach gelüftet.

Das Modul einer Fertiggarage mit vorgezogener zweiter Decke wurde mit einer praktisch gepflasterten Freifläche umgeben sowie mit einer Litfaßsäule und einer gemütlichen Außensitzecke ergänzt. Die Wände sind mit kreativen Graffiti gestaltet. Fertig ist eine trendige Jugendhütte. Die Stadt Dorsten macht seit vielen Jahren gute Erfahrungen mit dem „Hüttenprojekt", der Einrichtung informeller Treffpunkte in enger Kooperation mit dem Streetworkprojekt in Wulfen. Im Rahmen der Wohnumfeldverbesserungen war der bestehende Hüttenstandort gefährdet, weil die Hütte optisch nicht mehr in das verschönerte Umfeld zu passen schien. In einem Verhandlungsprozess von Anwohnern, Stadt und Jugendlichen wurde ein neuer, bestens geeigneter Standort gefunden, etwa 60 m entfernt. Die neue Hütte kann sich sehen lassen. Die leuchtenden Farben der benachbarten frisch sanierten Wohnungen wurden aufgegriffen und die Wände der Hütte mit jugendgemäßen Graffiti gestaltet. Alle Beteiligten hoffen nun, dass die Jugendlichen verantwortungsvoll mit ihrem neuen Treffpunkt umgehen.

2 Wie steht der Redakteur des Artikels zu dem Projekt? Untersuche den Text:
   a) Vergleiche die Aussagen über die Hütte mit euren Vermutungen aus Aufgabe **1**.
   b) Wie wirkt der Zeitungsartikel auf dich als Leser? Wähle Adjektive aus (*informativ, positiv, negativ, objektiv, sachlich, subjektiv, langweilig*) und finde Textstellen, die deine Auswahl begründen (z. B.: Z. 26: „*kann sich sehen lassen*").

Hüttensprecher Karsten wendet sich in einem Aushang an die Nutzer der Hütte. Er will die Jugendlichen darum bitten, sich verantwortungsbewusst zu benehmen, damit es nicht zu Beschwerden von Anwohnern kommt.

> Hallo Hüttennutzer,
> jetzt, wo wir unsere Hütte haben, müssen wir unbedingt darauf achten, dass wir keinen Ärger mit den Anwohnern bekommen. Sonst sind wir unsere Hütte ganz schnell wieder los. Deshalb wende ich mich jetzt an
> 5 euch:
> – handelt verantwortungsbewusst (auf sich und die anderen achten)
> – keinen Ärger mit den Anwohnern (Pöbeln verboten!)
> – nicht bis in die Puppen feiern (Ruhestörung / Achtung! Ordnungsamt)
> – als Hüttensprecher bin ich verantwortlich
> 10 – Außensitzecke sauber halten
> – keine Zigaretten an Bänken ausdrücken oder auf den Boden werfen
> – kein Gekritzel auf den Wänden (Graffiti!)
> – Müll in Körben entsorgen
> – Kritik oder Vorschläge an mich
> 15 – Ankündigungen/Informationen an Litfaßsäule aushängen
> Ich hoffe, ihr haltet euch daran. In diesem Sinne: Benehmen erwünscht!
> Euer Hüttensprecher Karsten

Aufforderungen formulieren:
– Imperative
– Modalverben
– Adressaten direkt ansprechen
– Konjunktiv II

3 a) Der Mittelteil des Aushangs ist Karsten noch nicht gelungen. Formuliere Karstens Stichpunkte in ganzen Sätzen aus. Nutze dazu den Merkzettel links und lies noch einmal den ersten **TIPP** auf Seite 39. Verknüpfe die appellativen Sätze mit Begründungen, damit du deine Adressaten überzeugen kannst: *Bitte handelt verantwortungsbewusst, denn wenn jeder auf sich selbst und auf den anderen achtet, kommt es nicht so schnell zu Konflikten.* Probiere mehrere Formulierungsmöglichkeiten aus.
b) Schreibe den überarbeiteten Aushang anschließend auf.

4 Die Jugendlichen haben beschlossen, einige von Karstens Appellen als Piktogramme darzustellen und für jeden sichtbar in die Hütte zu hängen. Wähle einen Appell aus und zeichne dazu ein passendes Piktogramm.

Einen appellativen Text überarbeiten

Hi Nachbarn,
wir wissen, dass unser Hüttenprojekt in der Nachbarschaft teilweise argwöhnisch belauert wurde. Und einige von Ihnen sind sicher schon wieder auf hundertachtzig, wenn sie daran denken, dass wir hier unsere freie Zeit
5 abchillen. Wir sind aber gar nicht so! Versetzen Sie sich doch bitte in unsere Lage und haben Sie Verständnis für unsere Meetings. Geben Sie uns Ihr Okay für unsere Hütte. Sie kennen ja den Spruch: My home is my castle! Und ist der Bau nicht superhip geworden? Sogar der Bürgermeister himself hat beim Sprayen geholfen, obwohl wir uns gewundert haben, dass er sich
10 mit Graffiti auskennt. Wo er wohl trainiert hat? Wir haben auch lange darüber getalkt und wollen auf Frieden mit Ihnen machen. Wir versuchen, unsere Lautstärke runterzufahren und Rücksicht zu nehmen. Total cool wäre es, wenn uns jemand von Ihnen helfen könnte, einen Zaun aufzustellen. Als kleinen Lärmschutzwall. Sie sehen, wir sind zu allem bereit! Unser
15 Hüttensprecher Karsten hat sich auch breitschlagen lassen, als Vermittler einzuspringen. Er hat nur keinen Bock darauf, für Dinge, die wir versemmelt haben, seine Birne hinzuhalten. Helfen Sie uns also, dass wir unsere Hütte ohne Trouble nutzen können. Wir versprechen, uns an Absprachen zu halten. Also, Freunde: Man sieht sich!
20 Eure Hütten-Nachbarn

1 Überarbeite den Handzettel mithilfe der **CHECKLISTE** so, dass er höflich und freundlich klingt:
    a) Plane deine Überarbeitung. Verwende dazu das **ESAU**-Verfahren:
    – Überprüfe, ob die Intention deutlich wird. Schreibe dazu die Appelle, die die Jugendlichen an die Anwohner richten, stichwortartig auf und formuliere sie neu.
    – Untersuche, ob die Sprache und Anrede für die Adressaten angemessen ist.
    b) Schreibe den Handzettel mithilfe deiner Überarbeitung neu.
    c) Kontrolliere deinen Handzettel noch einmal mithilfe der **CHECKLISTE**.

Folie

Seite 276

☑ CHECKLISTE

Einen appellativen Text überarbeiten
1. Wird deutlich, **an wen** sich der Text richtet?
2. Werden der **Anlass** und das **Anliegen** klar genannt?
3. Enthält der Text **appellierende Formulierungen**: Aufforderungssätze, Imperative, direkte Ansprache, Konjunktiv II?
4. Sind die Formulierungen **sprachlich angemessen und verständlich**: keine Umgangssprache, keine Verallgemeinerungen, keine Beleidigungen?
5. Wird das Anliegen **nachvollziehbar begründet**?
6. Wird **am Schluss** noch einmal **zusammenfassend appelliert**?
7. Wurde der Text **an unwichtigen Stellen gekürzt**?
8. Werden die **Anredepronomen** *(Sie, Ihnen ...)* **großgeschrieben**?

Kompetenz-Check:
einen appellativen Brief überarbeiten

Erneut wilde Party auf Bergwiese *von Inga Kujas und Alix Sauer*

Coesfeld. Überall liegen Plastiktüten, zerdrückte Saftpackungen, Flaschen und durchgeweichte Pappfetzen sowie unzählige kleine Glasscherben: Auf der Bergwiese sieht es aus wie auf einer Müllkippe. In der Nacht zum Donnerstag haben hier wieder mal Jugendliche lautstark Party gefeiert.
5 Eine Anwohnerin ist empört: „Eine Katastrophe ist das", sagt sie. „Meine Kinder lasse ich nicht mehr auf dem Platz spielen – die Gefahr, dass sie sich an den Scherben schneiden, ist zu groß."

Sehr geehrte Frau Bürgermeisterin,
beim Jugendhearing sind wir ja schon ins Gespräch gekommen. Daher wende ich mich jetzt voller Vertrauen an sie. Auch ich habe auf der Bergwiese gefeiert. Okay, die Party war bei der Stadt nicht angemeldet, aber
5 was soll's! Wir sind halt noch spontan und feiern nicht nach dem Terminkalender. Die Sorgen der Anwohnerin kann ich aber verstehen. Wenn sie sagt: „Meine Kinder lasse ich nicht mehr auf dem Platz spielen", macht mich das sehr nachdenklich. An die Folgen haben wir so nicht gedacht. Normalerweise räumen wir aber die Wiese anschließend wieder auf.
10 Diesmal hat wohl niemand sich verantwortlich gefühlt. Ich bin dann gegangen, weil die Stimmung irgendwie raus war. Gemeinsam haben wir im Nachhinein gesagt: „Es ist kein Problem, jemanden zu bestimmen, der bei unseren Treffen dafür zuständig ist, den Müll zu beseitigen."
Warum ich diesen Brief an sie schreibe: Wir brauchen einfach dringend
15 eine Location, wo wir uns treffen können. Am besten natürlich draußen. Die meisten von uns wollen sich einfach nur mit Freunden treffen. Nur manche sind auf Krawall aus. Nur manche machen Müll. Aber nicht alle von uns sind so drauf! Wirklich nicht! Daher fordere ich von ihnen: Geben sie uns gefälligst einen Platz, wo wir uns treffen können!
20 Wir wollen keinen Stress mit Anwohnern und Polizei.
Nadine Beckmann

1 Nadine will sich mit ihrem Brief für das Verhalten der Jugendlichen entschuldigen und die Stadt um einen Platz für die Jugendlichen bitten. Verändere Nadines Brief so, dass sie darin ihre Anliegen deutlich macht und sich sprachlich angemessen ausdrückt. Gehe so vor:

 Folie

a) **Plane** deine Überarbeitung. Verwende dazu das ESAU-Verfahren:
– Untersuche, wo sich Nadine sprachlich nicht angemessen ausgedrückt hat, und formuliere diese Textstellen neu.
– Überprüfe die Schreibweise der Anredepronomen.

b) **Schreibe** den Brief mithilfe deiner Überarbeitungsnotizen neu.

Im Blickpunkt: Sprache betrachten

Schreibabsichten: informieren, appellieren, kritisieren

A
Auf zur Wahl des Jugendtreffsprechers!

Auf dich kommt es an!
Deine Stimme kann entscheiden!
Triff deine persönliche Entscheidung!

Geh zur Wahl!

B
Hallo Leute,
ich stelle mich zur Wahl des Jugendtreff-sprechers. Wenn ihr einen Sprecher wollt, der
– zuverlässig ist,
– gut reden kann,
– immer ein offenes Ohr für euch hat und
– kein Blatt vor den Mund nimmt,
dann bin ich der Richtige.
Gebt mir eure Stimme!
Euer Murat

C
Jugendtreff steht vor Wahl des Sprechers
Dortmund. Am kommenden Samstag findet im neu gestalteten Jugendtreff an der Luisenstraße erstmalig die Wahl des Jugendtreffsprechers statt. Der neu gewählte Sprecher wird dann auch
5 automatisch am nächsten Jugendhearing der Stadt teilnehmen und dort die Wünsche der Jugendlichen vortragen. Bisher fehlte dem jetzigen Gremium ein offizieller Vertreter des gut besuchten Jugendhauses. Die Wahl beginnt um
10 15.00 Uhr mit der Vorstellung der Kandidaten, an die sich direkt die Stimmabgabe anschließt. Wahlberechtigt sind alle Jugendlichen.

D
Waren das noch Zeiten, als Jugendliche nach Lust und Laune eigene „Buden" bauten. Heute brauchen sie ein festes Jugendhaus, einen Streetworker, ein päda-
5 gogisches Konzept und nun noch einen eigenen Jugendsprecher. Ja, sind denn die Kids nicht mehr in der Lage, ihren Mund aufzumachen und ihre Interessen selber zu vertreten? Wohl kaum, sonst würde sich
10 die Mehrheit nicht hinter einem Sprecher verstecken. Oder ist es einfach nur so, dass die Jugend nichts zu sagen hat? Armes Deutschland …

1 a) Die vier Texte wurden mit unterschiedlichen Absichten geschrieben: Welcher *informiert, appelliert, kritisiert*? Ordne dem jeweiligen Text die Absicht zu.
b) Markiere die Textstellen, durch die die jeweilige Absicht deutlich gemacht wird, und begründe deine Entscheidung.
c) Erläutere, an welche Adressaten sich die Texte jeweils wenden.

Folie

2 Wähle eine der folgenden Situationen aus und schreibe dazu einen Text:

A Du informierst in der Zeitung über den Termin des nächsten Jugendhearings.
B Du willst an die Nutzer der Skateranlage appellieren, dass sie die Anlage nicht nach 20.00 Uhr nutzen, weil der Lärm die Anwohner stört.
C Du willst in einem Aushang kritisieren, dass der Jugendtreff ohne Mitwirkung der Jugendlichen gestaltet wurde.
D Du bist der Sprecher des Jugendhearing-Gremiums und stellst dich auf der Jugendseite der Zeitung vor.

Im Blickpunkt: richtig schreiben
Schreibweisen kontrollieren

Bolzplatz-Versprechen

R1	Sehr geerte Frau Bürgermeisterin,
R2, R3, R4	im letzten September haben sie uns wärend des Jugendparlements
R5	zugesagt, das wir bald mit einem neuen Bolzplatz rechnen könnten.
	Jetzt sind schon wieder einige Monate vergangen und nichts hat sich
R6, R7	5 getahn. War dies letztendlich nur ein reines Politikaversprechen?
R8	Als Sprecherin des damals gegründeten Jugendparlements bitte ich Sie
R9, R10	nachdrücklich, ihr Versprechen nun auch einzulösen. Die Jugentlichen
R11	unserer Stadt warten schon lange genug! Wir sind es leit, immer ver-
R12	tröstet zu werden. Sie persöhnlich haben uns zudem darin bestärkt,
R13	10 unsere Interessen durch ein Jugendgrämium vertreten zu lassen.
R14, R15	Dann müssen sie nun aber auch damit rechnen, das dies von unserer
R16	Seite auch wargenommen wird.
R17	Wir gehen davon aus, dass ihre Zusage ernst gemeint war, und erwarten,
R18	dass Sie uns einen konkreten Termien für den Bau des Bolzplatzes nennen
	15 und ihn vor allem einhalten.

Mit freundlichem Gruß
Greta Becker

1 a) Spüre die Rechtschreibfehler in diesem Brief auf. Die Textkorrekturkarte mit den persönlichen Fehlerschwerpunkten von Greta gibt dir Hinweise, auf welche Fehlerquellen du achten musst.

 Folie

– Unterstreiche zunächst die Fehlerwörter, die du findest.
– Schlage die Wörter im Wörterbuch nach, bei denen du unsicher bist.
– Schreibe die Fehlerwörter in der richtigen Schreibweise ins Heft.
b) Begründe die Schreibweise: z. B. Anredepronomen „Sie" schreibt man groß.
c) Vergleiche deine Lösung mit der eines Partners.

Textkorrekturkarte von Greta:
1. Anredepronomen in Briefen: Die Anredepronomen der Höflichkeitsform *(Sie, Ihr, Ihnen, Ihre, Ihren, Ihrem)* großschreiben →
2. Fremdwörter richtig schreiben →
3. Dehnungs-*h*: Wörtern fehlt das Dehnungs-*h (mahnen)* oder es wird ergänzt, obwohl es dort nicht hingehört *(gefra̶h̶gt)* →
4. Unterscheidung zwischen *dass* und *das* →
5. Wörter mit *i* oder *ie* →
6. Auslaut *d* oder *t* →

2 Übertrage Gretas Textkorrekturkarte in dein Heft und ergänze hinter den Pfeilen die passende Rechtschreibstrategie.

Im Blickpunkt: Lesen

Offene Ohren im Netz – Webseiten zum Mitreden

Berlin (dpa/tmn) Sag deine Meinung, werde aktiv, gestalte mit! Auf einer ganzen Reihe von Webseiten finden Jungen und Mädchen solche Aufforderungen. Die Möglichkeiten, sich online mitzuteilen, könnten kaum vielfältiger sein. Entscheidend dabei ist: Die Äußerungen werden wahrgenommen, sei es von Bundestagsabgeordneten oder von den eigenen Lehrern. Das heißt aber auch: Beleidigungen und falsche Behauptungen müssen tabu sein. „Mitmischen.de" heißt das Jugendportal des Deutschen Bundestags in Berlin. Der Name ist Programm: „Jugendliche können direkten Draht zu Bundestagsabgeordneten aufnehmen, mit ihnen diskutieren, chatten und auch ihre Wünsche und Meinungen präsentieren", sagt Nathalie Hillmanns-Weis, Redaktionsleiterin des Portals. Die Themen werden von den jugendlichen Nutzern selbst vorgeschlagen. In Votings kann jeder Nutzer seine Meinung äußern. Es gibt auch weitere Portale für Jugendliche, wie zum Beispiel „Netzcheckers.de", „Lizzynet.de" oder „Fluter.de", das Jugend-Onlinemagazin der Bundeszentrale für politische Bildung. Jeder Nutzer von „Fluter.de" oder der anderen Portale hat außerdem die Möglichkeit, sich in einem eigenen Blog, einem für alle Nutzer öffentlich geführten Tagebuch, mitzuteilen, und zwar so, wie einem der Schnabel gewachsen ist.

Blog: Mitreden ist echt anstrengend!

Mitreden stellen sich manche leichter vor, als es ist!
Aber wisst ihr eigentlich, was es bedeutet, ein Projekt tatsächlich umzusetzen?
Tugba Altan

①›tugbaaltan/12.09./17:03 zum Blog: Mitreden ist echt anstrengend!
Es ist geschafft!!! Der Skaterpark ist eröffnet und wird gut angenommen. Der Ausschuss traf sich gestern das letzte Mal: diesmal, um voneinander Abschied zu nehmen. Mein Fazit: Wir haben viel erreicht. Manchmal schien es mir, als gäbe es mehr Rückschritte als Fortschritte, aber immer, wenn ich an dem Punkt war, alles hinzuschmeißen, ging es wieder weiter. Mitreden ist anstrengend und braucht vor allem Zeit. Aber wenn man sich wirklich hinter ein Projekt klemmt und nicht lockerlässt, dann ist es einfach irre, schließlich vor dem Ergebnis zu stehen und sagen zu können: Daran bist du beteiligt. Es ist zum Teil dein Werk.

②›tugbaaltan/05.06./10:53 zum Blog: Mitreden ist echt anstrengend!
Das dritte Fachtreffen hat gestern stattgefunden. Nachdem die Stadt uns endlich die Genehmigung für das Gelände erteilt hat, konnten wir uns mit einer Fachfirma für Skateranlagen zusammensetzen. Mit unserer schönen Zeichnung ging sie gar nicht zimperlich um. An der Zusammenstellung der einzelnen Geräte hatte sie zum Glück nichts auszusetzen, aber an den Standorten schon. So wurden die Geräte immer wieder hin und her geschoben, bis wir uns nun endlich einigen konnten. DER PLAN STEHT!

③ ›tugbaaltan/26.04./22:45 zum Blog: Mitreden ist echt anstrengend!
Komme direkt aus dem Jugendtreff. In letzter Zeit habe ich mich dort kaum sehen lassen. Die ganzen Ausschusstreffen kosten nämlich richtig Zeit. Außerdem war ich es leid, ständig angequatscht zu werden: „Wann geht's denn endlich los?" „Was tut ihr überhaupt?" Aber heute konnten wir Ergebnisse vorweisen: Für unsere Zeichnung des Skaterparks und die Auswahl des Geländes gab es hundertprozentige!!!! Zustimmung der anderen. Manno, das verleiht Flügel!! Ich schwimme gerade auf einer Welle der Euphorie. Hoffentlich noch lange, lange, lange …

④ ›tugbaaltan/25.04./12:27 zum Blog: Mitreden ist echt anstrengend!
Während die Stadt checkt, ob sie uns das Gelände zur Verfügung stellt, planen wir tatsächlich schon mal weiter. Jetzt kommt mein Part. Gemeinsam mit zwei Skaterfreunden erstellen wir einen Plan, wie der Skaterplatz in Zukunft aussehen soll. Quarterpipe mit Plattform, Speedbank, Pyramide mit schräger Ledge und Olliebox – alles ist dort enthalten und entsprechend eingezeichnet.
Morgen stellen wir unsere Zeichnung im Jugendtreff vor. Ich bin schon gespannt, ob wir den Nerv der anderen getroffen haben!

⑤ ›tugbaaltan/14.04./17:08 zum Blog: Mitreden ist echt anstrengend!
Die erste Planungssitzung liegt jetzt hinter mir. Meine Güte! Nie hätte ich gedacht, dass man sich so viele Gedanken machen muss, um zu einem für alle zufriedenstellenden Ergebnis zu kommen. Die Ausgangssituation war schnell umrissen: Ein No-Go ist ganz klar die weitere Nutzung des Marktplatzes zum Skaten. Da laufen die Anwohner Sturm. Also muss ein neuer Ort her, der für alle akzeptabel ist. Nun ging es richtig los:
Vorschläge wurden gemacht, Vorschläge wurden verworfen. Klarer Favorit ist das Gelände neben dem Sportplatz. Darüber muss nun erst einmal die Stadt entscheiden. Mal sehen, wann es weitergeht!

⑥ ›tugbaaltan/28.03./15:32 zum Blog: Mitreden ist echt anstrengend!
Wie bin ich eigentlich dazu gekommen, im Ausschuss „Skaterplatz" mitzumischen? Natürlich ist meine große Klappe mal wieder nicht ganz unschuldig an meinem neuen Job. Aber zurück auf Anfang: Das gestrige Jugendhearing in unserem Jugendtreff hat mich schon sehr interessiert. Ich wollte wirklich wissen, ob es diesmal wieder so eine Alibi-Veranstaltung ist, mit der sich diverse Größen unserer Stadt ihr Gewissen beruhigen. Aber ich hatte dann schnell das Gefühl, tatsächlich ernst genommen zu werden. Das lag auch daran, dass wir ganz konkret Themenbereiche auf Karten notiert und dazu Ausschüsse gegründet haben. Als begeisterte Skaterin gehöre ich nun dem Ausschuss „Skaterplatz" an. „Ausschuss" … Was ist das eigentlich für ein Wort? Fehlt nur noch, dass meine Kollegen mich in Kanack-Spraak anreden: „Du bist Ausschuss?" oder „Du Ausschuss". Das erinnert mich irgendwie an Ramschverkauf im Kaufhaus!
Naja, es liegt ja nun an mir, was ich daraus mache!

1 Treffen die folgenden Aussagen auf den Text *Offene Ohren im Netz* von Seite 49 zu oder nicht? Kreuze die zutreffenden Aussagen an:

A Man erfährt, dass es viele Webseiten gibt, auf denen sich Jugendliche online äußern können. ☐
B Viele Bundestagsabgeordnete diskutieren online mit den Nutzern. ☐
C Die Themen werden von den Bundestagsabgeordneten vorgeschlagen. ☐
D Auf den Webseiten der Jugendportale sind alle Äußerungen erlaubt. ☐
E Die Nutzer der Webseiten müssen sich wahrheitsgetreu und fair äußern. ☐
F Da ein Blog ein öffentlich geführtes Tagebuch ist, können die Blogger ihren eigenen Sprachstil verwenden. ☐

2 Tugba beschreibt im Blog ihre Erfahrungen in einem Jugendausschuss.
a) Kreuze die richtige Antwort an: Tugba wird Mitglied des Ausschusses,

A weil sie die beste Skaterin ist. ☐
B weil sie sich freiwillig beim Jugendhearing gemeldet hat. ☐
C weil sie Praktikantin einer Firma für Skateranlagen ist. ☐
D weil sie viele Politiker kennt. ☐

b) In Tugbas Blog fehlen die Zwischenüberschriften. Ordne sie den Blogeinträgen zu, indem du die passenden Ziffern einträgst.

Blogeintrag:

A Gelände für Skaterplatz gesucht! ☐
B Unser Plan – ein voller Erfolg ☐
C Einen Skaterplatz gestalten ☐
D Jugendhearing – ich bin dabei ☐
E Vom Plan zur Tat ☐
F Ein Ausschuss mit Ergebnis ☐

c) Die Reihenfolge der Blogeinträge wurde mit einem Pfeil dargestellt. Kreuze den Pfeil an, der zu der Reihenfolge der Einträge passt, und begründe.

A → ☐   B ↓ ☐   C ← ☐   D ↑ ☐

d) Tugba stört das Wort „*Ausschuss*". Notiere zwei Synonyme.

e) Nenne die Schwierigkeiten, auf die Tugba im Ausschuss gestoßen ist.

f) In Blog ③ heißt es in Z. 26 „*das verleiht Flügel*".
Erkläre, was Tugba damit meint.

g) Tugba ist der Meinung: „*Mitreden ist echt anstrengend*".
Wie beurteilst du diesen Ausspruch? Begründe deine Meinung.

Unfall mit Polizeiauto auf der Bochumer Straße (A)

Überfall auf Geldtransporter (B)

Herdecke. Gestern wurde ein Überfall auf einen Geldtransporter am Ossenbrink vor der Sparkassen-Filiale verübt. Während zwei Mitarbeiter der Sicherheitsfirma sich in der Bank befanden, wurde der dritte im Transporter mit einer Waffe bedroht und zur Weiterfahrt gezwungen. Später sperrte der Täter den Fahrer in den Wagen ein und floh mit der Beute, deren Höhe noch nicht bekannt ist.

„Abstrakte Kunst am kalten Buffet" (C)

Neue Ausstellung im MKK

Profane Kuchen- und Puddingformen haben in der Regel wenig mit architektonischen Meisterwerken zu tun. Doch genau diese Verbindung kann man in der neuen Ausstellung im Museum für Kunst und Kulturgeschichte (MKK) förmlich miterleben. „Es ist eine schräge Ausstellung, die einfach in unsere Region passt", sagt Wolfgang E. Weick, Museumsdirektor des MKK.

Lehrer sollen Schüler anzeigen (D)

Von Andreas Poulakos

Schulen und Polizei in NRW sollen gemeinsam gegen jugendliche Kriminelle vorgehen. Ab sofort sind Schulleiter verpflichtet, schwere Straftaten ihrer Schüler bei der Polizei zu melden – und umgekehrt. Pädagogen sehen die neue Regelung kritisch.

Mit der bundesweit einmaligen Aktion will die Landesregierung Jugendkriminalität bekämpfen. Die Aufmerksamkeit richtet sich dabei vor allem auf die Schulen.

Laut einem Erlass vom Freitag (05.10.07) sind Schulleitungen nun verpflichtet, schwerwiegende Straftaten ihrer Schüler direkt bei der Polizei anzuzeigen.

Oscar-Verleihung an Kate Winslet (E)

Was gibt es Neues?

1 a) Lies die Nachrichten.
b) Sprecht darüber, welche Nachricht ihr besonders interessant findet. Begründet eure Meinung.

2 a) „Nichts ist so alt wie die Zeitung von gestern."
Tauscht euch darüber aus, was diese Redewendung aussagt.
b) Welche Nachrichten oben sind heute noch von Interesse? Erklärt eure Einschätzungen.

3 Bilder und Grafiken können unterschiedliche Funktionen haben. Diskutiert, welche Funktionen die Bilder und Grafiken oben haben:

1. Sie wecken die Aufmerksamkeit des Lesers.
2. Sie vermitteln zusätzliche Informationen.
3. Sie vermitteln einen anschaulichen Eindruck.

DAX – Kurve
(Deutscher Aktien Index)

Löw: Qual der Wahl

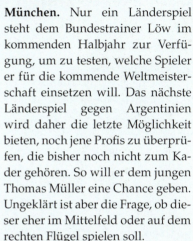

München. Nur ein Länderspiel steht dem Bundestrainer Löw im kommenden Halbjahr zur Verfügung, um zu testen, welche Spieler er für die kommende Weltmeisterschaft einsetzen will. Das nächste Länderspiel gegen Argentinien wird daher die letzte Möglichkeit bieten, noch jene Profis zu überprüfen, die bisher noch nicht zum Kader gehören. So will er dem jungen Thomas Müller eine Chance geben. Ungeklärt ist aber die Frage, ob dieser eher im Mittelfeld oder auf dem rechten Flügel spielen soll.

Daimler investiert drei Milliarden

Rastatt. Der Autobauer Daimler will in diesem und im nächsten Jahr rund drei Milliarden Euro in seine deutschen Standorte investieren. Darüber hinaus wolle man auch ein Werk in Osteuropa aufbauen. **(dpa)**

Prinz Philip, 88 – ein Mensch wie du und ich

Der Prinzgemahl der englischen Königin Elizabeth II. ist über die Gebrauchsanweisungen für TV-Aufnahmegeräte „not amused". Immer müsse er mit einer Taschenlampe, einer Lupe und der Bedienungsanleitung auf dem Boden liegen, um die richtige Einstellung vorzunehmen. Bis er dann den richtigen Knopf gefunden habe, sei die Sendung oft schon vorbei.

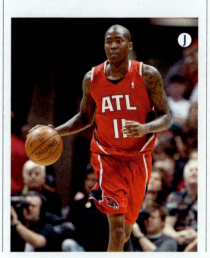

---

4 a) Die meisten Zeitungen bündeln die Seiten nach bestimmten Themen (z. B. Lokales, Sport), die von verschiedenen Redaktionsabteilungen erstellt werden. Ein Beispiel für eine solche Ressortaufteilung findest du rechts. Ordne die Artikel und Bilder diesen Ressorts zu: A = Lokales ...
b) Vergleiche dein Ergebnis mit dem deines Nachbarn.
c) Sprecht darüber, welche Ressortseiten ihr am liebsten lest. Begründet eure Auswahl.

5 a) Bringt selbst verschiedene Zeitungen mit und untersucht, welche Ressorts ihr in diesen Zeitungen feststellen könnt.
b) Legt für jedes Ressort ein Wandplakat an und klebt täglich aktuelle Artikel und Bilder auf.

Ressorts (Arbeitsbereiche) einer Zeitung:
– Lokales
– Kultur/ Feuilleton (Musik, Kunst, Theater, Literatur)
– Politik
– Wirtschaft
– Sport
– Aus aller Welt
– ...

Hier war der Bär los –
einen Bericht untersuchen

1 **a)** Sprecht über die oben dargestellte Situation: Mit wem telefoniert der Redakteur und warum?
b) Überlege selbst Fragen, die der Redakteur der Polizei stellen könnte.

2 Vergleiche die Meldung oben mit dem Zeitungsbericht auf Seite 55.
a) Schreibe in Stichworten die Informationen aus der Meldung und aus dem Bericht heraus. Lege dir dazu eine Tabelle mit W-Fragen an *(Was? Wann? Wo? Wer? Wie? Warum?)*:

W-Fragen	Meldung	Bericht
Was?	Nasenbär ausgebrochen, nicht eingefangen	
Wann?	gestern	

b) Erkläre mithilfe der Tabelle den Unterschied zwischen Meldung und Bericht.
c) Vergleiche deine Erklärung mit der **INFO** unten.

INFO

Meldung – Bericht
Nur eine neue, wichtige und interessante Information ist für den Leser eine lesenswerte Nachricht. Die Kurzform der Nachricht nennt man **Meldung**. Sie gibt in knapper Form Antworten auf die W-Fragen. Ein **Bericht** ist die ausführliche Darstellung der Nachricht mit Hintergrundinformationen und zusätzlichen Erläuterungen, aber ohne Meinungen oder Wertungen.

Nasenbären auf der Flucht

Nasenbären in Wulfen aus einem Privatgehege ausgebrochen

Wulfen. Zwei Nasenbären sind seit Montagnachmittag in Wulfen auf der Flucht. Sie waren aus einem neuen Gehege ausgebrochen. Bis zum Abend gelang es Polizei und Feuerwehr nicht, die Ausreißer zu fassen.

Spaziergänger entdeckten die Tiere am Montagnachmittag in einem Baumwipfel im kleinen Wäldchen in Wulfen. Neben den Schaulustigen gesellten sich am Abend auch Polizei und Feuerwehr dazu.

Die Feuerwehr stellte ziemlich schnell fest, dass das Einfangen der Tiere in den hohen Bäumen aussichtslos war, und rückte wieder unverrichteter Dinge ab. Die Polizei sprach mit der Besitzerin der Tiere und überzeugte sich davon, dass sie eine Genehmigung für die Haltung dieser Tiere besaß.

Beide Nasenbären nutzten ihre Freiheit für eine Entdeckungsreise in den ca. 500 Meter entfernt gelegenen Wald. Bis Dienstagmittag konnten sie auch nicht wieder eingefangen werden – trotz der mit Leckereien versehenen Fallen, die aufgestellt worden waren.

Das ist Balou, einer der beiden ausgerissenen Nasenbären.

---

3 a) Ein Zeitungsbericht hat verschiedene Merkmale. Lies dazu die **INFO** unten.
b) Schreibe zu den Pfeilen die Fachausdrücke ins Heft: A = Überschrift; B = …

ℹ️ INFO

Merkmale eines Zeitungsberichts

1. **Überschrift/Schlagzeile** und **Unterüberschrift** geben an, worum es in dem Bericht geht.
2. Zu Beginn des Artikels wird der **Ort des Ereignisses** genannt.
3. Im **ersten Absatz** erhält der Leser **die wichtigsten Informationen** (Antworten auf die Fragen: *Was? Wann? Wo? Wer?*).
4. Es folgen **nähere Erläuterungen**, Hintergrundinformationen und unterhaltsame Details (Antworten auf die Fragen: *Wie? Warum? Welche Folgen?*). Da sie am Schluss stehen, können sie bei Platzmangel gestrichen werden.
5. Die **Darstellung ist zumeist sachlich** und sollte **keine wertenden Äußerungen** enthalten.
6. Die Wiedergabe von **Originalaussagen** (Zitaten) soll die Glaubwürdigkeit einer Aussage unterstreichen oder den Bericht lebendiger gestalten.
7. Teilweise illustrieren **Bilder** den Bericht. Eine **Bildunterschrift** erklärt häufig den Zusammenhang zwischen Text und Bild.

Bärenstark – eine Reportage untersuchen

So, die ausgebüxten Nasenbären sind ja wieder eingefangen. Frau Menzel, recherchieren Sie doch mal dazu und schreiben Sie für die Wochenendausgabe eine Reportage darüber.

1. Internet-Recherche:
   → Nasenbären, Lebensweise
2. Vor-Ort-Recherche:
   - Besitzerin interviewen
   - Nachbarn befragen
   - bei Polizei und Feuerwehr nachfragen
   - nicht vergessen: Aufnahmegerät, Fotoapparat

1 a) Welche Aufgabe hat Frau Menzel übernommen?
b) Wie will Frau Menzel vorgehen? Beziehe in deine Antwort ihren Notizzettel am Rand ein.

2 a) Lies den Text auf den Seiten 57 und 58. Stelle fest, wie die beiden Tiere wieder eingefangen wurden.
b) Tauscht euch aus: Findet ihr diese Reportage interessant? Begründet.
c) Klärt gemeinsam, von wem die Redakteurin die neuen Informationen, die sie in der Reportage erwähnt, wohl bekommen hat.

ℹ INFO

Merkmale einer Reportage
Die Reportage soll den Leser informieren und zugleich unterhalten. Daher stellt der Journalist die Ereignisse aus seiner Sicht lebendig und packend dar. Die Reportage hat folgende Merkmale:
1. **Über- und Unterüberschrift** wecken die Neugier des Lesers.
2. Ein **lebendiger Anfang** (interessante Einzelheit, ein überraschendes Zitat, eine spannende Situation) soll das Interesse des Lesers wecken.
3. **Erzählende Textteile** oder **Schilderungen von persönlichen Eindrücken** wechseln **mit sachlichen Informationen** (Berichte, Beschreibungen).
4. Die **Zeitformen wechseln** (z. B. Präsens für aktuelles Geschehen oder Beschreibungen; Vergangenheit für Rückblicke).
5. Oft werden **Meinungen, Gefühle, Erfahrungen oder Äußerungen** von Gesprächspartnern in direkter (wörtlicher) oder indirekter Rede wiedergegeben.
6. **Bildhafte Sprachvergleiche** (Metaphern) unterstützen die anschauliche Darstellung.
7. **Persönliche Wertungen** des Journalisten können einfließen.
8. Häufig endet die Reportage mit einem **überraschenden Schluss**.

 Seite 266–267

Frau Dr. Leschhorn mit zwei ihrer Lieblinge

Nasenbäriges Happy End

Als Belohnung gibt's jetzt Bäume fürs eigene Gehege

Das Abenteuer steckt allen noch in den Knochen. Und jeder hat es seit dem Happy End am Donnerstagnachmittag auf seine Weise verarbeitet: Während Nasenbär Najade noch die Nachwirkungen der Narkose spürt, hat Balou sich erst mal auf Erkundungstour durch sein neues Gehege gemacht. Und „Frauchen" Dr. Ilona Leschhorn hat regelmäßig nach ihren beiden Ausreißern geschaut und sich davon überzeugt, dass es ihnen gut geht und sie vor allem noch da und nicht wieder ausgebüxt sind.

„Es war ein Glücksfall, dass die beiden am Montag zusammen im Wald entdeckt worden sind", sagt die 52-jährige Tierbesitzerin. Die Tiere kauerten gemeinsam auf einer Kiefer. Balou ließ sich von Leschhorn mit Weintrauben in den Wagen locken. Die Medizinerin: „Ich habe zwischendurch immer wieder Leuten meinen Hausschlüssel in die Hand gedrückt und sie in meine Wohnung geschickt, um Nachschub an Leckerchen zu holen. Ein benachbarter Landwirt hat zudem rohe Eier – für die Bären eine Delikatesse – spendiert." Da konnte Balou nicht widerstehen. Najade dagegen war schon wählerischer. Sie wollte nicht vom Baum herunter, musste schließlich von einem Veterinär narkotisiert werden.

Dr. Leschhorn: „Sie hat die Prozedur aber gut überstanden. Ich habe sie in der Nacht zu Freitag mit ins Haus genommen, dort konnte sie sich in einem gesonderten Raum von den Strapazen erholen."

Beide Nasenbären seien in erstaunlich guter Verfassung, sagt Leschhorn: „Sie sind äußerst vital, der Ausflug hat ihnen nicht geschadet. Ihr Fell glänzt super. Ich habe den beiden deshalb versprochen, dass sie zu ihrer Blockhütte und der Terrasse im neuen Gehege jetzt noch zwei Bäume, verbunden mit einer Hängematte, bekommen." Den Gehegeumbau hatten die beiden Nasenbären auch als Anlass zur Flucht genommen: Ein Schlupfloch war beim Einzäunen unentdeckt geblieben – und schon waren der zweieinhalbjährige Balou und die dreijährige Najade auf und davon. Zurück blieben Balous Erstfrau Belli und das gemeinsame zwölf Wochen alte Nasenbären-Baby Tapsy. Mutter und Kind sind zurzeit von den beiden anderen Gefährten isoliert, bis Tapsy etwas größer ist.

Die Nasenbären, die von der Statur in etwa so aussehen wie zu groß geratene Eichhörnchen, haben während ihres Freiganges garantiert keine Not gelitten, ist Besitzerin Dr. Ilona Leschhorn überzeugt. Im Gegenteil, momentan herrschen für die Tiere in den Wäldern geradezu paradiesische Zustände. „Die Auswahl an Käfern und Insekten, die sie dort um diese Jahreszeit finden, kann ich ihnen kaum bieten", weiß Ilona Leschhorn. In Wulfens Wäldern könnte das tagaktive Pärchen, das sich mittags mal gerne zu einer Siesta zurückzieht, nach Ansicht Leschhorns ohne Weiteres überleben, „wenn's im Winter nicht gerade extreme Temperaturen gibt." Ansonsten schützen sich die Tierchen mit ihrem geringelten Schwanz gegen die Kälte: Einmal um Kopf und Körper gewickelt, hält er mollig warm.

Aber da ist ja nun nicht mehr dran zu denken: Die verlorenen „Kinder" sind zurück, der Tierpark mit Emu, Wickelbären, Nasenbären und Kakadus ist wieder komplett.

Temperamentvolle Südamerikaner
Balou und Belli kamen zu Dr. Ilona Leschhorn, da waren sie gerade 14 Wochen alt. Najade war bereits über ein Jahr alt und hatte die Prägungsphase schon hinter sich. „Je jünger die Tiere sind, desto besser lassen sie sich an den Menschen gewöhnen", sagt die Besitzerin, die sich Tipps hinsichtlich Haltung und Impfung beim Münsteraner Zoo holt, in dem eine große Nasenbärengruppe lebt. Zur Nahrungssuche bewegen sich die Tierchen am Boden, klettern aber auch flink auf einen Baum und können zudem gut schwimmen. „Zahme Nasenbären kann man wie eine Katze oder einen Hund hochnehmen", erklärt die Wulfenerin. „Allerdings haben die kleinen Südamerikaner sehr viel Temperament." Sie sind aktiv, an ihrer Umwelt interessiert, aber auch eigenwillig – und absolut nichts für Kinder. „Wenn sie etwas nicht wollen, fahren die Nasenbären ihre Krallen aus", weiß Leschhorn. „Und sie sind sehr hibbelig. Sie verwechseln Menschen oft mit Bäumen, springen sie an und klettern an ihnen hoch."

Susanne Menzel

3 a) Überprüfe, welche Merkmale der Reportage (siehe **INFO** auf S. 56) auf diesen Artikel zutreffen. Übertrage dazu die Tabelle unten ins Heft und notiere darin die Merkmale aus der **INFO**. Suche jeweils passende Textstellen und notiere dazu die Zeilenangaben.

Merkmale einer Reportage	Ja	Nein	Textstellenbeispiel
1. Überschrift weckt Interesse	x		Nasenbäriges Happy End
2. Lebendiger Anfang			
3. Erzählende Textstellen/ sachliche Informationen			
4. Zeitformen wechseln			
...			

b) Vergleiche dein Ergebnis mit dem eines Partners.

4 a) Suche Formulierungen, die zeigen, dass der Autorin die Nasenbären gefallen und sie ihre Flucht eher lustig findet.
„Nasenbäriges Happy End" (Überschrift); „ihren beiden Ausreißern" (Z. 10–11) ...

b) Kann man in der Reportage erkennen, ob die Autorin die private Haltung von Nasenbären gut findet oder sie kritisiert? Wenn ja, nenne dafür Textstellen.

Ende gut, alles gut? – Kommentar

Ich hätte auch gerne Nasenbären, die sind ja so süß!

Ich finde, das Halten von wilden Tieren zu Hause ist Tierquälerei!

1 Wie steht ihr zur privaten Haltung von wilden Tieren? Diskutiert darüber.

▶ Angemerkt:

Nun sind also alle ausgebüxten Nasenbären wieder hinter Schloss und Riegel und man könnte sagen: Ende gut – alles gut.
Nein, gefährlich hätten diese Ausbrecher uns Menschen nicht werden können, aber trotzdem bleibt ein schaler Nachgeschmack. Nicht nur, dass die Polizei, die Feuerwehr und ein Experte mit Narkosegewehr zum Einsatz kamen und damit erhebliche Kosten entstanden sind, die wahrscheinlich zum Teil der Steuerzahler hinnehmen muss. Bedenklich ist doch vor allem, dass hier Tiere aus ganz anderen Kontinenten in Käfige gesteckt werden und in nur sehr eingeschränkter Weise ihren Bedürfnissen entsprechend leben können. Warum sind sie sonst wohl geflüchtet? Wildtiere sind keine Kuscheltiere, selbst wenn sie noch so „süß" aussehen. Und noch etwas: Das Beispiel der Waschbären, ursprünglich in Nordamerika heimisch und jetzt durch gewollte oder ungewollte Auswilderung eine Plage in Hessen und Niedersachsen, zeigt, dass die Haltung von Tieren aus anderen Erdteilen eigentlich nur in Zoos mit geschultem Personal und gut ausgestatteten und gut kontrollierten Gehegen erlaubt sein dürfte.

Judith Albrecht

2 a) Untersuche den Kommentar: Mit welcher Absicht wurde er geschrieben – *zur Unterhaltung, zur Vertiefung der Informationen* oder *zur Meinungsbildung*?
b) Unterstreiche Stellen, die diese Absicht erkennen lassen. Tauscht euch aus.
c) Formuliere eine Überschrift, die die Absicht der Autorin deutlich macht.

Folie

3 Schreibe einen eigenen Kommentar zu dem Thema. Nutze dazu die **INFO**.

ℹ️ INFO

Merkmale eines Kommentars
Ein Kommentar gibt die persönliche Meinung eines Autors oder einer Autorin zu einem Thema wieder. Er zeigt häufig folgenden Aufbau:
1. Zu **Beginn** wird das **Thema** oder Ereignis kurz angesprochen.
2. Im **Hauptteil** werden die **Meinung begründet** und teilweise Gegenargumente entkräftet.
3. Am **Schluss** steht meist eine zusammenfassende **Schlussfolgerung oder Forderung**.
4. Unter dem Kommentar steht der **Name der Autorin oder des Autors**.

Renovierung des Schülercafés – einen Zeitungsbericht schreiben

Heinrich-Heine-Gesamtschule Bielefeld
Protokoll der SV-Versammlung vom 25.04.

Top 1: Klagen über Schülercafé
Mehrere Schülervertreter finden, dass der Raum ungemütlich und „eklig" sei. Der Schulleiter Herr Lehmann erklärte, es sei kein Geld für die Renovierung vorhanden.
Beschluss: Anfrage an den Förderverein, ob Geld zur Verfügung gestellt werden kann

Antwort der Vorsitzenden des Fördervereins, Frau Kunze:
… Ein Anruf bei einem Malerunternehmen hat ergeben, dass die Renovierung ca. 4 000 € kosten würde. Dafür reichen unsere Mittel nicht. Wir könnten euch aber für den Einkauf von Materialien einen Betrag von 1 500 € zur Verfügung stellen.

YOU ARE WANTED!!!!
An alle Schülerinnen und Schüler der HHG!
Am kommenden Wochenende wollen wir unser Schülercafé neu gestalten und damit endlich auch einen Aufenthaltsort zum Wohlfühlen schaffen. Geplant ist, den Raum mit warmen Farben auszugestalten. Dazu gibt es auch Pläne, Material haben wir auch schon, und unser Lehrer für Arbeitslehre Herr Schnitzke wird uns beraten. Allerdings brauchen wir noch ca. fünf Helfer. Am Montag, den 25.05., muss alles fertig sein, denn dann ist die Eröffnungsfeier!
Meldet euch bei
Claudia Scheffler (9c), Vorbereitungs-AG

Das riecht ja noch nach Farbe!

Sieht ja genial aus!

Seid doch mal ruhig, der Lehmann will was sagen.

Liebe Schülerinnen, liebe Schüler, Claudia von der Vorbereitungsgruppe hat mir vor vier Wochen erklärt, dass ihr wild entschlossen seid, das Schülercafé in eigener Regie zu renovieren. Ehrlich gesagt, am Anfang war ich skeptisch. Heute muss ich sagen: Klasse, was ihr aus diesem Raum gemacht habt! Ich freue mich, dass viele von euch …

*Frau Kunze:
Hier wurde das Geld vernünftig angelegt. Die beteiligten Schülerinnen und Schüler aus den 9. und 10. Klassen haben Initiative gezeigt und Ausdauer bewiesen …*

Du bist Journalist(in) und sollst für die Stadtzeitung über die Eröffnung des renovierten Schülercafés berichten. Du hast Platz für ca. 120 Wörter.

1 **a)** Lies die Materialien auf Seite 60 und unterstreiche alle wichtigen Informationen zu dem Ereignis. Folie
b) Markiere auch Zitate, die du vielleicht verwenden willst.

2 Lege eine Mindmap an und schreibe die Informationen zu den W-Fragen stichwortartig auf.

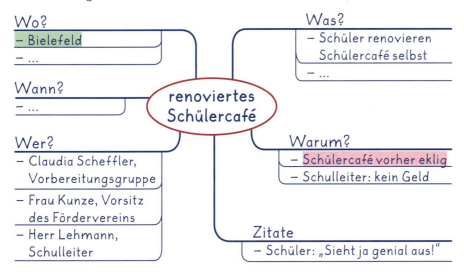

3 Nutze deine Mindmap als Schreibplan. Lies dazu den **TIPP** und markiere mit unterschiedlichen Farben alle Informationen, die du im ersten Teil deines Berichts aufnehmen willst, und alle Informationen, die du im zweiten Teil darstellst. Folie

💡 TIPP

So schreibst du einen Zeitungsbericht:
1. Finde eine **Über- und eine Unterüberschrift**, die den Leser über den Gegenstand des Berichts informiert und neugierig macht.
2. Im **ersten Teil** fasst du die wichtigsten Informationen in einem Absatz zusammen. Der Leser soll danach wissen, **was, wann, wo** geschehen ist und **wer** daran beteiligt war. Nenne zuerst den Ort: *Bielefeld. Gestern wurde …*
3. Im **zweiten Teil** des Berichts erläuterst du das Ereignis genauer und gibst Hintergrundinformationen **(warum? wie? welche Folgen?)**.
4. Verwende für jeden Gedanken einen **Absatz**.
5. **Denke an Leser, die sich nicht auskennen.** Erkläre z. B. alle vorkommenden Namen: *Es sprach anschließend Frau Kunze, Vorsitzende des Fördervereins, zu den Zuhörern.* Seite 69
6. **Zitiere wichtige Äußerungen** in direkter Rede *(Schulleiter Lehman gestand: „Am Anfang war ich skeptisch.")* oder in indirekter Rede *(Schulleiter Lehman gestand, dass er am Anfang skeptisch gewesen sei.)*. Seite 266–267
7. Berichte über vergangene Ereignisse im **Präteritum**. Seite 68
8. Schreibe **kurz und verständlich**. Vermeide lange, verschachtelte Sätze.

A **Schülercafé in neuem Glanz**
Schüler streichen ihr Café selbst

B **Schüler bewiesen Tatkraft**
Eigeninitiative zahlt sich aus

C **„Das sieht ja total genial aus!"**
Schüler der H.-H.-Gesamtschule sind begeistert

4 Schreibe deinen Bericht und nutze dazu die Hinweise im **TIPP** auf Seite 61. Beginne mit der **Überschrift**. Gehe so vor:
a) Sprecht über die Überschriften A–C. Berücksichtigt, dass eine Überschrift den Leser ansprechen und über den Inhalt des Berichts informieren soll.
b) Formuliere selbst die Überschriften zu deinem Bericht. Wenn du noch unsicher bist, kannst du dies auch am Schluss tun, wenn du deinen Bericht fertig geschrieben hast. Lass dann auf deiner Seite 2–3 Zeilen frei.

5 Schreibe nun **den ersten Teil** des Berichts. Gehe so vor:
a) Untersuche dazu die beiden Schülertexte unten.
b) Diskutiert die Vorzüge und Mängel der beiden Texte.
c) Formuliere nun selbst den ersten Teil. Du kannst Formulierungen aus den Beispielen übernehmen.

> A Mit wenig Geld, aber mit viel Begeisterung renovierten Schülerinnen und Schüler der Heinrich-Heine-Gesamtschule ihr Schülercafé. Der Schulleiter Herr Lehmann zeigte sich bei der Wiedereröffnung gestern von dieser Leistung begeistert.

> B Bielefeld. Gestern wurde das neu gestrichene Schülercafé eröffnet. Die Schülerinnen und Schüler äußerten sich sehr zufrieden über die gelungene Gestaltung.

6 a) Plane den **zweiten Teil** des Berichts. Die folgenden Fragen helfen dir, weitere Informationen darzustellen. Wähle Fragen aus und überlege, in welcher Reihenfolge du sie in deinem Bericht aufgreifen möchtest.

A Wie ist die Idee für die Renovierung des Schülercafés entstanden?
B Wie hat Claudia diese Idee vorangetrieben?
C Wie hoch waren die Materialkosten und wer hat sie bezahlt?
D Wie beurteilen die Schüler bzw. die Lehrer die Gestaltung des Schülercafés?

b) Schreibe den zweiten Teil des Berichts. Du kannst dazu die Formulierungshilfen unten nutzen.

A Ausgangspunkt war … / Am Anfang … / Es entstand die Idee, …
B Schnell bildete sich eine Vorbereitungsgruppe … / Besonders engagierte sich … / Mit einem Flugblatt …
C Eine Anfrage beim Förderverein erbrachte … / Damit konnten die Materialkosten gedeckt werden.
D Die Schüler zeigten sich begeistert … / Der Schulleiter begrüßte diese Aktion / war sehr angetan / lobte …

Fast eine Sensation – einen Bericht überarbeiten

Die folgenden Texte A–C basieren auf einem Ereignis, das tatsächlich 1988 bei den Olympischen Winterspielen in Calgary stattgefunden hat.
Zum ersten Mal in der Geschichte des Olympiasports hatte sich ein Team aus Jamaika für den Bob-Wettbewerb beworben. Nach diesem Ereignis wurde später auch der Film „Cool Runnings" gedreht.

A Wir schalten um nach Calgary

Ja, meine Damen und Herren, hier meldet sich wieder ihr Reporter aus Calgary von der Bobbahn. Nach dem sehr guten Lauf der Schweizer ist jetzt das Team aus Jamaika an der Reihe.
5 Wenn ich von hier zum Start und nach unten zum Zieleinlauf blicke, dann sehe ich viele, viele Menschen mit Jamaika-Fähnchen. Diese Mannschaft, die als krasser Außenseiter startete, hat sich in ihrem letzten sensationellen
10 Vorlauf für das olympische Rennen qualifiziert und damit die Herzen der Zuschauer erobert. Wir haben noch etwas Zeit, daher lassen Sie mich noch etwas zu dieser Mannschaft sagen.

In Jamaika gibt es einen Seifenkistensport, an dem auch Erwachsene mit Begeis-
15 terung teilnehmen. Hier kommt es entscheidend auf den Anschub beim Start an. Wie Sie wissen, sind die Jamaikaner glänzende Sprinter und daher auf diese Aufgabe hervorragend eingestellt. Angeblich haben zwei Amerikaner dieses enorme Potential erkannt und die zündende Idee gehabt, dass sich Jamaika doch bei den Olympischen Spielen für die Meisterschaft im Viererbob bewerben soll-
20 te. Tatsächlich fiel diese Idee auf fruchtbaren Boden, und es fanden sich vier Männer, die sich mit einer umgebauten Seifenkiste auf diesen Wettbewerb vorbereiteten. Die ersten Läufe hier in Kanada verliefen katastrophal: Mal klappte das Hereinspringen nach dem Anschieben nicht, mal hatte der Fahrer Probleme, sein Fahrzeug sicher durch den Eiskanal zu steuern. Kein Wunder, dass die
25 Männer aus Jamaika von den anderen Mannschaften belächelt wurden. Bei ihrem letzten Lauf vorgestern jedoch zeigten sie ihr Format und erreichten nach einem glänzenden Start und einem fast fehlerfreien Rennen die Qualifikation für diesen Wettbewerb.
Und jetzt bereiten sie ihren Bob für den Start vor: Devon Harris, Michael White,
30 Samuel Clayton sind die „Pusher", also die Anschieber, und Dudley Stokes ist der Fahrer. Wird diese Mannschaft wieder einen so glänzenden Lauf hinlegen können? Dann wären sie die Helden dieser Spiele. Es wird ruhig an dieser Eisbahn … Das Startzeichen ertönt … und jetzt mit einem kräftigen Kampfruf schieben sie ihren Bob an, und los geht die Fahrt. Die erste Zwischenzeit zeigt,
35 dass sie um $2/10$ Sekunden besser sind als ihre Vorgänger, das Schweizer Team, das sieht nach einer Riesenüberraschung aus. Aber was ist das? Der Jamaika-

Bob scheint Schwierigkeiten mit der Lenkung zu haben – und das bei dieser Geschwindigkeit! Jetzt kommt die Rechtskurve und dann geht es in den Streckenbereich, den wir von hier nicht einsehen können. Doch da kommt er
40 heraus, der Bob geht in die Linkskurve, fährt viel zu hoch ein, das kann nicht gut gehen, jetzt knallt er nach unten und rutscht auf der Seite liegend dem Ziel entgegen … Aus der Traum, aus der Traum! – Jetzt bleibt uns nur zu hoffen, dass nichts Schlimmes passiert ist … und da kommt der Bob endlich zum Stehen.
Wie mag es den tapferen Männern aus Jamaika gehen? Helfer eilen zu ihnen,
45 helfen ihnen aus dem Bob, und einer nach dem anderen steht auf, noch etwas unsicher hinken sie die letzten Meter bis zur Ziellinie. Und jetzt fangen die Zuschauer an zu klatschen, erst einige, dann immer mehr und jetzt alle Zuschauer, und beschwören damit den Geist von Olympia, nämlich dass es das Wichtigste ist, dabei zu sein. Für die tapferen Männer aus Jamaika ist das Rennen zu Ende,
50 den Sieg werden andere unter sich ausmachen.
Aber für die Zuschauer sind sie die eigentlichen Sieger des Tages. Denn sie haben geschafft, was gänzlich ausgeschlossen schien: sich für das Rennen zu qualifizieren. Und damit gebe ich zurück ins Funkhaus.

B Interview mit Dudley Stokes, Fahrer des Jamaika-Bobs

Reporter: Schön, dass Sie zu uns ins Studio gekommen sind. Leider bedeutet das letzte Rennen für Ihr Team das Aus. Sind Sie jetzt enttäuscht?

D. Stokes: Nein, ganz und gar nicht. Wir sind so glücklich, dass wir unseren Traum, an den Olympischen Winterspielen teilzunehmen, verwirklichen konnten. Wir haben fest an unser Ziel geglaubt und es trotz scheinbar unüberwindbarer Hindernisse geschafft, die Qualifikation zu erreichen. Keiner hätte doch einen Schneeball darauf gewettet, dass wir das schaffen.

Reporter: Was sagen Ihre Landsleute in Jamaika zu Ihrem Erfolg?

D. Stokes: Die sind wie wir ganz aus dem Häuschen …

C Jamaika

Selbstständiger Inselstaat, liegt in der Karibik, ca. 150 km südlich von Kuba. Das Klima ist tropisch, die Temperaturen schwanken im Jahresverlauf kaum und liegen bei 25° Celsius. Der bekannte Musikstil Reggae kommt von dort.

1 Bereite einen Bericht über das letzte Rennen der Bobmannschaft aus Jamaika bei den Olympischen Winterspielen von 1988 vor. Gehe so vor:
   a) Unterstreiche in den Texten A–C alle wichtigen Informationen zu den W-Fragen.
   b) Trage sie in einer Mindmap geordnet ein (vgl. Seite 61).
   c) Markiere in deiner Mindmap alle Informationen für den ersten und den zweiten Teil des Berichts mit unterschiedlichen Farben.

2 Verfasse den Entwurf für deinen Bericht.
   a) Schreibe die Überschriften und den ersten Teil deines Berichts auf.
   b) Formuliere den zweiten Teil. Überlege zuerst, in welcher Reihenfolge du die Hintergrundinformationen darstellen willst.

Bobmannschaft aus Jamaika erfolgreich

Zuschauer feiern die Mannschaft

Calgary. Bei den ersten Versuchen auf der Bobbahn von Calgary hatte die Mannschaft noch große Schwierigkeiten, und die Fahrer wurden von den anderen Mannschaften belächelt. Umso überraschender war dann der Lauf, mit dem sich die Mannschaft für den olympischen Wettbewerb qualifizierte. Seit diesem Lauf sind die Männer die Lieblinge der Zuschauer. Gestern ist die Mannschaft bei der Winterolympiade in Calgary nach einem heftigen Sturz ausgeschieden. Dennoch erhielten die Bobfahrer von den Zuschauern großen Applaus.

Kurz nach dem Start hatten die Sprinter aus Jamaika eine hervorragende Zeit vorgelegt, die um 2/10 Sekunden besser war als die der Bobfahrer aus der Schweiz, die vor ihnen gestartet waren und die als die Favoriten gelten. Dann aber kam es zu Steuerungsproblemen. In der letzten Linkskurve geriet der Bob zu hoch und stürzte dann ab. Auf der Seite liegend rutschte der Schlitten bis kurz vor die Ziellinie. Die herbeigeeilten Hilfskräfte waren den Bobfahrern beim Aussteigen behilflich, ärztliche Hilfe war aber nicht nötig. Trotz dieses Misserfolgs feierten die Zuschauer die Fahrer aus Jamaika mit viel Applaus, als diese über die Ziellinie humpelten. Für viele waren sie die eigentlichen Sieger des Tages. Die Bobfahrer aus Jamaika verdanken dieses Rennen zwei Amerikanern, die in Jamaika beobachtet hatten, wie dort auch Erwachsene Seifenkistenrennen fuhren, wobei der Anschub eine besondere Rolle spielte, und sie hatten die Idee, dass die guten Läufer von Jamaika beim Bobrennen gute Chancen haben müssten. Nachdem sie vier Läufer für ihre Idee begeisterten, mussten noch viele Hürden überwunden werden, bis die erste Bobmannschaft aus Jamaika tatsächlich an den Olympischen Winterspielen teilnehmen konnte. Keiner hätte doch einen Schneeball darauf gewettet, dass wir das schaffen, sagte Dudley Stokes.

Randnotizen:
- Überschrift trifft nicht den Kern
- Umstellen, gehört in 2. Teil
- Woher kam die Mannschaft?
- Schachtelsätze auflösen
- Zeitformen überprüfen
- wörtliche Rede!

3 a) Überarbeite den Schülertext mithilfe der **CHECKLISTE**.
b) Überarbeite in gleicher Weise deinen eigenen Entwurf von Seite 64.

☑ CHECKLISTE

Einen Zeitungsbericht schreiben
1. Informieren die Über- und Unterüberschrift über das Thema deines Berichts?
2. Stellst du im 1. Teil nur die wichtigsten Informationen dar?
3. Hast du im 2. Teil die ergänzenden Informationen in Absätze gegliedert?
4. Sind die Angaben auch für Leser verständlich, die sich nicht mit dem Thema auskennen?
5. Hast du Äußerungen als direkte Rede (in Anführungszeichen) oder mit eigenen Worten in indirekter Rede (im Konjunktiv) wiedergegeben?
6. Hast du die Zeitformen richtig gewählt?
7. Hast du Schachtelsätze vermieden?

Kompetenz-Check: einen Bericht über den „Mauerfall" in Berlin 2009 schreiben

A Am 9. November 2009 fand in Berlin ein „Fest der Freiheit" statt. Es sollte an den Mauerfall vor zwanzig Jahren erinnern. Im Rahmen dieser Feier wurde die Domino-Aktion durchgeführt.

B 9. November 2009
- „Fest der Freiheit" am Brandenburger Tor in Berlin
- 1000 Styroporwände (20 kg schwer; 2,50 m hoch), von 15000 Künstlern und Schülern aus aller Welt gestaltet
- Domino-Aktion erinnert an Fall der Mauer vor 20 Jahren
- Anstoß um 19.25 Uhr: gleicher Zeitpunkt wie vor 20 Jahren, als das neue Reisegesetz verkündet wurde
- 1,5 Kilometer vom Reichstag über das Brandenburger Tor bis zum Potsdamer Platz (ehemaliger Mauerverlauf)
- Abschluss: großes Feuerwerk, trotz Regen 250000 Zuschauer
- über 30 Regierungschefs aus der ganzen Welt anwesend
- Styroporwände anschließend in Museen ausgestellt
- Kosten der Aktion: rund 1 Mio. €

C Berliner Mauerfall 1989 in Stichworten

- Berliner Mauer: Teil der Grenze zwischen der Bundesrepublik und der damaligen DDR von 1961 bis zum 9. November 1989
- 167 Kilometer lang, von DDR-Grenzsoldaten streng bewacht
- über hundert Menschen starben beim Versuch, von Ost nach West zu gelangen
- Massendemonstrationen in vielen Städten der DDR und die Flucht vieler DDR-Bürger über die Botschaften von Prag und Warschau bereiteten Mauerfall vor
- am 9. November wurde neues Reisegesetz bekannt: Bürger der DDR konnten ohne Angabe von Gründen ausreisen; dies führte zum Fall der Mauer

D LASS DEINER FANTASIE FREIEN LAUF!

Malen, Sprühen, Kleben, Klecksen – alles ist erlaubt, nur die Form darf nicht verändert werden. Am 9. November wird euer Stein gemeinsam mit über 1000 anderen den ehemaligen Mauerverlauf markieren – vom Reichstag bis zum Potsdamer Platz. Euer Stein wird Teil einer riesigen Inszenierung: Geschichte mit Dominoeffekt. Ein großes Ereignis, das weltweit übertragen wird. Hier könnt ihr mit anpacken und helfen, dass die Aktion ein Erfolg wird.

E Zitate

- **Klaus Köhler, Bundespräsident:**
  „Der 9. November 1989 war ein Tag der Freude." (Gedenkgottesdienst in Berlin am 09.11.09)
- **US-Präsident Barack Obama per Video:**
  „Lassen Sie uns das Licht der Freiheit auch in den dunkelsten Nächten der Tyrannei aufrechterhalten. Glauben wir an die Freiheit."
- **H. K. (Rentner):**
  „Ich verstehe nicht, wie man in diesen Zeiten für ein solches Ereignis so viel Geld ausgeben kann."

1 Schreibe mithilfe der vorliegenden Materialien A–E einen Zeitungsbericht über die Domino-Aktion vom 9. November 2009.
a) Plane deinen Bericht. Schreibe dazu alle wichtigen Informationen für deinen Bericht heraus und halte sie in einer Mindmap fest.

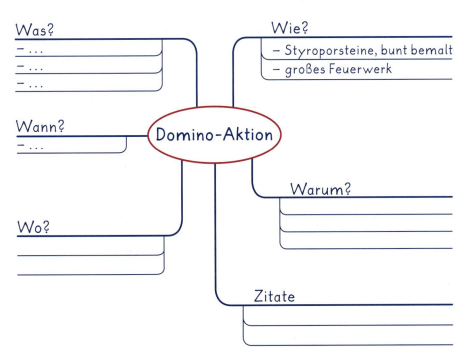

b) Kennzeichne Informationen für den ersten und zweiten Teil des Berichts mit unterschiedlichen Farben.
c) Schreibe mithilfe deiner Mindmap einen Entwurf des Berichts.
d) Überarbeite deinen Text: Überprüfe dabei den Aufbau des Berichts, die sprachliche Gestaltung und die Rechtschreibung.
e) Schreibe den Bericht noch einmal in überarbeiteter Form auf.

Im Blickpunkt: Sprache betrachten
Zeitformen richtig gebrauchen

Von A wie a cappella bis Z wie Zaubertricks
Schüler ① *veranstalten* Talentwettbewerb

Aplerbeck. Die Abschlussklassen der Realschule in der Schweizer Allee ② *organisieren* am Mittwoch einen Talentwettbewerb mit dem Titel „Natur.Talent" und ③ *haben* ein begeistertes Publikum. Mit den Einnahmen ④ *wollen* man den Abschlussball finanzieren.

Nachdem die Zehntklässler ein Konzert an einer anderen Schule ⑤ *sehen*, ⑥ *entstehen* diese Idee. Das Programm ⑦ *stellen* die Akteure nach einer Art Casting zusammen, an dem viele interessierte Schüler der Schule ⑧ *teilnehmen*.

Kaum ⑨ *eröffnen* die Moderatoren Romina und Peter die Veranstaltung unter dem Motto „Von A wie a cappella bis Z wie Zaubertricks", da ⑩ *klettern* die ersten Sangeskünstler schon auf die Bühne und ⑪ *begeistern* das Publikum mit Duetten und selbst geschriebenen Songs. Das Publikum, hauptsächlich Schüler, ⑫ *geizen* nicht mit Applaus. Standing Ovations ⑬ *geben* es, nachdem Thomas das Lied „Unchanged Melody" von Elvis ⑭ *singen*. Eine Fangemeinde ⑮ *mitbringen* die Tänzerin Lara. Auf sie, die auch schon bei den Europameisterschaften im Hip-Hop-Tanz ⑯ *antreten*, ⑰ *regnen* es Kuscheltiere.

Den Jurypreis ⑱ *erhalten* Luisa für ein Lied von Leona Lewis.

Insgesamt ⑲ *sein* es eine rundum lebendige Veranstaltung, die man nicht alle Tage ⑳ *sehen*.

Nicole Schubert

1 a) Welche Zeitformen musst du einsetzen? Lies dazu den **TIPP**.
b) Schreibe den Text ab und ergänze die Verben hinter den Ziffern in der richtigen Zeit- und Personalform: *Die Abschlussklassen der Realschule in der Schweizer Allee organisierten ...*

> ### 💡 TIPP
> **So wählst du die richtige Zeitform:**
> 1. Verwende das **Präsens**:
>   – in den Überschriften,
>   – bei allgemeingültigen Aussagen *(Eine solche Idee zahlt sich eben aus.)*,
>   – wenn etwas Zukünftiges angekündigt wird *(In der nächsten Woche erhalten die Abschlussklassen ihre Zeugnisse.)*.
> 2. Verwende das **Präteritum**, wenn du über Vergangenes berichtest:
>   *Es gab viel Applaus.*
> 3. Verwende das **Plusquamperfekt**, wenn ein Geschehen vor dem Zeitpunkt des berichteten Ereignisses liegt: *Nachdem die Schüler ihre Vorführungen beendet hatten, sprach noch der Schulleiter.*
>   Achte auf die Hinweiswörter *nachdem* und *als*.

Im Blickpunkt: richtig schreiben

Kommasetzung bei Appositionen

Schülercafé der Heinrich-Heine-Gesamtschule frisch renoviert
Schüler griffen selbst zum Farbtopf

Bielefeld. Noch am letzten Wochenende hatten die Schülerinnen und Schüler fast Tag und Nacht gearbeitet. Am Montag nun konnte das Schülercafé, ==ein beliebter Treffpunkt in der Heinrich-Heine-Schule==, wieder geöffnet werden. 1500 € Materialkosten kostete diese Aktion, die der Förderverein zur Verfügung gestellt hatte. <u>Frau Kunze</u> äußerte sich sehr zufrieden über das Engagement der Schüler: „Die Schüler haben Initiative gezeigt und Ausdauer bewiesen." Dieses Projekt ist ein gutes Beispiel für Eigeninitiative und hätte ohne diesen Einsatz der Schüler nicht realisiert werden können.
Nachdem viele Schüler über den Zustand des Schülercafés geklagt hatten, ergriff der Schülerrat die Initiative. Es wurde eine Vorbereitungsgruppe gegründet. <u>Claudia Scheffler</u> entwickelte einen Aufruf zur Mitarbeit und nach zwei Tagen kamen genügend Schüler zusammen. <u>Herr Schnitzke</u> beriet die Schüler bei der Vorbereitung und Durchführung.
<u>Herr Lehmann</u> bewunderte in seiner Eröffnungsrede die Leistung der beteiligten Schüler: „Ehrlich gesagt, am Anfang war ich mehr als skeptisch. Heute muss ich sagen: Klasse, was ihr aus diesem Raum gemacht habt!" Auch <u>Sonja K.</u> fand das neue Café „total genial". Ihre Mitschülerinnen stimmten ihr zu und suchten schnell die besten Plätze für das Frühstück.

1 a) Erkläre, warum im ersten Absatz vor und nach der markierten Textstelle ein Komma steht. Lies dazu die **INFO**.
b) Schreibe den weiteren Text ab und ergänze zu den unterstrichenen Namen die passenden Appositionen unten. Wenn du unsicher bei der Zuordnung bist, kannst du auf Seite 60 nachlesen, welche Funktionen die Personen haben.

Mitglied der Vorbereitungsgruppe – Vorsitzende des Fördervereins – Lehrer für Arbeitslehre an dieser Schule – Schülerin einer 6. Klasse – Schulleiter dieser Schule

---

INFO

Kommasetzung bei Appositionen
1. Eine Apposition (nachgestellte Erläuterung) erklärt ein vorausgehendes Nomen näher:

   Die Aktion gefiel <u>Herrn Wuttke</u>, dem Hausmeister an dieser Schule, ebenfalls.

2. Eine Apposition steht im gleichen Fall wie das Bezugsnomen und enthält nie ein Verb.
3. Die Apposition wird im Satz immer durch Komma abgetrennt.

Im Blickpunkt: Lesen

Text A

■ Seit die Bagger auf der Baustelle der ehemaligen Thier-Brauerei die Gebäude abreißen, haben die Nachbarn keine Ruhe mehr! „Wenn man abends aus dem Haus geht, wuselt es nur so von Ratten", berichtet Herr K. aufgebracht. Er hat jetzt immer einen Stock dabei, wenn er abends einen Spaziergang macht. Besonders beliebt sind bei den Ratten natürlich die Mülltonnen. Aber auch vor Autos machen die Ratten nicht halt: In einigen Pkws wurden Schläuche durchgebissen. Jetzt hat sich das Ordnungsamt eingeschaltet. Zusammen mit dem Tiefbauamt will man eine Rattenbekämpfungsaktion durchführen.

Text B

Ratten flüchten von Baustelle
Auf umliegenden Parkplätzen in Autos Kabel angenagt

Dortmund. Anwohner der Straßen oberhalb der Thier-Baustelle stellen seit einigen Wochen ungebetene Gäste fest: Ratten. Vermutlich wurden sie von den Abrissbaggern vertrieben.
Unter den alten Gemäuern der Thier-Brauerei lebten die Nager wie im Paradies. Dort gähnt jetzt nur noch eine große Baugrube. Also ziehen die Ratten weiter, u. a. auf einen öffentlichen Hinterhofparkplatz am Westenhellweg. Eine Anwohnerin glaubte zunächst an einen Marder, der wiederholt Kabel und Leitungen an ihrem Auto anfraß. Ein Fachmann erkannte jedoch, dass der Kot im Motorraum von einer Ratte stammt. Wenn die Anwohnerin abends den Abfall hinunterbringt, ist ihr mulmig. „Der Experte hat mir gesagt, wenn ich zehn Ratten sehe, sind da tausend." Sie hat jetzt das Ordnungsamt verständigt. Der Amtsleiter Ortwin Schäfer plant mit dem Tiefbauamt eine konzertierte Rattenbekämpfungsaktion.

1 a) Lege im Heft die folgende Tabelle an und notiere, welche Informationen du aus den beiden Texten entnehmen kannst.
b) Welcher Text ist informativer? Begründe dein Urteil mithilfe der Tabelle.

Informationen im Text	Text A	Text B
Ursache für das Auftreten der Ratten		
Ortsangaben		
Auswirkungen der Ratten		
Maßnahmen gegen die Ratten		

2 a) Man unterscheidet verschiedene Zeitungsarten. Lies dazu die **INFO**.
b) Ordne beide Texte zu.

3 a) Beschreibe die unterschiedliche äußere Gestaltung der Texte (Größe der Überschriften, Text- und Bildgestaltung).
b) Wie wirkt die Formulierung der Überschriften von Text A und B auf dich? Wähle aus: *informierend – Angst auslösend – reißerisch – sachlich*.

4 Besorge dir die Titelseite einer Boulevard- und die einer Abonnementzeitung.
a) Notiere jeweils die Anzahl der Bilder und der Werbeanzeigen.

Titelseite	Boulevardzeitung	Abonnementzeitung
Bilder		
Werbung		

b) Welche Themen werden angesprochen? Gib jeweils die Anzahl der Texte an, die zu den einzelnen Ressorts in beiden Zeitungen enthalten sind.

Ressort	Boulevardzeitung	Abonnementzeitung
Lokales		
Politik		
Kultur		
Wirtschaft		
Sport		
Unterhaltung		

INFO

Boulevardzeitung – Abonnementzeitung
Boulevardzeitungen werden meistens über Kioske oder Zeitungsverkäufer vertrieben. Die Aufmachung soll Aufmerksamkeit wecken. Bekannte Beispiele für diesen Zeitungstyp sind *BZ* und *tz*.
Abonnementzeitungen werden vor allem von den Kunden bestellt (abonniert). Dies können lokale oder überregionale Tageszeitungen sein, z. B. *WAZ, RN*.

Schaust du nur oder kaufst du schon?

1 a) Welche der hier abgebildeten Figuren oder Personen erkennst du wieder? Ordne sie einem Produkt oder einer Marke zu.
b) Diskutiert darüber, warum die Produkthersteller sie zu Werbezwecken ausgewählt bzw. gestaltet haben.
c) Überlegt, woran es liegen könnte, dass manche Figuren nach einer gewissen Zeit aus der Werbung verschwinden.
d) Oftmals wird auch mithilfe von Stars geworben. Welche fallen dir aus der aktuellen Werbung ein und wofür werben sie?

2 a) Lies den Vorstellungstext von Frau Antje aus Holland auf Seite 73.
b) Wähle eine andere Werbefigur aus und schreibe einen kurzen Vorstellungstext aus deren Sicht. Erkläre, wer du bist und warum du ausgewählt wurdest, um das Produkt zu vertreten.

WERBUNG will uns dazu bewegen, bestimmte Markenprodukte zu kaufen.

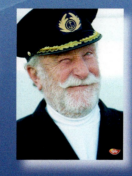

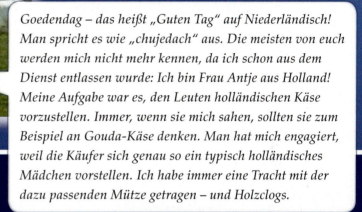

Goedendag – das heißt „Guten Tag" auf Niederländisch! Man spricht es wie „chujedach" aus. Die meisten von euch werden mich nicht mehr kennen, da ich schon aus dem Dienst entlassen wurde: Ich bin Frau Antje aus Holland! Meine Aufgabe war es, den Leuten holländischen Käse vorzustellen. Immer, wenn sie mich sahen, sollten sie zum Beispiel an Gouda-Käse denken. Man hat mich engagiert, weil die Käufer sich genau so ein typisch holländisches Mädchen vorstellen. Ich habe immer eine Tracht mit der dazu passenden Mütze getragen – und Holzclogs.

3 Im Alltag werden wir an vielen Orten und bei vielen Gelegenheiten mit Werbung konfrontiert.
 a) Sprecht darüber, in welchen Medien und auf welchen Werbeträgern (z. B. Plastiktüten) euch Werbung begegnet.
 b) Welche aktuelle Werbung findet ihr besonders eindrucksvoll und warum?

4 a) Lies die Aussagen zwischen den Werbefiguren. Welche Informationen sind für dich neu?
 b) Klärt gemeinsam, was mit diesen Aussagen über Werbung gemeint ist.
 c) Erkläre, welche Ziele Werbung verfolgt.
 d) Gib an, wofür alles geworben werden kann.
 e) Nimm Stellung dazu, welchen Aussagen du zustimmen kannst.

Alles so schön bunt hier – versteckte Verführung

Kennt ihr die Leute?
Erika Krause-Gebauer

Kennt ihr die Leute, die an einem sonnigen Sommermorgen unglaublich fröhlich auf der Holzterrasse einer alten Windmühle frühstücken? Die sich lachend und lustig scherzend herrlich duftende Weißbrotschnitten
5 mit Frühstücksmargarine schmieren?
Manuel kennt sie. Er hat sie gesehen, als er vor dem Fernseher auf seine Kindersendung wartete. Seitdem sucht Manuel die Mühle mit der Holzterrasse rundum, auf der er mit seiner Familie unglaublich fröhlich Weiß-
10 brotschnitten mit Margarine frühstücken kann.
Da, wo Manuel wohnt, gibt es keine Windmühlen, höchstens eine, die zum Freilichtmuseum gehört, und auf der darf man nicht frühstücken. Außerdem mag Manuel eigentlich gar keine Frühstücksmargarine, und
15 wir, seine Familie, sind morgens überhaupt nicht sehr lustig. Wir sitzen morgens ziemlich mürrisch um den Tisch herum, weil wir noch müde sind, und oft verläuft das Frühstück sogar ziemlich hektisch, weil wir alle pünktlich irgendwohin müssen.
20 Wenn Manuel wüsste, wie oft diese Leute vor der Kamera dieses fröhliche Lachen geübt haben, bis es so ansteckend wirkte, dass er sich wünscht, mit uns auf einer Windmühle Margarinebrote zu essen! Aber Manuel ist erst vier, und wir können es ihm noch nicht erklären.

1 Sprecht über den Text von Erika Krause-Gebauer:
 a) Für welches Produkt wird im angesprochenen Werbespot geworben? Wie wird es beworben?
 b) Wie reagiert Manuel auf den Spot im Fernsehen?
 c) Kennst du ähnliche Werbespots? Erzähle davon.

Folie

2 a) Markiere im Text mit unterschiedlichen Farben alle Aussagen zur Familie aus der Werbung und zur Familie von Manuel.
 b) Übertrage die Tabelle in dein Heft und stelle die Aussagen gegenüber:

Familie aus der Werbung	Manuels Familie
– unglaublich fröhliche Menschen	
– …	

3 a) Tauscht euch darüber aus, warum Manuel die „Werbewelt" so schön findet.
 b) Sprecht darüber, wie Manuels Eltern ihm deutlich machen könnten, dass im Fernsehwerbespot nur eine Scheinwelt dargestellt wird.

4 a) Betrachtet das Foto und besprecht, wie das Schokoladenprodukt in der Werbung dargestellt wird.
b) Besprecht, warum wohl ein Sternekoch abgebildet wird.
c) Überlegt, welche Vorstellungen und Wünsche durch diese Werbung ausgelöst werden.

5 a) Benenne weitere aktuelle Werbeanzeigen oder Fernsehspots, in denen bekannte Personen für ein Produkt werben.
b) Untersuche, auf welche Weise diese Produkte präsentiert werden. Die folgenden Fragen können dabei hilfreich sein:
– Wofür wird geworben?
– Wer wirbt auf welche Weise?
– Wie wirkt diese Werbefigur oder Person?
– Welcher Eindruck wird erweckt?
– Stimmen die Vorstellungen von dem Produkt mit deinen Erfahrungen damit überein?

c) Stellt euch gegenseitig die Werbebeiträge und eure Untersuchungsergebnisse dazu vor.

6 Wähle ein Produkt aus und enthülle die Strategie der Werbung wie im Text auf Seite 74. Schreibe eine Gegendarstellung, in der du die Realität aufdeckst. Besonders deutlich wird deine Kritik, wenn du den Spot und deine Erwartungen auf witzige Weise beschreibst und danach deine Enttäuschung darstellst.
Du kannst einen der folgenden Anfänge fortsetzen:

A) Kennt ihr die Spieler aus der Nationalmannschaft, die jeden Morgen eine dicke Schicht Schokoladenaufstrich auf ihre Frühstücksbrötchen streichen, dabei noch fit und munter aussehen und jeden Tag sportliche Höchstleistungen bringen können? ...
Wenn ich dagegen jeden Tag Nutella essen würde, ...

B) Kennt ihr die Frauen, die am Morgen vor laufender Kamera auf einen Mann zurennen, die über Felsen laufen und durchs Wasser hechten, um diesen Mann zu erreichen? Die sogar in Bikinis durch den Wald rasen und dabei hysterisch kreischen, nur weil dieser Mann das richtige Deo gekauft hat? ... Als ich einmal genau dieses Deo benutzt habe, ...

Was ich eigentlich kaufen wollte – falsche Versprechen in der Werbung

1 Tauscht euch über den Titel des Gedichts aus. Wovon könnte das Gedicht handeln?

Mein Einkaufsnetz muss Löcher haben
Kristiane Allert-Wybranietz (1982)

Im Supermarkt kaufte ich
Zahnpasta, Zigaretten, Brot,
Seife, Weinbrand, Parfum,
Haushaltstücher, Badezusätze,
5 Kekse und noch allerlei …

Zu Hause suchte ich
zwischen Verpackungen und Produkten
nach der Freiheit, der Frische,
nach den Abenteuern und der Liebe
10 und all den anderen Stimmungen und Gefühlen,
die man mir (nach Erwerb dieser Dinge) versprochen hatte.

Als ich dann den Sekt für Verliebte alleine trank,
abenteuerduftende Zigaretten vor'm TV-Western rauchte,
als sich niemand sofort in mich verliebte,
15 obwohl ich das betörendste Parfum trug
(so stand es auf der Packung),
und als ich feststellte,
dass die Haushaltstücher und die Putzmittel
die Arbeit doch nicht von allein machten,
20 sagte ich mir:
Mein Einkaufsnetz muss Löcher haben.

2 Sprecht über eure ersten Eindrücke zum Gedicht: Was ist euch besonders aufgefallen? Was hat euch überrascht? …

3 Untersuche den Inhalt des Gedichts. Bearbeite dazu die folgenden Aufgaben stichwortartig:
  a) Benenne die Produkte, die die Person im Supermarkt einkauft.
  b) Beschreibe, was sie vermisst, als sie ihren Einkauf zu Hause auspackt.
  c) In den Versen 10 – 11 ist von „[…] *Stimmungen und Gefühlen, die man mir (nach Erwerb dieser Dinge) versprochen hatte*" die Rede. Erkläre, was mit dieser Aussage gemeint ist.
  d) Stelle Vermutungen dazu an, warum das lyrische Ich zum Abschluss vermutet, sein Einkaufsnetz müsse Löcher haben.

S. 171

4 Schau dir die einzelnen Produkte in der 3. Strophe des Gedichts noch einmal genauer an: Welche Bedürfnisse des lyrischen Ichs werden durch die Werbung besonders angesprochen? Ordne sie den Bedürfnissen aus der **INFO** zu.
z. B. „Sekt für Verliebte" (V. 12) → Bedürfnis 3 (Liebe)
„abenteuerduftende Zigaretten" (V. 13) → ...

5 Tauscht euch darüber aus, ob ihr schon einmal ähnliche Erfahrungen mit Werbung gemacht habt wie die Person im Gedicht, und sammelt dazu aktuelle Beispiele.

6 a) Untersuche die unten abgedruckten Werbesprüche A–D. Welche Eindrücke wecken die Slogans bei dir? Schreibe jeweils den Spruch in die Mitte und notiere deine Gedanken dazu.

A Geiz ist geil! (Saturn)
B Denken Sie, an was Sie wollen. Nur nicht an Kopfschmerzen. (vivimed)
C Ich will so bleiben, wie ich bin! (Du darfst)
D ... perfekte Deckkraft (Jade Make-up)

b) Diskutiert anhand eurer Cluster darüber, welche Bedürfnisse in den Slogans jeweils angesprochen werden sollen.

> **ℹ️ INFO**
>
> **An welchen Bedürfnissen der Kunden orientiert sich die Werbung?**
> Werbegestalter orientieren sich an den folgenden Bedürfnissen, um Produkte oder Ideen besser vermarkten zu können:
> 1. **Physiologische Bedürfnisse:** Grundlagen des Überlebens wie Essen, Trinken, Kleidung, Wohnung
> 2. **Sicherheitsbedürfnisse:** natürliche Vorsicht und Voraussicht
> 3. **Zugehörigkeit und Liebe:** Bestreben, bei der Familie und nahen Freunden zu sein; Harmonie
> 4. **Ansehen und Status:** Bestreben, im Vergleich zu anderen eine hohe Stellung und einen guten Ruf zu haben
> 5. **Selbstverwirklichung:** Wunsch, zu wissen, zu verstehen, zu organisieren, Wertvorstellungen aufzubauen, kreativ zu sein, zu genießen

Schau genau hin! – Die Bestandteile einer Werbeanzeige kennenlernen

1. Logo

FAMILIENURLAUB IM HEIDE-PARK

Treten Sie ein in die Abenteuerwelt und erleben Sie zwei unvergessliche Tage im Heide-Park Resort.

Dicke Beute
- 2 Tage Eintritt in den Heide-Park
- 1 Übernachtung in der Seeräuberkajüte
- reichhaltiges Frühstücksbuffet
- Abendessen inklusive Getränke
- großes Showprogramm

ab **99,00 Euro**
pro Person in der 4-Bett-Kajüte im Hotel Port Royal

Service-Tel. 0 18 05-66 69 02 90
(14 ct/Min. aus dem dt. Festnetz; ggf. abw. Mobilfunktarif)
WWW.HEIDE-PARK.DE/SPECIAL-DICKE-BEUTE

1 a) Betrachte die Werbeanzeige: Was fällt dir besonders auf?
b) Lies im Werbetext der Anzeige nach, welche Firma damit für welches Produkt wirbt.

🖋 Folie

2 a) Aus welchen Bausteinen besteht eine Werbeanzeige? Lies dazu die INFO und ordne die Bausteine 1–5 den Elementen der Anzeige zu.
b) Beschreibe die Anzeige mithilfe der Fachbegriffe nun genauer:
Die Anzeige besteht aus zwei Teilen. Links befindet sich eine Bildcollage. Darüber kann man die Headline lesen ...
c) Erkläre, wie Texte und Bilder zusammenwirken und welcher Eindruck dadurch vermittelt wird, z. B. *Spaß*.

ℹ INFO

Aus diesen Bausteinen besteht eine Werbeanzeige:
1. **Logo:** grafische Darstellung der Firma, Markenzeichen
2. **Slogan:** einprägsamer Spruch, der mit der Firma und dem Produkt in Verbindung gebracht werden soll
3. **Produktabbildung:** Foto oder Zeichnung des Produkts
4. **Informationstext:** Fließtext, der das Produkt näher beschreibt und Zusatzinformationen gibt
5. **Headline:** Überschrift für das Thema der Anzeige

⇒ Die Anordnung dieser Bausteine auf einer Anzeige nennt man **Layout**. Nicht in jeder Anzeige sind alle Bausteine enthalten.

3 a) Betrachte diese Anzeige: Wohin fällt dein Blick zuerst (Eyecatcher)?
b) Lege eine Mindmap an und mache dir Notizen zu den einzelnen Bestandteilen der Werbeanzeige. Du kannst dazu die **INFO** auf Seite 78 nachlesen.
c) Vergleicht eure Ergebnisse in der Klasse.

4 Untersuche die Anzeige und mache dir Stichworte zu den folgenden Aufgaben, um die Werbebotschaft zu verstehen (siehe **INFO**):
a) Erkläre, worin der Werbewitz der Anzeige besteht.
b) Welche Bedürfnisse der Kunden werden angesprochen? Vergleiche dazu noch einmal die **INFO** auf Seite 77.
c) Welchen Eindruck hast du von dem Produkt? Erläutere, wie die Art der Anzeige den Eindruck beeinflusst, den der Kunde von dem Produkt erhält.

5 a) Besprich mit einem Partner, welche Botschaft die Anzeige vermittelt.
b) Benennt, welche Zielgruppe angesprochen werden soll.

ℹ INFO

Wie entsteht eine Werbebotschaft?
– Durch das Zusammenwirken von Bild- und Textelementen ergibt sich die **Werbebotschaft,** die der Kunde aufnehmen soll, z. B. *Kopfschmerztabletten helfen, das Leben zu genießen*.
– Oft gibt es in einer Werbeanzeige einen **Eyecatcher,** der die Werbebotschaft besonders betont. Dies kann ein Bild- oder Textelement sein, auf das der Blick zuerst fällt.
– Aus Bild und Text kannst du erschließen, welche **Zielgruppe** angesprochen werden soll, z. B. *junge Menschen, Mütter, Geschäftsleute, Kinder* ...

Sprache der Werbung I – Slogan

1. Kleidung clever kaufen bei …
2. Spiel, Spaß, Spannung …
3. Wohnst du noch oder lebst du schon?
4. Liebe ist, wenn es … ist.
5. Katzen würden … kaufen.
6. Ich bin ein Iglourmet – …
7. …, dass es dich gibt.
8. … die hohe Kunst der Duplomatie
9. Nichts ist unmöglich – …
10. Milch macht müde Männer …
11. Have a Break – have a …
12. … – Citi never sleeps.
13. … – quadratisch – praktisch – …
14. Wo ist die …? Du Schuft!
15. Geiz ist …
16. … putzt so sauber, dass man sich drin spiegeln kann!
17. Ich bin Schokoknacker und Milchschaumschlürfer – …
18. … – Pack den Tiger in den Tank.
19. Always the real thing, always …
20. … – Die besten Filme aller Zeiten.
21. … – Die runde Nussecke.
22. … – Keiner schmeckt mir so wie dieser.
23. Was wollt ihr dann? – …
24. … macht Kinder froh und Erwachsene ebenso!
25. … – Wir geben Ihrer Zukunft ein Zuhause.
26. … – Leser wissen mehr.

1 a) Ergänze die Lücken in den Slogans oben und erkläre, für welches Produkt dabei jeweils geworben wird.
b) Diskutiert, warum es euch gelingt, diese Werbeslogans zu ergänzen.
c) Sprecht auch darüber, warum euch die Wiedererkennung bei einigen Slogans leicht- und bei anderen schwerfällt.

2 Wie Sprache Aufmerksamkeit weckt, kannst du untersuchen, indem du drei Slogans auswählst. Erkläre, welche Erwartungen sie bei dir wecken. Lies dazu die **INFO** und tausche dich mit deinem Partner darüber aus. Schreibe so:
Kleidung clever kaufen bei KIK → günstige Kleidung …

INFO

Was ist ein Slogan?
Ein **Slogan** ist ein kurzer, einprägsamer Spruch, der für eine Idee oder ein Produkt wirbt. Er hat meist einen hohen Wiedererkennungswert. Slogans geben Denkanstöße, die Erwartungen oder positive Vorstellungen wecken *(Freude am Fahren)* und geheime Wünsche ansprechen *(Ich will so bleiben, wie ich bin)*.

3 Ein Slogan ist meist auf ganz besonders Weise sprachlich gestaltet:
a) Welche sprachlichen Gestaltungsmittel kannst du in den Beispielen auf Seite 80 erkennen? Lies dazu zuerst die **INFO**.
b) Lege dir eine Tabelle an und ordne die Slogans ein. Manche Slogans kannst du auch mehrfach zuordnen.

Reim	Hyperbel	...
– Haribo macht Kinder froh und Erwachsene ebenso.	– ...	
– ...		

c) Sammle weitere Werbeslogans aus Zeitschriften, Fernsehen oder Radio und ordne sie in deine Tabelle ein.

4 a) Erfinde selber Slogans für die hier abgebildeten Produkte. Orientiere dich an den sprachlichen Gestaltungsmitteln aus der **INFO**.
b) Stelle die Slogans deinen Mitschülern vor und lasse sie herausfinden, welche Gestaltungsmittel du verwendet hast.

INFO

Wie sind Werbeslogans gestaltet?
Slogans enthalten häufig folgende sprachliche Gestaltungsmerkmale:
1. **Reim:** Gleichklang von Wörtern: *Haribo macht Kinder froh und Erwachsene ebenso.* → wirkt einprägsam und rhythmisch.
2. **Hyperbel:** starke Unter- oder Übertreibung: *Nichts ist unmöglich – Toyota.* → veranschaulicht oder dramatisiert.
3. **Alliteration:** Mehrere Wörter in einer Zeile beginnen mit demselben Konsonanten: *Milch macht müde Männer munter.* → wirkt einprägsam.
4. **Neologismus:** Wortneuschöpfung: *Iglourmet* → Das neue Wort schafft Aufmerksamkeit, weil man über die neue Bedeutung nachdenken muss.
5. **Dreier-Figur:** dreifache Aneinanderreihung von Nomen, Adjektiven, Sätzen: *Fit, fitter, Q10 (Nivea)* → wirkt einprägsam meist durch eine Steigerung.
6. **Metapher:** Sprachbild; verkürzter Vergleich: *LBS – Wir geben Ihrer Zukunft ein Zuhause.* → Die Aussage wirkt anschaulicher.
7. **Wörter aus anderen Sprachen:** Übernahme fremdsprachiger Wörter: *Have a Break – have a KitKat.* → Der Ausdruck wirkt besonders „trendy".
8. **Frage mit zu erwartender Antwort:** Frage, zu der sich die Antwort durch wiederholtes Hören eingeprägt hat: *Was wollt ihr dann? – Maoam* → Beim Leser / Zuhörer wird eine bestätigende Reaktion erzielt.

Seite 92

Sprache der Werbung II – Werbetext

Text A: **NEU:** Pickel-Ex, damit dein Freund nicht dein nächster Ex wird!

Stay clear! No chance für deine Pickel! Mehrmals täglich den Anti-Pickel-Stift einfach direkt auf die Hautunreinheiten auftragen. Die spezielle Formel sorgt dafür, dass überschüssiges Hautfett aufgesaugt wird. Die Pickel werden ausgetrocknet – und es entstehen keine neuen mehr. Genial! Deine Haut sieht jung und frisch und knackig aus – wie ein Babypopo! Gleichzeitig werden Hautunreinheiten abgedeckt.
Vorteile auf einen Blick: überschüssiges Fett wird aufgesaugt, abdeckend, auf Hautfreundlichkeit getestet!

Pickel-Ex von Cleanderm – *vergiss deine Sorgen und ab ins Leben!*

Text B: **Money Express – Life Long Dreams**
➡ Am Anfang alles selber machen.
➡ Später die Arbeit an andere verteilen.
➡ Und jetzt nix mehr machen.
➡ Mit Geldanlagen von Money Express Financial Services.

FINANCIAL SERVICES helfen Ihnen, kleine und große Träume zu erfüllen. Ob es um ertragreiche Geldanlagen, passende Versicherungen oder um günstige Kredite geht, wir sind immer ein kompetenter Finanzpartner.

Nähere Informationen unter **0123–456789** oder besuchen Sie **moneyexpress.de**.

1
a) Für welche Produkte werben die beiden Texte?
b) Welche Zielgruppe wird hier jeweils angesprochen? Begründe.
c) Vergleicht eure Ergebnisse in der Klasse.

INFO

Merkmale der Werbesprache

1. Durch die Verwendung bestimmter **sprachlicher Mittel** (vgl. **INFO** von Seite 81) ist die Sprache der Werbung auffällig und einprägsam.
2. Die Werbung fordert den Käufer zu einem bestimmten Verhalten auf. Dieser Appell kann direkt durch **Imperative** (Befehlsform) oder indirekt, z. B. durch **Suggestivfragen** (Fragen, die eine klare Antwort nach sich ziehen), erfolgen: *Komm auch du, greif zu! / Wohnst du noch oder lebst du schon?*
3. Die Sprache unterstützt die **Werbebotschaft.** Damit ist die positive Vorstellung gemeint, die jemand mit dem Produkt verbindet: Der Produktname *Yogurette* soll z. B. Jugendlichkeit, Sportlichkeit, Gesundheit vermitteln.
4. Werbung ist meistens auf eine bestimmte **Zielgruppe** (z. B. Jugendliche, Männer, Wohlhabende, junge Frauen) ausgerichtet. Dies zeigt sich auch in der Wortwahl: *Ja, die Yogurette, die schmeckt so himmlisch joghurtleicht.*
   → *Zielgruppe: junge, sportliche Frauen*

2 Untersucht die Sprache der Texte mithilfe der **INFO** von Seite 82 nun genauer. Arbeitet dabei in einem Partnerpuzzle:

a) Setzt euch in Vierergruppen zusammen und übertragt zuerst die folgende Tabelle in euer Heft. Lasst dabei in den Zeilen und Spalten etwas mehr Platz.

	Partner A / Text A	Partner B / Text B
Für welches Produkt wird geworben?		
Wie lautet der Produktname?		
Wie lautet der Name der Firma, die für das Produkt wirbt?		
Welche Art von Sprache wird verwendet? (Jugendsprache, Umgangssprache …)		
Welche sprachlichen Gestaltungsmittel werden eingesetzt? Gib dazu Textbelege an.		
Welche Wirkung/welches Image wollen die Werber damit erzielen?		
Welche Zielgruppe soll angesprochen werden? (Jugendliche, Familien…)		

b) Zuerst arbeitet jeder allein: Jeweils zwei Schüler arbeiten dabei mit dem Text A und zwei mit dem Text B. Jeder trägt die Ergebnisse zu den Fragen in die Zeilen seiner Spalte ein. Lies dazu noch einmal die **INFOs** auf den Seiten 81 und 82.

c) Als Nächstes erfolgt der Austausch zwischen den Partnern einer Tischgruppe, die den gleichen Werbetext (z. B. A und A) bearbeitet haben: Vergleicht eure Ergebnisse miteinander und ergänzt sie, wenn nötig.

d) Danach setzen sich jeweils ein Partner A und ein Partner B zusammen. Zuerst stellt Partner A seine Ergebnisse seinem Partner B vor und erklärt sie. Partner B ergänzt seine Tabellen mit den neuen Ergebnissen. Er kann auch Verständnisfragen stellen. Tauscht anschließend die Rollen.

e) Besprecht zum Schluss eure Ergebnisse in der Klasse.

3 Gestaltet in eurer Tischgruppe einen eigenen kurzen Werbetext zu einem der Produkte von Seite 81. Überlegt vorher, welche Zielgruppe ihr ansprechen und welche Werbebotschaft ihr vermitteln wollt.

Welche Botschaft steckt dahinter? – Eine Werbeanzeige untersuchen

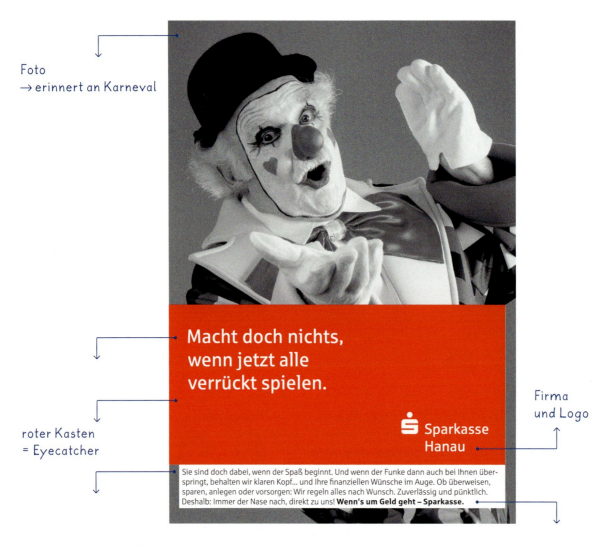

1. Auf den folgenden Seiten sollst du diese Werbeanzeige untersuchen.
   a) Notiere, welche Elemente dieser Anzeige du untersuchen musst, um die Werbebotschaft und die Zielgruppe ermitteln zu können.
   b) Vergleiche deine Überlegungen mit der INFO auf Seite 79.

   Folie

2. Setze die Notizen mit deinen ersten Eindrücken zu den Merkmalen und zur Wirkung der Anzeige fort: *Firma und Logo, Produkt, Eyecatcher, Slogan, Headline, weitere Informationen, Vorstellungen beim Käufer, Bedürfnisse ...*

3. a) Übertrage für deine Untersuchung die Stoffsammlung auf Seite 85 in dein Heft: Notiere in der linken Spalte die in der INFO genannten Elemente, in der mittleren Spalte die Inhalte, und beschreibe rechts die Wirkung.
   b) Ergänze deine Stoffsammlung mit weiteren Beobachtungen und vergleiche diese mit einem Partner.

Stoffsammlung und Schreibplan

	Inhalte	Wirkung
Einleitung: Firma: Produkt und Name:	Sparkasse Hanau Dienstleistungen im Finanzbereich	
Hauptteil: Layout/Aufteilung: Eyecatcher:	grobe Aufteilung in zwei Teile Hintergrundfoto von einem Clown mit einladender Handbewegung; roter Kasten mit Headline, Logo, Slogan und Werbetext	roter Kasten ist Eyecatcher; Clown wirkt lustig
Bildelemente: Personen/Figuren, Zeichnungen, Formen, Farben, Effekte:	schwarz-weißes Hintergrundfoto eines Clowns: älterer Mann, geschminkt, mit roter Nase, Herzchen auf den Wangen und weißen Handschuhen; scheint zu singen; Vordergrund: roter Kasten mit Informationen der Sparkasse …	sympathisch, aktiv, genießt das närrische Treiben; Sparkasse steht im Vordergrund
Textelemente: Produktname: Headline: Slogan: Informationstext:	Dienstleistungen im Finanzbereich „Macht doch nichts, wenn jetzt alle verrückt spielen." „Wenn's um Geld geht – Sparkasse." … …	Anspielung auf die Zeit im Karneval; Kunde kann „verrückt spielen" …
sprachliche Mittel:	…	…
Schluss: Werbebotschaft:	Kunden sollen ihre Freizeit genießen, z. B. Karneval, Mitarbeiter der Sparkasse kümmern sich um ihre Angelegenheiten	
Zielgruppe:	Kunden der Sparkasse – alle Altersgruppen	
Bewertung der Anzeige:	…	

INFO

Was heißt eine Werbeanzeige untersuchen?

Eine Werbeanzeige wendet sich mit einer **Werbebotschaft** an eine bestimmte **Zielgruppe**. Du musst daher diese Botschaft und die Zielgruppe herausarbeiten und zum Schluss bewerten, ob die Absicht dieser Werbung gelungen ist. Dazu musst du die einzelnen Elemente beschreiben und deren Wirkung auf den Leser untersuchen. Aus folgenden Elementen ergibt sich die Werbebotschaft und die Zielgruppe:

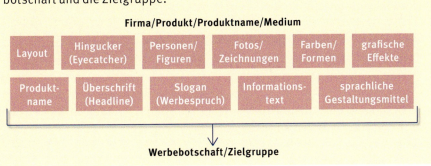

Das ist die Botschaft! – Die Untersuchung formulieren

1 Schreibe auf der Grundlage deiner Stoffsammlung deine Untersuchung. Die Tabelle dient dir gleichzeitig als **Schreibplan**. Je ausführlicher und genauer deine Planung ausgefallen ist, desto leichter fallen dir die Formulierungen. Gehe so vor:
a) Lies zuerst den **TIPP** auf Seite 87.
b) Nutze die folgenden Auszüge aus einem Schülertext und ergänze sie. Beginne mit der **Einleitung**.

Bei der mir vorliegenden Werbung handelt es sich um eine Werbeanzeige der Sparkasse Hanau für ihre Dienstleistungen im Finanzbereich. …

c) Nach einem Absatz schreibst du als Nächstes den **Hauptteil.** Formuliere sachlich und im Präsens. Nutze auch die Formulierungshilfen unten. Beginne nach jedem Beobachtungsaspekt eine neue Zeile:

Das Layout der Anzeige lässt sich grob in zwei Teile unterteilen. Als Hintergrundbild wurde das Schwarz-Weiß-Foto eines Clowns ausgewählt. Im unteren Teil der Anzeige findet sich …, in dem mit weißer Schrift die Headline, das Logo, der Slogan und der Werbetext
5 abgedruckt sind. Dieser Kasten lenkt durch seine rote Farbe die Aufmerksamkeit auf …
Auf dem Hintergrundbild erkennt der Betrachter einen älteren Mann, der als Clown verkleidet ist. Er ist wie ein Clown geschminkt, hat Herzchen auf die Wangen gemalt und trägt vermutlich eine rote Clownsnase.
10 Das lässt ihn sympathisch wirken. Gleichzeitig wirkt er lustig und aktiv, da er eine einladende Handbewegung ausführt. Er scheint auch zu singen. Das verstärkt den Eindruck, als würde er feiern. Der Mann trägt ein Kostüm, das … Daher muss das Foto zur Zeit …
In dem roten Kasten ist links oben die Headline zu lesen: „Macht doch
15 nichts …" In der rechten unteren Ecke findet sich … Der Werbetext ist in schwarzer Schrift klein gedruckt auf einem weißen Balken am unteren Rand des roten Kastens zu lesen. Er beginnt mit einer genauen Ansprache des Kunden und gibt Erklärungen dazu ab, warum das Foto des Clowns abgedruckt ist, da … Auch die positiven Eigenschaften der …

Besonders auffällig erscheinen …, denn … / Hervorgehoben wird … / Foto und Text sind so angeordnet, dass … / Die Farben … wurden ausgewählt, damit … / Der Werbeslogan erscheint einprägsam, da … / Die Sprache des Werbetextes ist leicht verständlich, weil … / Die Wortwahl wirkt sehr positiv, da … / Sie besteht aus … / Auch sprachliche Gestaltungsmittel werden verwendet, wie zum Beispiel … / Somit wirkt die Anzeige …

d) Formuliere den **Schlussteil**. Ziehe Schlussfolgerungen aus deinen Beobachtungen zum Layout und zur Wirkung, um die Werbebotschaft und die Zielgruppe zu erklären. Äußere auch deine eigene Meinung zur Werbewirksamkeit der Anzeige.

Die Anzeige spricht die Bedürfnisse „Sicherheit" sowie „Selbstverwirklichung" an, denn Kunden möchten ihr Privatleben genießen, ohne dass gerade im finanziellen Bereich etwas durcheinandergerät. Die Anzeige vermittelt den Kunden die Sicherheit, dass ... Meiner Ansicht nach sollen mit der Anzeige die Kunden der Sparkassen angesprochen werden, die ... Denn ... Vermutlich ist die Anzeige auch im Zeitraum ... veröffentlicht worden, da ... Die Werbebotschaft lässt sich so zusammenfassen: ... Ich denke, dass die Werbegestalter diese Werbebotschaft gut vermittelt haben, denn ... Deshalb finde ich, dass ...

Zusammenfassend kann man feststellen, dass ... / Meiner Ansicht nach ist die Werbeanzeige gelungen/nicht gelungen, da ... / Sicherlich fühlen sich ... angesprochen/nicht angesprochen, denn ... / Ich meine, dass ... / Eine Möglichkeit zur Verbesserung wäre zum Beispiel ...

2 Lege dir im Heft eine Wortmaterialliste an, in der du Formulierungshilfen für deine Untersuchungen sammelst. Übertrage dazu gute Formulierungen. Nutze auch die Satzanfänge aus den Seiten 86 und 87.

3 Weitere Übungen zur Untersuchung von Werbeanzeigen findest du auf den Seiten 264–265.

Seite 264–265

TIPP

So gliederst du deine Untersuchung der Werbeanzeige:
Grundsätzlich orientieren sich die Aufgabenstellungen zur Untersuchung an dieser Reihenfolge:
1. Stelle in der **Einleitung** das Produkt, die Firma und die Idee der Anzeige vor.
2. Beginne den **Hauptteil** mit einer detaillierten Beschreibung des Layouts *(Anordnung von Bild- und Textelementen)* und beschreibe die Abbildungen *(Fotos, Zeichnungen, Figuren/Personen, Formen, Farben ...)* genau. Gib ebenfalls an, wie diese Abbildungen wirken.
3. Benenne danach die Textelemente *(Slogan, Headline, Fließtext)* und gib deine Ergebnisse zur Untersuchung der verwendeten Sprache an. Beschreibe auch hier die beabsichtigte Wirkung. Wenn du Textstellen übernimmst, setze sie in Anführungszeichen.
4. Setze dann Bild- und Textelemente zueinander in Beziehung. Erkläre, wie sie zusammenwirken.
5. Erläutere im **Schlussteil** die Werbebotschaft und die angesprochene Zielgruppe. Gib auch eine Bewertung zur Anzeige ab und überlege, ob die Botschaft deutlich zum Ausdruck gebracht wird.

Seite 266–267

Die Untersuchung einer Werbeanzeige überarbeiten

Bei unserem Obst achten wir auf traditionelle Werte: Herkunft, Elternhaus, Erziehung.

Bei Lebensmitteln mögen wir von EDEKA keine Überraschungen. darum sorgen wir von Anfang an dafür, dass wir so viel wie möglich über ihre Herkunft wissen. Wie bei Orangen unserer Qualitätsmarke „Rio Grande". Da kennen wir die Plantagen, auf denen sie wachsen. Genau wie den Obstbauern, der sie pflegt, kontrolliert und erntet. Und auch ihren genauen Weg vom sonnigen Süden bis in unsere Märkte. „Ganz schön neugierig, die von EDEKA", mag man da denken. Aber würden Sie jemanden ins Haus lassen, den Sie nicht richtig kennen?

Wir lieben Lebensmittel.

1 Erschließe die Werbebotschaft der Anzeige mithilfe der Tabelle von Seite 85.

2 Überarbeite den Schülertext von Seite 89–90. Gehe so vor:
a) Lies auf Seite 89 die Aufgaben, die der Schüler erfüllen sollte.
b) Der Schülertext auf den Seiten 89–90 ist schon gut gelungen, enthält aber noch einige Schwächen. Überarbeite den Text mithilfe der **CHECKLISTE**. Setze dazu die Randbemerkungen fort und mache dir Notizen.
c) Schreibe den Text in überarbeiteter Form in dein Heft.
d) Überarbeite genauso deine Untersuchung der Werbung von Seite 86–87.

 Folie

☑ CHECKLISTE

Die Untersuchung einer Werbeanzeige überarbeiten:
1. Überprüfe, ob alle Aspekte der Aufgabenstellung bearbeitet wurden.
2. Werden in der **Einleitung** Produkt und Firma der Anzeige benannt?
3. Wird im **Hauptteil** das Layout der Anzeige detailliert und inhaltlich richtig beschrieben? Wird erklärt, wie **Bild- und Textelemente** zusammenwirken?
4. Wird die **sprachliche Gestaltung** der Textelemente untersucht und erklärt?
5. Werden im **Schlussteil** die Werbebotschaft, Zielgruppe und Werbewirksamkeit der Anzeige ermittelt und beurteilt?
6. Enthält die Untersuchung sinnvolle **Absätze**?
7. Sind **Zitate** gekennzeichnet?
8. Hast du die **Rechtschreibung** und **Zeichensetzung** überprüft?

Aufgabe:
Untersuche die Werbeanzeige. Schreibe deine Untersuchung in einem zusammenhängenden Text auf. Gehe dabei so vor:
a) Formuliere eine Einleitung, in der du das Produkt und die Firma **benennst**.
b) **Benenne** und **beschreibe** das Layout der Anzeige genau. **Erkläre** auch, wie Bild- und Textelemente zusammenhängen.
c) **Ermittle** die sprachliche Gestaltung der Textelemente (Produktname, Headline, Slogan, Fließtext) und **erkläre** ihre Wirkung.
d) **Erläutere** anhand deiner Untersuchungsergebnisse die Werbebotschaft und überlege, welche Zielgruppe sich von der Anzeige angesprochen fühlen könnte.
e) **Nimm Stellung** dazu, ob die Anzeige die Zielgruppe gut anspricht.

Die mir vorliegende Werbeanzeige wirbt für alle Produkte der Lebensmittelkette EDEKA. | Produkt? Name? So nicht richtig!

Das Layout ist zweigeteilt: In der oberen Hälfte ist eine grüne Tafel abgebildet, die von einem Holzrahmen umrandet ist. Auf ihr sind der
5 Slogan, der Werbetext und das Logo der Lebensmittelkette zu lesen. | Gut! Headline
Im unteren Anzeigenteil ist ein Foto von mehreren Orangen abgebildet, die eine Person in den Händen hält. Sieht lecker aus! | unsachlich!
Das Foto mit den Orangen ist der Eyecatcher der Anzeige, da sie leuchten und gesund aussehen. Sie wirken so, als seien sie gerade erst gepflückt | gute Beschreibung
10 worden, weil noch die grünen Stiele und Blätter an den Früchten hängen. Damit will die Firma zeigen, dass sie nur frische Produkte vertreibt, die eine gute Qualität haben. Die Person hält die Früchte so, als wolle sie sie nicht mehr hergeben. Das finde ich nicht so gut, denn man soll sie ja kaufen. Der Slogan auf der Tafel lautet: Bei unserem Obst achten wir | Absatz, Headline Zitat kennzeichnen
15 auf traditionelle Werte: Herkunft, Elternhaus, Erziehung. Diese Aussage ist fett gedruckt. Sprachlich wird hier ein Reim verwendet. Dieser klingt | falscher Fachbegriff
so, als seien die Früchte Kinder, die erzogen werden müssten. Hier zieht der Verkäufer automatisch eine Verbindung zu dem unten abgebildeten | falscher Ausdruck
Foto. Der Ausdruck „traditionelle Werte" vermittelt dem Leser wiederum | gut!
20 ein Gefühl von Qualität und erzeugt den Eindruck, dass das Obst natürlich angebaut und dass auf künstliche Anbauweisen, wie z. B. Dünge- und Spritzmittel oder genmanipulierte Erzeugung, verzichtet wird.
Das Produkt erzeugt somit positive Vorstellungen, denn es hat eine „gute Kinderstube", da es vom Anbau bis zum Transport durch EDEKA
25 überwacht wird. Das haben sie klasse gemacht!

Der Werbetext ist dünn gedruckt und erscheint ebenso wie der Slogan in Weiß, was sich gut von dem grünen Hintergrund abhebt. Durchgängig wird das Possessivpronomen „wir" verwendet, um darzustellen, dass es sich bei den Mitarbeitern von EDEKA um eine Gemeinschaft handelt, deren Mitglieder alle nur das Gleiche im Sinn haben, nämlich den Kunden nur die beste Qualität anzubieten. Im Werbetext werden keine Informationen zum unten abgebildeten Produkt von „Rio Grande" gegeben. Das ist schade, denn man will ja informiert werden.
Die einfachen Sätze erleichtern dem Verkäufer das Verständnis und sind schnell zu verstehen. Allerdings wirkt die Darstellung übertrieben, denn es wird behauptet, dass die Mitarbeiter die Plantagen und deren Mitarbeiter persönlich kennen würden. Das ist doch sehr unglaubwürdig. Insgesamt erscheint die verwendete Wortwahl positiv. Nomen („pflegt, kontrolliert und erntet"), Verben („keine Überraschungen" „Qualitätsmarke", „Obstbauern") und Adjektive („so viel wie möglich", „genauen", „sonnigen") schaffen positive Vorstellungen und erwecken beim Betrachter den Eindruck, als würden die Produkte kontrolliert und nur in ausgewählten Gegenden und von ausgewählten Menschen produziert. Das ist doch völliger Quatsch! Auch hier findet sich eine Verbindung zu dem Slogan, und der Betrachter versteht, was mit den Worten „Herkunft, Erziehung, Elternhaus" gemeint ist. [Absatz!] Abgerundet wird der Werbetext mit den Gedanken der Kunden: „Ganz schön neugierig, die von EDEKA", mag man da denken. Aber die Antwort darauf wird durch eine Metapher gleich gegeben: „Aber würden Sie jemanden ins Haus lassen, den Sie nicht richtig kennen?" Natürlich würde man das nicht tun, und deshalb kann man den Zusammenhang mit den Früchten hier gar nicht erkennen.
Unter dem Werbetext kann man ein Bild von EDEKA erkennen; hier steht der Slogan: „Wir lieben Lebensmittel." Aber das wird ja schon durch den Text und das Foto sehr deutlich. Die Gestalter wollen die Lebensmittel von EDEKA als „kleines, umsorgtes Kind" darstellen, das „geliebt" wird. Somit meint man, dass die Produkte gut kontrolliert und biologisch angebaut werden. Deshalb glaube ich, dass besonders ältere Menschen angesprochen werden, die gerne Obst essen. Die finden die Anzeige bestimmt toll.

Kompetenz-Check:
eine Werbeanzeige untersuchen

1. **Plane** deinen Text, indem du die Werbeanzeige genauer untersuchst:
   a) Mache dir neben der Anzeige Notizen zu den Auffälligkeiten und Besonderheiten der Anzeige.
   b) Lege dir eine Tabelle als Schreibplan an und fülle sie aus.

   Folie

2. Schreibe den Entwurf deiner **Untersuchung** als zusammenhängenden Text. Gehe so vor:
   a) Formuliere eine Einleitung, in der du das Produkt und die Firma **benennst**.
   b) **Benenne** und **beschreibe** das Layout der Anzeige genau. **Erkläre** auch, wie Bild- und Textelemente zusammenhängen.
   c) **Ermittle** die sprachliche Gestaltung der Textelemente (Produktname, Headline, Slogan, Fließtext) und **erkläre** ihre Wirkung.
   d) **Erläutere** anhand deiner Untersuchungsergebnisse die Werbebotschaft und überlege, welche Zielgruppe sich von der Anzeige angesprochen fühlen könnte.
   e) **Nimm Stellung** dazu, ob sich die Anzeige eignet, um die Zielgruppe anzusprechen.

3. **Überarbeite** deinen Text mithilfe der **CHECKLISTE** auf Seite 88.

Im Blickpunkt: Sprache betrachten
Anglizismen in der deutschen Sprache

1. Just do it. (Nike) → Tu es einfach.
2. No smint, no kiss. (Smint)
3. A GOOD FRÜHSTÜCK IS VERRÜCKT WICHTIG FOR A GOOD TAG. (Mc Donald's)
4. Have a Break – have a KitKat. (KitKat)
5. We lift you up where you belong. (Lufthansa)
6. Come in and find out. (Douglas)

1
a) Lies die Werbeslogans und übersetze sie wie im Beispiel.
b) Überlege, warum die Werbegestalter englische Wörter verwenden.
c) Vergleiche dein Ergebnis mit der **INFO**.
d) Der 3. Slogan unterscheidet sich von den anderen. Beschreibt die Unterschiede und überlegt gemeinsam mögliche Gründe dafür.

> Ketchup, Toast, Laptop, Chips, downloaden

2
a) Für viele englische Begriffe benutzen wir gar keine deutschen Bezeichnungen. Wie kannst du dir das erklären?
b) Finde deutsche Bezeichnungen für die Wörter am Rand.

Dennis: Hey Fans! Habt ihr schon die neue Skaterwerbung im Stadtmagazin gesehen? Ich war am Wochenende boarden und cruisen – wollte checken, was geht. Im Park gibt's 'ne neue Halfpipe. Da hab ich Freestyle trainiert. Rookie bin ich jetzt nicht mehr, weil ich fakie fahren kann …

Caro: Ich war am Weekend als Trendscout für eine Zeitschrift auf der Suche nach dem supercoolen Look. Da musst du ständig up to date sein. Die jungen Kids tragen Hoody, Baggy Pants und Sneakers, Jugendliche eher Airbags.

Krissie: Ihr mit euren Buzzwords – da wird man noch crazy.

 Folie

3
a) Lies den Dialog und fasse in eigenen Worten zusammen, worüber sich Dennis und Caro unterhalten.
b) Markiere alle Anglizismen und schreibe den Dialog so um, dass diese Wörter durch deutsche Wörter ersetzt werden.
c) Vergleicht eure Dialoge und sprecht darüber, auf welche Schwierigkeiten ihr gestoßen seid und wie sich die Aussagen verändert haben.

ℹ️ INFO

Was sind Anglizismen?
1. Als **Anglizismus** (Plural: Anglizismen) bezeichnet man Wörter, die aus der englischen Sprache übernommen wurden: *Fans, Chips, Piercing* …
2. Oft finden sich **Anglizismen in der Werbung,** um das Produkt „trendy" erscheinen zu lassen. Dadurch wird der Lebensstil (Lifestyle) betont, der mit dem Produkt in Verbindung gebracht werden soll: *Colour Passion Lipstick, Ideal Finish Make-up, Yellow Strom* …
3. Auch in **Jugend-, Szene- und Fachsprachen** werden Anglizismen verwendet: *Techno, Trendscout, Sneakers* … Oft werden dabei Begriffe an die deutsche Grammatik angepasst (= „Denglisch"): *chillen, geskatet* …

Im Blickpunkt: richtig schreiben

Wortzusammensetzungen mit Bindestrich richtig schreiben

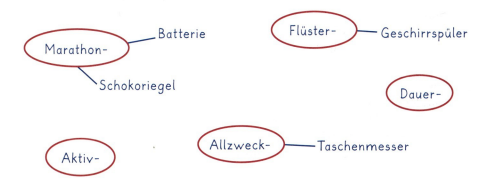

1. a) Lies die Regeln 1–3 in der INFO.
   b) Erfinde neue Produktbezeichnungen, indem du mit den angegebenen Wörtern neue Wortzusammensetzungen bildest. Übertrage dazu die Cluster in dein Heft und ergänze sie mit dem passenden Artikel.

ULTRALECKER – das ABENDMAKEUP – MARINEBLAU – der DREITAGEBART – VITAMINBHALTIG – SÜSSSAUER – SORGENFREI – die LOTTOANNAHMESTELLE – die WERBEPLAKATWAND – MEGAREIN – die BLUEJEANS

2. Schreibe die Wörter oben richtig auf: Entscheide mithilfe der INFO, wo du einen Bindestrich setzen musst und wo dieser das Leseverständnis erleichtert. Achte auch auf die Groß- und Kleinschreibung.

INFO

Wortzusammensetzungen mit Bindestrich richtig schreiben

1. In der **Werbesprache** werden häufig **neue Wörter** erfunden, die es in keinem Wörterbuch gibt. Man setzt verschiedene Wörter zusammen, um das Produkt (die Idee) aufzuwerten und seine positiven Eigenschaften zu betonen. Dabei erleichtert der **Bindestrich** den Lesefluss: *Marathon-Batterie (Nomen + Nomen), Aktiv-Schaum (Adjektiv + Nomen)*.
2. Du schreibst diese Wörter auch **mit Bindestrich, wenn der zweite Bestandteil bereits eine Zusammensetzung ist**: *Flüster-Geschirrspüler (Verb + Nomen)*.
3. **Mehrteilige Zusammensetzungen** (Wortgruppen) schreibst du **immer mit einem Bindestrich**: *Kopf-an-Kopf-Rennen*.
4. Werden **zwei Adjektive miteinander kombiniert,** z. B. mit sogenannten Hochwertwörtern *(super-, mega-, ultra-...)*, schreibst du diese jedoch **zusammen**: *ultramodern, superweich*.
5. Auch die **Kombination von Nomen und Adjektiv** schreibst du zusammen und klein: *strahlengefährdet, kurvenreich*.

Im Blickpunkt: Lesen

Wozu Werbung?

„Wohnst du noch oder lebst du schon?!" (Ikea). Werbung ist der „Versuch der zwangfreien Meinungsbeeinflussung durch besondere Kommunikationsmittel" (Brockhaus, 1999). Zwar behaupten viele, sich in ihrer Kaufentscheidung nicht von Werbung beeinflussen zu lassen. Wissenschaftliche Untersuchungen belegen
5 allerdings das Gegenteil. Aber wen wundert das? Ob wir ins Kino gehen oder im Internet surfen, ob wir Zeitschriften lesen, den Fernseher einschalten oder einfach durch die Straßen laufen – Werbung begegnet uns auf Schritt und Tritt.

Doch wozu betreiben Unternehmen überhaupt Werbung? Handelt es sich um schlechte Produkte, die sie anders nicht loswerden? Wohl kaum. Werbung gibt
10 es für viele Produkte aus nahezu allen Branchen. Das vorrangige Ziel für den Unternehmer ist die Erhöhung des Absatzes und damit die Steigerung des Gewinns. Will er sich mit seinem Produkt von der Konkurrenz unterscheiden, dann muss er es ins beste Licht rücken, indem er die Produktqualität oder den Preis – „saubillig" (Mediamarkt) – als Verkaufsargument hervorhebt.

15 Die Werbefachleute erfinden immer neue, verrückte Ausdrucksformen. Doch ihrer Kreativität sind auch Grenzen gesetzt. So gilt für die Zielgruppe der Kinder und Jugendlichen der Jugendmedienschutz-Staatsvertrag (JMStV), in dem u. a. Folgendes geregelt ist:
Werbung im Rundfunk oder Fernsehen ist nicht erlaubt, wenn
20 – jugendgefährdende Medien (z. B. gewaltverherrlichende oder unsittliche Darstellungen) für Werbezwecke verwendet werden.
– sie Kindern oder Jugendlichen körperlichen oder seelischen Schaden zufügt.
– sie die Unerfahrenheit von Kindern oder Jugendlichen ausnutzt und sie zum Kauf bewegen will oder wenn sie Kinder oder Jugendliche auffordert, andere
25 dazu zu bewegen.
– sie ohne vernünftigen Grund Kinder und Jugendliche in Gefahrensituationen zeigt.

Werbung für alkoholische Getränke oder Tabakwaren darf sich im Rundfunk oder durch Telemedien nicht an Kinder und Jugendliche richten, sie besonders
30 ansprechen oder sie beim Trinken oder Rauchen darstellen.
Doch nicht nur der Jugendmedienschutz beschränkt die grenzenlose Werbung. Es gibt z. B. auch klare Beschränkungen für sogenannte Lockvogelangebote. Damit ist der Versuch eines Unternehmens gemeint, potenzielle Käufer mit preisgünstigen Angeboten ins Geschäft zu locken, die dort gar nicht oder nur in
35 geringer Menge vorrätig sind.
Auch vergleichende Werbung ist nur unter bestimmten Auflagen möglich. Bei dieser Werbeart vergleicht ein Unternehmen sein Produkt mit dem des Konkurrenten. Dabei wird das eigene Angebot als das beste, leistungsfähigste und preiswerteste dargestellt und von der Konkurrenz das Gegenteil behauptet.
40 Allerdings haben Wissenschaftler herausgefunden, dass die freiwillige Nennung negativer Eigenschaften auch zu einer höheren Glaubwürdigkeit des Unternehmens führen kann. Gesetzlich verboten ist es, den Konkurrenten herabzusetzen. Außerdem dürfen nur überprüfbare, also wahre Aussagen gemacht werden.

1 Im Text werden verschiedene Werbeträger genannt. Übertrage das Cluster in dein Heft und vervollständige es.

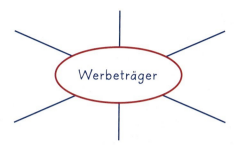

2 Welche Aussage trifft auf den Text zu? Kreuze die richtige Antwort an.   Folie

A Werbung dient zur Steigerung des Gewinns; dazu darf jedes Mittel genutzt werden. ✶

B Werbung versucht, den Kunden zu beeinflussen; und das ohne Zwang. ✶

C Werbung dient dazu, neue Käufergruppen zu erschließen; dazu sind der Kreativität keine Grenzen gesetzt. ✶

3 Im Text heißt es in den Zeilen 40–42, dass in der Werbung „*die freiwillige Nennung negativer Eigenschaften auch zu einer höheren Glaubwürdigkeit des Unternehmens führen kann*".
Erkläre diese Textstelle mit eigenen Worten.

4 Der Text lässt sich in sechs Sinnabschnitte einteilen.
Übertrage die Tabelle, notiere zu jedem Abschnitt die Zeilenangaben und ergänze jeweils eine Zwischenüberschrift wie im Beispiel.

	Zeilenangabe	Überschrift
1	Z. 1–7	Einleitung: Erklärung des Begriffes Werbung
2		
3		
4		
5		
6		

5 Ein Schüler meinte nach dem Lesen des Textes:
„*Schade, dass Firmen ihre Produkte in der Werbung nicht vergleichen dürfen. Dann hätte man eine deutliche Entscheidungshilfe für den Einkauf.*"
Nimm Stellung zu dieser Aussage und begründe deine Meinung nachvollziehbar.

A Mithilfe von Solarzellen (fotovoltaischen Elementen) lässt sich Sonnenlicht direkt in elektrischen Strom umwandeln.

B Stürme und andere Naturkatastrophen treten immer häufiger auf.

C Mit zunehmender Eisschmelze an den Erdpolen ist der Lebensraum der Eisbären mehr und mehr bedroht.

Global denken – lokal handeln

1 a) Seht euch die Bilder und die dazugehörigen Aussagen genau an. Sprecht gemeinsam darüber:
– Was trägt dazu bei, dass sich unser Klima so schnell ändert?
– Wer oder was ist von den Veränderungen durch den Klimawandel betroffen?
b) Tauscht euch über die Überschrift des Kapitels aus: Was versteht ihr unter den Begriffen *global* und *lokal*?

2 Sammelt in einem Cluster Ideen dazu an der Tafel, was wir tun können, um den Klimawandel einzudämmen:

F Der Verkehr ist für 20 Prozent der Treibhausgase verantwortlich. Weltweit gibt es bereits rund 900 Millionen Pkws, davon 231 Millionen in der EU.

D Im Jahr 2003 erlebten wir den heißesten Sommer seit 500 Jahren. Die Dürre verursachte landwirtschaftliche Schäden in Höhe von 10 Milliarden Euro. Auch die Flüsse waren betroffen: Mit einem Wasserstand von 0,5 Metern war die Elbe fast leer.

E Jeder Liter warmes Wasser erfordert Energie, die aufgewendet werden muss, um das Wasser zu erhitzen. Beim Duschen werden ca. 20–40 Liter, beim Baden ca. 150–200 Liter Warmwasser verbraucht.

Mithilfe der Materialien in diesem Kapitel sollt ihr eine Energiebroschüre zum Thema **Klimawandel** für eure Mitschüler erstellen.
Darin informiert ihr über Folgendes:

1. Was ist Klimawandel genau? Wodurch wird er ausgelöst? Wie wirkt er sich lokal und global aus?
2. Wie können sich Schulen aktiv für den Klimaschutz einsetzen?
3. Wie können wir im privaten Bereich zum Klimaschutz beitragen?

Der Treibhauseffekt – Sachtext und Schaubild zusammenfassen und vergleichen

Zu Beginn der Energiebroschüre sollst du deine Mitschüler allgemein über den Klimawandel informieren, damit du bei ihnen Interesse für den Klimaschutz weckst. Dafür musst du dich zunächst selbst sachkundig machen, indem du einen Sachtext (Material 1) und ein Schaubild (Material 2) auswertest.

1 Stelle anhand der Überschrift von M 1 Vermutungen darüber an, welche Informationen der folgende Sachtext zum Thema Klimawandel geben könnte.

Der Treibhauseffekt – Ursachen des Klimawandels (M 1)
Britta Pawlak

Vor nicht allzu langer Zeit gab es noch viele kritische Stimmen, die anzweifelten, dass der allmähliche Klimawandel wirklich von uns Menschen verursacht wird. Mittlerweile bestehen aber kaum noch Zweifel daran, dass es vor allem durch die hohen Mengen an schädlichen Treibhausgasen zu einer globalen Erd-
5 erwärmung kommt. Zwar gab es schon immer natürliche Klimaschwankungen, aber noch nie soll ein solch schneller Temperaturanstieg wie derzeit stattgefunden haben.
Nach den neuesten Untersuchungen ist die Erdtemperatur in den vergangenen 100 Jahren nahezu um ein Grad Celsius gestiegen. In den nächsten 50 Jahren
10 sollen die Temperaturen um mehr als zwei Grad steigen. Die Folgen des wärmeren Klimas sind jetzt bereits sichtbar: Das „ewige Eis" der Arktis schmilzt immer schneller, und dadurch steigt der Meeresspiegel weiter an. Es kommt häufiger zu Überschwemmungen und starken Orkanen. Ganze Küstenregionen drohen irgendwann im Wasser zu versinken. In warmen Regionen herrschen
15 dagegen immer öfter Dürrekatastrophen. Der Lebensraum von Mensch und Tier ist zunehmend bedroht.
Die Erdatmosphäre hat die Wirkung einer „Schutzhülle". Sonnenstrahlen dringen in die Atmosphäre ein und wandeln sich in Wärme um. Nur ein Teil der Wärmeenergie wird wieder ins Weltall zurückgeworfen, sodass auf der Erde
20 relativ warme Temperaturen herrschen. Die schädlichen Abgase, die nach oben steigen, sorgen allerdings dafür, dass immer weniger Wärmestrahlen zurück ins All gelangen und das Klima sich weiter aufheizt. Weil dies vergleichbar mit der Funktion eines Treibhauses für Pflanzen ist, spricht man auch von einem „Treibhauseffekt": Die Sonnenstrahlen dringen wie bei einem Glashaus in die Erd-
25 atmosphäre ein, ohne dass die Wärmestrahlen wieder entweichen können. Der „natürliche Treibhauseffekt" ist wichtig für uns, denn durch ihn ist überhaupt erst Leben auf der Erde möglich. Ansonsten würden enorme Temperaturschwankungen auf unserem Planeten herrschen. Doch seit dem Beginn der Industrialisierung sind immer größere Mengen an Abgasen in die Atmosphäre gelangt.
30 Der natürliche Treibhauseffekt wird dadurch um ein Vielfaches verstärkt.
Kritisch wirken sich unter anderem die vielen CO_2-Abgase aus. Kohlenstoffdioxid entsteht zum Beispiel bei der Verbrennung von Kohle, Öl und Erdgas. Die

Treibhausgase verantwortlich für globale Erderwärmung

Abgase werden von Fahrzeugen, die Benzin oder Diesel verbrennen, in Fabriken und in Kohlekraftwerken produziert. In den letzten Jahrzehnten ist der Anteil an CO_2 in der Luft durch die vielen Autos und den Bau zahlreicher Fabriken erheblich gestiegen. Auch der immer stärker werdende Luftverkehr spielt eine wesentliche Rolle. Flugzeuge verbrauchen Unmengen an Sprit.

Seite 271

Hinzu kommen aber noch weitere Treibhausgase wie die lange unterschätzten Mengen an Methangas, welche die riesigen Viehzuchtbestände weltweit ausstoßen. Auch in Mülldeponien und bei der Förderung von Erdgas wird dieses Gas produziert. Ein weiteres Treibhausgas, das Lachgas, entsteht zum Beispiel bei der Verbrennung von fossilen Rohstoffen.

Ebenso spielt für das Klima die Abholzung großer Regenwaldflächen eine Rolle: Während wir zur Atmung Sauerstoff benötigen, nehmen Pflanzen Kohlenstoffdioxid auf, um dieses in Sauerstoff umzuwandeln. Die Bäume und Pflanzen sind also sehr wichtig für ein gesundes Erdklima. Der Regenwald ist für die Erde ein bedeutender Sauerstoffproduzent. Außerdem tragen die Bäume der Regenwälder erheblich zur Kühlung der Atmosphäre bei. Denn über dem feuchtwarmen Dschungel befindet sich eine riesige Wolkendecke, die Sonnenstrahlen abhält. Durch die fortschreitende Abholzung geht dieser Schutz mehr und mehr verloren.

Seite 270

2 a) Erschließe den Text mithilfe der Lesemethode für Sachtexte. Setze dazu die Bearbeitung wie im ersten Absatz auf Seite 98 fort.
b) Vergleiche anschließend deinen Leseeindruck mit deinen Vermutungen aus Aufgabe **1**.
c) Halte die wichtigsten Informationen zum Treibhauseffekt in einem Venn-Diagramm fest. Gehe so vor, wie es in den Hinweisen 1 und 2 im **TIPP** beschrieben wird.

Seite 280

Folie

💡 TIPP

So arbeitest du mit einem Venn-Diagramm:
Ein **Venn-Diagramm** eignet sich, um Ergebnisse aus verschiedenen Materialien (Texte, Schaubilder …) zu erfassen und zu vergleichen.
So gehst du vor:
1. Lege dir ein Venn-Diagramm auf einer DIN-A4-Seite an (siehe unten).
2. Schreibe **in den linken Kreis** stichwortartig die wichtigsten **Informationen aus dem ersten Material** (M 1).
3. Halte die wichtigsten Informationen **aus dem zweiten Material** (M 2) **im rechten Kreis** fest.
4. Vergleiche die Stichwörter beider Kreise und schreibe inhaltliche **Gemeinsamkeiten** in die **Schnittmenge** in der Mitte.

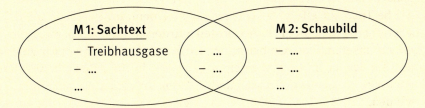

Die Entstehung des Treibhauseffektes (M 2)

CO₂ entweicht in die Atmosphäre

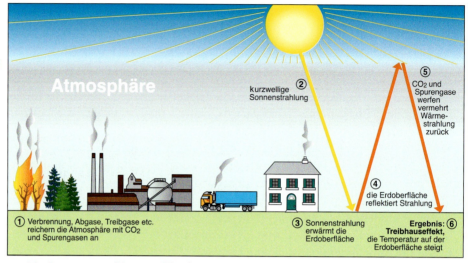

Verbrennung, Abgase, Treibgase

 Folie

3 a) Verschaffe dir zunächst einen Überblick über die Zusammenhänge, die in dem Schaubild dargestellt werden. Nutze dazu den **TIPP** und mache dir Randnotizen wie in den Beispielen oben.

b) Überprüfe, ob du das Schaubild verstanden hast. Lasse dir Frage ① von einem Partner beantworten; beantworte anschließend Frage ②. Tauscht danach die Rollen:
① *Wodurch entsteht CO_2?*   ② *Warum steigt die Temperatur auf der Erde?*

c) Notiere die Inhalte des Schaubilds (Zusammenhänge und Abfolge) im rechten Kreis deines Venn-Diagramms.

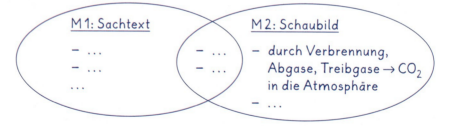

💡 TIPP

So wertest du Schaubilder aus:
Ein **Schaubild** ist eine bildliche Darstellung von Zusammenhängen, Abfolgen und Beziehungen.
1. Lies die **Überschrift** und **Beschriftung**; sie erklären, was dargestellt wird.
2. **Kläre Begriffe**, die du nicht verstehst, mit dem Wörterbuch.
3. Markiere **Schlüsselwörter** und mache Randnotizen. Überlege, in welcher Reihenfolge die Darstellung zu lesen ist. Wo beginnt sie? (Zahlen, Pfeile ...)
4. Stelle dar, welche **Zusammenhänge** durch das Schaubild ausgedrückt werden.

4 Vergleiche die Informationen, die du dem Sachtext entnommen hast, mit den Angaben aus dem Schaubild. Gehe dabei so vor:
a) Notiere Informationen zu Treibhauseffekt und Klimawandel, die in beiden Materialien enthalten sind, in der Mitte deines Venn-Diagramms.

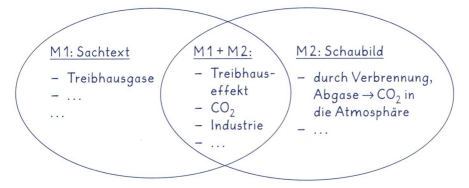

b) An welcher Stelle im Text von Seite 98–99 lässt sich das Schaubild inhaltlich einordnen? Begründe.

5 Verfasse deinen ersten Beitrag für die Energiebroschüre, in dem du deine Mitschüler informierst, wie der Treibhauseffekt den Klimawandel beeinflusst. Gehe vor wie im **TIPP** beschrieben.
So kannst du beginnen:
Viele Wissenschaftler und Politiker sind sich darüber einig, dass wir alle schnellstens etwas gegen den Klimawandel tun müssen. Daher informiere ich euch im Folgenden ...

💡 TIPP

So schreibst du einen informativen Broschürentext:
1. Mache dir zuerst das **Thema** klar, über das du informieren willst, z. B. *Klimawandel durch Treibhauseffekt*.
2. Überlege, wie du deine **Mitschüler ansprechen** willst: *Hier erfahrt ihr etwas darüber, wie der Klimawandel und der Treibhauseffekt zusammenhängen.*
3. Schreibe so, dass deine Mitschüler den Sachverhalt verstehen, erkläre z. B. Fachbegriffe.
4. Berücksichtige folgende Abfolge und trenne die Textteile durch Absätze:
   – Formuliere eine **Einleitung**, in der du das Umweltproblem kurz darstellst oder ein anschauliches Beispiel gibst.
   – Erläutere im **Hauptteil** anhand deines Venn-Diagramms den Zusammenhang zwischen Treibhauseffekt und Klimawandel.
   – Formuliere im **Schlussteil** einen zusammenfassenden Satz oder eine Schlussfolgerung: *Zusammenfassend lässt sich feststellen, dass der Treibhauseffekt den Klimawandel stark beeinflusst.* (zusammenfassender Satz) *Wir sollten also dringend die Treibhausgase reduzieren, um unser Klima zu schützen.* (Schlussfolgerung)
   – Finde eine passende **Überschrift**, die das Interesse deiner Leser weckt.

Informationen aus zwei Sachtexten zusammenfassen, vergleichen und bewerten

1. Gibt es an eurer Schule ein Klimaschutzprojekt? Oder kennt ihr eine Schule, die sich für den Klimaschutz einsetzt? Tauscht euch über eure Erfahrungen aus und überlegt, welche Maßnahmen diese Projekte wohl beinhalten.

2. Auf den folgenden Seiten werden zwei Schulprojekte zum Klimaschutz vorgestellt. Tauscht euch darüber aus, was ihr bereits über Fotovoltaikanlagen oder Wassersparmaßnahmen wisst bzw. gehört habt.

3. Wertet die Sachtexte (M1 und M2) auf den Seiten 103 und 104 in Partnerarbeit aus. Geht so vor:
   a) Übertragt die folgende Tabelle in euer Heft.
   b) Partner A erschließt M1 und trägt die wichtigsten Informationen aus M1 in die linke Spalte ein; Partner B erschließt M2 und trägt die wichtigsten Informationen aus M2 in die rechte Spalte ein.

M1: Wir zapfen Sonnenlicht, du auch?	M2: Wir sparen Wasser. Mach mit!
– Emilie-Heyermann-Realschule, Bonn – Fotovoltaikanlagen von Schülern, Lehrern, Eltern u. Hausmeister – …	– Albert-Schweitzer-Gesamtschule, Dingstedt – Wassersparmaßnahme von Umwelt-AG der achten Klassen angeregt – …

M1

Wir zapfen Sonnenlicht, du auch?

Bonn. Die Emilie-Heyermann-Realschule liegt am Hang des Venusbergs. Alle Schulgebäude haben Flachdächer, sind also gut geeignet für Fotovoltaikanlagen – eine Konstruktion, die das Sonnenlicht nutzt, um Energie zu erzeugen. Die Anlage wurde vor gut fünf Jahren von Schülern, Lehrern, Eltern und dem Hausmeister gemeinsam errichtet.

Ziel des „fifty-fifty-Programms" ist es, möglichst viel Energie einzusparen. Spart die Schule Energie und damit Geld, bekommt sie von der Stadt die Hälfte der eingesparten Kosten zurück. Also versucht jeder, möglichst viel Strom, Wasser und Heizkosten zu sparen. Auch Jan aus Klasse 9: „Die Stadt Bonn spart Geld dabei, weil sie die Energiekosten bezahlen muss. Da haben wir den Vorschlag gemacht, dass wir versuchen, Energie zu sparen, dafür aber die Hälfte des eingesparten Geldes bekommen." Geld, das direkt den Schülern zugutekommt. Die Schülerband bekam ein neues Schlagzeug, auch neue Computer und eine Videokamera konnten von dem Geld angeschafft werden.

Die Finanzierung der Fotovoltaikanlage funktionierte sogar ganz ohne Schulden. Die Anlage hat 35 000 Euro gekostet. Knapp 20 000 Euro davon konnte die Schule aus Eigenmitteln aufbringen, der Rest wurde über Fördergelder der Europäischen Union und die eingesparten Energiekosten finanziert. „In vier bis fünf Jahren darf sich der Förderverein über Gewinne freuen", so Dr. Michael Pacyna, Leiter der Umwelt-AG, weiter: „Die Anlage besteht aus 48 Modulen und hat eine Leistung, mit der etwa drei Einfamilienhäuser mit Strom versorgt werden können."

M2

Wir sparen Wasser. Mach mit!

Dingstedt. In der Albert-Schweitzer-Gesamtschule läuft seit einigen Jahren eine so erfolgreiche Wassersparmaßnahme, dass sich bereits einige Nachbarschulen dafür interessiert haben. Abwasser, frisches kaltes und warmes Wasser – alles kostet Energie. Um diese Energie bereitzustellen, werden bei der Energiegewinnung Treibhausgase freigesetzt. Wassersparen bedeutet also Klimaschutz pur.

Alles fing mit den Tüftlern der Umwelt-AG der achten Klassen an. Im Unterrichtsprojekt *Wasser, ein kostbares Gut* rechneten die Schüler aus, dass die Schule für 1 000 Liter Frischwasser drei Euro bezahlen muss. Für 1 000 Liter Abwasser müssen sogar sieben Euro aufgebracht werden. „Wir haben dann überlegt, was die Toilettenspülung für einen Tag kostet, wenn alle 750 Schüler einmal aufs Klo gehen", berichtet Simone aus der AG. Sie fanden heraus, dass beim Toilettenspülen ohne Spartaste im Durchschnitt 14 Liter verbraucht werden. „Also benötigen wir 10 500 Liter Frischwasser und 10 500 Liter Abwasser für die Toilettennutzung pro Tag", sagt Simone. Der Wasserbedarf für die Toiletten kostet die Schule pro Schultag 105 Euro. Bei durchschnittlich 20 Schultagen pro Monat sind das 2 100 Euro.

Alte Toilettenspülung

Neue Toilettenspülung

Der Leiter der AG, Harry Wohlgemuth, war über die errechneten Verbrauchszahlen und die Kosten erstaunt. Er regte an, dass am nächsten *Tag der offenen Tür* die Ergebnisse in einer Ausstellung gezeigt werden sollten. – Die Ausstellung war ein voller Erfolg! Schulleitung und Elternvertreter waren sich einig: „Hier muss etwas geschehen!" Die Schulleitung setzte sich anschließend mit der Stadtverwaltung in Verbindung, und nach einigen Wochen wurde eine Ausschreibung für den Einbau von Wasser sparenden Toilettenspülungen gemacht. „Diese modernen Spülanlagen", erzählt Harry Wohlgemuth, „verbrauchen maximal 6 Liter pro Spülgang." In den nächsten großen Ferien wurden in allen Toiletten der Schule die neuen Spülungen eingebaut.

4 Stellt euch die Textinhalte aus den beiden Materialien gegenseitig vor und besprecht offene Fragen. Ergänzt dann jeweils die freie Spalte der Tabelle mit den Informationen, die der Partner aus seinem Material erschlossen hat.

5 a) Besprecht gemeinsam folgende Fragen und notiert eure Antworten stichpunktartig unter der Tabelle:
– Welches Ziel haben die beiden Schulprojekte jeweils?
– Welche positiven Auswirkungen haben die Projekte bereits erzielt?
– Welche Bedingungen müssen an einer Schule erfüllt sein, damit die in M 1 und M 2 beschriebenen Aktivitäten durchgeführt werden können?
b) Haltet auch die Gemeinsamkeiten zwischen beiden Projekten fest.

6 Schreibe einen Beitrag für die Energiebroschüre, in dem du deine Mitschüler über Energiesparmaßnahmen an Schulen informierst. Orientiere dich dabei an der Reihenfolge der Aufgaben:
a) Stelle die Projekte aus M 1 und M 2 vor, indem du sie beschreibst.
b) Vergleiche die beiden Projekte. Nutze dazu deine Ergebnisse aus Aufgabe **5**.
c) Beurteile, welches der beiden Projekte sich an eurer Schule gut umsetzen ließe. Berücksichtige dazu deine Antwort auf die dritte Frage in **5 a)**.

So kannst du deinen Text beginnen:
Habt ihr euch schon einmal überlegt, was Schulen zum Klimaschutz beitragen können? Hier stelle ich euch zwei interessante Projekte vor …

Einen Broschürentext überarbeiten

1 Auf den Fotos werden die Besonderheiten eines Niedrigenergiehauses dargestellt. Beschreibe die Bilder und stelle Vermutungen darüber an, was man unter einem Niedrigenergiehaus versteht.

Aus und vorbei – nie wieder hitzefrei! (M 1)

Das Erich-Jahn-Gymnasium in Pusseln will die erste Niedrigenergiehausschule in Nordrhein-Westfalen werden. In einer wirklich beispielhaften Aktion, bei der über mehrere Jahre Schüler, Eltern, Lehrer und die Stadt Pusseln gemeinsam auf ihr Ziel hinarbeiten, wird die Schule nun auf den neuesten energietechnischen Stand gebracht.

Die Investitionen für ein Niedrigenergiehaus sind relativ hoch, das stellten die Aktiven bald fest. Man braucht Sonnenkollektoren auf dem Dach und einen großen Solarwasserspeicher. Die Fotovoltaikanlage ist ebenfalls ein großer Kostenpunkt. Ein modernes und effizientes Dämmsystem[1] ist für ein Niedrigenergiehaus ein unbedingtes Muss. Dicke Schichten aus Dämmmaterial, Fenster mit Dreifachverglasung und das Vermeiden von Wärmebrücken[2] im Haus sind das A und O. „Wir müssen auch daran denken", sagt Marina aus der 8. Klasse, „dass wir dann die Fenster nicht ständig öffnen oder kippen, dabei geht zu viel Energie verloren." Stattdessen wird eine moderne Lüftungsanlage für genügend Frischluft sorgen. Über einen Wärmeaustauscher wird die frische Luft mit der Abluft vorgeheizt.

Weil so viel zu machen ist und die Kosten so hoch sind, wird das Erich-Jahn-Gymnasium Schritt für Schritt zum Niedrigenergiehaus umgerüstet. Zunächst wird erst einmal nur die Fenster- und Bodenisolierung in Angriff genommen. So werden Wärmebrücken ausgeschaltet und viel Energie eingespart.

Erfahrungen haben gezeigt, dass etwa 80 000 Euro Fördergelder vom Land nötig sind und die gesamten Baukosten etwa 3,4 Millionen Euro betragen. Aber auf

[1] Dämmsystem: besteht meistens aus Platten aus Holz und Wärme isolierendem Material
[2] Wärmebrücken: über sie entweicht Wärme schneller nach außen, z. B. Anschlüsse von Wand, Decke, Dach, Balkon und Gebäudeecken

Dauer machen sich diese Investitionen bezahlt, denn die Wärmeeinsparung gegenüber herkömmlichen Schulgebäuden beträgt etwa 150 MWh (Megawattstunden[3]) pro Jahr. So können nach Schätzung der Experten dreißig Tonnen CO_2 jährlich eingespart und die Energiekosten um 15 000 Euro im Vergleich zu anderen Schulen gesenkt werden.

„In unseren Klassenräumen sind dann ohne Zentralheizung auch im Winter immer angenehme 20 bis 22 Grad", erzählt Marina weiter. „Leider", fährt sie fort, „gibt es im Sommer auch kein Hitzefrei mehr, denn unsere Schule hat so ein prima Klima, dass Schwitzen eigentlich ein Fremdwort ist."

[3] Megawattstunde: eine Wattstunde entspricht der Energie, die eine Maschine mit einer Leistung von einem Watt in einer Stunde aufnimmt oder abgibt; 1 Megawattstunde (MWh) = 1 Million Wattstunden

Energieverlust durch fehlende Dämmung (M 2)

In einem Gebäude gibt es viele Stellen, an denen Wärme ungehindert nach außen entweichen kann, wenn die Dämmung unzureichend ist. Man spricht dann von sogenannten Wärmebrücken. Mit der richtigen Dämmung, in der Regel sind dies Dämmplatten, kann man viel Energie einsparen.

2 Untersuche und vergleiche die Materialien M 1 und M 2. Schreibe mithilfe der Informationen einen Broschürentext. Gehe so vor:
a) Schreibe einen Einleitungssatz, in dem du das Umweltprojekt kurz vorstellst.
b) Beschreibe die Maßnahmen, die das Erich-Jahn-Gymnasium ergriffen hat, um Energie einzusparen.
c) Erkläre anhand des Schaubildes, an welchen Stellen Wärme aus Gebäuden entweichen kann.
d) Erläutere mithilfe des Schaubildes, welche weiteren Maßnahmen die Schule noch ergreifen muss, um zusätzlich das Ausströmen von Wärme zu verhindern.
e) Welche der Dämmmaßnahmen wären für eure Schule am sinnvollsten? Beurteile diese Frage auf der Grundlage des Schaubildes.

3 Überarbeite den folgenden Broschürentext, den ein Schüler zu Aufgabe **2** von Seite 106 geschrieben hat, mithilfe der **CHECKLISTE**. Setze dazu die Randbemerkungen fort.

Folie

Liebe Mitschülerinnen und Mitschüler!

Wir wollen euch hier ein Projekt vorstellen, das veranschaulichte, wie man Energie einsparen und gleichzeitig noch etwas für den Klimaschutz tun kann.

5 Also, das Erich-Jahn-Gymnasium soll gut isoliert werden. Dabei helfen alle mit. Weil es aber so teuer ist, kann alles nur Schritt für Schritt geschehen.

Auch die Schüler müssen ganz schön mit ranklotzen, z. B. Fenster einbauen und Wände dämmen. Aber lüften müssen sie nicht mehr, das tut eine
10 Lüftungsanlage für sie. Mehr als drei Millionen Euro wird der Umbau kosten, dafür spart die Schule dann auch pro Jahr 3 000 Euro Energiekosten. Das sind immerhin dreißig Tonnen CO_2. Dass die Schule dann so ein gutes Raumklima hat, sodass es kein Hitzefrei mehr geben wird, finden die Schüler allerdings nicht so gut. Es gibt viele Möglichkeiten, in einem Gebäude,
15 also auch in Schulen, Wärme einzusparen. Für ein Niedrigenergiehaus ist das wichtig, zum Beispiel kann man bei den Fenstern 15 bis 20 Prozent und bei der Lüftung 5 bis 10 Prozent Wärme einsparen. Natürlich kann man am Erich-Jahn-Gymnasium noch viel mehr Energie einsparen, wenn man dort z. B. sofort die Sonnenkollektoren und den Solarwasserspeicher einbauen
20 würde. Die Idee, eine Schule als Niedrigenergiehaus umzubauen, finde ich doof, weil man dann nie wieder Hitzefrei bekommen kann. Aber bestimmt werden es viele Schulen gerade deswegen machen. Das Projekt, wie man überhaupt Wärme in einem Gebäude einsparen kann, finde ich auch nicht so gut, weil dann so viel Wärme gespart wird, dass man im Haus nur noch
25 schwitzen wird.

Randbemerkungen:
- Überschrift sagt nichts über das Thema
- falsche Zeitform!
- Worum geht es genau?
- sachlich falsch!
- Adressatenbezug fehlt!
- Absätze fehlen!

4 Überarbeite auch deinen eigenen Broschürentext mithilfe der **CHECKLISTE**.

☑ CHECKLISTE

Einen Broschürentext überarbeiten:
1. Berücksichtigt der Broschürentext alle Aspekte der Aufgabe?
2. Sind die Angaben zu dem Projekt vollständig und sachlich richtig?
3. Wird der Adressat direkt angesprochen?
4. Wird die Beurteilung nachvollziehbar begründet?
5. Werden die Antworten auf die einzelnen Teilaufgaben durch Absätze gegliedert?
6. Sind die Zeitformen richtig?
7. Sind Rechtschreibung und Zeichensetzung richtig?

Kompetenz-Check: Informationen aus Texten zusammenfassen, vergleichen und bewerten

In der Energiebroschüre sollen auch Maßnahmen vorgestellt werden, die zum Stromsparen in Privathaushalten beitragen.

Familie Angerer macht's vor: Stromsparen in Privathaushalten (M 1)

Halb elf am Samstagmorgen, wie immer saßen die Angerers – das sind Bernd, Sabine und ihre beiden Kinder Timo (13) und Jenny (15) – gemütlich am Frühstückstisch. Sabine toastete gerade, Bernd schaute die Post durch, Timo verschickte eine SMS und Jenny spielte mit ihrem neuen iPod. Plötzlich haute Bernd mit der Faust auf den Tisch und brüllte: „Das darf doch nicht wahr sein! 480 Euro Stromnachzahlung stellen uns die Stadtwerke für das letzte Jahr in Rechnung. Unseren Urlaub können wir knicken."

Der alte „Energiefresser"

Betroffen sahen sich alle an; auf den Urlaub in Dänemark hatte sich die Familie schon lange gefreut.

„Das geht so nicht weiter, wir müssen Strom sparen", beschloss der Familienrat daraufhin. Durch einen Kollegen hatte Bernd von einem Energiesparberater gehört, der in der darauffolgenden Woche zu den Angerers kam, um die Verteilung ihres Stromverbrauchs zu überprüfen. Als Erstes bemerkte der Berater die veraltete Waschmaschine sowie die Spülmaschine, die ebenfalls nicht mehr dem neuesten Stand der Technik entsprach: Beide verfügten nicht über energiesparende Spülgänge, die bei neuen Geräten in der Regel dazugehören. Als der Berater schließlich den Kühlschrank und die Gefriertruhe sah, war er entsetzt und erklärte: „Die Geräte sind viel zu alt und damit echte Stromfresser. Von Ihren 480 Euro Nachzahlung fallen 32 Prozent auf den Bereich Kühlen und Gefrieren, macht also 153 Euro davon nur für ihren Kühlschrank und die Gefriertruhe." Timo rechnete daraufhin nach: 153 Euro, das sind zwei Tagesmieten für das Ferienhaus in Dänemark.

Der neue Kühlschrank der Effizienzklasse A

Der Sommerurlaub der Familie Angerer wurde tatsächlich auf den Herbst verschoben, dafür steht jetzt aber in der Küche auch ein moderner Kühlschrank der Effizienzklasse A. „Das spart zusätzliche 100 Kilowattstunden Strom im Jahr", hatte ihnen der Energieberater vorgerechnet.

Dieses moderne Gerät ist erst der Anfang für weitere Neuanschaffungen, die sich die Familie für die nächste Zeit vorgenommen hat.

Verteilung des Stromverbrauchs in Privathaushalten (M 2)

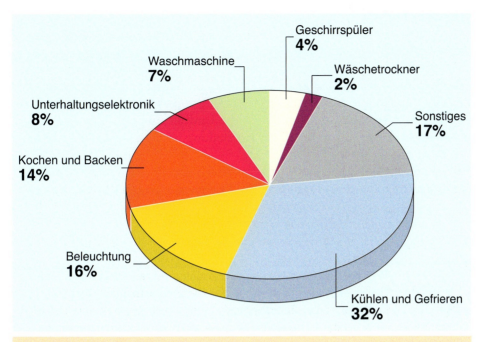

Sonstiges:
- Home Office (PC, Drucker, Modem, Komforttelefon ...)
- Diverse Pflege- und Kleingeräte (Rasierer, Fön etc.)
- Nutzgeräte u. Werkzeuge (Bohrmaschine, Dampfreiniger ...)

1 Plane deinen Broschürentext, in dem du über Energiesparmaßnahmen in Privathaushalten informieren sollst:
   a) Halte die wichtigsten Informationen aus beiden Materialien in einem Venn-Diagramm fest.
   b) Welche Gemeinsamkeiten findest du zwischen den beiden Materialien? Notiere inhaltliche Überschneidungen in der Mitte des Venn-Diagramms.

2 Verfasse mithilfe des Venn-Diagramms einen Beitrag für die Energiebroschüre, in dem du deine Mitschüler über Energiesparmaßnahmen in privaten Haushalten informierst. Orientiere dich an folgender Gliederung:
   a) Schreibe eine Einleitung, in der du das Thema deines Beitrags nennst.
   b) Beschreibe die Maßnahmen, die es für Privathaushalte gibt, um Strom zu sparen.
   c) Erkläre anhand des Kreisdiagramms, welche Geräte besonders viel Strom verbrauchen.
   d) Erläutere mithilfe des Diagramms, welche weiteren Maßnahmen die Familie aus dem Text M 1 ergreifen könnte, um ihren Stromverbrauch zusätzlich zu verringern.
   e) Welche Maßnahmen eignen sich besonders, um den Stromverbrauch in Privathaushalten zu reduzieren? Formuliere eine Aufforderung an deine Mitschüler.

3 Überarbeite deinen Broschürentext mithilfe der **CHECKLISTE** von Seite 107.

Im Blickpunkt: Sprache betrachten
Relativsätze

Der Stromlieferant *Green* bietet ein neues Tarifmodell an. Mithilfe dieses Angebots will Green neue Zielgruppen erschließen. Vor allen Dingen sollen zahlkräftige Kunden auf die ökologischen Vorteile von *grünem* Strom aufmerksam gemacht werden. *Grüner* Strom ist für die Umwelt und den Klimaschutz ein unschlagbares Argument: Bei seiner Herstellung wird so wenig CO_2 wie möglich freigesetzt.

(A) der ausschließlich mit regenerativen Energien erzeugt wird
(B) das sich insbesondere an Senioren 60+ richtet
(C) die nicht auf jeden Euro achten müssen
(D) der bekannt ist für seine Ökostromtarife

1 a) Lies den Text oben und mache die Erweiterungsprobe: An welchen Stellen ist es sinnvoll, die unter dem Text stehenden Ergänzungen einzufügen?
b) Füge die Ergänzungen als Relativsätze in den Text ein. Schreibe die vollständigen Sätze in dein Heft und denke dabei auch an die Kommasetzung.

Folie

2 a) Unterstreiche in den Sätzen ③ und ④ die Relativsätze und die erweiterten Adjektivgefüge (siehe **INFO**) mit unterschiedlichen Farben wie in den Sätzen ① und ②. Formuliere anschließend die Relativsätze in ein erweitertes Adjektivgefüge und die Adjektivgefüge in einen Relativsatz um.
b) Vergleiche beide Textfassungen. Welche erscheint dir besser verständlich?

① Im an der B 61 befindlichen Schulzentrum Nord wird seit einiger Zeit ein neues Umweltschutzprojekt geplant.

② Der Gebäudekomplex, der vor 40 Jahren erbaut wurde, ist im Hinblick auf die Energieeffizienz nicht mehr auf dem neuesten Stand.

③ Deshalb haben die für die Sanierung zuständigen Behörden eine Planungsgruppe gegründet.

④ Für die Maßnahme, die längerfristig angesetzt ist, wird neben viel Zeit auch viel Geld benötigt.

> **INFO**
>
> **Was sind Relativsätze?**
> 1. **Relativsätze** erläutern ein Nomen näher. Sie werden durch ein Komma vom Hauptsatz getrennt: *Mein Haus, das ich neu gekauft habe, ist umweltfreundlich.*
> 2. Relativsätze können auch durch ein **erweitertes Adjektivgefüge** ersetzt werden: *Mein neu gekauftes Haus ist umweltfreundlich.*

Seite 236

Im Blickpunkt: richtig schreiben

das oder *dass*?

Die Klasse 8c engagiert sich für den Klimaschutz

Am ersten Tag nach den Sommerferien entschied die 8c gemeinsam mit ihrem Klassenlehrer, *das/dass* sie in diesem Schuljahr ein Klimaschutzprojekt durchführen wollte. *Das/Dass* für die Planung viel Zeit erforderlich sein würde, darauf wies Herr Kampmann gleich am Anfang hin. *Das/Dass* wollten ihm die Schüler
5 nicht glauben, aber schon bei der Entscheidung, zu welchem Thema sie ein Projekt machen wollten, sahen sie ein, *das/dass* er recht hatte. Schließlich waren sich alle einig, *das/dass* das Projekt das richtige wäre, *das/dass* möglichst vielen eine aktive Mitarbeit ermöglichen würde. Die Klasse entschied sich, *das/dass* zunächst jeder für sich zu Hause in Ruhe seine Ideen aufschreiben sollte. Bei der
10 Diskussion in der nächsten NW-Stunde war schnell klar, *das/dass* die Klasse das Thema Müllvermeidung aufgreifen würde, da *das/dass* die meisten interessierte. *Das/Dass* nun die Planung konkret werden würde, freute alle. Die Schüler beschlossen also, *das/dass* sie zunächst eine Umfrage an der Schule machen würden, in der sie ihre Mitschüler nach deren Ideen zur Müllvermeidung fragen
15 wollten. *Das/Dass* würde alle in der Klasse aktiv einbinden.

1 Entscheide mit dem TIPP, ob du in die Sätze *das* oder *dass* einsetzen musst.

2 Handelt es sich bei den Wörtern *das/dass* um ein Demonstrativpronomen, Relativpronomen oder um eine Konjunktion? Unterstreiche die Wortarten mit unterschiedlichen Farben und begründe deine Entscheidung mithilfe des TIPPs.

Folie

💡 TIPP

So unterscheidest du zwischen *das* und *dass*:

1. **Führe die Ersatzprobe durch:**
   - Wenn du das Wort durch *dies, dieses, jenes* ersetzen kannst, schreibst du *das*. Dann handelt es sich um ein **Demonstrativpronomen**:
     Wir wollen an der Schule Strom sparen, das (dieses) ist auch Ziel der AG.
   - Wenn du das Wort durch *welches* ersetzen kannst, schreibst du ebenfalls *das*. Dann handelt es sich um ein **Relativpronomen**:
     Das Haus, das (welches) gedämmt wurde, spart viel Energie.
   - Wenn du das Wort nicht durch *dies, dieses* oder *welches* ersetzen kannst, dann schreibe *dass*. Es handelt sich um eine **Konjunktion**:
     Die Energiesparfüchse hoffen, dass sie mit ihrem Projekt Erfolg haben.

2. **Orientiere dich an dem Bezugswort, auf das sich *das/dass* bezieht:**
   - Wenn sich das Wort auf ein **Nomen im Neutrum** bezieht, schreibst du *das*: *Das Projekt, das wir vorschlagen, hat Stromsparen zum Ziel.*
   - Nach folgenden **Verben** schreibst du *dass*: meinen, denken, wollen …
     Wissenschaftler warnen, dass die globale Erderwärmung weiter zunimmt.
   - **Dass-Sätze** können sich auch auf ein **Nomen** beziehen:
     Die Warnung, dass die Erderwärmung zunimmt, ist ernst zu nehmen.

Im Blickpunkt: Lesen

1 Lest den Text mit einem Partner. Bearbeitet nach jedem Abschnitt die Aufgaben am Rand: Partner A bearbeitet die roten, Partner B die blauen. Tauscht euch anschließend über eure Antworten aus.

Euer schönes Leben kotzt mich an! (gekürzter Textauszug)
Saci Lloyd

London, 2015. Die britische Regierung erlässt ein Gesetz, um den CO_2-Verbrauch zu reduzieren. Jeder Bürger muss nun mit seiner CO_2-Card für den gewohnten Luxus bezahlen. Urlaub auf Ibiza, ein gemütlichwarmer Winterabend vor dem Fernseher, zum Tanzen in die Disco mit Lichteffekten – all das gehört der Vergangenheit an. Davon ist
5 auch Familie Brown mit den Töchtern Kim und Laura betroffen. Laura hält ihre Eindrücke dazu in ihrem Tagebuch fest.

Sonntag, 3. Jan.
Dad wollte, dass wir uns heute Abend wieder alle zusammensetzen, um so ein grässliches Online-Formular der Regierung auszufüllen, mit dem festgestellt
10 werden soll, wie viel CO_2 unsere Familie verbrauchen darf. Das ist schon krass. Im Prinzip stehen uns 200 Energiepunkte im Monat für Benzin, Heizung und Essen zur Verfügung. Bei allen anderen Sachen – wie Klamotten und technischen Geräten und Büchern – sind die Energiepunkte bereits im Preis enthalten. Wenn man zum Beispiel einen PC aus China kaufen will, der mit
15 schmutzigem fossilen Treibstoff gebaut wurde, dann kostet der eine Menge mehr Euros – weil man die Energiekosten, die für seine Herstellung verbraucht wurden, mitzahlen muss. (…)

Montag, 5. Jan.
Die Energiekarten sind angekommen …

1. Wofür werden die Punkte auf den Energiekarten verwendet?
2. Wie reagiert Kim auf die Energiekarten?

20 Auf der einen Seite haben sie diese kleinen Quadrate von Grün nach Rot, und im Lauf des Jahres verbraucht man eins nach dem anderen, bis man bei dem letzten roten angekommen ist, und dann ist man ganz allein und weint im Dunkeln. Kim will ihre Karte nicht auspacken, sie sagt, dass ihre ganze Jugend weg ist, sobald sie sie anfasst. Mir war auch ziemlich komisch zumute, als ich meine
25 auspackte, obwohl ich in dieser Familie nicht wirklich eine Jugend habe. Die hat meine Schwester für sich gepachtet.
(…)

Donnerstag, 8. Jan.: Die Rationierung
Die Schule hat wieder angefangen und ich kam zu spät, weil ich Mum zur
30 Bushaltestelle bringen musste. Ihre Augen waren voller Tränen, als wir am Saab[1] vorbeigingen. Sie flüsterte: „Das dauert nicht ewig", und strich über die Motorhaube. Ich tat so, als hätte ich nichts gesehen – jedenfalls ist es besser als ihr ständiges Alles-wird-gut-wenn-du-nur-daran-glaubst-Gelaber.
Den ersten Bus haben wir verpasst, weil sie auf ihren hohen Absätzen nicht
35 schnell genug laufen konnte, und wir mussten 15 Minuten im Nieselregen auf

[1] Saab: Automarke; das Auto gehört im Text der Mutter

den nächsten warten. Als er schließlich kam, sprang ich hinein, zog meine Karte durch und war auf dem Weg nach oben, während Mum hektisch ihre Geldbörse, ihre Handtasche und ihre Manteltaschen durchsuchte und nur Flusen und Conran[2]-Quittungen zutage förderte. Sie schaute zu mir hoch.

40 „Laura, Liebling, ich kann meine Karte nicht finden. Leihst du mir deine …"
Der Fahrer schüttelte den Kopf. „Ohne Energiekarte keine Busfahrt, junge Frau."
„Ach bitte …"
Draußen im Regen schrie eine Frau: „Raus mit dir, du blöde Kuh! Du hältst uns
45 alle nur auf."
Und dann fing Mum an zu weinen. Ich ging wieder runter und half ihr aus dem Bus. „Wir müssen nach Hause und deine Karte holen, Mum."
„Da ist sie! Sie ist ins Futter gerutscht! Blödes Pack!" Mum wedelte mit der grünen Plastikkarte hinter dem Bus her, der sich in den Verkehr eingefädelt hatte.
50 „Ach, was rege ich mich so auf. Komm, Süße, wir gehen zu Alfredo und trinken eine Tasse Tee."
„Es tut mir leid, Laura." Mum rührte in ihrem trüben braunen Tee herum. „Ich weiß, ich müsste eigentlich stark sein, aber ich fühle mich so schuldig – meine Generation hat euch das alles doch eingebrockt." Sie tätschelte meine Hand. „Du
55 solltest nicht auf den Nägeln beißen, Süße. Ich meine, was soll aus euch jungen Dingern denn mal werden? Woodstock, Freiheit, Frauenrechte, Reisen mit dem Hippiebus … alles, was wir damals hatten – aber man weiß ja nie … Denk dran, ich bin deine Mutter und ich bin immer für dich da, wenn du reden willst."
Ich hielt den Mund. Ich hatte mir mal ausgerechnet, dass, wenn Mum in Wood-
60 stock gewesen wäre, sie jetzt ungefähr 70 Jahre alt sein müsste, aber es ist sinnlos, so etwas zu sagen. (…) Ich stand auf und zog meine Jacke an. Lieber würde ich mir in den Kopf schießen, als mir diese Geschichte noch einmal anhören zu müssen.

3. Wie reagiert Lauras Mutter auf die Situation vor dem Bus?
4. Wie beurteilst du Lauras Verhalten?

Als ich endlich am College ankam, hatte sich am Eingang eine lange Schlange
65 gebildet, weil jeder am Drehkreuz seine Energiekarte durchziehen musste und das Gerät immer wieder den Geist aufgab und Alarm auslöste. Ich weiß nicht, warum wir die Karte überhaupt durchziehen müssen – im Inneren des Gebäudes war es eisig kalt.
„Willkommen in der Zukunft", murmelte Adisa frustriert, „sie bescheißen uns
70 jetzt schon."
Adi ist mein bester Freund. Er ist so tiefsinnig.
Als ich es endlich zu meinem Kurs geschafft hatte, zitterten alle vor Kälte und stießen weiße Atemwölkchen aus. (…)
Den Rest des Tages verbrachte ich mit Schlangestehen und dem Besorgen offizi-
75 eller Unterlagen. Überall war es seltsam still, weil niemand wirklich Lust hatte zu reden. Genau wie zu Hause. Wir aßen zu Abend wie die Zombies und starrten auf den Premierminister, der im Fernsehen positives Zeug von sich gab. Die Premierminister tun mir echt leid, wenn das Land sich in so einem beschissenen Zustand befindet. Sie wissen ganz genau, dass sie nie so gut sein werden wie
80 Churchill.[3]

5. Wie wirken sich die Stromsparmaßnahmen auf die Studierenden aus?
6. Wie wirken sich die Stromsparmaßnahmen auf das Familienleben aus?

[2] Conran: britische Ladenkette
[3] Churchill: britischer Regierungschef in den 1940er- und 1950er-Jahren

Global denken – lokal handeln | 3.3.1 Allgemeines Textverständnis entwickeln   113

Bilder von Menschen – Menschen in Bildern

1 a) Schau dich in diesem Museum um und beschreibe, was du entdecken kannst:
  – Welcher Maler wird dort ausgestellt?
  – Welches der abgebildeten Gemälde würdest du als Erstes betrachten wollen?
  – Welche Gemeinsamkeiten entdeckst du in den Gemälden?
  – Welche unterschiedlichen Besucher erkennst du?
  – Wodurch werden die Besucher über die Gemälde informiert?
  – ...

b) Sammle mögliche Gründe dafür, warum sich die Besucher diese Kunstausstellung ansehen und einige von ihnen dazu einen Audioführer nutzen. Vergleiche deine Antworten mit der **INFO** auf Seite 115.

c) Welche Maler kennst du? Welche Erfahrungen hast du bereits mit dem Besuch von Kunstausstellungen gemacht? Berichte davon.

INFO

Was ist ein Audioführer?
Ein Audioführer ist eine Art MP3-Player, über den sich ein Ausstellungsbesucher über ein Kunstwerk informieren kann.

Der gesprochene Text enthält:
- Angaben zum **Titel** und zum **Entstehungsjahr**,
- **Informationen** über den **Maler**,
- eine genaue **Bildbeschreibung** und Hinweise auf interessante Einzelheiten,
- Aussagen über die **Wirkung des Bildes**.

Der Informationstext orientiert sich an den Adressaten (z. B. jugendlichen Ausstellungsbesuchern) und ist verständlich und lebendig formuliert.

Auf den folgenden Seiten findet ihr Bilder, zu denen ihr Audioführertexte für Jugendliche verfassen sollt. Sie sollen über den Maler Edward Hopper und einige seiner Bilder informieren.

Edward Hopper – ein Selbstportrait genau und lebendig beschreiben

1 Informiere dich zunächst über den Maler Edward Hopper:
  a) Sammle Fragen, die dich zu ihm interessieren.
  b) Recherchiere Antworten auf deine Fragen. Auf den Seiten 125–126 findest du Informationen zu seinem Leben und Werk. Du kannst auch das Internet zu Hilfe nehmen.

Seite 125–126

2 Dieses Gemälde trägt den Titel „Selbstportrait". Erkläre, was du unter diesem Begriff verstehst.

INFOTAFEL:

– Edward Hopper, amerikanischer Maler
– „Selbstportrait" (entstanden 1925–1930)
– Alter des Malers hier: ca. Mitte 40
– war zu diesem Zeitpunkt bereits als Maler erfolgreich

3 Betrachte das Gemälde „Selbstportrait" und mache dir mithilfe einer Mindmap Notizen zu dem, was du siehst. Nutze die Formulierungshilfen aus der Wörterliste auf Seite 117:
  – Wie ist Edward Hopper dargestellt (Körper, Kleidung)?
  – Wo hält er sich vermutlich auf (Umgebung)?
  – Wie wirkt sein Gesichtsausdruck auf dich? Begründe deine Einschätzung.

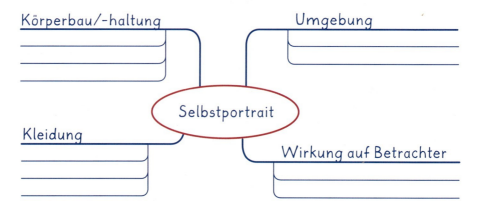

Körper	Aussehen	Haare	Gesicht	Nase	Mund
	muskulös, schmächtig, dünn, dürr, hager, mollig, mager, durchtrainiert, kurvig, zierlich, rundlich, knochig, jugendlich, alt, breite Schultern, athletisch	hell-, mittel- dunkelblond, zurückgekämmt, grau, Halbglatze, glatzköpfig, kahl, schütter, glatt, gewellt, lockig, kraus, straffer Scheitel, bürstenförmig, ungekämmt, wuschelig, verfilzt, strähnig	rundlich, eckig, kantig, spitz, oval, blass, gebräunt, mit Sommersprossen, unreine Haut, bleich, faltig, Birnenform, pausbäckig	spitz, krumm, gebogen, breit, Stupsnase, lang	schmallippig, zusammengekniffen, volle Lippen, breit, schief
Kleidung	modisch, altmodisch, trendy, elegant, lässig, leger, sportlich, knapp bekleidet, einfach, schlicht, unauffällig, alltagsgemäß, Bürokleidung, Anzug, Sommerkleid, Schürze, Overall				
Körperhaltung	aufrecht, gekrümmt, gebückt, schlaksig, stolz, gesenkter Kopf, Arme verschränkt, abwehrend, unnahbar, distanziert, zugewandt, Beine übereinandergeschlagen, aufgestützt, entspannt, sympathisch, aktiv				
Gesichtsausdruck	freundlich, nachdenklich, cool, überheblich, arrogant, fröhlich, melancholisch, feindselig, genervt, verschmitzt, übermütig, traurig, stechender / starrer / durchdringender / gerader / offener Blick, müde, abgespannt, lustlos, erwartungsvoll, konzentriert				

4 Ein wichtiger Teil eines Audioführertextes ist die genaue Beschreibung des Bildes. Fasse deine Ergebnisse zusammen und beschreibe das Bild „Selbstportrait" möglichst genau. Lasse auch einige Informationen über den Maler Edward Hopper einfließen. Der **TIPP** hilft dir.
So kannst du beginnen:
*Hallo, hier siehst du das erste Bild der Ausstellung. Es heißt „...".
Hopper hat sich in der Zeit von ... selbst gemalt. Du siehst ihn hier
im Alter von ca. ... Jahren. ... Wenn du genau hinschaust,
dann erkennst du ...*

5 Tausche deine Bildbeschreibung mit der eines Partners. Überprüft mithilfe des **TIPPs**, ob ihr das Bild genau und lebendig beschrieben habt. Hakt ab, was ihr vorfindet, und ergänzt, was fehlt.

Folie

💡 TIPP

So beschreibst du genau und lebendig:
1. Sprich deinen **Adressaten** (Jugendlichen) direkt und angemessen an.
2. Verwende **anschauliche** und **treffende Adjektive** (siehe Wörterkasten).
3. Formuliere **abwechslungsreich**. Vermeide Wiederholungen.
4. Verwende **Vergleiche**, um die Informationen verständlicher zu machen:
    Hoppers Hut sieht aus wie der von Brad Pitt in dem Film ...

Seite 123

Seite 124

Abend in Cape Cod –
ein Bild für einen Audioführer beschreiben

Du sollst zu diesem Bild einen Audioführertext schreiben. Bearbeite dazu die folgenden Aufgaben und halte deine Ergebnisse in einem Schreibplan fest:

INFOTAFEL:

- „Abend in Cape Cod" (entstanden 1939)
- Cape Cod (dt. Kap Kabeljau): Halbinsel im Südosten der USA im Bundesstaat Massachusetts
- Skizzen von Orten und Figuren aus der Umgebung wurden zu einem Bild zusammengefügt
- solches Gras war im Spätsommer oder Herbst von Hoppers Arbeitszimmer aus zu sehen

 Folie

Schreibplan:
A Einleitung:
...

1 Betrachte das Bild genau und nähere dich ihm an:
   a) Wohin fällt dein Blick zuerst? Kreuze die Stelle im Bild an.
   b) Notiere, was dir beim Betrachten auffällt.
   c) Stelle auch Fragen an das Bild und finde mögliche Antworten:
   Warum streckt der Mann die Hand aus?
   Welche Jahreszeit zeigt das Bild? ...
   d) Markiere in der Infotafel wichtige Hinweise, die du für den Audioführertext verwenden kannst, und übertrage sie in den Schreibplan.

2 Bereitet zu viert eine Bildbeschreibung mithilfe eines Placemats vor:
   a) Jeder schreibt in seinen Blattbereich stichpunktartig Beobachtungen und Vermutungen über die Frau, den Mann, den Hund, das Haus oder die Umgebung.

118 | Bilder von Menschen ... | 3.2.3 Ein Bild in einem funktionalen Rahmen beschreiben

b) Lasst das Blatt anschließend kreisen und lest, was die anderen notiert haben. Ihr könnt zu den Notizen etwas ergänzen oder Fragen stellen.
c) Schreibt in die Placemat-Mitte alle Beobachtungen und Vermutungen, die ihr für diese Bildbeschreibung für wichtig haltet, und übertragt das Ergebnis anschließend in euren Schreibplan.

Schreibplan:
...
B Hauptteil:
...

3 Bilder wirken auf jeden von uns unterschiedlich. Wie wirkt das Bild auf dich?
a) Beschreibe den Gesamteindruck in Stichworten:
– In welcher Beziehung stehen die Gegenstände und die Personen zueinander?
– Welche Stimmung gibt das Bild wieder?
– Gehe auf die verwendeten Farben oder die Körperhaltung der Personen ein. Du kannst die folgenden Adjektive zu Hilfe nehmen:

Seite 124

Beziehung / Stimmung: bedrohlich, idyllisch, spannungsgeladen, angespannt, harmonisch, trist, lebendig, leblos, ruhig, gelassen, gemütlich, friedlich, zerrissen, hektisch, traurig, heiter …

b) Notiere ein passendes Adjektiv, das die Stimmung wiedergibt, gut lesbar auf einem Papierstreifen.
c) Heftet eure Papierstreifen an die Tafel. Ordnet sie anschließend gemeinsam: Welche Stimmungen gehören zusammen? Welche sind gegensätzlich? Besprecht eure Ergebnisse und begründet mithilfe des Bildes, welche Stimmung ihr am zutreffendsten findet. Notiere deinen Eindruck in den Schreibplan.

Schreibplan:
...
C Schluss:
...

4 a) Schreibe mithilfe deiner Ergebnisse aus Aufgabe **2** und **3** einen Audioführertext zu dem Bild. Orientiere dich dabei am **TIPP**.
Folgende Formulierungshilfen kannst du bei der Beschreibung deines Gesamteindrucks nutzen: *Geht es dir auch so, dass das Bild auf dich insgesamt sehr … wirkt? Das liegt daran, dass Hopper das Gras strohgelb gemalt und dunkle Grüntöne für den Wald und das Kleid der Frau verwendet hat. Beide Personen strahlen … aus …*
b) Besprecht eure Bildbeschreibung in einer Schreibkonferenz.

💡 TIPP

So beschreibst du ein Bild für einen Audioführer:
1. Nenne in der Einleitung den **Titel des Bildes**, den **Maler** und das **Entstehungsjahr**.
2. Beschreibe im Hauptteil genau, was du siehst (Personen, Gebäude, Umgebung).
3. Gehe auf das **Aussehen der Personen** (Kleidung, Körperhaltung: Mimik/Gestik) ein. Verwende treffende Adjektive für deine Beschreibung (siehe Wörterliste S. 117).
4. Beschreibe im Schlussteil deinen **Gesamteindruck** und begründe: Wie deutest du die **Beziehung** der Personen/der Gegenstände? Welche **Stimmung** drückt das Bild aus?
5. Schreibe im **Präsens**.
6. Sprich deinen **Adressaten** (Jugendlichen) direkt und angemessen an.

Schreibplan:
A Einleitung:
...
B Hauptteil:
...
C Schluss:
...

Sommerabend – eine Bildbeschreibung für einen Audioführer überarbeiten

INFOTAFEL:
- „Sommerabend" (entstanden 1947)
- Menschen in ihrer Freizeit
- Ort: Veranda eines typischen Hauses an der Ostküste der USA, wo Hopper wohnte

1 Lege eine Mindmap an, in der du alles notierst, was du auf dem Bild entdecken kannst. Nimm auch geeignete Informationen aus der Infotafel auf:

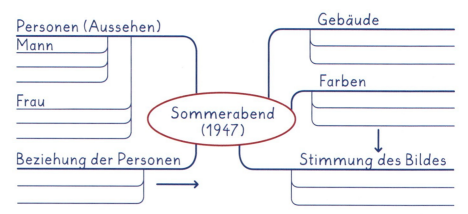

2 Ergänze in der Mindmap Adjektive aus der Wörterliste von Seite 117, die dir bei der Beschreibung des Bildes helfen können (Aussehen, Kleidung, Körperhaltung der Personen).

3 Notiere in der Mindmap deinen Gesamteindruck: Wie deutest du die Beziehung der Personen/der Gegenstände? Welche Stimmung drückt das Bild aus? Du kannst dazu die folgenden Formulierungshilfen nutzen:

verliebt, miteinander vertraut, distanziert, zufrieden, unpersönlich, sind sich fremd, aufeinander eingespielt, flirten, ablehnend, zärtlich, angespannt, zerstritten ...

4 a) Vergleicht eure Mindmaps miteinander und ergänzt sie wenn nötig.
b) Nutze deine Mindmap als Schreibplan. Notiere darin, welche Angaben in die Einleitung *(E)*, den Hauptteil *(HT)* und den Schluss *(Sch)* gehören.

5 Kontrolliere den folgenden Audioführertext für Jugendliche mithilfe der **CHECK-LISTE** und deines Schreibplans. Setze dazu die Randbemerkungen fort und verwende die bekannten Korrekturzeichen.

Folie

Hier siehst du ein weiteres Bild von Edward Hopper. Es heißt „Sommerabend". Die Frau auf dem Bild ist ganz schön heiß bekleidet. Viel hat sie wirklich nicht an. Das scheint auch dem Mann auf dem Bild nicht entgangen zu sein. Wenn du genau hinsiehst, dann sieht es so aus, als wenn er ihr auf ihren
5 Busen starrt. Sie selbst scheint das gar nicht zu bemerken, denn sie <u>guckt nach vorne</u> und nicht in Richtung des Mannes, der gegenüber von ihr am Geländer lehnt. Sie stützt sich zudem mit beiden Händen auf einer kleinen Mauer auf. Ihr Körper sieht dabei komplett <u>gerade</u> aus. Die beiden Personen sind noch recht jung. Wahrscheinlich sind sie Mitte zwanzig. Der Mann ist
10 wie in der Freizeit gekleidet. Beide Personen sind mittelblond. Die Frau und der Mann tragen ihre Haare <u>ganz normal</u>. Man könnte vermuten, dass der Mann mit der Frau spricht. Sein Gesicht sieht man nur von der Seite. Der linke Arm des Mannes ist angewinkelt. Es sieht so aus, als würde seine Handfläche auf seiner Brust liegen. Mit der rechten Hand stützt er sich auf
15 einer kleinen Mauer auf. Die Personen sehen auch deutlich altmodischer als heutzutage aus. Das liegt an der <u>Kleidung</u> und an den <u>unmodischen Frisuren</u>. Die <u>Farben</u> machen auch sehr deutlich, dass es sich um einen Abend handelt. Die beiden Personen sehen keinesfalls frisch verliebt aus. Die Frau wirkt eher sehr distanziert, während der Mann offensichtlich auf sie einredet.
20 Beide Personen auf dem Bild wirken jedenfalls nicht gerade fröhlich, sondern eher zerstritten. Die Stimmung kann daher als angespannt und unpersönlich bezeichnet werden. Die verwendeten Brauntöne unterstützen diesen Eindruck noch, denn so wirkt die Szene sehr trist. Einen heiteren Sommerabend stellst du dir anders vor, oder?

Beschreibe ihre Kleidung genau!

Wie guckt sie?

Wo befinden sich die Personen?

Beschreibe die Personen genauer!

Wende dich häufiger an deinen Adressaten („du"…).

6 Schreibe die Bildbeschreibung mithilfe deiner Korrekturen sowie der Randbemerkungen noch einmal neu.

☑ CHECKLISTE

Eine Bildbeschreibung überarbeiten
1. Hast du den **Titel des Bildes,** den **Maler** und das **Entstehungsjahr** genannt?
2. Hast du **genau beschrieben,** was du siehst (Personen, Gebäude …)?
3. Bist du auf das **Aussehen der Personen** (Kleidung, Mimik, Gestik) eingegangen?
4. Bist du auf die **Beziehung der Personen** zueinander eingegangen?
5. Hast du deinen **Gesamteindruck** (Stimmung) geschildert und begründet?
6. Hast du **anschaulich und lebendig** geschrieben (z. B. treffende und abwechslungsreiche Adjektive verwendet)?
7. Hast du deinen **Adressaten direkt und angemessen angesprochen** und versucht, immer wieder sein Interesse zu wecken?
8. Hast du im **Präsens** geschrieben?

Kompetenz-Check: ein Bild für einen Audioführer beschreiben

INFOTAFEL:
- „Vierspurige Schnellstraße" (entstanden 1956)
- Ort: Tankstelle
- Hopper war einer der Ersten, die eine alltägliche Tankstelle als Bildmotiv wählten.

1 Schreibe zu diesem Gemälde einen Text für einen Audioführer, der sich an Jugendliche wendet. Du sollst darin über das Bild informieren, aber auch bei deinen Zuhörern Interesse wecken, sodass sie bis zum Ende zuhören.
a) Plane deine Bildbeschreibung:
- Betrachte das Gemälde genau und notiere, was du darauf entdecken kannst.
- Nimm die Informationen der Infotafel auf.
- Gehe auf die Beziehung der Personen zueinander ein.
- Notiere die Stimmung und Wirkung des Bildes.

b) Beschreibe das Gemälde in einem zusammenhängenden Text.
Gehe dabei auf folgende Punkte ein:
- Nenne den Titel des Bildes, den Maler und das Entstehungsjahr.
- Beschreibe genau, was du siehst (Aussehen der Personen, Körperhaltung, Gebäude, Umgebung).
- Beschreibe die Beziehung der Personen zueinander.
- Gehe auf die verwendeten Farben ein.
- Schildere deinen Gesamteindruck (Stimmung) und begründe ihn.

c) Überarbeite deine Bildbeschreibung mithilfe der **CHECKLISTE** von Seite 121.

Im Blickpunkt: Sprache betrachten

Beim Adressaten Interesse wecken

INFOTAFEL:
- „Mietshäuser" (entstanden 1923)
- Blick von außen in eine Wohnung
- Alltagssituation: Frau bei der Hausarbeit

Zu diesem Bild findest du hier den Anfang eines Audioführertextes. Dazu wurde bereits eine Schreibkonferenz durchgeführt:

A Dies ist das Bild „Mietshäuser" aus dem Jahr 1923.	Zu A: langweiliger Anfangssatz!
B Man sieht darauf eine Frau mittleren Alters, die in einer Wohnung Hausarbeit erledigt.	Zu B: „Man" ist zu unpersönlich; schreibe anschaulicher.
C Entweder handelt es sich dabei um die Hausfrau selbst oder um eine Hausangestellte.	Zu C: Formuliere den Satz als Frage oder ziehe einen Vergleich.
D Der Betrachter kann von außen durch ein Fenster in die Wohnung sehen, ohne dass es die Frau bemerkt.	Zu D: Zu unpersönlich: Sprich den Adressaten direkt an.
E Die Frau und ihre Umgebung kann man auch noch genauer beschreiben: Sie trägt eine Schürze, und darunter ein Kleid ...	Zu E: „Man" ist zu unpersönlich. Ergänze treffende Adjektive.

1 a) Überarbeite den Beginn des Audioführertextes: Gehe auf die Kommentare aus der Schreibkonferenz ein und nutze den **TIPP**.
b) Schreibe den Audioführertext weiter.

TIPP

So weckst du das Interesse deines Adressaten:
1. Mache deinen Adressaten mit einem **interessanten Einstieg** auf das Bild aufmerksam. Verwende dazu abwechslungsreiche Satzanfänge: *Hier stehst du vor dem Gemälde „..." / Na, welches Bild hast du nun erreicht? Richtig, es ist das Gemälde „..."*
2. Schreibe **lebendig** und **anschaulich**, ziehe z. B. **Vergleiche**: *Der Blick in das Fenster sieht so aus wie bei einer Filmeinstellung.* Verwende **treffende und verständliche Ausdrücke**, die deine Bildbeschreibung interessant machen: *heimlich beobachten, herumwerkeln, einen Blick durchs Fenster werfen, von außen betrachten ...*
3. **Sprich** deinen Adressaten direkt **an**. Stelle auch Fragen an ihn: *Kommt es dir nicht auch so vor, als würdest du ...? / Wenn du genau hinschaust, ...*

Im Blickpunkt: richtig schreiben

Farbbezeichnungen richtig schreiben

1 Betrachtet zu zweit das Bild: Beschreibt abwechselnd möglichst genau, was ihr darauf erkennen könnt und welche Farben Hopper dazu verwendet hat.

Das Gemälde „Zimmer am Meer" von 1951, vor dem du nun stehst, zeigt lediglich ein Zimmer, das am Meer liegt. Geht es dir auch so, dass du von den Farben besonders angesprochen wirst? Das strahlende MEERES/BLAU bildet einen guten Kontrast zu dem ZITRONEN/GELBEN Teppichboden. Auf dem TÜRKIS/
5 BLAUEN Meer schimmern zusätzlich SCHAUM/GRAUE Wellen. Darüber schließt sich das BLAU des Himmels an, das eher als ein WEIß/BLAU und weniger als ein HIMMEL/BLAU beschrieben werden kann. Auch die Gegenstände auf dem Bild sind sehr farbenfroh. Der GRAS/GRÜNE Teppich im Nebenzimmer passt gut zu den HELL/BRAUNEN Möbeln. Selbst der angedeutete CREME/
10 BEIGE Bilderrahmen wurde von Hopper farblich passend gewählt. Fällt dir auf, dass der größte Teil des Bildes eine Wand darstellt? Sie wurde komplett GRAU/WEIß gemalt. Ihr strahlendes WEIß lässt alles Übrige auf dem Bild ebenfalls leuchten.

2 a) Vergleiche die Bildbeschreibung mit eurer Beschreibung aus Aufgabe **1**. Habt ihr ähnliche Farbbezeichnungen gewählt?
b) Entscheide mithilfe der **INFO**, wie die hervorgehobenen Adjektive geschrieben werden, und schreibe sie in der richtigen Schreibweise auf.

INFO

Schreibweise von Farbbezeichnungen:
1. **Groß** schreibst du, wenn vor der Farbbezeichnung ein **Artikel**, eine **Präposition**, ein **Pronomen** oder ein **Adjektiv** steht: _das Blau des Meeres_, _ins (in das) Grüne gehen_, _in Blau gehalten_, _sein Blau_, _das helle Blau_.
2. **Zusammen und klein** schreibst du:
   – wenn du **zwei Farbadjektive** miteinander verbindest: _gelbbraun, hellgrün_.
   – wenn du ein **Nomen** und ein **Farbadjektiv** kombinierst:
     Sonne + gelb = sonnengelb.

Im Blickpunkt: Lesen

Edward Hopper: Sein Leben – seine Bilder

Am 22. Juli 1882 wurde Edward Hopper in Nyack, im Bundesstaat New York, als Sohn eines Kurzwarenhändlers geboren. Nach Abschluss der High School im Jahre 1899 wollte er gerne Künstler werden, doch seine Eltern rieten ihm, sich zunächst zum Illustrator ausbilden zu lassen, damit er einen Beruf habe, mit dem er Geld verdienen könne. Nach Abschluss seiner Ausbildung im Jahr 1906 reiste er mehrfach nach Europa. Er besuchte Paris, aber auch London, Amsterdam, Berlin und Brüssel sowie Madrid und Toledo. Auf seinen Reisen besuchte er viele Kunstausstellungen.

1913 beteiligte sich Hopper an einer Ausstellung in New York und verkaufte dort sein erstes Bild „Sailing" für 250 Dollar. Dennoch hatte kaum jemand großes Interesse an seinen Werken, sodass er die nächsten 10 Jahre kein weiteres Bild verkaufte. Seinen Lebensunterhalt verdiente er sich daher fast ausschließlich als Illustrator und gab zudem samstags in seinem Elternhaus Kunstunterricht.

1915 begann Edward Hopper, mit Druckgrafiken zu arbeiten, die sich gut verkauften. 1920 folgte seine erste Einzelausstellung in New York.

1923 lernte Hopper die Malerin Josephine Verstille Nivison kennen, die er im Juli 1924 heiratete. Durch sie wurde er vom Brooklyn Museum in New York eingeladen, mit Aquarellen an einer Ausstellung teilzunehmen. Seine Bilder wurden von den Kritikern sehr positiv bewertet und so kam es, dass Hopper im Herbst 1924 erstmals eine eigene Ausstellung in einer New Yorker Galerie erhielt. Er verkaufte dort sämtliche ausgestellten Bilder sowie fünf weitere. Ab jetzt verdiente er so gut, dass er seine ungeliebte Tätigkeit als Illustrator aufgeben konnte.

Mit seiner Frau verbrachte er regelmäßig die Sommermonate an den Küsten der amerikanischen Bundesstaaten Maine und Massachusetts. 1934 bauten sich Hopper und seine Frau dort ein Atelierhaus in South Truro auf der Halbinsel Cape Cod. Die dortige Landschaft begeisterte ihn, und er verarbei-

tete seine Eindrücke von dieser Gegend ab jetzt schwerpunktmäßig in seinen Bildern.

Im Anschluss an eine ausgedehnte Zugreise durch die Vereinigten Staaten im Jahre 1925 entstand sein Gemälde „House by the Railroad" (Haus am Bahndamm), das große Beachtung erfuhr und 1930 als erstes Gemälde von dem Museum of Modern Arts (MOMA) angekauft wurde. Dieses Bild inspirierte sogar Alfred Hitchcock, sodass er es 1960 als Vorbild für das Haus in seinem Film „Psycho" wählte. In den kommenden Jahren entstanden viele berühmte Bilder.
Als Vorlage wählte Edward Hopper alltägliche Motive, zum Beispiel Häuser, Tankstellen, Bahnlinien und Straßenzüge. Innenansichten zeigen einfache Hotelzimmer, Theater oder Büros. Die wenigen Personen, die auf seinen Bildern zu sehen sind, beherrschen die Szene dadurch, dass sie entweder einen Punkt außerhalb des Bildes betrachten oder sich auf sich selbst oder eine Tätigkeit konzentrieren. Als Gegenstück entstanden zumeist in Cape Cod Landschaftsbilder.
Das populärste Bild des Künstlers mit dem Titel „Nighthawks" (Nachtschwärmer) aus dem Jahr 1942 zeigt eine Bar bei Nacht, in der der Betrachter von außen vier Personen erkennt, die sich nicht unterhalten, sondern nur dasitzen. In seinen Bildern setzte sich Hopper schwerpunktmäßig mit Einsamkeit und menschlicher Isolation auseinander.
Ab 1945 geriet Hopper in eine unproduktive Phase und verbrachte, statt zu malen, viel Zeit mit Theater- und Kinobesuchen. Ihm war es auch nicht wichtig, was in der Kunstszene gerade „in" war, sondern er blieb seinem Stil treu.
Am 15. Mai 1967 starb Edward Hopper nach langer Krankheit in New York City.

1 Kreuze an, welche beruflichen Stationen Hopper durchlief: Folie

   A Kunstlehrer – Maler – Theaterkritiker – Illustrator   *
   B High School – Illustrator – Reiseleiter – Maler   *
   C High School – Illustrator – Maler – Kunstlehrer   *
   D Illustrator – Kunstlehrer – Drucker – Maler   *

2 Kreuze die richtige Antwort an. Motive in Hoppers Bildern sind häufig: Folie

   A prominente Menschen wie Alfred Hitchcock   *
   B alltägliche Szenen   *
   C technische Erfindungen (Eisenbahn, Containerschiffe …)   *
   D berühmte Bauwerke der USA   *

3 Ordne die Aussagen der linken Spalte dem jeweiligen Bild zu. Kreuze an.   Folie

	„Sailing"	„Nighthawks"	„House by the Railroad"
Das Bild diente als Vorlage für ein Haus in einem Film.			
Es ist Hoppers bekanntestes Bild.			
Es ist Hoppers erstes Bild, das vom MOMA gekauft wurde.			
Hopper verdiente durch den Verkauf des Gemäldes 250 Dollar.			
Das Bild stammt aus dem Jahr 1942.			
Das Gemälde wurde 1913 in einer Ausstellung gezeigt.			

4 Erkläre anhand der Landkarte auf Seite 125, wo genau Cape Cod liegt.

5 Hoppers Eltern rieten ihm, sich zunächst einen Beruf zu suchen, mit dem er seinen Lebensunterhalt verdienen könne. Erläutere anhand von Hoppers Biografie, inwieweit er ihrem Ratschlag gefolgt ist.

6 Wie gefallen dir Edward Hoppers Bilder? Äußere dich dazu und begründe deine Meinung.

7 **a)** Erstelle einen Steckbrief zu Edward Hopper, der die wichtigsten Lebensdaten enthält:
   Edward Hopper
   – geb. 22.07.1882 in Nyack, New York (USA)
   – 1899 Abschluss der High School, Ausbildung zum Illustrator …
   b) Schreibe zu Hoppers Biografie einen Audioführertext. So kannst du beginnen:
   Hallo Leute, wisst ihr eigentlich, wie es dazu kam, dass ich ein erfolgreicher Maler geworden bin?...

Heimat ist da, wo man aufgewachsen ist.

Hier habe ich eine neue Heimat gefunden.

Wir sind das Ruhrgebiet, …

Heimat hier und anderswo

Home, sweet home!

Heimat ist da, wo wir verstehen und verstanden werden.

1 Betrachte die Collage:
 a) Wähle eine Abbildung oder eine Aussage aus, die dich besonders anspricht.
 b) Stellt euch eure ausgewählten Abbildungen und Aussagen vor und begründet, warum ihr euch dafür entschieden habt.

2 Lege ein Cluster an und sammle darin, was „Heimat" alles bedeuten kann. Nimm dazu die Collage zu Hilfe.

Wo immer ich meinen Hut hinhänge, bin ich zu Hause.

Heimat ist da, wo meine Familie ist.

Der Mensch ist dort zu Hause, wo sein Herz ist, nicht dort, wo sein Körper ist.
(Mahatma Gandhi)

3 Schreibe mithilfe deines Clusters ein kurzes Heimatgedicht oder einen kurzen Heimattext. Du kannst den folgenden Textanfang fortführen oder einen eigenen Text schreiben.

Meine Heimat
ist Familie,
sind Freunde,
aber auch der Ort, an dem ich lange lebe ...

Erstellt eine eigene Wandcollage für eure Klasse und haltet darin eure Ergebnisse aus den Aufgaben der folgenden Seiten fest. Sammelt dafür eigene Heimattexte, Fotos oder Zeichnungen. So könnt ihr euch klarmachen, was Heimat für euch oder für andere bedeutet.

Zu Hause sein – einen Text umschreiben

Zuhause
Ortsteil Sofa
Kreis Wohnzimmer / Kaffeemaschine

1 a) Notiere, was demjenigen, der das Schild gestaltet hat, wohl an seinem Zuhause wichtig ist. Überlege dazu, warum er sich für diese Begriffe entschieden hat.
b) Was müsste auf deinem Schild stehen? Gestalte ein eigenes „Zuhause-Schild".

Daheim
Franz Hohler

Daheim bin ich, wenn ich in die richtige Höhe greife, um
auf den Lichtschalter zu drücken.
Daheim bin ich, wenn meine Füße die Anzahl der Treppenstufen von selbst
kennen.
5 Daheim bin ich, wenn ich mich über den Hund der Nachbarn ärgere, der bellt,
wenn ich meinen eigenen Garten betrete.

Würde er nicht bellen, würde mir etwas fehlen.
Würden meine Füße die Treppenstufen nicht kennen, würde ich stürzen.
Würde meine Hand den Schalter nicht finden, wäre es dunkel.

2 Was verbindet der Autor Franz Hohler mit „daheim"? Notiere passende Textstellen und erkläre sie mit eigenen Worten:
„wenn ich in die richtige Höhe greife" (Z. 1) = er kennt sich gut aus

3 Schreibe den Text so um, dass er zu deinen Vorstellungen von „daheim" passt.
Gehe so vor:
a) Lies den folgenden Anfang eines Paralleltextes und überlege, wie du vorgehen musst, wenn du einen Paralleltext schreiben willst:

Daheim bin ich, wenn ich zuerst in die Küche gehe, um
zu sehen, was es zu essen gibt.
Daheim bin ich, wenn …
Daheim bin ich, wenn meine Freunde an der Tür Sturm klingeln,
um mit mir an der Playstation zu spielen.

Würden sie nicht zur mir kommen, würde ich mich einsam fühlen.
Würde …
Würde …

b) Verfasse mithilfe des **TIPPs** auf Seite 131 einen Paralleltext zum Thema „daheim". Nutze auch das Cluster von Seite 128 und deine Ergebnisse aus **1**.

4 a) Hängt eure Paralleltexte in der Klasse aus.
   b) Geht von Text zu Text und notiert euch die Vorstellungen von Heimat, die euch besonders ansprechen oder die ihr ungewöhnlich findet.
   c) Vergleicht, welche unterschiedlichen Vorstellungen von Heimat ihr genannt habt.

5 Noch stärker wird dir bewusst, was „daheim" bedeutet, wenn du dein Zuhause mit der Fremde vergleichst.
   a) Wo hast du dich schon einmal fremd gefühlt? Notiere in einem Cluster, was für dich „fremd" bedeutet.
   b) Vergleicht eure Ergebnisse miteinander. Übernimm Anregungen, die dir besonders gut gefallen.

6 a) Verfasse einen Gegentext mithilfe des Clusters aus Aufgabe 5 a. Lies dazu noch einmal den TIPP.

   Fremd
   Fremd fühle ich mich, wenn …
   …
   Würde ich …

   b) Stellt euch in einer Schreibkonferenz eure Gegentexte vor und besprecht sie mithilfe des TIPPs:
   – Wird deutlich, dass es sich um „fremd sein" handelt? An welchen Wörtern könnt ihr das feststellen?
   – Habt ihr den Aufbau des Textes beibehalten?

7 Bringt eure Parallel- und Gegentexte auf eurer Wandcollage unter.

💡 TIPP

So schreibst du einen Paralleltext oder einen Gegentext:
Wenn du einen **Paralleltext** oder einen **Gegentext** schreibst, verwendest du den Originaltext als Muster für deinen eigenen Text.
1. Bei einem **Paralleltext** schreibst du zu **demselben** Thema, bei einem **Gegentext** zu einem **inhaltlich gegensätzlichen** Thema (z. B. Originaltext: *Daheim* / Gegentext: *Fremd*).
2. Beim Schreiben eines Parallel- oder Gegentextes gehst du ähnlich vor:
   a) Notiere, was dir spontan zu dem **Thema** des Textes einfällt.
   b) Übernimm **Form und Sprache** des Originaltextes: Satzanfänge, Satzbau, Satzarten (Fragen, Aufforderungen), Zeitform.
   c) Ersetze bei einem **Gegentext** die Textstellen, die du ändern möchtest, durch **gegensätzliche Gedanken und Gefühle**: *Fremd fühle ich mich, wenn …*

Meine Heimat Ruhrgebiet – ein Gespräch führen

Glück auf Ruhrgebiet
Spardosen-Terzett (2010)

Wenn über Duisburg die Sonne untergeht
und sich das Abendrot auf vermooste Gleise legt,
dann wird das Ruhrgebiet zum schönsten Ort der Welt,
auch wenn es sonst vielleicht nicht jedem sofort gefällt.

5 Wenn du bei Bochum die A 40 nach Essen fährst,
weil du von 'ner Reise aus dem Urlaub wiederkehrst,
dann kurbel die Scheibe runter und halt die Nase raus,
anderswo riecht's vielleicht noch besser, aber hier riecht's nach zu Haus.

Wie hieß es mal im Revier?
10 Glück auf, und wieder wünschen wir
Glück auf, was auch immer geschieht,
Glück auf dem Ruhrgebiet.

Wenn in 'ner Kneipe jemand plötzlich „und selbst?" zu dir sagt,
dann wird höflich mit „muss und selbst?" nachgefragt,
15 und dann kommt „ja, muss ja ne!", was heißt, dass es euch blendend geht,
doch auch dass uns anderswo wohl niemand mehr versteht.

Wenn man an 'nem schönen Tag an der Ruhr spazieren geht
und dann voller Rührung vor 'ner alten Zeche steht,
dann tauchen Bilder auf aus längst vergangener Zeit,
20 doch irgendwie geht's weiter und wir sind dazu bereit.

Glück auf, was auch immer geschieht,
Glück auf dem Ruhrgebiet!

1 Betrachte die Fotos und finde zu jedem Foto eine passende Überschrift.

2 Vergleiche den Liedtext mit den Abbildungen. Was erkennst du wieder? Ordne die Bilder den entsprechenden Textstellen zu.

Folie

3 a) Markiere im Text, was dem Autor am Ruhrgebiet so besonders gefällt.
b) Erkläre stichwortartig, warum er das Ruhrgebiet schön findet, obwohl es vielleicht anderen nicht sofort gefällt.

4 Gib in einem Dialog den Inhalt des Liedes wieder. Entwickle dazu ein Gespräch zwischen einem Ruhrgebietsbewohner und einem Besucher. Gehe so vor:
a) Plane deinen Dialog: Erstelle ein zweigeteiltes Cluster (siehe Seite 133), in dem du notierst, was das Ruhrgebiet für einen Bewohner zur Heimat macht.

b) Füge mit einer anderen Farbe ein, wie ein Besucher das Ruhrgebiet sehen und welche Vorurteile er haben könnte.

5 Schreibe mithilfe des Clusters das Gespräch zwischen dem Bewohner und dem Besucher. Nutze dazu den **TIPP** und die folgenden Formulierungshilfen.

alte Zechen – die Ruhr/die Emscher – laut – geschäftig – ehrlich – direkt – Bergleute – Steiger – das Revier – multikulti – Fußball – Industrie – Kultur – Stahl – treu – fleißig – hart im Nehmen – einfach – vielsprachig – Tradition – stolz auf ... – verbindet viele Städte – herzlich – Ruhrdeutsch

Ein Ruhrgebietsbewohner erklärt einem Besucher, warum das Ruhrgebiet für ihn die Heimat ist:
<u>Besucher:</u> Also, ich könnte hier nicht leben! Mann, ist hier viel Verkehr! Wie kann man denn hier zur Ruhe kommen? Es ist doch nur laut.
<u>Bewohner:</u> Ach was! So schlimm ist es doch gar nicht. Es ist doch ein Vorteil, schnell von einer Stadt in die andere kommen zu können. Also, für mich ist das Ruhrgebiet ganz klar der schönste Ort der Welt.
<u>Besucher:</u> Das musst du mir mal erklären. Warum eigentlich?
<u>Bewohner:</u> ...

6 Stellt eure Gespräche in der Klasse vor und gebt euch mithilfe des **TIPPs** Rückmeldungen: Was ist gut gelungen? Was solltet ihr noch überarbeiten?

💡 TIPP

So schreibst du zu einem Text einen Dialog:
1. Mache dir klar, welche Personen miteinander sprechen.
2. Stelle einen Satz voran, in dem du in die **Gesprächssituation** einführst.
3. Benenne die Personen *(Besucher / Bewohner)*.
4. Passe die **Sprache** den Gesprächspartnern (Erwachsene unter sich, Jugendliche) an: Verwende Jugend-, Umgangs- oder Standardsprache.
5. Dein Dialog soll den **Inhalt des Originaltextes wiedergeben**. Die Gesprächspartner sollen die **Einstellungen** vertreten, die im Text deutlich werden. Du darfst **Ideen und Beispiele ergänzen, die zum Originaltext passen**: z. B. *vermooste Gleise (Z. 2)* → *Ich kann mich noch daran erinnern, dass hier früher die Kohlezüge auf den Schienen fuhren.*
6. Gib auch mögliche **Gefühle und Gedanken** der Sprechenden wieder: *Immer wenn ich hier im Schrebergarten bin, fühle ich mich richtig frei ...*
7. Achte darauf, dass sich **die Gesprächspartner aufeinander beziehen**: *Besucher: Ich könnte hier nicht leben! Bei dem vielen Verkehr. Bewohner: Ach was! So schlimm ist es doch gar nicht.*

Ein neues Zuhause finden – einen Dialog schreiben

1 a) Überlege anhand der Illustration, wovon der folgende Text handeln könnte.

Sweet home Magdeburg
Andrea Heinrichs

„Wusch!" – Mit diesem satten Sound rauschte der Ball durch das Netz, nachdem ihn Tobi kurz zuvor locker aus dem Handgelenk in Richtung Korb befördert hatte. „Wusch" – und wieder hatte er einen Treffer gesetzt. Gleichzeitig rauschten Bilder von daheim durch seinen Kopf, die ihm durch und durch wohltaten:
5 er und seine Kumpel Piet und Dennis beim Streetball – „wusch" – sein Elternhaus, in dem er gewohnt hatte, seit er denken konnte, also fast 15 Jahre lang – „wusch" – abrocken beim örtlichen Electro-Festival – „wusch" – der tägliche Weg einmal durch die Stadt, den er wahrscheinlich auch mit geschlossenen Augen traumwandlerisch sicher laufen könnte – „wusch" – der Waffelduft bei
10 seiner Omi – „wusch" – ...
Wie gut es ihm noch vor dem Umzug hier nach Havixfeld – „tock" – daneben – ging. Nun hing er hier in diesem Nest – „tock" – und das schon seit drei Monaten. „Das hier ist Tobias", so wurde er seiner neuen Klasse – „tock" – präsentiert. „Stell dich doch bitte kurz vor." „Also, ich komme aus Magdeburg
15 und ..." „Mensch, der Typ isn Ossi!", schrie jemand. Und: „Wie quatscht der denn? Das klingt ja voll komisch!" So fremd hatte er sich nie zuvor gefühlt. Und seitdem hatte er auch nicht den geringsten Versuch gemacht, sich hier einzuleben. „Tock" – wozu auch? Seine Heimat lag eindeutig 300 Kilometer östlich – „wusch". – Dort hielt man zusammen, grüßte, auch wenn man jemanden nicht
20 kannte – obwohl ... Tobi war sich fast sicher, dass er eigentlich so gut wie jeden in Magdeburg kannte.
Seit sein Vater auf die blöde Idee kam, aus beruflichen Gründen umzuziehen, war er nicht mehr in seinem Heimatort – „wusch" – gewesen. Und es war so, als wäre er seitdem nicht mehr ganz vollständig. Ein Teil von ihm war offensicht-
25 lich nicht mit umgezogen, sondern in Magdeburg geblieben. „Wusch!" – Hier auf dem Streetballplatz war seine derzeitige Umgebung noch am besten zu ertragen – „tock". Daher hatte er sich in sein Schicksal ergeben und beschlossen, direkt an seinem 18. Geburtstag den Abflug zu machen und in seinen Heimatort zurückzukehren.

30 Ganz in sein Spiel und seine Gedanken versunken, hatte er gar nicht bemerkt, dass er schon einige Zeit beobachtet wurde. Jetzt kam sein Beobachter langsam auf ihn zugeschlendert und baute sich vor ihm auf. Was wollte dieser Typ nur von ihm? Sicher wieder einer, der auf Ärger aus war. Halt typisch für dieses Kaff ... „Sag mal, lässt du mich auch mal werfen? Zugucken macht mich
35 ganz zappelig. Hab schon ewig nicht mehr Basketball gespielt." Nanu, was war das? Der Typ schien tatsächlich okay zu sein. Und spielen konnte er auch noch ... Abwechselnd droschen sie den Ball auf den Korb. Wieder – „wusch" und wieder – „wusch" ...
Burkhard war echt cool. Dass der aus diesem Nest kam ... Erstaunlich! „He
40 Alter, kommst du am Wochenende mit zur Landjugendparty? Da geht's voll ab und krasse Leute können wir immer gut gebrauchen." Naja, warum eigentlich nicht ...
Zwei Monate später:
An: piet.chaot@de; dennis.champ@de
45 Betreff: Grüße
Hi ihr zwei,
na, was macht Magdeburg? War ja schon ewig nicht mehr da. Freu mich aber drauf, euch Chaoten am Wochenende hier zu sehen ;-) Könnt euch auf was gefasst machen: Werd euch einige schräge Typen vorstellen, allen voran Burk-
50 hard. Hat sich einiges verändert bei mir. Hab mittlerweile einige Kontakte geknüpft. Bin viel unterwegs. Kenn mich jetzt auch hier in der Stadt ganz gut aus. Nicht, dass ihr denkt, Magdeburg hätte ich vergessen. Logisch: Heimat ist immer da, wo man aufgewachsen ist. Aber mein Zuhause ist jetzt wohl hier. Übrigens: Stimmt eure Mägen schon mal auf münsterländische Küche ein: Es
55 gibt Struwen[1] ...
Euch noch eine entspannte Woche. Bis die Tage oder „Guot goahn", wie man hier sagt ...
Tobi

[1] Struwen = Hefepfannkuchen

b) Welche deiner Erwartungen aus Aufgabe **1 a)** haben sich bestätigt?

2 Stelle Tobis Heimat Magdeburg seinem neuen Zuhause Havixfeld gegenüber. Halte deine Ergebnisse in einer Skizze (vgl. das Schaubild unten) fest.
– Was verbindet er mit Magdeburg?
– Was stört ihn an Havixfeld?
– Wie fühlt er sich zu Beginn in Havixfeld?
– Wie fühlt er sich zwei Monate später?
– Was hat sich in der Zwischenzeit für Tobi geändert, sodass er jetzt Havixfeld als sein neues Zuhause bezeichnet?

Heimat hier und anderswo | 3.2.10 Mit Texten experimentieren: einen Dialog schreiben

3 Tobi schreibt in seiner E-Mail: *„Heimat ist immer da, wo man aufgewachsen ist. Aber mein Zuhause ist jetzt wohl hier."* (Z. 52–53)
   a) Erkläre, was Tobi damit meint.
   b) Kannst du diese Aussage nachvollziehen? Begründe deine Meinung.

4 Tobis Freunde Piet und Dennis kommen übers Wochenende nach Havixfeld. Schreibe einen Dialog, wie er zwischen den dreien stattfinden könnte.
   a) Plane deinen Dialog, indem du zu den Personen Rollenkarten anlegst:
   A Versetze dich in Tobi und notiere stichwortartig:
   – Was wird er Piet und Dennis über Havixfeld erzählen? Was hat sich für ihn in der Zwischenzeit geändert?
   – Was will er von Piet und Dennis über Magdeburg erfahren?
   B Versetze dich in Piet und Dennis und notiere stichwortartig:
   – Mit welcher Einstellung bzw. welchen Gedanken kommen sie nach Havixfeld?
   – Was könnten sie über Magdeburg erzählen?

   b) Schreibe mithilfe deiner Rollenkarten den Dialog zwischen Tobi und seinen Freunden. So kannst du beginnen:
   Tobi: Mensch, tut das gut, euch zu sehen! Hätte nie gedacht, dass ihr mir mal fehlen würdet!
   Piet: Hi Tobi, du altes Landei! Sag bloß, du bist hier in dem Kaff zum Langweiler geworden. Deine Mail hat uns ja Böses ahnen lassen. Ist so eine Landjugendparty nicht voll uncool?
   Tobi: Tja, das mit dem Kaff dachte ich anfangs auch, aber dann ...

5 Besprecht eure Dialoge in einer Schreibkonferenz. Nehmt für eure Rückmeldungen die **CHECKLISTE** von Seite 139 zu Hilfe und schreibt zu jedem Dialog einen kurzen Kommentar: *Ich fand an dem Dialog Folgendes gelungen: ...*

6 Wählt einen Dialog aus und spielt ihn vor. Übt dazu vorher den Vortrag. Die Zuhörer überprüfen mithilfe der **CHECKLISTE** den Inhalt.

7 Wählt ein zentrales Zitat zum Thema Heimat aus euren Dialogen aus und haltet es auf der Wandcollage fest.

Zurück in die „Heimat"? – Einen Dialog überarbeiten

1 Lies die Seitenüberschrift und den Titel des folgenden Textes. Sammelt Ideen dazu, wovon der Text handeln könnte.

Staatsangehörigkeit: griechisch
Sigrid Schuster-Schmah (Textauszug)

Irinas Eltern haben Deutschland verlassen und sind mit ihr und ihren jüngeren Geschwistern nach Griechenland zurückgekehrt. Nur Irinas älterer Bruder Spyros bleibt in Deutschland. Nun verkauft Irina zusammen mit ihrem Großvater Melonen.

„Karpusi! Peponi!", hörte Irina Großvaters singende Stimme. Ein Mann und eine Frau, auf den ersten Blick als Ausländer zu erkennen, stiegen aus. Aus den hinteren Türen kletterten ein vielleicht zehnjähriger Junge und ein kleines blondes Mädchen. Im Nu stand Irina neben dem Großvater.

5 „Guten Tag! Wollen Sie eine besonders gute, ganz reife Melone?", sagte sie auf Deutsch. Ihre dunklen Augen blitzten vor Vergnügen, als sie mit dem Erstaunen, das sie in den Gesichtern des Ehepaars wahrnahm, ihre Vermutung über die Herkunft der Touristen bestätigt sah. Nur das kleine Mädchen schien über die deutsche Begrüßung nicht verwundert. Ihm ging es wohl weniger um die Spra-
10 che und auch nicht um die Melonen, vielmehr interessierte es sich für den Großvater. „Ist das dein Opa? Der muss aber alt sein! Wie alt bist du denn, Opa?" Großvater verstand nichts und lächelte die Fremden freundlich an, wobei sich über die bräunliche Haut seines Gesichtes unzählige winzige Fältchen ausbreiteten und in seinem schmallippigen Mund eine ausgedehnte Zahnlücke sicht-
15 bar wurde.

„Sie fragt dich, wie alt du bist, Großvater", übersetzte Irina dem Alten, und der begann sofort unter Zuhilfenahme seiner beiden Hände sein Alter abzuzählen. Siebenmal hintereinander hielt er alle zehn Finger hin, dann zeigte er noch einmal die rechte Hand mit drei Fingern. „Er ist dreiundsiebzig", erklärte Irina,
20 „und er ist tatsächlich mein Großvater, das stimmt."

Dann kam endlich die Frage, auf die Irina jedes Mal gespannt wartete, wenn sie Deutsche in deren Sprache begrüßte. „Wo hast du denn so gut Deutsch gelernt?", fragte die Frau und hinderte das kleine Mädchen mit einem festen Griff nach dessen Hand am Weiterreden. „Oder muss ich Sie zu dir sagen, wie das bei uns
25 daheim üblich ist?"

Irina schüttelte den Kopf. „Ich bin doch erst vierzehn. Aber ich sehe älter aus, das sagen mir alle Leute", fügte sie stolz hinzu. „Ich war acht Jahre lang in Deutschland, mit meinen Eltern und Geschwistern, dort habe ich die Sprache gelernt. Mein älterer Bruder ist jetzt noch dort. Spyros durfte in Deutschland
30 bleiben ..." Irinas Stimme wurde leise. Sie sprach nicht weiter.

„Und wo habt ihr in Deutschland gewohnt?", fragte der Junge. Irina zählte drei Städtenamen auf, beim letzten machte der Junge einen kleinen Freudensprung. „Das ist ja ganz in unserer Nähe!" „Du kennst dich aus", entgegnete Irina knapp. Sie musste über ein beklemmendes Gefühl hinwegkommen.

35 Die Frau hatte inzwischen die Jahre nachgerechnet. „Dann bist du ja mit sechs Jahren nach Deutschland gekommen und dort wohl auch die ganze Zeit zur Schule gegangen? Kein Wunder, dass du deutsch sprichst wie jemand von uns."
„Und wo lebt ihr jetzt?", fragte der Mann, ohne Irina dabei anzusehen. Er überflog mit einem schnellen Blick den Melonenstand, war sichtlich bemüht, das
40 Gespräch bald zu beenden. „Hier natürlich nicht; in Argos wohnen wir", sagte Irina. Und dann erzählte sie, dass sie im vergangenen Herbst zurückgekehrt seien zu den Großeltern und Onkeln und Tanten ihrer Großfamilie. Der Vater habe seines Vaters kleine Taverne in Argos übernommen, aber schon nach kurzer Zeit verkauft, um eine größere im Zentrum der Stadt, an der Durch-
45 fahrtsstraße, zu erwerben. Jetzt sei er dabei, sie zu einem Restaurant auszubauen. „Mit griechischen Spezialitäten", erklärte Irina. „Und dann können die Touristen zu uns kommen und bei uns essen und trinken." [...]
Das Mädchen und der Junge winkten Irina und dem Großvater zu, bevor sie im Auto verschwanden. Die Frau gab Irina die Hand und stieg auch ein. Irina
50 schaute ihnen nach, bis der Wagen hinter der nächsten Straßenbiegung nicht mehr zu sehen war.
„Irina?" Großvater hatte seine Hand auf ihren Arm gelegt.
„Willst du mir auch sagen, dass Heimweh lächerlich ist, wenn man in der Heimat lebt? Oder dass es zumindest nicht schlimm ist und bald vergehen wird?"
55 Irina hatte lauter gesprochen als vorher. Großvater schüttelte stumm den Kopf. Er kniff die Augen zusammen und blinzelte in die Ferne. [...]

Folie

2 a) Beschreibe Irinas Situation. Markiere dazu Textstellen, die folgende Fragen beantworten: Wie lange hat sie in Deutschland gelebt? Wie lebt sie jetzt?
b) Mache dir die Handlung klar, indem du die einzelnen Handlungsschritte in einem Flussdiagramm darstellst:

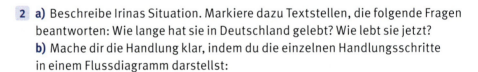

fröhlich/übermütig

Folie

3 a) Versetze dich in Irinas Lage: Wie fühlt sie sich? Unterstreiche Textstellen, die etwas über ihre Gefühlslage aussagen.
b) Ordne den Handlungsschritten Irinas Gefühle zu und ergänze die Adjektive im Diagramm: *fremd – traurig – einsam – neidisch – stolz – vergnügt – wütend – fröhlich – zerrissen – sehnsuchtsvoll – übermütig.*
c) Vergleicht eure Zuordnung und begründet, warum ihr Irinas Gefühl mit dem jeweiligen Adjektiv benannt habt: *Als Irina die Deutschen trifft, wirkt sie fröhlich und übermütig, weil sie richtig vermutet hat, dass es sich um Deutsche handelt.*

4 In Zeile 53–54 sagt Irina: „*Willst du mir auch sagen, dass Heimweh lächerlich ist, wenn man in der Heimat lebt? ...*" Erkläre, was Irina damit aussagen möchte.

5 Schreibe ein Telefongespräch zwischen Irina und ihrem Bruder Spyros, der in Deutschland lebt: Irina schildert, was am Tag geschehen ist und wie sie sich fühlt. Spyros will Irina trösten und ihr Mut machen. Nutze dein Diagramm als Schreibplan.

Sp: Guten Abend, Irina. Na, was hast du heute so gemacht?
I: Hallo, Spyros. Was soll ich heute schon groß gemacht haben? Großvater und ich waren wie immer Melonen verkaufen. Naja, dabei habe ich mich mit deutschen Touristen unterhalten ...
5 Sp: Kann es sein, dass du dich gerade sehr traurig anhörst?
I: Vielleicht. Wenn ich an Deutschland denke, ist mir komisch zumute.
Sp: Sicher, ich kann dich verstehen. Du bist hier in Deutschland aufgewachsen, aber du bist auch Griechin. Wo deine Heimat nun wirklich ist, weißt du wohl gerade nicht.
10 I: Naja, bisher war Deutschland eben meine Heimat. Doch trotz unserer großen Familie fühle ich mich manchmal etwas einsam hier in Griechenland. Und wenn ich dann daran denke, dass du in Deutschland bleiben durftest ...
Sp: Es hat ja auch Vorteile, in Griechenland zu wohnen.
15 I: Sicher. Das weiß ich auch. Viele Urlauber würden mich um mein Leben in Griechenland beneiden. Es ist aber etwas anderes, hier nur Urlaub zu machen oder hier zu leben.
Sp: Hast du mal mit Großvater darüber gesprochen?
I: Kurz. Ich weiß nicht, ob er versteht, dass man Heimweh haben kann,
20 obwohl man in der Heimat ist.
Sp: Das ist für ihn sicher schwer zu verstehen. Wie könntest du es ihm denn erklären?
I: Ich könnte ihm vielleicht vorschlagen, dass er sich folgende Situation vorstellt: Er müsste mit dir bzw. unserer ganzen Familie in Deutschland
25 leben. Dann könnte er auch mit uns griechisch sprechen und griechische Feste feiern, aber dennoch würde ihm wohl Argos sehr fehlen und er hätte ebenfalls Heimweh.
Sp: Okay, mach das so ...

Randkommentare:
- Einführungssatz vor dem Dialog fehlt!
- Begegnung wird zu knapp geschildert!
- Gefühl genauer beschreiben!
- Warum fühlt sie sich einsam?
- Nenne die Vorteile!
- Spyros soll doch Irina trösten, nicht nur nachfragen!

6 a) Überarbeite den Dialoganfang mithilfe der **CHECKLISTE**. Ergänze, wenn nötig, weitere Kommentare in der Randspalte.
b) Schreibe den Dialog mithilfe deiner Überarbeitungshinweise noch einmal neu.

☑ CHECKLISTE

Einen Dialog zu einem literarischen Text verfassen
1. Hast du zu Beginn die Situation und die Gesprächspartner genannt?
2. Werden im Dialog die Inhalte des Originaltextes wiedergegeben? Hast du neue Gedanken aufgenommen, die zur Situation passen?
3. Hast du dich in die Personen hineinversetzt und aus ihrer Sicht formuliert?
4. Beziehen sich die Personen in ihrem Gespräch aufeinander?
5. Beschreibst du die Gefühle der Personen nachvollziehbar und erklärst du die Ursachen für ihre Gefühlslage?
6. Passt die Sprache, die die Personen sprechen, zu ihnen?

Kompetenz-Check: einen literarischen Text umgestalten

Oya: Fremde Heimat Türkei
*Karin König / Hanne Straube / Kamil Taylan
(Textauszug)*

Oya, ein 16-jähriges türkisches Mädchen, ist in Frankfurt am Main aufgewachsen und fühlt sich hier heimisch. Doch da beschließen die Eltern, mit ihr und der kleinen Schwester in die Türkei zurückzukehren.

„Dein Vater kommt! Zieh dich an, wir müssten schon lange weg sein", sagte meine Mutter. „Freitag", dachte ich, endlich war die Woche wieder fast vorbei. Zwei freie Tage
5 ohne Putzjob am Nachmittag lagen vor mir. Ich hasste dieses Putzen jeden Nachmittag. Montags, mittwochs und freitags bei der Gewerkschaft, dienstags und donnerstags im Büro der Turkish Airlines; ohne dass ich dafür
10 einen Pfennig zu sehen bekam. Alles wurde für die Aussteuer und das Haus in Istanbul beiseitegelegt. Seit ich mich erinnern kann, sparen wir für die Türkei.

Ich zog meine Jeans, das Sweatshirt und die Turnschuhe an, aber ausnahmswei-
15 se kam der übliche Ruf meiner Mutter „Oya, schlaf nicht ein!" heute nicht. Im Gang hörte ich, dass sich meine Eltern aufgeregt in der Küche unterhielten. Als ich eintrat, sah ich meine Mutter strahlend und mit Tränen in den Augen dasitzen. Ich bekam gerade noch mit, wie sie zu meinem Vater sagte: „Osman, wie soll ich das alles in sechs Wochen schaffen?"

20 Freudig lächelte meine Mutter mir zu: „Oya, stell dir vor, in sechs Wochen sind wir schon in Istanbul, und zwar für immer, wenn Gott will, Inschallah. Kind, freust du dich?" Ich brachte kein Wort heraus.

Jetzt waren wir also auch dran! Zuerst war es die Familie von Nurcan, dann die Familie von Ayse aus der Parallelklasse, und jetzt gingen wir zurück. Seit Mona-
25 ten sprachen meine Eltern von nichts anderem mehr als von der sogenannten Rückkehr in die Heimat. Viel Geld sollte mein Vater bekommen, wenn er der Abfindung der Firma zustimmte. Außerdem würde er eine Menge Geld von der deutschen Regierung erhalten, sagten die Verwandten und der Sozialberater bei der Gewerkschaft. „Ich habe schon unterschrieben. Es ist alles endgültig! Bis
30 zum 1. Juli müssen wir Deutschland verlassen haben. Aber jetzt gehen wir erst mal putzen."

Mein Vater hatte die Entscheidung in einem türkischen Teehaus gefällt, wo er sich jeden Nachmittag nach der Arbeit mit seinen Freunden traf. Entscheidungen sind bei uns Türken Männersache und sie fallen in der Regel im Café, zwischen zwei Tavla-Spielen, das die Deutschen Backgammon nennen. Im Teehaus sind Frauen unerwünscht.

Beim Putzen versuchte ich in aller Ruhe über die Zukunft nachzudenken. Wie sollte es mit der Schule weitergehen? Ich war schon an der Berufsfachschule angemeldet – ich wollte wie meine Schwägerin Ayten Krankenschwester werden. Das war schon immer mein Traumberuf gewesen. Und jetzt? Wie sollte ich in der Türkei ohne meine Freundinnen auskommen? Ich hatte ja gesehen, wie es mit Ayse und Nurcan gegangen ist. Zuerst haben wir uns noch oft geschrieben, dann ist die Verbindung eingeschlafen.

Ehrlich gesagt, ich war einfach zu faul zum Schreiben gewesen. Die Probleme, die sie in der Türkei hatten, waren mir sehr fremd. Ayse, die nie heiraten wollte, schrieb plötzlich nur von ihren Hochzeitsvorbereitungen und der Aussteuer, die sie noch zu besticken hätte. Und bei Nurcan ging es nur noch um das Auto ihres Verlobten …

Im Urlaub ist es in der Türkei eigentlich immer ganz schön gewesen. Sonne, Meer und dauernd wurden Feste gefeiert. Die Wohnung, die mein Vater dort für uns gebaut hat, ist auch nicht schlecht. Auf jeden Fall größer und schöner als unsere Wohnung in Deutschland. Putzen bräuchte ich dann auch nicht mehr. Aber das Leben in der Türkei war so anders. In welche Schule sollte ich gehen? O je, türkische Geschichte und türkische Literatur! Ayse schrieb in ihrem Brief, dass sie in vielen Fächern nur „Bahnhof" verstünde. Mir würde es sicherlich nicht anders gehen. Den muttersprachlichen Unterricht hatte ich nämlich immer geschwänzt, weil uns der türkische Lehrer vom Konsulat geschlagen hat. „Oya, du trödelst wieder." Die Stimme meiner Mutter riss mich aus meinen Gedanken. „Wir wollen hier nicht die Nacht verbringen. Du musst noch die Aschenbecher ausleeren, dann ist Schluss für heute."

Am nächsten Tag spricht Oya mit ihrer Mutter und versucht, sie von der geplanten Rückkehr in die Türkei abzuhalten. Schreibe einen Dialog, wie er zwischen Oya und ihrer Mutter stattfinden könnte.

1 Plane deinen Dialog:
   a) Unterstreiche Textstellen, in denen sich Oya zum Leben in der Türkei äußert.
   b) Mache dir Notizen zu folgenden Fragen:
   – Was gefällt Oya an der Türkei? Was befürchtet sie, wenn sie in die Türkei zurückkehren muss?
   – Welche Vorteile erwarten die Eltern von der Rückkehr? Wie haben sie sich auf die Rückkehr vorbereitet?
   c) Notiere auch, wie sich Oya vermutlich fühlt.

2 Schreibe mithilfe deiner Notizen ein mögliches Gespräch zwischen Oya und ihrer Mutter. So kannst du beginnen:
   Einleitungssatz: …
   Oya: Du Mama, lass uns doch bitte noch einmal über euren Entschluss, in die Türkei zurückzukehren, reden. Ich weiß ja, dass ihr euch schon seit Langem …

3 Überarbeite deinen Dialog mithilfe der **CHECKLISTE** von Seite 139 und prüfe, ob du die Aufgabenstellung vollständig bearbeitet hast.

Im Blickpunkt: Sprache betrachten

Sprachvarianten verstehen

Dr. Antonia und der Wen-sein-Fall
Rainer Bonhorst

Reporter: Frau Dr. Antonia Cervinski-Querenburg, man wirft Ihnen vor, keine Freundin des Genitivs zu sein …
Dr. Antonia: Ich? Eine Feindin vom Genitiv? Ich kenne den Herrn überhaupt nicht.
Reporter: Finden Sie es richtig, ein ernstes grammatisches Thema ins Lächerliche zu ziehen?
Dr. Antonia: Also gut, was ist Ihr Problem?
Reporter: Ich spreche vom Genitiv, auch zweiter Fall, manchmal sogar Wes-Fall genannt. […] Er beantwortet die Frage: wessen?
Dr. Antonia: Ach, Sie meinen den Wen-sein-Fall.
Reporter: Den Wen-sein-Fall? Omannomann.
Dr. Antonia: Aber natürlich. So müsste er jedenfalls bei uns an der Ruhr heißen. Nehmen wir ein Beispiel aus unserem Alltag. Des Nachbarn Ziege stört der Großmutter Nachtruhe. Das klingt, finde ich, ausgesprochen zickig. So richtig nach Genitiv. Die Ziege des Nachbarn stört die Nachtruhe der Großmutter. Auch das ist hölzernes Hochdeutsch. Ein richtig trockener Wes-Fall.
Reporter: Wie hätten Sie's denn gern?
Dr. Antonia: […] Unsern Nachbarn seine Ziege stört unser Oma ihre Nachtruhe. Das ist der Wen-sein-Fall. […]

1 a) Aus welcher Region stammt Dr. Antonia Cervinski-Querenburg?
b) Zu welchem Sprachproblem äußert sie sich im Interview?

2 Dr. Antonia bezieht sich auf Beispiele aus der gesprochenen Sprache. Geschrieben wird so nicht. Wie müssten die folgenden Sätze in der Schriftsprache lauten? Bilde sie grammatikalisch richtig.
A Dem Ruhrgebiet seine Zechen sind heute häufig Museen.
B Dem Münsterländer sein Plattdeutsch verstehen meist nur noch dem Dorf seine Bewohner.
C Als dem Deutschen seine Heimat gilt auch Mallorca.

3 a) Überlege, was gesprochene Sprache mit dem Thema „Heimat" zu tun haben könnte? Mache dir Notizen dazu.
b) Tausche dich mit einem Partner über deine Antwort aus.

4 Gibt es in eurer Region typische Beispiele für gesprochene Sprache, in denen die Grammatik von der Schriftsprache abweicht? Sammelt einige Beispiele.

Im Blickpunkt: richtig schreiben

Straßennamen richtig schreiben

1 Hannes legt eine Namens- und Adressenliste seiner Freunde an. Darin hat er einige Straßennamen nicht richtig übernommen.

Hannah
Esra
Silke
Jannis

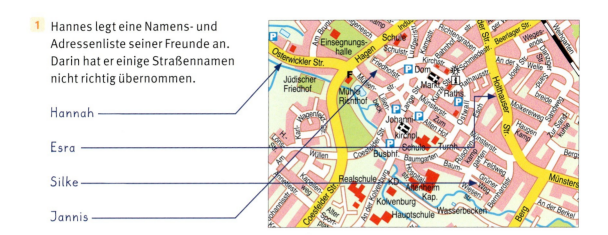

Name	Straße	Name	Straße
Kirsten	Alter Sportplatz	Hannah	
Burkhard	Coesfelderstraße	Esra	
Lorenz	Zursandkuhle	Silke	
Veit	Schul Straße	Jannis	

a) Finde die Fehler und berichtige sie.
b) Vervollständige die Tabelle mit den fehlenden Straßennamen.

Folie

2 a) Ordne die Straßennamen aus dem Stadtplan den Regeln im **TIPP** zu.
b) Erkläre die unterschiedlichen Schreibweisen von Straßennamen:
– *Wann werden Straßennamen getrennt geschrieben?*
– *Wann schreibt man Straßennamen zusammen?*
– *Wann wird der Straßenname mit Bindestrich geschrieben?*

💡 TIPP

So schreibst du Straßennamen:
1. Straßennamen werden **zusammengeschrieben**, wenn vor dem **Grundwort** (*-straße, -weg, -tor ...*) ein **Nomen** (*Burgweg, Steintor ...*) steht oder wenn vor dem Grundwort ein **nicht dekliniertes Adjektiv** steht (*Neutor, Quergasse ...*).
2. Sie werden **getrennt** geschrieben, wenn vor dem Grundwort ein **dekliniertes Adjektiv** (*Hohes Venn ...*) oder eine **Präposition** (*Zur Schanze ...*) steht.
3. Auch Straßennamen, die einen deklinierten **Ortsnamen** mit **-er** am Ende enthalten (*Essener Straße ...*), werden **getrennt** geschrieben.
4. Mit **Bindestrich** werden Straßennamen geschrieben, die aus **mehreren Namen** bestehen (*Abt-Molitor-Straße ...*).

Im Blickpunkt: Lesen

Fremd im eigenen Land (1992)
Advanced Chemistry (Textauszug)

[1] grüner Pass: der Vorgänger unseres heutigen roten Reisepasses war grün

[2] die Identität: die Echtheit der eigenen Person

[3] ignorant: dumm; ignorant sein: etwas nicht zur Kenntnis nehmen wollen

Ich habe einen grünen Pass[1] mit 'nem goldenen Adler drauf.
Dies bedingt, dass ich mir oft die Haare rauf'.
Jetzt mal ohne Spaß: Ärger hab' ich zuhauf,
obwohl ich langsam Auto fahre und niemals sauf'.
5 All das Gerede von europäischem Zusammenschluss!
Fahr' ich zur Grenze mit dem Zug oder einem Bus,
frag' ich mich, warum ich der Einzige bin, der sich ausweisen muss,
Identität[2] beweisen muss!
Ist es so ungewöhnlich, wenn ein Afrodeutscher seine Sprache spricht
10 und nicht so blass ist im Gesicht?
Das Problem sind die Ideen im System:
Ein echter Deutscher muss auch richtig deutsch aussehen!
Blaue Augen, blondes Haar, keine Gefahr!
Gab's da nicht 'ne Zeit, wo's schon mal so war?
15 Gehst du mal später zurück in deine Heimat?
Wohin? Nach Heidelberg, wo ich ein Heim hab'?
Nein, du weißt, was ich mein'!
Komm', lass es sein,
ich kenn' diese Fragen, seitdem ich klein bin in diesem Land
20 vor zwei Jahrzehnten geboren,
doch frag' ich mich manchmal: Was hab' ich hier verloren?
Ignorantes[3] Geschwätz, ohne End,
dumme Sprüche, die man bereits alle kennt!
Ey, bist du Amerikaner oder kommste aus Afrika?
25 Noch ein Kommentar über mein Haar, was ist daran so sonderbar?
Ach, du bist Deutscher, komm', erzähl' kein' Scheiß!
Du willst den Beweis? Hier ist mein Ausweis:
Gestatten Sie, mein Name ist Frederik Hahn!
Ich wurde hier geboren, doch wahrscheinlich sieht man es mir nicht an.

30 Ich bin kein Ausländer, Aussiedler, Tourist, Immigrant,
sondern deutscher Staatsbürger und komme zufällig aus diesem Land.
Wo ist das Problem, jeder soll gehen, wohin er mag,
zum Skifahren in die Schweiz, als Tourist nach Prag,
zum Studieren nach Wien,
35 als Au-pair[4] nach Paris ziehen,
andere wollen ihr Land gar nicht verlassen, doch sie müssen fliehen.
Ausländerfeindlichkeit, Komplex der Minderwertigkeit,
ich will schockieren und provozieren,
meine Brüder und Schwestern wieder neu motivieren.
40 (…)
Ich hoffe, die Radiosender lassen diese Platte spielen,
denn ich bin kein Einzelfall, sondern einer von vielen.
Nicht anerkannt, fremd im eigenen Land,
kein Ausländer und doch ein Fremder.

[4] Au-pair: junge Erwachsene, die gegen Verpflegung und Unterkunft bei einer Gastfamilie im In- oder Ausland tätig sind, um Sprache und Kultur des Gastlandes kennenzulernen

1 Kreuze die richtige Antwort an: In dem Songtext äußert sich ein …   Folie

   A Amerikaner. *
   B Deutscher, der wie ein Ausländer aussieht. *
   C Ausländer. *
   D Afrikaner, der gut deutsch spricht. *

2 Beantworte die folgenden Fragen mithilfe des Textes:

   A Wie heißt der Sprecher?
   B Wie alt ist der Sprecher?
   C Wo ist die Heimat des Sprechers?

3 Erkläre die Bedeutung der folgenden Begriffe. Schlage, wenn nötig, im Wörterbuch nach: *Ausländer, Tourist, Aussiedler, Immigrant*.

4 In Zeile 36 heißt es: „*… andere wollen ihr Land gar nicht verlassen, doch sie müssen fliehen.*" Erläutere, was du darunter verstehst.

5 Nenne drei Textstellen, die deutlich machen, auf welche Probleme das lyrische Ich in seinem Heimatland stößt.

6 In Zeile 41 heißt es: „*Ich hoffe, die Radiosender lassen diese Platte spielen …*". Erkläre, was sich der Sprecher dadurch erhofft.

7 In Zeile 39 wird von *Brüdern* und *Schwestern* geredet. Erkläre, wer damit gemeint sein könnte.

8 Dieser Songtext lässt sich gut rappen. Bereitet den Text für einen Vortrag vor:
   – Plant, mit wie vielen Personen ihr den Rap sprechen wollt.
   – Lest den Text mehrfach und überlegt, welche Wörter ihr besonders hervorheben möchtet.

Begegnungen mit mir und anderen

1 a) Von welchen Begegnungen erzählen die Bilder? Mache dir Notizen.
b) Tauscht euch darüber aus, wie sich die Person in den dargestellten Situationen fühlen könnte. Die folgenden Adjektive können euch helfen:

ängstlich, glücklich, zufrieden, überrascht, stolz, verzweifelt, traurig, betroffen, verliebt, belästigt, hilflos, schwach, verletzt

 Seite 268

2 Wähle ein Bild aus und erzähle dazu eine kurze Geschichte. Überlege dir dazu vorher:
– Welche Person steht im Mittelpunkt? Wem begegnet sie?
– In welcher Beziehung steht sie zu den anderen?
– Welche Meinung haben die anderen von ihr?
– Was passiert während der Begegnung?
– Verändert sich die Beziehung der Personen untereinander?

„Du kannst nichts", sagten sie, „du machst nichts."

„Wenn es nur nicht so einsam wäre", seufzte Tante Wilma. „Allein in einem leeren Haus! Wenn ich krank werde, merkt das kein Mensch."

„Einen Moment! Ich kenne den Jungen. Er fährt jeden Tag mit diesem Bus von der Schule nach Hause."

Das Wort mürrisch passte gut zu ihr. Sie war mir sofort unsympathisch.

3 Die Zitate oben stammen aus Texten in diesem Kapitel.
Lies die Überschriften der Geschichten in diesem Kapitel und überlege, zu welchen Texten die Zitate passen könnten.

4 a) Schau dir das Gedicht rechts an und überlege, warum die Autorin diese ungewöhnliche Form gewählt hat.
b) Beschreibe, wie die Gestaltung des Gedichts und der Inhalt zusammenpassen.

5 a) Welches der Bilder passt am besten zu dem Gedicht? Begründe deine Meinung.
b) Erkläre, wie die Person im Bild und die Person im Gedicht sich selbst sehen.
c) Sprecht darüber, woran es liegen kann, dass man manchmal sein Spiegelbild mag und manchmal nicht.

Selbstporträt
Frederike Frei

Ich stehe stundenlang
vorm Spiegel und
wundre mich, dass
ich ich
bin

Begegnung mit mir – Inhalte zusammenfassen

1 Schau dir das Bild und die Überschrift an und überlege, worum es in der Geschichte gehen könnte.

Im Spiegel
Margret Steenfatt (1984)

„Du kannst nichts", sagten sie, „du machst nichts", „aus dir wird nichts". Nichts. Nichts. Nichts.
Was war das für ein NICHTS, von dem sie redeten und vor dem sie offensichtlich Angst hatten, fragte sich Achim, unter Decke und Kissen vergraben.
Mit lautem Knall schlug die Tür hinter ihnen zu.
Achim schob sich halb aus dem Bett. Fünf nach eins. Wieder mal zu spät. Er starrte gegen die Zimmerdecke. – Weiß. Nichts. Ein unbeschriebenes Blatt Papier, ein ungemaltes Bild, eine tonlose Melodie, ein ungesagtes Wort, ungelebtes Leben.
Eine halbe Körperdrehung nach rechts, ein Fingerdruck auf den Einschaltknopf seiner Anlage. Manchmal brachte Musik ihn hoch.
Er robbte zur Wand, zu dem großen Spiegel, der beim Fenster aufgestellt war, kniete sich davor und betrachtete sich: lang, knochig, graue Augen im blassen Gesicht, hellbraune Haare, glanzlos. „Dead Kennedys" sangen: „Weil sie dich verplant haben, kannst du nichts anderes tun als aussteigen und nachdenken".
Achim wandte sich ab, erhob sich, ging zum Fenster und schaute hinaus. Straßen, Häuser, Läden, Autos, Passanten, immer dasselbe. Zurück zum Spiegel, näher heran, so nahe, dass er glaubte, das Glas zwischen sich und seinem Spiegelbild durchdringen zu können. Er legte seine Handflächen gegen sein Gesicht im Spiegel, ließ seine Finger sanft über Wangen, Augen, Stirn und Schläfen kreisen, streichelte, fühlte nichts als Glätte und Kälte.
Ihm fiel ein, dass in dem Holzkasten, wo er seinen Kram aufbewahrte, noch Schminke herumliegen musste. Er fasste unters Bett, wühlte in den Sachen im Kasten herum und zog die Pappschachtel heraus, in der sich einige zerdrückte Tuben fanden. Von der schwarzen Farbe war noch ein Rest vorhanden. Achim baute sich vor dem Spiegel auf und malte zwei dicke Striche auf das Glas, genau dahin, wo sich seine Augenbrauen im Spiegel zeigten. Weiß besaß er reichlich. Er drückte eine Tube aus, fing die weiche ölige Masse in seinen Händen auf, verteilte sie auf dem Spiegel über Kinn, Wangen und Nase und begann, sie langsam und sorgfältig zu verstreichen. Dabei durfte er sich nicht bewegen, sonst verschob sich seine Malerei. Schwarz und Weiß sehen gut aus, dachte er, fehlt noch Blau. Achim grinste seinem Bild zu, holte sich das Blau aus dem Kasten und färbte noch die Spiegelstellen über Stirn und Augenlidern. Eine Weile verharrte er vor dem bunten Gesicht, dann rückte er ein Stück zur Seite, und wie ein Spuk tauchte sein farbloses Gesicht im Spiegel wieder auf, daneben eine aufgemalte Spiegelmaske.
Er trat einen Schritt zurück, holte mit dem Arm weit aus und ließ seine Faust in die Spie-

gelscheibe krachen. Glasteile fielen hinunter, Splitter verletzten ihn, seine Hand fing an zu bluten. Warm rann ihm das Blut über den Arm und tröpfelte zu Boden. Achim legte seinen Mund auf die Wunden und leckte das Blut ab. Dabei wurde sein Gesicht rot verschmiert. Der Spiegel war kaputt. Achim suchte sein Zeug zusammen und kleidete sich an. Er wollte runtergehen und irgendwo seine Leute treffen.

2 Vergleiche deine Erwartungen aus Aufgabe 1 mit dem Inhalt der Geschichte.

3 Tausche dich mit einem Partner darüber aus, welche Begegnung im Mittelpunkt der Geschichte steht.

4 Mache dir den Inhalt der Geschichte noch einmal klar. Gehe dabei so vor:
a) Am Anfang der Geschichte erfährt der Leser, wie „sie" über Achim denken. Erkläre, wer „sie" sein könnten (vgl. Z. 1–5).
b) Achim fragt sich, was das für ein „Nichts" ist, von dem alle reden (Z. 4). Beantworte die Frage für ihn.
c) Beschreibe die Stimmung, in der sich Achim befindet. Berücksichtige hierzu auch den Text des Liedes, das Achim hört.
d) Sprecht darüber, wie es dazu kommt, dass Achim sein Spiegelbild zerstört.

5 Fasse den Inhalt zusammen. Gehe so vor: Folie
a) Markiere im Text Sinnabschnitte und finde passende Überschriften. Achte dabei darauf, wo Achim sich befindet und was er tut. Übertrage das Flussdiagramm in dein Heft und ergänze in den Feldern deine Überschriften.

Achim liegt im Bett, denkt nach. → ☐ → ☐ → ☐

b) Formuliere danach eine Inhaltszusammenfassung. Nutze dazu den **TIPP**.

> ### 💡 TIPP
> **So fasst du Inhalte eines erzählenden Textes zusammen:**
> 1. Schreibe einen Einleitungssatz, in dem du **alle wichtigen Angaben** machst (Titel, Autor, Textart, Erscheinungsjahr) und das **Thema** verständlich formulierst. Das Thema kannst du benennen, wenn du folgende Fragen beantwortest: Um welche Person geht es? *(Achim)* Was tut sie? *(Zerschlägt den Spiegel)* Aus welchem Grund tut sie etwas? *(Fühlt sich unverstanden)*
> 2. Gib den **Inhalt in eigenen Worten** wieder. Benutze hierzu deine Vorarbeit und fasse die Erzählschritte kurz zusammen.
> *Achim liegt im Bett und denkt darüber nach, warum ihm die anderen vorwerfen, dass aus ihm nichts wird ...*
> 3. Verwende die **indirekte Rede**, wenn du wörtliche Rede wiedergeben willst.
> *Achim ist wütend, weil er immer von den anderen hört, er <u>könne</u> und <u>mache</u> nichts, sodass aus ihm auch nichts <u>werde</u>.*
> 4. Verwende das **Präsens**.

Seite 163

Seite 226–227

Vorurteilen begegnen – wichtige Aussagen indirekt wiedergeben

1 Notiere, was dir spontan zur Überschrift der Geschichte durch den Kopf geht.

Tante Wilma riecht nach Knoblauch
Gudrun Pausewang (1986)

Tante Wilma wohnt in der Kantstraße 13, im ersten Stock. Das Haus ist schon ziemlich alt und hat nur zwei Stockwerke. Früher hat der Hausbesitzer, ein alter Freund von Tante Wilmas verstorbenem Mann, im Erdgeschoss gewohnt. Er hat aber vor einem Jahr das Haus verkauft und ist weggezogen. Der neue Hausbesitzer wollte das Haus abreißen und an dieser Stelle einen Supermarkt hinbauen. Deshalb suchte er keinen neuen Mieter für das Erdgeschoss und forderte auch Tante Wilma auf, woanders hinzuziehen.

Tante Wilma war entrüstet. „Siebenundzwanzig Jahre lebe ich jetzt in dieser Wohnung", sagte sie zu meiner Großmutter. Soll ich etwa, so alt wie ich bin, noch in eine Wohnung umziehen, an die ich mich nicht mehr gewöhnen kann? Ich denke nicht daran! Ich bleibe, wo ich bin!"

„Recht hast du", sagte meine Großmutter. „Rauswerfen kann er dich nicht, denn du hast in deinem Mietvertrag stehen, dass du bis an dein Lebensende hier wohnen bleiben darfst."
„Wenn es nur nicht so einsam wäre", seufzte Tante Wilma. „Allein in einem leeren Haus! Wenn ich krank werde, merkt das kein Mensch."
„Lass dir ein Telefon legen", riet ihr meine Großmutter.

Tante Wilma schaffte sich also ein Telefon an. Da ließ sich der neue Hausbesitzer was einfallen, um die Tante aus dem Haus zu graulen. „Stell dir vor", berichtete Tante Wilma meiner Großmutter bestürzt, „ins untere Stockwerk sind Türken eingezogen!"

„Großartig", sagte meine Großmutter. „Da kommt wieder Leben ins Haus."
„Du hörst mir ja gar nicht richtig zu!", klagte Tante Wilma. „Es handelt sich um Türken! Um echte Türken! Eine Familie mit sechs oder sieben Kindern, und das ganze Treppenhaus riecht schon nach Knoblauch. Wie soll ich mir denn die Flöhe vom Leib halten? Und es sind nicht einmal Christen!"
„Irgendwo müssen sie ja schließlich unterkommen", meinte Großmutter.
„Aber doch nicht ausgerechnet bei mir", rief Tante Wilma. „Solche primitiven Nachbarn bin ich nicht gewöhnt. Mein Karl war Uhrmachermeister!"
„Nun hab dich nur nicht so, Wilma", sagte meine Großmutter. „Entweder du gewöhnst dich an die Türken, oder du ziehst aus."
„Jawohl", schrie Tante Wilma ins Telefon, „ich ziehe aus!" Dann legte sie beleidigt den Hörer auf und ließ nichts mehr von sich hören.

Zwei Wochen später begegneten wir ihr im Kaufhaus. Sie stand vor einem Bücherregal. Als sie uns entdeckte, schob sie hastig ein deutsch-türkisches Wörterbuch ins Regal zurück, grüßte kurz und verschwand.
„Man muss ihr Zeit lassen", sagte meine Großmutter.

Vier Wochen später, in der Adventszeit, begegneten wir ihr wieder. Sie kaufte gerade ein halbes Dutzend Kinderpudelmützen ein.
„Hast du schon eine neue Wohnung gefunden?", fragte meine Großmutter. „Ich helfe dir natürlich beim Umzug."
„Nur nicht so hastig", antwortete Tante Wilma. „So was kann man nicht überstürzen. Übrigens hätte ich gern das Lebkuchenrezept von dir, weißt du, das von unserer Mutter."
„Seit wann backst du denn Weihnachtsgebäck?", fragte meine Großmutter erstaunt. „Das hast du doch seit Karls Tod nicht mehr getan."

Tante Wilma überhörte die Frage und sagte: „Ihr habt doch noch den alten Kinderwagen auf dem Dachboden stehen. Ich hätte zufällig Verwendung für ihn."

„Gut", sagte meine Großmutter. „Peter kann ihn dir morgen bringen."

„Ich hab's eilig", sagte Tante Wilma. „Ich muss noch Weinblätter besorgen. Also bis morgen. Komm doch auch, Berta, zum Mittagessen!" Und weg war sie.

Wir starrten ihr mit offenem Mund nach.

„Sie riecht nach Knoblauch, hast du's gemerkt?", flüsterte meine Großmutter.

Am nächsten Tag schoben wir den alten Kinderwagen in die Kantstraße. Vor Nummer 13 spielten ein paar Kinder. Sie hatten schwarze Augen und schwarze Haare. Im Treppenhaus roch es nach Knoblauch. Irgendwo im Erdgeschoss sang jemand. Eine dicke Frau schaute aus einer Tür und grüßte freundlich. Sie half uns mit dem Wagen die Treppe hinauf. Tante Wilma war nicht allein. Zwei schwarzäugige Jungen, etwas jünger als ich, saßen auf ihrem guten Plüschsofa und beugten sich über Hefte. „Das ist Achmed, und das ist Mustafa", sagte Tante Wilma. „Ich helfe ihnen bei den Hausaufgaben. Den Wagen hättet ihr gleich unten lassen können, der ist für das Jüngste. Ich glaube, ich werde mich entschließen, dem Mustafa Klavierstunden zu geben."

Es gab Reis und Hackfleisch, eingewickelt in Weinblätter.

„Das ist was Türkisches", erklärte Tante Wilma. „Man lernt nie aus. Guckt euch mal dies dort an. Das wird ein kleiner Teppich. Das Knüpfen habe ich auch von ihnen gelernt. Übrigens habe ich mich entschlossen, hier wohnen zu bleiben."

„Aber die Flöhe!", rief ich.

„Wieso denn Flöhe?", antwortete sie. „Die Leute sind sehr sauber."

„Aber es sind nicht einmal Christen", bemerkte meine Großmutter.

„Na und?", rief Tante Wilma empört. „Mancher, der sich einbildet, ein Christ zu sein, könnte von denen noch eine Menge lernen. Immer diese dummen Vorurteile!"

2 a) Vergleiche deine Gedanken zur Überschrift mit der Geschichte.
  b) Wie verändert sich Tante Wilmas Leben durch die türkischen Nachbarn?
  c) Erkläre, warum Tante Wilma am Ende im Haus wohnen bleiben will.

3 Untersuche nun die Dialoge im Text genauer, um zu erkennen, wie Tante Wilma ihre Vorurteile ablegt:
  a) Markiere im 1. Teil (Z. 1–29) Aussagen, die Tante Wilmas Problem zeigen.
  b) Suche im 2. Teil (Z. 30–55) Gründe, warum Tante Wilma ausziehen will.
  c) Wähle im 3. Teil (Z. 56–89) eine Aussage für Tante Wilmas Veränderung aus.
  d) Markiere im 4. Teil (Z. 90–123) Gründe, warum Tante Wilma wohnen bleibt.

Folie

4 Fasse den Inhalt der Geschichte zusammen. Achte darauf, dass du die wörtliche Rede indirekt wiedergibst. Nutze hierzu den **TIPP**.

> **💡 TIPP**
>
> **So gibst du wichtige Aussagen indirekt wieder:**
> 1. Verändere die **Personalpronomen** aus der wörtlichen Rede: Aus *ich* wird *sie* oder *er*, aus *mein* wird *ihr* oder *sein*.
> 2. Verändere die **Prädikate** aus der wörtlichen Rede, indem du die **wörtliche Rede indirekt durch den Konjunktiv I oder einen *dass*-Satz** wiedergibst: Sie sagt: „<u>Ich helfe</u> ihnen." → *Sie sagt, <u>sie helfe</u> ihnen.* Oder: *Sie sagt, <u>dass sie</u> ihnen <u>hilft/helfe</u>.*

Seite 163
Seite 226/227

Den Ratschlägen anderer begegnen – die Wirkung der Erzählhaltung untersuchen

Seltsamer Spazierritt
Johann Peter Hebel (1808)

Ein Mann reitet auf seinem Esel nach Haus und lässt seinen Buben zu Fuß nebenherlaufen.

Kommt ein Wanderer und sagt: „Das ist nicht recht, Vater, dass Ihr reitet und lasst euren Sohn laufen; Ihr habt stärkere Glieder."

5 Da stieg der Vater vom Esel herab und ließ den Sohn reiten.

Kommt wieder ein Wandersmann und sagt: „Das ist nicht recht, Bursche, dass du reitest und lässest deinen Vater zu Fuß gehen. Du hast jüngere Beine."

Da saßen beide auf und ritten eine Strecke.

Kommt ein dritter Wandersmann und sagt: „Was ist das für ein Unverstand, 10 zwei Kerle auf einem schwachen Tiere; sollte man nicht einen Stock nehmen und euch beide hinabjagen?"

¹ selbdritt: zu dritt

Da stiegen beide ab und gingen selbdritt¹ zu Fuß, rechts und links der Vater und Sohn und in der Mitte der Esel.

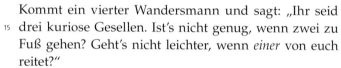

Kommt ein vierter Wandersmann und sagt: „Ihr seid 15 drei kuriose Gesellen. Ist's nicht genug, wenn zwei zu Fuß gehen? Geht's nicht leichter, wenn *einer* von euch reitet?"

Da band der Vater dem Esel die vorderen Beine zusammen, und der Sohn band ihm die hintern Beine zusam-20 men, zogen einen starken Baumpfahl durch, der an der Straße stand, und trugen den Esel auf der Achsel heim. So weit kann's kommen, wenn man es allen Leuten will recht machen.

1 a) Beschreibe, was an diesem Spazierritt so seltsam ist. Wie reagieren Vater und Sohn in den einzelnen Begegnungen auf die anderen Personen?
b) Wie beurteilst du das Verhalten von Vater und Sohn?

2 a) In den Zeilen 22–23 findet sich ein Kommentar des Erzählers. Erkläre, wie der Satz im Zusammenhang mit der Geschichte zu verstehen ist.
b) Zeige mithilfe der **INFO**, dass es sich um eine Kalendergeschichte handelt.

> **INFO**
>
> **Kalendergeschichte**
> **Kalendergeschichten** sind kürzere Erzählungen, die vor allem ab dem 18. Jahrhundert **Teil des bäuerlichen Volkskalenders** waren. In ihnen werden heitere oder merkwürdige Begebenheiten erzählt, die meist aus dem alltäglichen Erfahrungsbereich stammen und eine **unterhaltsame** oder **belehrende Absicht** haben.

Seltsamer Spazierritt – eine Erzählung

Auf dem Nachhauseweg lief Peter neben dem Esel her. Sein Vater hatte sich müde vom Olivensammeln auf den Rücken des Tieres gesetzt. Peter lächelte ihm aufmunternd zu. Die Krankheit hatte seinen Vater geschwächt, und er war immer noch in Sorge um ihn.
⁵ Als sie aus dem Wald herauskamen, begegnete ihnen ein Wanderer. Peter bemerkte dessen kritischen Blick, wusste aber nicht, wie er diesen deuten sollte. „Das ist nicht recht, Vater, dass Ihr reitet und lasst Euren Sohn laufen; Ihr habt stärkere Glieder." Als Peter das hörte, wurde er zornig und wollte dem Fremden schon eine passende Antwort geben, doch sein Vater sah ihn
¹⁰ streng an, stieg vom Esel und befahl ihm, nun den Ritt fortzusetzen. Er will sich wohl vor dem anderen nicht schwach zeigen, dachte Peter und fügte sich …

3 Vergleiche den Erzählanfang mit dem ersten Abschnitt der Kalendergeschichte:
  a) Was hat sich sprachlich verändert? Was ist gleich geblieben?
  b) Welchen Text findest du interessanter? Begründe deine Meinung.

4 a) Untersuche die Erzählform und die Erzählhaltung, in der die Geschichte geschrieben ist. Lies hierzu die **INFO**.
  b) Erkläre, wie der zweite Text im Vergleich zu der Kalendergeschichte auf dich wirkt. Achte besonders auf die zusätzlichen Informationen, die in den Gedanken und Gefühlen wiedergegeben werden. So kannst du formulieren:
  Der zweite Text wirkt auf mich interessanter, weil man erfährt, warum …
  Im Gegensatz zu der Kalendergeschichte weiß man bei dem zweiten Text, dass … Dadurch versteht man …
  Das personale Erzählverhalten bewirkt, dass der Leser … Daher … .

5 a) Die Kalendergeschichte ist schon über 200 Jahre alt. Überlege, welche belehrende Absicht (s. **INFO** Seite 152) sie heute noch für uns haben könnte.
  b) Übertrage die Handlung der Geschichte auf die heutige Zeit, indem du das Beispiel der Geschichte veränderst. Mögliche andere Beispiele findest du in den Bereichen Aussehen, Freizeitgestaltung, Kleidung …
  Schreibe die Geschichte dazu neu und überlege, welche Erzählhaltung du verwenden möchtest.

ℹ️ INFO

Erzählform und Erzählhaltung

Ich-Erzählform + Er-/ Sie-Erzählform

neutrale Erzählhaltung	Der Erzähler gibt sowohl in der Ich-Form als auch in der Er- oder Sie-Form die Handlung so wieder, dass der **Leser** nur das **erfährt, was man von außen beobachten oder hören kann**.
personale Erzählhaltung	Der **Erzähler schlüpft** sowohl in der Ich-Form als auch in der Er- oder Sie-Form **in eine Person hinein** und kennt deren Gedanken und Gefühle. Die Gedanken und Gefühle der anderen können nur vermutet oder durch wörtliche Rede direkt geäußert werden.

Begegnung mit dem Unerwarteten – die Wirkung von Erzähltechniken untersuchen

1 Lies den Text abschnittsweise und beantworte stichpunktartig die Fragen.

Fahrkarte bitte!
Antina Heinolff (2005)

Als Tobias in den Bus stieg, war seine Laune auf dem Tiefpunkt angelangt: Erst hatte sein Mathelehrer ihn dazu gebracht, sich an der Tafel vor der ganzen Klasse zu blamieren, dann hatte ihm Lena bei der „Partnerarbeit" auch noch eine Abfuhr erteilt und sich lieber mit David zusammengetan. Ausgerechnet Lena,
5 auf die er heimlich stand. Tobias beschloss, sich noch schnell ein Spiel auszuleihen und sich den ganzen Tag hinter seiner Spielkonsole zu verschanzen. *Da konnte wenigstens nichts schiefgehen …* Er musste sich beeilen, um den Bus noch zu erreichen. Die Linie 54 war wie immer rappelvoll. Missmutig drängelte er sich durch den voll besetzten Gang des Linienbusses und ärgerte sich bei der Er-
10 kenntnis, nach so einem misslungenen Tag vermutlich auch noch stehen zu müssen. Als er sich an einem älteren Mann vorbeiquetschte, trat er diesem versehentlich auf den Fuß. „Du Tölpel, pass doch besser auf!", herrschte der Mann ihn an. Tobias spürte förmlich die grinsenden Blicke der anderen Fahrgäste und sah beschämt zu Boden. *Stell dich nicht so an!* Hastig glitt er an den Stehenden
15 vorüber, um nicht noch einmal beschimpft zu werden.

1. Warum ist Tobias' Tag misslungen?

2. Warum sind im Text zwei Sätze *kursiv* gedruckt?

Spät erst erkannte er rechts vor sich noch einen freien Platz am Fenster. Gott sei Dank! Oder doch nicht? Ein dunkelhäutiger Mann schien gleich zwei Plätze zu benötigen. Er trug eine kleine ausgefranste Strickmütze auf dem Kopf und hatte die Hände wie zum Gebet gefaltet in den Schoß gelegt. Er schien zu schlafen.
20 *Auch gut, brauche ich wenigstens nicht zu fragen, ob der Platz frei ist. Vermutlich spricht er sowieso nur gebrochen deutsch.*
Tobias schlängelte sich an den anderen Bänken vorbei und stieg vorsichtig über die Beine seines Nachbarn. *Typisch, dass sich so einer gleich auf zwei Plätzen breitmacht! Und warum setzt der sich nicht ans Fenster? Wäre doch viel einfacher, durch-
25 zukommen.*
Tobias quetschte sich auf den Fensterplatz und machte sich möglichst dünn. Er stellte sich den Rucksack auf die Knie. *Das konnte ja eine tolle Fahrt werden …* Verstohlen musterte er seinen Nachbarn aus den Augenwinkeln: abgewetzte braune Cordhose, altes schwarzes Jackett mit Flicken an den Ellenbogen, und
30 darunter trug er einen lila Strickpullover. *Meine Güte, wie kann man nur so rumlaufen? Selbst vom Arbeitslosengeld kann man sich doch halbwegs vernünftige Klamotten kaufen …*

3. Wie denkt Tobias über den Mann?

4. Warum denkt er so?

Plötzlich nahm er einen feinen, aber doch deutlich unangenehmen Geruch wahr. *Oh nein, das auch noch!* Langsam wurde er zornig: Der Fremde belegte nicht nur
35 drei Viertel der Sitzbank und trug die schmutzige und zerfetzte Kleidung eines Obdachlosen, sondern verpestete auch noch die ohnehin schon stickige Luft im Innern des Busses durch seinen Schweißgeruch.

In diesem Moment hielt der Bus abrupt an einer Haltestelle. Durch den Ruck des Bremsens glitt die Hand des dunkelhäutigen Mannes von seinem Schoß und blieb genau auf dem Knie von Tobias liegen. Tobias sog scharf die Luft ein und erstarrte. Unwillkürlich presste er den Rucksack an seine Brust. Wilde Spekulationen sprangen ihm durch den Kopf: *Jetzt schrei ich ihn an! Will der mich jetzt auch noch bestehlen? So wie der aussieht, wäre das glatt möglich.*

Da hielt der Bus erneut. Angeekelt stupste Tobias die Hand des Fremden vorsichtig weg. Der Schlafende sackte zur Seite, sein Kopf knickte im Zeitlupentempo nach links und landete genau auf der Schulter des entsetzten Tobias. Er drehte sich, so weit es ging, von dem zudringlichen Nebenmann ab und hoffte darauf, endlich ans Ziel zu kommen. *Abstoßend, diese Annäherung. Aber diese Leute haben nun mal kein Benehmen.*

5. Hättest du dich genauso wie Tobias gefühlt? Begründe.

Nach einigen Minuten Fahrzeit und damit verbundener Untätigkeit hielt der Bus erneut. Völlig verkrampft veränderte er vorsichtig die Position seiner Füße. Da sah er die Rettung: Ein Kontrolleur stieg mit blauer Uniform und ernster Miene durch den hinteren Eingang des Busses. Die stehenden Fahrgäste machten respektvoll Platz und kramten in den Taschen.

Tobias' Aufgebrachtheit wich einer plötzlichen Genugtuung und seine verkrampfte Haltung lockerte sich ganz wie von selbst, denn ein einziger Gedanke machte sich breit: *Na klar, der Mann stellt sich schlafend, weil er Schwarzfahrer ist. Natürlich hat er bei der Aufmachung kein Geld, um sich eine Fahrkarte zu kaufen. Vermutlich schnorrt er sich hier durch und liegt dem Steuerzahler auf der Tasche …*

Breit grinsend nahm er alle Kraft zusammen und stemmte den Mann nach rechts. Und dann war auch schon der Kontrolleur an ihrer Bank angelangt: „Fahrkarte bitte!" Der Fremde neben ihm blinzelte verschlafen und schaute aus halb geöffneten Augen erst Tobias an und drehte sich dann zum Kontrolleur. „Fahrkarte bitte!", wiederholte dieser in einem nun eher fordernden Tonfall. *Jetzt gib schon zu, dass du keine hast. Leute wie du haben keine Fahrkarten, sie schnorren sich durch.* Zufrieden rieb Tobias sich die Hände und wartete ungeduldig darauf, dass der Kontrolleur diesen Menschen endlich zurechtwies. Aber nichts dergleichen geschah …

6. Warum sieht Tobias in dem Kontrolleur seine Rettung?

Stattdessen antwortete der Dunkelhäutige neben ihm freundlich: „Hier ist sie!", und zog eine in einer ordentlichen Plastikhülle steckende, ordnungsgemäß entwertete Fahrkarte aus seiner rechten Jackentasche. Tobias starrte ungläubig auf die Karte. Der Kontrolleur nickte dem Mann freundlich zu und gab ihm das Ticket zurück. Dann wandte er sich an Tobias: „Und jetzt deine Fahrkarte, junger Mann." Tobias ertappte sich dabei, wie er seinen Nachbarn noch immer anstarrte. Dann besann er sich und stammelte: „Moment." Er kramte in seiner Tasche nach seinem Portemonnaie. *Das kann doch nicht wahr sein!* Er suchte weiter. Ein Schauer jagte ihm über den Rücken, aber er fand seine Geldbörse nicht. Dann fiel ihm ein, dass er sie wohl in der Eile in dem Geschäft, in dem er das Videospiel ausgeliehen hatte, liegen gelassen haben musste. *So ein Mist!!!*

„Keine Fahrkarte?", herrschte ihn der Kontrolleur an, „dann werde ich wohl deine Adresse notieren müssen. Das gibt eine saftige Geldstrafe!" Tobias wurde feuerrot. Er war sprachlos. Am liebsten hätte er sich in das nächste Mäuseloch verkrochen.

7. Was denkt Tobias in dieser Situation?

In diesem Augenblick mischte sich der Fremde ein und entgegnete mit einem
85 Augenzwinkern zu Tobias: „Einen Moment! Ich kenne den Jungen. Er fährt
jeden Tag mit diesem Bus von der Schule nach Hause. Er hat eine Monatskarte
und wird sie wohl nur vergessen haben. Wenn Sie erlauben, werde ich ihm eine
leere Fahrkarte von mir geben. Dann kann er sie gleich entwerten."
Der Kontrolleur zögerte einen Moment. Dann lächelte er und sagte: „Na gut, ich
90 drücke noch mal ein Auge zu, und du kannst die Karte jetzt gleich abstempeln.
Schön, dass es solche Mitmenschen gibt." Der Fremde gab Tobias die Karte, die
er beschämt annahm, und lächelte ihm aufmunternd zu. *Das ist der peinlichste
Augenblick meines Lebens.* „Oh ...", stammelte er und schaute verlegen zu Boden,
„das ist sehr freundlich von Ihnen."
95 Der Mann betrachtete ihn eine Weile und sagte dann mit einem verschmitzten
Lächeln: „Du hast mich ja auch nicht gestört, als ich geschlafen habe. Nach
meinem anstrengenden Schichtdienst nicke ich immer sofort ein, wenn ich auf
der Heimfahrt bin. Ich will dann nur noch ab unter die Dusche."
Beim Anblick von Tobias' zerknirschtem Gesicht brach er in lautes Gelächter aus.
100 Zuerst wusste dieser nicht, ob er einstimmen sollte, aber dann lachte auch er.

8. Warum zögert Tobias anfänglich mitzulachen?

2 **a)** Vergleiche deine Notizen mit denen deines Partners.
b) Fasse in ein bis zwei Sätzen zusammen, wie sich Tobias' Sichtweise auf den Mann im Verlauf der Begegnung verändert.

3 Bereite stichpunktartig eine Textuntersuchung vor:
a) Fasse den Text mithilfe deiner Notizen abschnittsweise zusammen.
b) Untersuche die Begegnung zwischen Tobias und dem Fremden (Z. 16–49) genauer: Durch welche Adjektive und Verben wird Tobias' Einschätzung besonders deutlich hervorgehoben (siehe 1. Hinweis in der **INFO**)?
c) Lies noch einmal die *kursiven* Textpassagen und erkläre, welche Funktion sie für die Erzählhaltung haben (siehe 2. Hinweis in der **INFO**).
d) Untersuche die Erzählform und die Erzählhaltung und erkläre, warum die Autorin diese verwendet hat. Belege deine Ergebnisse durch Textzitate: Die Autorin verwendet eine ... Erzählform, wie schon der erste Satz zeigt: „..." (Z. 1). – Die Erzählhaltung ist ... Dies wird z. B. an folgender Textstelle deutlich: „..." (Z. 6–7).

 Seite 164

ℹ INFO

Erzähltechniken

1. Um Personen und Situationen zu bewerten und besonders anschaulich darzustellen, verwendet der Autor aussagekräftige **Adjektive** und **Verben**: „Tobias <u>quetschte</u> sich auf den Fensterplatz" (Z. 26) unterstreicht die Enge im Bus; „<u>schmutzige</u> und <u>zerfetzte</u> Kleidung" (Z. 35) zeigt Tobias' negative Einstellung genauso wie der Ausdruck „<u>verpestete</u> [...] die Luft" (Z. 36).
2. Wenn der Autor in einer personalen Erzählhaltung (s. **INFO** Seite 153) schreibt, verwendet er häufig **innere Monologe**. Der Leser erhält so einen Einblick in die Gedanken und Gefühle der Person, aus deren Sicht der Autor erzählt. Dadurch übernimmt der Leser die Sichtweise dieser Person.

Eine Textuntersuchung schreiben

1 Schreibe mithilfe des Schreibplans zu der Geschichte „Fahrkarte bitte!" eine Textuntersuchung:
   a) Formuliere zu der Geschichte eine Einleitung.
   b) Fasse den Text in eigenen Worten zusammen.
   c) Erläutere, wie durch Adjektive und Verben deutlich wird, wie Tobias den Mann wahrnimmt. Belege deine Beobachtungen durch Textstellen.
   d) Erkläre, wie Erzählform und Erzählhaltung dazu beitragen, dass der Leser Tobias' Situation besser verstehen kann.
   e) „An Tobias' Stelle hätte ich mich für meine Vorurteile geschämt. Dass er am Ende lacht, kann ich deshalb nicht verstehen." Nimm zu der Aussage eines Schülers begründet Stellung.

Arbeitsschritte	Inhalte	Formulierungshilfen
Einleitung: einen Einleitungssatz formulieren (TATTE) Wie heißt der **A**utor / die **A**utorin? Welche **T**extart liegt vor? Wie lautet der **T**itel? Wann ist der Text **e**ntstanden? Um welches **T**hema geht es?	– Antina Heinolff – „Fahrkarte bitte!" – 2005 – Begegnung mit den eigenen Vorurteilen	– Antina Heinolff schreibt 2005 in ihrer Geschichte „Fahrkarte bitte!" über einen Jungen, der ... – In der Erzählung „Fahrkarte bitte" (2005) thematisiert A. Heinolff Vorurteile, die ...
Hauptteil: Inhalte zusammenfassen Gib den Inhalt der Geschichte abschnittweise in eigenen Worten wieder. Verwende das Präsens und die indirekte Rede.	Tobias hat einen schlechten Tag / Bus ist voll / setzt sich neben einen dunkelhäutigen Mann, der schläft / Tobias denkt schlecht über ihn, weil ...	Tobias steigt bereits mit schlechter Laune in einen vollen Bus. Das Gedränge verstärkt seine schlechte Laune. Deshalb ist er auch zunächst froh, als er noch einen freien Platz entdeckt. Aber ...
Hauptteil: Untersuchung Bearbeite die weiteren Aufgaben, z. B. zur Wortwahl, Erzählform oder anderen formalen Auffälligkeiten. Der Zusammenhang mit dem Inhalt und die Wirkung müssen begründet genannt werden.	– Negative Adjektive und Verben → Vorurteile – Er-Erzähler aus der Sicht von Tobias: ergänzt viele Gedanken (innerer Monolog); bewertet die Personen aus Tobias' Sicht ... – Leser teilt die Gefühle und übernimmt die Vorurteile ...	– Die Autorin verwendet zur Beschreibung des Fremden viele negative Adjektive, die zeigen ... Auch die Verben sind sehr anschaulich und wirken ... – Die Wortwahl unterstreicht die Vorurteile, weil ... – Die Handlung wird aus der Sicht eines Er-Erzählers wiedergegeben. Der Leser erfährt, was ... Die Gefühle der anderen Personen ...
Schluss: Stellung nehmen Formuliere zu einer Textstelle oder einer Frage deine Meinung. Erkläre die Textstelle oder die Frage und begründe deine Meinung.	– Zustimmung: Vorurteile zu schlimm, um darüber zu lachen – Ablehnung: Lachen zeigt, dass Tobias keine Vorurteile mehr hat ...	– Ich finde die Aussage des Schülers richtig / falsch, weil ... – Der Aussage des Schülers kann ich zustimmen / nicht zustimmen, weil ...

Begegnung mit dem Ich – einen Text untersuchen und bewerten

Allmorgendlich
Michaela Seul (1978)

Jeden Morgen sah ich sie. Ich glaube, sie fiel mir gleich bei der ersten Fahrt auf. Ich hatte meinen Arbeitsplatz gewechselt und fuhr vom Ersten des Monats an mit dem Bus um 8.11 Uhr.

Es war Winter. Jeden Morgen trug sie den kirschroten Mantel, weiße, pelzbe-
5 setzte Stiefel, weiße Handschuhe, und ihr langes, dunkelbraunes, glattes Haar war zu einem ungewöhnlichen, aber langweiligen Knoten aufgesteckt. Jeden Morgen stieg sie um 8.15 Uhr zu und ging mit hocherhobenem Kopf auf ihren Stammplatz, vorletzte Reihe rechts, zu.

Das Wort mürrisch passte gut zu ihr. Sie war mir sofort unsympathisch. So geht
10 es mir oft: Ich sehe fremde Menschen, wechsle kein Wort mit ihnen, fühle Ablehnung und Ärger bei ihrem bloßen Anblick. Ich wusste nicht, was mich an ihr so störte, denn ich fand sie nicht schön; es war also kein Neid. Sie stieg zu, setzte sich auf ihren seltsamerweise immer freien Platz, holte die Zeitung aus ihrer schwarzen Tasche und begann zu lesen. Jeden Morgen ab Seite drei. Nach
15 der dritten Station griff sie erneut in die Tasche, holte, ohne den Blick von der Zeitung zu wenden, zwei belegte Brote hervor. Einmal mit Salami und einmal mit Mettwurst. Lesend aß sie. Sie schmatzte nicht, und trotzdem erfüllte mich ihr essender Anblick mit Ekel. Die Brote waren in einem Klarsichtbeutel aufbewahrt, und ich fragte mich oft, ob sie täglich einen neuen Beutel benutzte oder
20 denselben mehrfach verwendete.

Ich beobachtete sie ungefähr zwei Wochen, als sie mir gegenüber das erste Mal ihre mürrische Gleichgültigkeit aufgab. Sie musterte mich prüfend. Ich wich ihr aus. Unsere Feindschaft war besiegelt. Am nächsten Morgen setzte ich mich auf ihren Stammplatz. Sie ließ sich nichts anmerken, begann wie immer zu lesen.
25 Die Stullen packte sie allerdings erst nach der sechsten Station aus.

Jeden Morgen vergrämte sie mir den Tag. Gierig starrte ich zu ihr hinüber, saugte jede ihrer mich persönlich beleidigenden, sich Tag für Tag wiederholenden Hantierungen auf, ärgerte mich, weil ich vor ihr aussteigen musste und sie in den Vorteil der Kenntnis meines Arbeitsplatzes brachte.

30 Erst als sie einige Tage nicht im Bus saß und mich dies beunruhigte, erkannte ich die Notwendigkeit des morgendlichen Übels. Ich war erleichtert, als sie wieder erschien, ärgerte mich doppelt über sie, den Haarknoten, der ungewöhnlich und trotzdem langweilig war, den kirschroten Mantel, das griesgrämige Gesicht, die Salami, die Mettwurst und die Zeitung.

35 Es kam so weit, dass sie mir nicht nur während der Busfahrten gegenwärtig war; ich nahm sie mit nach Hause, erzählte meinen Bekannten von ihrem unmäßigen Schmatzen, dem Körpergeruch, der großporigen Haut, dem abstoßenden Gesicht.

Herrlich war es mir, mich in meine Wut hineinzusteigern; ich fand immer neue
40 Gründe, warum ihre bloße Gegenwart mich belästigte. Wurde ich belächelt, beschrieb ich ihre knarzende Stimme, die ich nie gehört hatte, ärgerte mich, weil sie die primitivste Boulevardzeitung las, und so fort. Man riet mir, einen Bus

früher, also um 8.01 Uhr zu fahren, doch das hätte zehn Minuten weniger Schlaf bedeutet. Sie würde mich nicht um meinen wohlverdienten Schlaf bringen!

45 Vorgestern übernachtete meine Freundin Beate bei mir. Zusammen gingen wir zum Bus.

SIE stieg wie immer um 8.15 Uhr zu und setzte sich auf ihren Platz. Beate, der ich nie von IHR erzählt hatte, lachte plötzlich, zupfte mich am Ärmel und flüsterte: „Schau mal, die mit dem roten Mantel, die jetzt das Brot isst, also ich
50 kann mir nicht helfen, aber die erinnert mich unheimlich an dich. Wie sie isst und sitzt und wie sie schaut."

1 Tausche dich mit einem Partner über das Ende der Geschichte aus. Was hat euch überrascht?

2 Bereite eine Textuntersuchung vor. Gehe so vor:
  a) Erschließe den Text, indem du Schlüsselstellen unterstreichst und Wichtiges herausschreibst.
  b) Formuliere eine Inhaltszusammenfassung. Nutze dazu den **TIPP** von Seite 149.

 Folie

3 Untersuche die Erzählform und Erzählhaltung in dieser Geschichte: Folie
  a) Markiere Textstellen, die Gedanken oder Gefühle wiedergeben.
  b) Erkläre mithilfe deiner Markierungen, wie diese Erzähltechniken auf den Leser wirken: *In Zeile 9 sagt die Ich-Erzählerin, dass die andere Frau „mürrisch" aussieht und ihr sofort „unsympathisch" war. Dadurch glauben die Leser auch, dass die Frau …*

4 a) „Unsere Feindschaft war besiegelt" (Z. 23). Sammle Textstellen, in denen die Abneigung der Erzählerin gegenüber der anderen Frau deutlich wird.
  b) „Die Freundin sagt am Ende der Erzählung, dass die beiden Frauen sich sehr ähnlich sind. Das bedeutet dann doch, dass die Erzählerin nicht weiß, wie sie auf andere wirkt." Nimm zu der Aussage einer Schülerin Stellung.

5 Schreibe deine Textuntersuchung in einem zusammenhängenden Text auf.

☑ CHECKLISTE

Eine Textuntersuchung überarbeiten
1. Enthält die Einleitung Angaben zu **T**itel, **T**extart, **A**utor, **E**ntstehungszeit und **T**hema **(TATTE)**?
2. Beschränkt sich die Zusammenfassung auf das Wesentliche? Wurde in eigenen Worten formuliert?
3. Wurde zur Wiedergabe des Gesprächs die indirekte Rede benutzt?
4. Werden die Aufgaben zum Text inhaltlich richtig und begründet bearbeitet?
5. Wird die eigene Meinung im Schlussteil nachvollziehbar begründet?
6. Werden Ergebnisse durch Textstellen (Zitate mit Zeilenangaben) belegt?
7. Wird in der Textuntersuchung das Präsens verwendet?

Eine Textuntersuchung überarbeiten

Thema falsch

Die Geschichte „Allmorgendlich" von Michaela Seul, erschienen 1978, beschreibt die Begegnung zweier Frauen, die jeden Morgen im Bus frühstücken.
Jeden Morgen fahren die beiden Frauen im Bus zur Arbeit, wobei
5 die Erzählerin sich immer mehr in ihre Abneigung gegenüber der Mitfahrerin hineinsteigert. Die Erzählerin beobachtet die andere sehr genau

Präsens verwenden!

dabei, wie sie aß, saß und durch die Gegend schaute. Auch beschreibt sie genau, was sie trägt. Gleichzeitig erfährt der Leser, wie die Erzählerin über ihre Beobachtungen denkt. Da sie nicht schön war, war sie nicht
10 neidisch auf die andere. Sie fühlte sich aber trotzdem durch sie gestört. Nach zwei Wochen reagiert die andere Frau zum ersten Mal auf die Erzählerin, indem sie sie auch mustert. Dadurch wird die Feindschaft besiegelt. Die Frau beeinflusst die Erzählerin so stark, dass sie beunruhigt ist, als die andere eine Zeit lang nicht im Bus saß. Sie erzählte auch ihren

In der Inhaltszusammenfassung indirekte Rede vermeiden!

15 Bekannten von der Frau und die sagen: „Fahr doch einen Bus früher."
Das will sie aber nicht, weil sie ihren Schlaf wichtiger findet.
An einem anderen Tag fährt sie dann mit ihrer Freundin Beate im Bus. Beate weiß nichts von der anderen Frau. Als Beate sie sieht, meint sie: „Du, die erinnert mich total an dich. Wie sie isst und sitzt und wie sie
20 schaut."
Die Geschichte wird aus der Sicht einer Ich-Erzählerin erzählt. Das merkt man daran, dass in der Geschichte immer die Ich-Form verwendet wird. Als Leser wird man dadurch beeinflusst, da man nur die Einschätzung der Ich-Erzählerin und deren Gedanken erfährt. Die Beschreibungen der
25 Erzählerin machen noch einmal deutlich, dass die andere in ihren Augen unmöglich aussieht und sich auch so verhält. „Sie schmatzte, und deshalb erfüllte mich ihr Anblick mit Ekel." Der Leser übernimmt die Meinung und findet die Frau mit dem kirschroten Mantel Z. 4 und dem „blöden Haarknoten" Z. 32 auch unsympathisch.
30 Die Aussage der Schülerin finde ich richtig. Beate sah die andere Frau im Bus ja zum ersten Mal und konnte auch nicht wissen, dass ihre Freundin so schlecht über sie geredet hat. Und wenn einer Freundin die Ähnlichkeit auffällt, dann stimmt das wohl auch. Deshalb bin ich auch der Ansicht, dass die Erzählerin offensichtlich nicht weiß, wie sie auf andere wirkt.

 Folie

 Seite 164

1 Überarbeite die Textuntersuchung mithilfe der **CHECKLISTE** von Seite 159.
   a) Setze hierzu die Randnotizen weiter fort.
   b) Überprüfe im Hauptteil, ob der Schüler richtig zitiert hat.

2 Gehe mit deiner Textuntersuchung genauso vor und schreibe sie wenn nötig noch einmal überarbeitet ab.

Kompetenz-Check: eine Textuntersuchung schreiben

Der Wahnsinnstyp oder: Während sie schläft
Katja Reider (2006)

Verdammt, jetzt ist mein Fuß eingeschlafen! Kein Wunder! Seit über einer Stunde sitze ich hier eingepfercht und bewegungslos wie ein hypnotisiertes Kaninchen auf meinem Fensterplatz in diesem sogenannten Großraumwagen. Rechts von mir ein verfetteter Anzugträger, der die Zeitung mit den großen Buchstaben liest, vor mir ein Tisch, den die Welt nicht braucht. Und gegenüber? Gegenüber ... sitzt ER!

Er war mir schon von Weitem aufgefallen. Vorhin, als ich mich mit Sack und Pack durch den schmalen Gang schob. Selbst auf gute acht Meter Entfernung hatte mich sein Blick derart verwirrt, dass ich prompt meine Platznummer vergaß. Diese blöde Nummer, die mir Papa beim Einsteigen in Hannover sogar noch mal laut hinterhergerufen hatte. Voll peinlich! So als wäre ich das erste Mal allein unterwegs. Bin doch kein Baby mehr!

Also, noch mal in die Tasche gegriffen und nach meiner Karte gewühlt! Wagen 6, Platznummer 95 ... Ach ja, klar ... Während die Rollkoffer-Karawane in meinem Rücken mich gnadenlos vorwärtsschob, scannten meine Augen die Schildchen über den Sitzplätzen ab. Ah, da: Nr. 95, Fensterplatz mit Tisch. Diesen bescheuerten Platz hätte ich mir selbst nie und nimmer reserviert! Den hatte ich natürlich Mama zu verdanken. („Ist doch praktisch, da kannst du schön dein Brot auspacken und dein Buch ablegen.")

Vor allem, Mama, kann ich mir den Jungen gegenüber angucken! Das heißt, ich könnte ihn angucken, wenn ich mich mal trauen würde, endlich von meinem Buch aufzuschauen. Seit über einer Stunde hocke ich hier und bin zur Salzsäule erstarrt. Das heißt, einmal hab ich was gesagt. Gleich zu Anfang, da hab ich meine Platzkarte in die Runde gehalten und „Nummer 95 – ist das hier?" gepiepst, so als könnte ich nicht lesen. Oder als müsste ich meinen Anspruch auf den Platz gegenüber von diesem Wahnsinnstyp quasi öffentlich nachweisen. Seitdem bin ich in der Versenkung meines Fensterplatzes verschwunden.

Ach ja, ich glaube, das Schlimmste habe ich noch gar nicht erwähnt. Das Schlimmste ist nämlich nicht, dass ich in Gegenwart von so einem voll süßen Jungen keinen zusammenhängenden Satz rausbringe – nein, das Schlimmste ist, dass der Wahnsinnstyp nicht alleine ist! Neben ihm sitzt ein Mädchen, vielleicht ein bisschen älter als ich, seine Freundin, klar. Ihr Kopf mit den langen blonden Haaren lehnt an seiner Schulter, ihr Atem geht ganz ruhig, nicht mal ihre Wimpern flattern. Sie schläft tief und fest. Schon die ganze Zeit. Und das bei dem Lärmpegel hier! (...) Ich zumindest hätte auch viel zu viel Angst, dass mir der Sabber aus dem Mund läuft oder dass ich schnarche oder dass ich mit halb offenem Mund einen voll doofen Eindruck mache. All diese Ängste hat die Freundin von dem Wuschelkopf offensichtlich nicht. Braucht sie auch nicht. Sie sieht im Schlaf aus wie ein Engel. Leider. Nein, wirklich, ich kann beim besten Willen nichts Hässliches an ihr finden. Die beiden passen super zusammen. (...)

Oh, jetzt streicht er seine dunklen Locken nach hinten, um danach nur noch verwuschelter auszusehen. Echt, voll süß! Ich seufze. Anscheinend zu laut. Er schaut plötzlich von seinem Buch auf, genau in meine Augen. Keine Zeit mehr wegzusehen. Himmel, was hat der für Augen! Grün mit kleinen braunen Sprengseln drin. Jetzt grinst er leicht. Oh, Grübchen hat er auch ... nicht auszuhalten! Echt, bei Grübchen werde ich schwach.

Könnte ich jetzt nicht irgendwas sagen? Ich meine, irgendwas Lockeres, wahnsinnig Lustiges, das ihm in null Komma nichts deutlich

macht, was für eine Ausnahmeerscheinung ihm hier gegenübersitzt? – Pustekuchen. Mein
85 Kopf ist hohl wie eine Kokosnuss. Der Moment ist vorbei. Der Junge wendet sich ab und greift wieder nach seinem Buch. Er bewegt sich dabei ganz vorsichtig, um das schlafende Mädchen an seiner Schulter nicht zu stören.
90 Rücksichtsvoll ist er also auch noch. Unglaublich. Andere Typen würden sich ihren iPod auf die Ohren knallen und die Braut mit Eminem beschallen. Ob's ihr nun passt oder nicht.
95 Wohin die beiden wohl fahren? Bestimmt haben sie irgendwas Supertolles vor, in Köln oder Düsseldorf – und fahren nicht zu einer mittelspannenden Tante nach Bonn-Bad Godesberg wie ich.
100 Das Leben ist ungerecht. Wo sind wir eigentlich? Der Anzugträger ist in Bielefeld ausgestiegen und der Schaffner – nee, Zugbegleiter heißen die ja inzwischen – hat gerade den nächsten Bahnhof angekündigt. Schon quiet-
105 schen die Bremsen. Ich sehe raus auf den Bahnsteig. Ah ja, das hier muss Wuppertal sein. Der zugbegleitende Schaffner pfeift. Die letzten Leute drängen zur Tür. „Au Scheiße!" Wie von der Tarantel gestochen, schießt das blon-
110 de Mädchen von gegenüber urplötzlich von ihrem Sitz hoch, greift ihren Rucksack und stürmt grußlos den Gang hinunter. Der Wahnsinnstyp blickt kaum von seinem Buch auf.
WAS?! Jetzt kapiere ich überhaupt nichts
115 mehr! Wieso bleibt denn der Typ hier seelenruhig sitzen? Träumt der, oder was? – Anscheinend mache ich ein derart dämliches Gesicht, dass der Lockenkopf Mitleid mit mir bekommt. Jedenfalls sagt er plötzlich: „Ich kannte sie gar nicht." 120
„Hä?", krächzte ich verständnislos.
Lieber Himmel, kann ich bitte, bitte bald einen normalen Satz sprechen?
Seltsam, jetzt wirkt der Junge auch irgendwie verunsichert. So als frage er sich plötzlich, ob 125 mich diese Info überhaupt interessiert. „Das Mädchen!", fügt er erklärend hinzu. „Die Blonde, die hier … äh … geschlafen hat." Er zeigt auf seine linke Schulter, als gäbe es im Zug noch hundert andere schlafende Blon- 130 dinen, die gemeint sein könnten. „Sie hat mir beim Einsteigen in Berlin nur kurz gesagt, dass sie letzte Nacht kaum geschlafen hat, und dann war sie auch schon eingepennt."
„Ach so, klar." Ich grinste und nickte dazu 135 wie ein Hund mit Wackelkopf. „Ist ja verrückt …"
Okay, ganz ruhig bleiben! Das war schon fast ein ganzer Satz. Ich werde besser …
Der Junge klappt sein Buch zu – er klappt sein 140 Buch zu!!! Er will mit mir reden!!! – und lächelt. „Ich fahre nach Bonn, und du?"
„Ich auch. Ich fahre auch nach Bonn."
Wuppertal – Bonn, genaue Fahrzeit mit dem ICE 640 Johannes Brahms: eine Stunde, zwei 145 Minuten.
62 Minuten, um den Wahnsinnstyp zu erobern.
62 Minuten!
Das schaffe ich!! 150

1 Schreibe eine Textuntersuchung in einem zusammenhängenden Text. Gehe so vor:
 a) Verfasse eine Einleitung (**TATTE**).
 b) Gib den Inhalt in eigenen Worten wieder.
 c) Erläutere anhand des Textes, welche Eigenschaften die Erzählerin dem „Wahnsinnstyp" im Zugabteil zuschreibt.
 d) Der Leser kann die Sichtweise der Erzählerin gut nachvollziehen. Erkläre, wie die Autorin dies mithilfe von Erzählform, Erzählhaltung und Wortwahl schafft.
 e) In den Zeilen 147–150 heißt es: *„62 Minuten, um den Wahnsinnstyp zu erobern. 62 Minuten! Das schaffe ich!!"* Nimm Stellung dazu, ob das Mädchen im Text dieses Ziel deiner Meinung nach erreichen kann.

2 Überarbeite deinen Text mithilfe der **CHECKLISTE** auf Seite 159.

Im Blickpunkt: Sprache betrachten
Konjunktiv I in der indirekten Rede

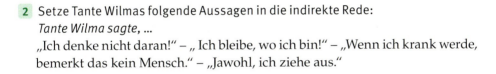

A Tante Wilma schimpft, sie lebe jetzt siebenundzwanzig Jahre in dieser Wohnung. (Z. 13–14)
B Weiter beschwert sich Tante Wilma bei der Großmutter, sie höre ihr ja gar nicht richtig zu. Es handle sich um Türken. (Z. 37–38)
C Als die Besucher die türkischen Kinder in Tante Wilmas Wohnung sehen, erklärt diese, das seien Achmed und Mustafa. Sie helfe ihnen bei den Hausaufgaben. (Z. 101–103)

1 Vergleiche die indirekte Rede mit der wörtlichen Rede in der Geschichte auf S. 150–151. Kreise alle Veränderungen in der indirekten Rede ein.
Welche Regeln kannst du erkennen? Lies hierzu Punkt 1 und 2 der **INFO**.

Folie

2 Setze Tante Wilmas folgende Aussagen in die indirekte Rede:
Tante Wilma sagte, …
„Ich denke nicht daran!" – „Ich bleibe, wo ich bin!" – „Wenn ich krank werde, bemerkt das kein Mensch." – „Jawohl, ich ziehe aus."

1. Die Großmutter fragt, seit wann sie denn Weihnachtsgebäck backe.
2. Sie fordert ihre Schwester Berta dazu auf, auch zum Mittagessen zu kommen.
3. Die Großmutter rät Tante Wilma, sich ein Telefon legen zu lassen.

3 a) Untersuche in den Sätzen 1–3 die Wiedergabe von Fragen und Aufforderungen. Was ändert sich in der indirekten Rede noch im Vergleich zur wörtlichen Rede? Lies dazu den dritten Hinweis in der **INFO**.
b) Setze Großmutters mögliche Fragen und Aufforderungen in die indirekte Rede: „Isst du jetzt Knoblauch?" – „Warum magst du deine Nachbarn?" – „Zieh doch aus!" – „Besuche mich doch auch einmal!"

Seite 226–227

INFO
Konjunktiv I in der indirekten Rede
1. Mit der **indirekten Rede** gibst du Aussagen wieder. Alle **Personalpronomen** werden verändert: *ich → er/ sie; wir → sie …*
2. Die **Prädikate** werden in den **Konjunktiv I** gesetzt. Der Konjunktiv I wird vom Infinitivstamm abgeleitet: *sein: ich sei, du seist, er/sie sei, wir seien, ihr seiet, sie seien; können: ich könne, du könnest, er/sie könne, wir können, ihr könnet, sie können.* Da die Pluralformen mit *wir* und *sie* identisch mit dem Präsens sind, verwendet man die Umschreibung mit *würden (wir würden können)*.
3. a) Bei Fragen ohne Fragewort muss ein *ob* ergänzt werden:
   „Kommst du?" → Er fragt, <u>ob</u> sie komme.
   b) Bei Imperativen verwendet man den Infinitiv mit *zu*:
   „Komm schon!" → Er fordert ihn auf, <u>zu kommen</u>.

Im Blickpunkt: richtig schreiben

Zeichensetzung beim Zitieren

> Achim ist zu Hause in seinem Zimmer. Deshalb denke ich, dass mit dem „sie" (S. 148, Z. 1 und Z. 4) die Eltern gemeint sind. Auch ist die Kritik, die sie an Achim äußern, typisch für Eltern. Sie sagen ihm z. B. „aus dir wird nichts" (S. 148, Z. 2). Eltern machen sich Gedanken über die Zukunft ihrer
> 5 Kinder und deshalb haben „sie offensichtlich Angst" (S. 148, Z. 5).
> In Zeile 1–2 findet sich in der wörtlichen Rede dreimal das Wort „nichts".
> Ich glaube, dass mit der Aussage „du machst nichts" (S. 148, Z. 1–2) z. B. gemeint ist, dass Achim nichts für die Schule tut oder keine Hobbys hat. Wenn man „unter Decke und Kissen vergraben"
> 10 (S. 148, Z. 6–7) ist und Musik hört, meinen die Eltern, man tut nichts.

 Folie

1 Untersuche den Schülertext zu den Aufgaben **4 a)** und **b)** von Seite 149. Unterstreiche dabei die Zitate und markiere die Zeichensetzung.

> Meiner Meinung nach ist Achim in einer schlechten Stimmung.
> Er verkriecht sich und hört Musik. Das braucht er, denn er versteht nicht, warum sie ihn immer kritisieren. Deshalb fühlt er sich unsicher.
> Er robbt zum Spiegel, um sich anzugucken. Der Spiegel zeigt ihn lang,
> 5 knochig, graue Augen im blassen Gesicht, hellbraune Haare, glanzlos.
> Am meisten ärgern ihn aber die Erwartungen. Das passt auch zum Lied.
> Die Gruppe singt: Weil sie dich verplant haben, kannst du nichts anderes tun als aussteigen und nachdenken. Achim denkt über sich nach…

 Folie

2 Untersuche nun den Schülertext zu Aufgabe **4 c)** von Seite 149, der einige Fehler beim Zitieren von Textstellen enthält.
a) Lies dir noch einmal die Zeilen 16–25 im Text auf Seite 148 durch und markiere die Textstellen, die wörtlich übernommen wurden.
b) Schreibe den Text ins Heft. Setze dabei mithilfe des **TIPPs** die fehlenden Satzzeichen ein und ergänze hinter den Zitaten in Klammern die Zeilenangaben.

💡 TIPP

So zitierst du richtig:
1. Einzelne Wörter, Satzteile oder auch ganze Sätze, die du zitierst, werden durch **Anführungszeichen** eingeschlossen: „…"
2. Die **Zeilenangabe** wird in **runde Klammern** gesetzt: *(S. x, Z. y).*
3. Wenn das Zitat am Ende eines Satzes steht, folgt das Satzschlusszeichen erst nach der Klammer mit der Angabe der Textstelle: „…" *(S. x, Z. y).*

Im Blickpunkt: Lesen

Jenny und Sebastian
Irene Strothmann (1996)

Sie begegneten sich zwanzig Minuten vor acht auf dem Flur. Jenny, wie immer im Eiltempo, knallte die Wohnungstür hinter sich zu und stürzte zum Fahrstuhl. Hektisch drückte sie auf den Knopf. Sebastian aus der Wohnung schräg gegenüber sah auch nicht ausgeschlafener aus. Er gähnte ausdauernd wie ein
5 Nilpferd und schloss dann ganz allmählich die Wohnungstür zweimal ab. Einmal hätte gereicht, dachte Jenny, dafür hätte er sich lieber kämmen können. Jenny und Sebastian kannten sich schon länger, hatten aber bisher kaum mehr als ein paar belanglose Worte miteinander gewechselt. „Morgen", presste Sebastian mühsam heraus. Jenny murmelte etwas Unverständliches,
10 drehte sich abrupt um und sprang die Treppen zum Ausgang hinunter. Sie hatte keine Lust, mit Sebastian eingequetscht im Fahrstuhl zu stehen – dann lieber neun Stockwerke zu Fuß!
Eine Minute nach acht überholte sie Frau Jansen, die
15 immer pünktliche Klassenlehrerin, auf dem Schulflur kurz vor dem Klassenraum. Sebastian saß schon seit zwei Minuten auf seinem Platz und quatschte mit Tim, seinem Nachbarn. Er konnte es nicht leiden, zu spät zu kommen, dachte Jenny und setzte sich außer Atem auf ihren
20 Platz. „Wenn ich die Tafel aufklappe", begann Frau Jansen, „dann seht ihr die Zeichnung eines vollständigen Skeletts. Als Erstes wollen wir die Knochen benennen!" Sie klappte die Tafel auf und erstarrte. Jenny erstarrte auch und glotzte Sebastian an. Der war ebenfalls erstarrt. Das Skelett war zwar da, aber irgendein
25 Witzbold hatte zusätzlich ein knallrotes Herz dazu gemalt. Genau an der richtigen Stelle, mit den Namen von Jenny und Sebastian. „So ein Quatsch", schrie Sebastian, der sich als Erster von der Überraschung erholte. Er stürzte wütend nach vorn und griff nach dem Schwamm. Aber
30 er war nicht schnell genug. Vor ihm erreichte Jenny die Tafel und wischte mit ihrem linken Jackenärmel quer über das Geschmiere. Das war absolut lächerlich! Irgendjemand in der Klasse lachte laut, und dann gingen die Sprüche los: „Guck mal, unser neues Liebespaar!"
35 Frau Jansen hatte allerhand zu tun, um die Gemüter zu beruhigen. In den nächsten Tagen gingen sich Sebastian und Jenny aus dem Weg. Es war wie eine geheime Absprache. Die beiden suchten in jeder Situation den größten Abstand voneinander. Nicht nur in der Schule. Jenny ging morgens etwas früher los, um Sebastian nicht am Fahrstuhl zu begegnen, und Sebastian dafür etwas später.
40 Und dann – es war der Mittwoch darauf – standen sie beide gleichzeitig nach der Schule vor der Fahrstuhltür ihres Wohnhauses. Er war zuerst da und hatte den Knopf schon gedrückt, als sie durch die Eingangstür kam. Sie wendete sich sofort der Treppe zu – aber neun Stockwerke bergauf? Jenny blieb stehen. „So

ein Zufall, nimmst du mich mit?", lachte sie etwas verlegen. „Aber klar", sagte Sebastian. Der Fahrstuhl fuhr sanft an. Jenny betrachtete aufmerksam ihre Fingernägel, und Sebastian kramte in den Taschen seiner neuen Fliegerjacke herum, als suchte er etwas Bestimmtes. Zwischen dem sechsten und siebten Stockwerk gab es einen Ruck. Der Fahrstuhl schaukelte noch einmal kräftig, dann war Ruhe. „Verdammter Mist", murmelte Sebastian und bearbeitete den Knopf der neunten Etage. Nichts passierte. Jenny stellte sich neben ihn und drückte mit voller Wucht auf alle Knöpfe gleichzeitig. Der Fahrstuhl rührte sich nicht. „Wir sitzen fest! Ich fasse es nicht!" Beide schwiegen beklommen und warteten, ob noch irgendetwas passierte. Es passierte nichts. „Hoffentlich dauert es nicht zu lange", sagte sie, „mein Hund müsste jetzt dringend mal raus."
„Um deinen Hund habe ich dich immer beneidet. Ich hätte zu gern einen, aber meine Eltern erlauben das nicht." Es entstand wieder eine Pause. Sie betrachtete ihn verstohlen von der Seite. Das klang ja direkt menschlich. Wenn er sonst mit anderen aus der Klasse zusammen war, gab es nur blöde Sprüche. „Du kannst ja mal mitkommen oder wenn dir das peinlich ist, kannst du ihn dir ruhig ausleihen, ja?" Er sah sie überrascht an. Das hatte er nicht erwartet. Sie schien wirklich nett zu sein. In den Schulpausen war sie ganz anders – da ließ sie an keinem Jungen ein gutes Haar. „Wie lange willst du das noch machen?", fragte sie. „Was machen?" „Na, mich ansehen!" Er spürte, dass er ganz langsam rot wurde und nichts dagegen tun konnte. „Du kannst ruhig sagen, wenn es dir nicht gefällt!"
„Nein ... nein", sagte Jenny mit einer Stimme, die sie selbst nicht kannte – und dann wurde sie ebenfalls tomatenrot. Sie drückte auf den Alarmknopf. Da ging das Licht aus und es wurde stockfinster. Bevor Jenny oder Sebastian etwas sagen konnten, fiel der Fahrstuhl wie ein Stein in die Tiefe. Vielleicht nur zwei bis drei Meter, dann hielt er mit einem erneuten, gewaltigen Ruck an. Beide stürzten auf den Boden, und Jenny schrie auf, weil sie sich beim Aufstützen die Hand verstauchte. Dann war atemlose Stille. „Hast du dir wehgetan?" „Die linke Hand – aber es ist nicht so schlimm", sagte Jenny tapfer. Ganz vorsichtig tastete er nach ihrer Hand und hielt sie fest. Millimeter für Millimeter zog er seine Hand zurück – möglichst unbemerkt sollte das geschehen. „Nicht!", flüsterte sie, und er ließ die Hand, wo sie war. So saßen sie eine Ewigkeit, ohne ein Wort zu sprechen, im Dunkeln. „Wieder das Relais[1]", dröhnte plötzlich von oben die Stimme des Hausmeisters, dann knallte etwas, ein Schraubenschlüssel klirrte, das Licht ging an, und der Fahrstuhl surrte nach oben.

Am nächsten Morgen sahen sie sich erst in der Schule. Sebastian saß schon und beobachtete unauffällig die Klassentür, als Jenny hereinkam. Sie sah sofort zu ihm herüber, aber nur ganz kurz, dann ging sie schnell zu ihrem Platz und packte überstürzt das Mathematikbuch aus. Komisch, dachte Sebastian, wir haben doch jetzt Biologie. „Warum hast du denn deine Deutschsachen auf dem Tisch?", hörte er Tim fragen, „wir haben doch jetzt Geschichte!" Sebastian wurde wieder knallrot. Zum zweiten Mal in zwei Tagen – zweimal mehr als in den letzten drei Jahren. Die letzte Unterrichtsstunde – Englisch – war wie immer schrecklich einschläfernd langweilig. Sebastian überlegte die ganze Zeit, wie er es einrichten konnte, dass er und Jenny gleichzeitig den Fahrstuhl betraten. Ohne dass man sie zusammen auf der Straße sah. Rein zufällig musste das aussehen. Es klingelte zum Schulschluss, Sebastian sprang auf. „Sebastian, stop. Please, wait a moment!", hörte er die schneidende Stimme von Frau Bindemann, der Englischlehrerin. „Wie müssen uns noch kurz über deine fehlenden Haus-

[1] Relais: elektr. Schalteinrichtung

aufgaben in dieser Woche unterhalten!" Sie redete und redete. Sebastian bekam nur Wortfetzen mit: „In Zukunft deine Eltern unterrichten – demnächst Extraaufgaben – Hausaufgaben sind dazu da, dass …", und sah, wie Jenny den Klassenraum verließ. Sie drehte sich nicht um, aber ging sie nicht betont langsam?

Als Sebastian endlich das Schulgebäude verlassen konnte, hatte er kaum noch Hoffnung, Jenny zu erreichen. Er fing trotzdem an zu laufen – aber von Weitem sah er, dass Jenny im Haus verschwand. „Keine Chance", dachte er enttäuscht. „Wenn ich beim Fahrstuhl bin, ist sie längst oben." Er ging langsam weiter, stieß die Haustür auf: Jenny kniete vor dem Fahrstuhl, inmitten der vielen Hefte und Bücher ihrer ausgekippten Schultasche. Sie ergriff ganz langsam einen durchsichtigen Schnellhefter. Dabei sah sie ihn an: wartend, etwas unsicher, und – wie ihm schien – mit einer leichten Röte im Gesicht.

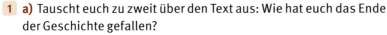

1 **a)** Tauscht euch zu zweit über den Text aus: Wie hat euch das Ende der Geschichte gefallen?
b) Überlege dir anschließend fünf Fragen zum Text und lasse sie von deinem Partner beantworten, z. B.: *Wie stehen Jenny und Sebastian vor ihrer Begegnung im Fahrstuhl zueinander?* …
Wechselt euch nach jeder Frage ab.

2 Überprüfe dein Textverständnis und kreuze die richtigen Aussagen an: Folie

A Jenny und Sebastian wohnen in einem Hochhaus. *
B Morgens gehen sie gemeinsam schweigend zur Schule. *
C Jenny kann es nicht leiden, zu spät zu kommen. *
D Ein Mitschüler hatte die Namen von Jenny und Sebastian in ein Herz an die Tafel geschrieben. *
E Jenny und Sebastian sind schon länger ein Liebespaar. *

3 Bringe die folgenden Zwischenüberschriften in die richtige Reihenfolge, indem du die richtige Ziffer einträgst.   Folie

A Die geheime Absprache *
B Vorsichtige Annäherung *
C Gefangen im Fahrstuhl *
D Begegnung im Treppenhaus *
E Das Skelett an der Tafel *

4 Wie könnte die Geschichte mit Jenny und Sebastian weitergehen? Werden Sie ein Paar? Setze die Geschichte fort.

Prickelnde Momente – in Gedichten aufgespürt

1 Was sind für dich „prickelnde Momente"? Tauscht euch darüber aus.

2 Schau dir das Gedicht „Was zum Kuss gehört" genauer an. Sprecht darüber, welche Verse eher zu einem Mädchen, welche eher zu einem Jungen und welche zu beiden passen.

3 a) Überlege dir vor dem Lesen, worauf sich der Titel des Gedichts von Manfred Mai „wenn's anfängt" beziehen könnte, und tausche dich mit einem Partner darüber aus.
b) Lest das Gedicht und sprecht danach darüber, welche Gefühle in den einzelnen Strophen angesprochen werden.

4 Finde „prickelnde Momente" in beiden Gedichten und vergleicht eure Ergebnisse.

wenn's anfängt
Manfred Mai (1986)

Wenn's
bubbert und bibbert,
kribbelt und krabbelt,

wenn's
heiß wird und kalt,
zippelt und zappelt,

wenn's
eng wird und weit,
zieht, spannt und drückt,

wenn's
weh und gut tut,
wirst du beinah verrückt

vor Glück!

---

5 So kannst du mit den Gedichten weiterarbeiten: Wähle dir eine Schreibaufgabe aus und bearbeite diese. Du kannst hierzu auch die Schülerbeispiele unten weiter fortführen.

Was zum Flirten gehört

Augenzwinkern
Nähe suchen
…

Schreibe zu dem Gedicht von Nora Clormann-Lietz ein Parallelgedicht mit dem Titel „Was zum Flirten gehört". Achte darauf, dass du keine ganzen Sätze formulierst, sondern nur die wichtigsten Begriffe in Versen aneinanderreihst.

wenn's aufhört

wenn's
donnert und blitzt
laut die Türe knallt
…

Formuliere zu dem Gedicht von Manfred Mai ein Parallelgedicht, z. B. mit dem Titel „wenn's weitergeht" oder ein Gegengedicht „wenn's aufhört". Behalte die Form jeweils bei.

Seite 269

Prickelnde Momente | 3.3.9 Gedichte untersuchen

Voll erwischt – den Inhalt eines Gedichts verstehen

Gegendarstellung
Hans-Peter Tiemann (2002)

Ich soll verknallt sein in Stella, die Zicke,
das unangesagteste Girl aus der A?
Die hängt doch nur ab mit der Schminkspiegel-Clique,
fühlt sich wie Madonna, sprüht Glitzer ins Haar.

5 So'n dünnes Gerippe mit Reibeisenstimme!
Jungs, geht in Deckung, wenn die einmal lacht!
Sie mag mich angeblich? – Ich glaube, ich spinne!
Wegen der krieg ich nie eine schlaflose Nacht.

Was heißt denn hier Liebesbrief? Das war 'ne Zeile,
10 5 Wörter: „Ich mag dich, dein Sören!", nicht mehr.
Ich hatte in Mathe Langeweile,
man schreibt's und vergisst es sofort hinterher.

Ich glotze sie an wie ein Gockel im Regen?
Hey, Leute, das bildet ihr euch doch nur ein.
15 Ich trag' ihre Tonne. Na und, was dagegen?
Bisschen Gymnastik am Morgen muss sein.

Ja doch, heut Abend im Park gegen sieben.
Sie hilft mir in Mathe, ich zeig ihr Chemie.
Ansonsten, kapiert ihr, läuft nichts! Mich verlieben?
20 In Stella? Mit Sicherheit wahrscheinlich nie!

1 Ist der Junge in Stella verliebt? Notiere dir deinen ersten Eindruck.

2 a) Klärt gemeinsam die Bedeutung des Titels „Gegendarstellung".
b) Erkläre, wie Titel und Text zusammenhängen.

3 a) Sprecht darüber, wer die anderen sind, mit denen das lyrische Ich
(siehe **INFO** auf **Seite 171**) spricht.
b) Was sagt das lyrische Ich im Gedicht über sich selbst aus?
Markiere die entsprechenden Stellen im Text.

Folie

4 Schau dir nun einige Verse genauer an:
a) In den ersten sechs Versen beschreibt Sören Stella. Welche ihrer Eigenschaften hebt er besonders hervor und warum?
b) An vielen Stellen im Gedicht fehlen die Fragen oder Bemerkungen der anderen, auf die das lyrische Ich reagiert. Ergänze diese an den passenden Stellen.
„Du bist ja in Stella verknallt!" – „Ich soll verknallt sein in Stella ...?"
„Ihre beste Freundin hat mir aber heute Morgen gesagt, dass Stella dich mag." – „Sie mag mich angeblich?"
c) Beurteile die Aussage Sörens, er habe „Ich mag dich, dein Sören" (3. Strophe) nur aus Langeweile geschrieben.
d) Im letzten Vers behauptet Sören, er würde sich „Mit Sicherheit wahrscheinlich nie!" in Stella verlieben. Was schließt du aus dieser Formulierung?

5 Überprüfe deinen ersten Eindruck aus Aufgabe **1** von Seite 170. Bleibst du bei deiner Einschätzung? Begründe.

6 Versetze dich in die Rolle von Stella, die von ihren Freundinnen genau wie Sören gelöchert wird.
a) Entscheide vorher, ob Stella in Sören verliebt ♥ ist oder nicht ✗.
Beantworte dann aus ihrer Sicht die Fragen und Bemerkungen ihrer Freundinnen.
„Bist du eigentlich in Sören verknallt?" – „Ich soll in Sören verknallt sein, das Hähnchen?" oder „Ich? Verliebt? In Sören? Na ja, ..."
„Und was ist mit dem Brief, den er dir letzte Stunde geschrieben hat?" – ...
b) Übertrage den Dialog in die Gedichtform, indem du die Fragen streichst. Die Antworten kannst du in gereimter Form oder ohne Reim darstellen.

> ✗ Ich soll in Sören verknallt sein, das Hühnchen?
> Der schraubt doch nur am Mofa rum.
> Er kriegt doch gerade noch seine Zähnchen,
> ist so einfallslos und dumm.
> ...

> ♥ Ich? Verliebt? In Sören? Na ja ...
> Er ist nett, netter als ihr meint.
> Wir haben uns getroffen, das ist
> wahr. Ich hab vor Glück fast geweint.
> ...

ℹ INFO

Das lyrische Ich
Wenn ein Dichter in einem Gedicht (= Lyrik) ein Ich sprechen lässt, dann meint er nicht sich selbst: Dieses Ich im Gedicht nennt man **lyrisches Ich**. Dichter verwenden es, um eine bestimmte Stimmung persönlicher darzustellen. Auch durch Pronomen wie *mein, mir* oder *mich* erfahren wir Genaueres über das lyrische Ich.

Liebesgeflüster – den Inhalt eines Gedichts zusammenfassen

Barbara Winter (2009)

Wann ist endlich Pause!   *lyr. Ich in der Schule, wartet auf Pause*
Ob er mich heute bemerkt?
Vielleicht spricht er mich an ...   *möchte, dass er mit ihr spricht*

Psst, er hat meinen Namen gesagt,
5 keiner soll ihn mehr nennen!
Psst, er hat nach meiner Nummer gefragt,
keiner soll sie mehr kennen!

Psst, er hat mich geaddet,
ich bin jetzt auf Platz Nummer eins.
10 Psst, wir haben gechattet,
ich bin jetzt seins.

Psst, wir treffen uns um vier,
nur wir zwei, ich und er.
Psst, ab heute bin ich nicht mehr ich, bin wir
15 und mag ihn so sehr.

1 a) Welcher Titel passt deiner Meinung nach am besten zum Gedicht?
Frisch verliebt, Beste Freundinnen, Junges Paar, Stille Post.
Du kannst auch einen eigenen Titel erfinden.
b) Vergleicht untereinander eure Auswahl und begründet sie.

2 Untersuche, welche Personen in dem Gedicht vorkommen.

 Folie

a) Markiere die Aussagen zum lyrischen Ich und zum „Er" in unterschiedlichen Farben. Setze am Rand die Notizen weiter fort.
b) Fasse den Inhalt der Strophen mithilfe deiner Stichpunkte zusammen. Gehe vor wie im **TIPP** beschrieben.

> ### 💡 TIPP
>
> **So fasst du den Inhalt eines Gedichts zusammen:**
> 1. Beginne mit einem Einleitungssatz (**T**itel **A**utor **T**extart **T**hema **E**rscheinungsjahr): *Barbara Winter schreibt 2009 in ihrem Gedicht ohne Titel über ...*
> 2. Fasse die Situation, die Gedanken und Gefühle strophenweise in eigenen Worten zusammen: *Das Gedicht beginnt damit, dass ...*
> Wenn das Gedicht keine Strophen hat, musst du es in Sinnabschnitte untergliedern.
> 3. Verwende das Präsens.

Liebesgeflüster – den Zusammenhang zwischen Inhalt und Form ermitteln

1 Untersuche das Gedicht von Barbara Winter genauer und halte deine Ergebnisse schriftlich fest.

a) Besprecht, wie sich die Gefühle des lyrischen Ichs und seine Beziehung zu den anderen Personen im Gedicht verändern. Nutzt dazu eure Inhaltszusammenfassung von Seite 172.

b) Erkläre, wie die Autorin diese Veränderungen sprachlich und formal ausdrückt. Gehe dazu vor wie im **TIPP** beschrieben.

Das Gedicht besteht aus vier Strophen. Die Anzahl der Verse ist aber unterschiedlich, da die erste nur aus drei, die weiteren aber aus vier Versen bestehen. Damit wird die Unruhe des lyrischen Ichs in der ersten Strophe betont. In der kürzeren Strophe verwendet die Autorin kein Reimschema. In den Strophen mit vier Versen findet man …

c) Beschreibe die Beziehung, die das lyrische Ich zu den anderen Personen im Gedicht hat. Beziehe hierbei die Gesprächssituation, eingeleitet durch das „Psst", in deine Überlegungen mit ein.

d) Die Verse, die mit „Psst" eingeleitet werden, sind gleich aufgebaut (Parallelismus). Lies nur diese hintereinander und erkläre, wie sie auf dich wirken.

Der erste und dritte Vers der letzten drei Strophen beginnen mit einem „Psst". Das ist eine Wiederholung. Dadurch wird deutlich, dass … Weiterhin finden sich in diesen Versen Parallelismen, da der Satzbau sehr ähnlich ist. Das Gefühl … wird hierdurch gesteigert.

> **Parallelismus**
> Wiederholung gleicher Satzstrukturen:
> „Psst, er hat …
> Psst, wir haben …"

💡 TIPP

So erschließt du den Zusammenhang zwischen Inhalt und Form:

In einem Gedicht wirken Inhalt und Form zusammen auf den Leser. Ob ein Gedicht eher harmonisch oder unruhig auf dich wirkt, kannst du häufig durch den formalen Aufbau erklären. Untersuche hierfür:

1. den **Strophenaufbau** des Gedichts:
   Achte darauf, ob die Versanzahl regelmäßig oder unregelmäßig ist. Ändert sich die Stimmung in den abweichenden Strophen?
2. das **Reimschema**:
   Achte darauf, ob es ein Reimschema gibt, und wenn ja, ob es regelmäßig beibehalten wird:
   a) Paarreim (aabb)
   b) Kreuzreim (abab)
   c) umarmender Reim (abba)
3. **sprachliche Mittel**:
   Untersuche die sprachlichen Mittel, wie z. B. Parallelismus, Personifikationen, Wiederholungen, sprachliche Bilder. Erkläre, wie sie auf dich wirken (*steigernd, eintönig …*). **Achte darauf, dass du Zitate durch Anführungszeichen kennzeichnest und die Verse angibst.**

Seite 267

Folie

2 Zwei Schülerinnen der Klasse 8.6 haben sich mit Aufgabe **1** von Seite 173 beschäftigt und aus ihren Untersuchungsergebnissen einen Text verfasst.
a) Was ist in den Texten gut gelungen, was weniger gut? Markiere diese Stellen und überprüfe die Aussagen mithilfe des Gedichts. Setze dazu die Notizen am Rand fort.
b) Überarbeite mithilfe der gut gelungenen Formulierungen deine eigenen Ergebnisse.

gut! Erklärung mit Textbelegen

Melis: Die Gefühle des Mädchens sind unterschiedlich. Zuerst ist es unruhig und unsicher, ob alles klappt, wie es sich das vorstellt. Nach dem Gespräch ist es glücklich und richtig verliebt, das kann man an der zweiten Strophe erkennen. Dort finden sich zwei Ausrufe, die die Freude
5 unterstreichen: „… keiner soll ihn mehr nennen!" und „… keiner soll sie mehr kennen!"
Ich denke, dass das Mädchen nach der Pause im Unterricht mit seiner Freundin spricht. Der erste und dritte Vers der letzten drei Strophen beginnt immer mit einem „Psst".
10 In den Jungen ist sie verliebt. Aber das soll geheim bleiben. Deshalb spricht sie nur leise mit ihr. Das sieht man an dem „Psst". Die Person, mit dem das Mädchen spricht, muss die beste Freundin sein. Nur der erzählt man seine geheimsten Gefühle so offen.
Die Verse, die mit einem „Psst" beginnen, sind auch vom Satzbau her
15 gleich aufgebaut. Das nennt man einen Parallelismus. Dadurch werden die Geheimnisse gesteigert. Es wird immer geheimer.

Wirkung falsch beschrieben

Nadya: Das lyrische Ich ist verliebt. Deswegen ist es ganz durcheinander und wiederholt immer „Psst". In der ersten Strophe gibt es noch kein „Psst". Da ist es noch nicht so richtig verliebt.
Die erste Strophe ist auch kürzer, weil das zeigt, dass jemand nicht
5 verliebt ist. Die anderen Strophen haben vier Verse. Da gibt es auch einen umarmenden Reim, weil das Mädchen sich mit seinem Freund getroffen hat. In der ersten Strophe aber nicht.
Das Mädchen unterhält sich bestimmt mit seiner Freundin. Sie erzählt, wie sie sich fühlt und was sie für den Jungen empfindet. Die beiden sind
10 nicht allein, weil sie nur flüstert. Deshalb glaube ich, dass sie noch in der Schule sind. Vielleicht auf dem Schulhof oder im Klassenraum.
Neben dem Mädchen kommen in dem Gedicht noch zwei Personen vor: der Junge und die Freundin. In den Jungen ist das Mädchen total verliebt. Und ihr Gesprächspartner ist so etwas wie ein Tagebuch. Dem vertraut
15 man auch alle Geheimnisse an. Durch das „Psst", das immer wiederholt wird und einen Parallelismus einleitet, werden die Gefühle des Mädchens deutlich hervorgehoben. Die Steigerung ist in den Gefühlen zu sehen, denn die Beziehung zum Jungen wird immer enger.

Vorfreude – ein Gedicht untersuchen

Auf Wolken
Bettina Weis (2009)

Ich lauf' durch die Stadt, dein Lächeln in meinem Gesicht.
Ich weiß es genau, ich will nur dich.
Den steinigen Weg erkenne ich nicht,
ich hab keine Angst, du begleitest mich.

5 Ich lauf' durch mein Zimmer, mein Handy in der Hand,
es spricht nicht mit mir, bin angespannt.
Der Teppich schwebt, ich halt ihn nicht auf,
genieße den sanften Wolkenlauf.

Ich lauf' durch den Flur, Schmetterlinge im Bauch,
10 wirst du pünktlich sein? Meinst du mich?
Magst du mich? Was bin ich für dich?
Es schellt.

1 Wie geht es dem lyrischen Ich? Ordne passende Adjektive den Strophen zu und
begründe deine Auswahl:
*glücklich, unsicher, sorgenfrei, ängstlich, angespannt, verliebt, traurig,
gelangweilt, besorgt, enttäuscht, verletzt, nachdenklich, begeistert.*

2 Markiere, an welchen Stellen du prickelnde Momente siehst, und begründe,
warum du die Stellen ausgewählt hast.

3 Fasse den Inhalt des Gedichts zusammen. Gehe dabei so vor:
a) Notiere dir am Rand jeder Strophe, wo sich das lyrische Ich befindet,
worüber es nachdenkt und wie es sich fühlt.
b) Fasse das Gedicht mithilfe deiner Randnotizen zusammen.
Gehe vor wie im **TIPP** auf Seite 172 beschrieben.

4 a) Schau dir noch einmal den Titel des Gedichts an. Wie verstehst du diesen?
Lies hierzu die **INFO** auf Seite 176.
Der Titel „Auf Wolken" ist ein sprachliches Bild und macht deutlich …
Die Autorin möchte hiermit betonen, dass das lyrische Ich …
Ich verstehe die Metapher so, dass, …
b) Vergleicht eure Deutungen und überlegt, inwieweit sie jeweils nachvollziehbar sind oder nicht.

Folie

5 a) Unterstreiche im Gedicht weitere sprachliche Bilder **(INFO)**, die dir Auskunft über die Gefühle des lyrischen Ichs geben, und erkläre diese:
„dein Lächeln in meinem Gesicht" (Vers 1) = dein Lächeln steckt mich an;
„den steinigen Weg" (Vers 3) = ...
b) Vergleicht eure Erklärungen und überprüft, ob sie die Gefühle des lyrischen Ichs richtig treffen.
c) Setzt eure Erklärungen statt der sprachlichen Bilder in das Gedicht ein und lest euch die veränderten Strophen vor. Sprecht darüber, welche Unterschiede ihr feststellt.

6 a) Überlege dir, wie das Gedicht weitergehen könnte. Mache dir dazu Notizen.
b) Beurteile die folgenden Schülermeinungen zu möglichen Fortsetzungen. Welche gefällt dir gut?

<u>Lina</u>: Die Person, auf die das lyrische Ich wartet, steht vor der Tür. Aber dann sieht das lyrische Ich, dass die andere Person noch einen Freund mitgebracht hat, und knallt die Tür zu.

<u>Maren</u>: Der Freund steht vor der Tür und die beiden lächeln sich an. Sie sind beide schüchtern und wissen nicht, wie sie sich verhalten sollen. Und dann fangen beide gleichzeitig an zu kichern und gehen in die Wohnung.

<u>Tom</u>: Das lyrische Ich öffnet die Tür und dann steht da nur die Nachbarin, die sich etwas zum Kochen leihen will. Und dann ist das lyrische Ich enttäuscht und weiß nicht, ob es den anderen anrufen soll oder nicht.

<u>Ina</u>: Der Typ steht vor der Tür und dann sagt das lyrische Ich, dass es keine Zeit hat, weil es etwas anderes vorhat. Und dann wird der sauer und das lyrische Ich ist zufrieden.

INFO

Sprachliche Bilder
Sprachliche Bilder werden meist dazu verwendet, um Gefühle und Gedanken besonders anschaulich zu beschreiben, ohne diese direkt zu benennen. Dazu gehören **Vergleiche, Personifikationen** und **Metaphern**.
1. Mit einem **Vergleich** kann etwas anschaulich dargestellt werden: *Deine Augen strahlen wie Sterne.* → Gemeint ist, dass sie besonders hell leuchten. Vergleiche erkennst du an den Wörtern *wie* und *als ob*.
2. Eine **Metapher** ist ein bildhafter, übertragener Vergleich ohne die Wörter *wie* oder *als ob*: *Wenn ich an dich denke, habe ich Schmetterlinge im Bauch.* → Gemeint ist, dass das lyrische Ich verliebt ist und deshalb ein Kribbeln im Bauch hat.
3. In einer **Personifikation** werden menschliche Eigenschaften auf Naturerscheinungen oder Gegenstände übertragen: *Ich laufe hinter dir, deine Zöpfe winken mir aufmunternd zu.* → Zöpfe können nicht winken, sie stehen stellvertretend für das Mädchen.

Immer bei dir – eine Gedichtuntersuchung vorbereiten

Nähe des Geliebten
Johann Wolfgang Goethe (1795)

fällt
formal
auf

Ich denke dein, wenn mir der Sonne Schimmer
    Vom Meere strahlt;
Ich denke dein, wenn sich des Mondes Flimmer
    In Quellen malt.

5 Ich sehe dich, wenn auf dem fernen Wege
    Der Staub sich hebt;
In tiefer Nacht, wenn auf dem schmalen Stege[1]
    Der Wandrer bebt.

Ich höre dich, wenn dort mit dumpfem Rauschen
10   Die Welle steigt.
Im stillen Haine[2] geh' ich oft zu lauschen,
    Wenn alles schweigt.

Ich bin bei dir, du seist auch noch so ferne,
    Du bist mir nah!
15 Die Sonne sinkt, bald leuchten mir die Sterne.
    O, wärst du da!

Randnotizen (rechts):
- a steht für: Tag
- b
- a steht für: Nacht
- b lyrischer Sprecher denkt an den Geliebten Tag und Nacht

[1] Weg
[2] Wald

---

1 a) Formuliere, was sich das lyrische Ich wünscht, in eigenen Worten.
b) Untersuche, wie das lyrische Ich die Zeit ohne den geliebten Menschen verbringt. Setze hierfür die Randnotizen auf der rechten Seite weiter fort.

Folie

2 a) Beschreibe, was das lyrische Ich in den ersten Versen jeder Strophe wahrnimmt.
b) Erkläre, durch welche formale Auffälligkeit die ersten drei Strophen in den ersten Versen miteinander verbunden werden.
c) Wie unterscheidet sich der 1. Vers der letzten Strophe von den anderen? Erkläre, wie sich die Situation des lyrischen Ichs verändert hat.
In der letzten Strophe fühlt sich das lyrische Ich so, als wäre es mit dem geliebten Menschen zusammen. Die Nähe zwischen den beiden ist hier am größten. Vorher hat das lyrische Ich nur ..., aber in der letzten Strophe ...

3 a) Bestimme, bei welchen Zeitangaben Goethe sprachliche Bilder verwendet hat, und entschlüssle diese wie in den Randnotizen: „der Sonne Schimmer" steht für den Tag ...
b) Erkläre, welches Gefühl des lyrischen Ichs durch diese Sprachbilder besonders hervorgehoben wird.

4 Wärst du gerne die Person, an die das lyrische Ich denkt? Begründe.

5 Auf den bisherigen Seiten des Kapitels hast du unterschiedliche Arbeitsschritte, die zu einer Gedichtuntersuchung gehören, eingeübt.
a) Plane deine Gedichtuntersuchung mithilfe der unten stehenden Bausteine. Bearbeite hierfür die einzelnen Arbeitsschritte in der vorgegebenen Reihenfolge und notiere deine Ergebnisse stichpunktartig.
b) Formuliere aus deinen Stichpunkten einen zusammenhängenden Text. Achte darauf, dass du die einzelnen Arbeitsschritte durch Absätze voneinander trennst.

Schreibplan

Arbeitsschritte	Inhalte	Formulierungshilfen
Einleitung: einen Einleitungssatz formulieren (TATTE) Wie heißt der **A**utor/ die **A**utorin? Welche **T**extsorte liegt vor? Wie lautet der **T**itel? Wann war das **E**ntstehungsjahr? Welches **T**hema wird behandelt?	Johann Wolfgang Goethe; Liebesgedicht; „Nähe des Geliebten" …	In dem Liebesgedicht „Nähe des Geliebten" aus dem Jahr 1795 schreibt Goethe … / Johann Wolfgang Goethe beschreibt in seinem Liebesgedicht …
Hauptteil: Inhalte zusammenfassen Gib den Inhalt jeder Strophe oder jedes Abschnitts in eigenen Worten wieder und verwende das Präsens.	lyrisches Ich denkt Tag und Nacht an den Geliebten / sieht ihn überall / …	Das lyrische Ich denkt Tag und Nacht an den Menschen, den es liebt. Es sieht ihn … In der ersten Strophe ist das lyrische Ich allein und denkt Tag und Nacht …
Hauptteil: Zusammenhang von Inhalt und Form Gibt es Stellen im Gedicht, in denen sich die Gefühle des lyrischen Ichs, seine Beziehung oder seine Sichtweise verändern? Wird diese Veränderung durch den formalen Aufbau unterstützt, z. B. den Strophenaufbau, das Reimschema, besondere sprachliche Mittel? Welche sprachlichen Bilder (Vergleiche, Metaphern, Personifikationen) verwendet der Autor? Was bedeuten diese? Was wird besonders betont?	Wirkung: regelmäßiger Strophenaufbau und regelmäßiges Reimschema … die ersten drei Strophen eng miteinander verbunden / Parallelismus … zwei Ausrufe, betonen Sehnsucht, sprachliche Bilder: „der Sonne Schimmer" / „des Mondes Flimmer" … „Staub sich hebt" = Personifikation …	… wählt für sein Gedicht einen regelmäßigen Aufbau. Es besteht aus vier Strophen mit … Die Verse werden durch einen regelmäßigen … miteinander verbunden. Dadurch wirkt das Gedicht … Durch den Parallelismus in den ersten drei Strophen werden diese eng miteinander verbunden und es wird betont, dass … Da das lyrische Ich den Geliebten überall in der Natur sieht, personifiziert der Autor …
Schluss: Stellung nehmen Formuliere zu einer konkreten Textstelle oder zu einer allgemeinen Frage deine eigene Meinung. Achte darauf, dass du dazu nicht nur die Textstelle erklärst bzw. die Frage beantwortest, sondern auch Gründe für deine Meinung benennst.	Ja, geliebt zu werden ist schön, denn … Nein, wenn jemand nur an mich denkt, dann …	Ich wäre gern die Person, an die das lyrische Ich im Gedicht denkt, denn … Der letzte Vers „O, wärst du da!" zeigt, wie groß die Sehnsucht ist. Das beweist … Das lyrische Ich ist ja richtig süchtig nach dem Geliebten. Das erkennt man z. B. in der ersten Strophe, da es nur an ihn denkt. So stelle ich mir eine Freundschaft nicht vor, weil …

Eine Gedichtuntersuchung überarbeiten

In dem 1795 erschienenen Gedicht „Nähe des Geliebten" wünscht sich Goethe die Nähe des Menschen, den er liebt, und er sehnt sich ganz doll nach ihm. Das Ich im Gedicht war gerade am Meer. Es fühlt sich dort in der Sonne allein. Und es denkt an den Geliebten, wenn
5 der Mondschein sich im Wasser spiegelt. In der zweiten und dritten Strophe wird deutlich, dass Goethe überall den geliebten Menschen sieht, selbst im Staub. Er hörte ihn auch im Meer und im Wald, auch wenn es dort ganz still ist. In der letzten Strophe ist der Geliebte endlich da. Gemeinsam genießen sie die Sterne, die schöner als die
10 Sonne sind. Das Gedicht besteht aus vier Strophen mit jeweils vier Versen. Die Verse sind abwechselnd lang und kurz. Goethe verwendet in allen Strophen einen regelmäßigen Kreuzreim. Die Regelmäßigkeiten in der Form betonen die Harmonie zwischen den Liebenden. Jede Strophe fängt immer gleich an. Am Anfang steht immer das
15 „Ich", das etwas tut. Der Leser erfährt auch nur, wie sich das Ich fühlt. Von dem Geliebten wissen wir nichts. Die Gefühle des lyrischen Ichs verändern sich eigentlich nicht, da es sich die ganze Zeit nach dem anderen sehnt. In den ersten drei Strophen verwendet Goethe noch zusätzlich einen Parallelismus, da die ersten Verse immer gleich
20 aufgebaut sind (Ich denke dein, wenn ...; Ich sehe dich, wenn ...; Ich höre dich, wenn, ...). Durch den Parallelismus werden die Strophen miteinander verbunden.
Die letzte Strophe zeigt die größte Nähe zu dem Geliebten. Das erkennt man auch an dem unterschiedlichen Satzbau (Ich bin bei dir, du ...)
25 im ersten Vers. Aber auch die Ausrufe (... du bist mir nah! und O wärst du da!) betonen die große Sehnsucht, die das lyrische Ich verspürte. Die unterschiedliche Länge der Verse zeigt das Hin und Her in der Beziehung. Mal waren sie zusammen und dann sind sie wieder getrennt. In der ersten Strophe zeigen die Ausdrücke „Sonne Schimmer"
30 und „Mondes Flimmer", dass das lyrische Ich bei Tag und Nacht an den geliebten Menschen dachte. Die Liebe und die Sehnsucht sind so groß, dass es immer an ihn denkt. Goethe verwendet auch noch Personifikationen, die alle etwas mit der Natur zu tun haben (der Staub hebt sich, die Welle steigt, die Sonne sinkt, bald leuchten mir die Sterne).

Autor ist nicht lyr. Ich
A

Zeitform

Sa
Absatz

gut

35 Dadurch ist das lyrische Ich nicht so allein. Und in der Natur sieht es überall immer wieder den geliebten Menschen. Dadurch sind sie sich ganz nah.
Ich wäre nicht so gerne die Person, an die das lyrische Ich denkt. Dann müsste ich mit ans Meer und im Wald spazieren gehen. Das mache ich
40 nicht gerne. Ich gehe lieber mit meinen Freunden ins Kino.

Folie

1 Überarbeite die Textuntersuchung zu dem Gedicht „Nähe des Geliebten". Notiere am Rand, welche Textstellen gut gelungen und welche fehlerhaft sind. Nutze hierzu die **CHECKLISTE**.

2 Überprüft eure Ergebnisse in einer Schreibkonferenz.

3 Überarbeite deine eigene Textuntersuchung genauso.

☑ CHECKLISTE

Eine Gedichtuntersuchung überarbeiten
1. Enthält die **Einleitung** alle Informationen **(TATTE-Satz)**? Wird ein allgemeines Thema formuliert?
2. Wird **das lyrische Ich** richtig benannt oder wird es mit dem Autor gleichgesetzt?
3. Wird der **Inhalt** richtig und in eigenen Worten **zusammengefasst**?
4. Wird der **Zusammenhang zwischen Inhalt und Form** des Gedichts erkannt? Werden z. B. sprachliche Mittel benannt, die Veränderungen in den Gefühlen des lyrischen Ichs verdeutlichen?
5. Bezieht sich die **Stellungnahme** am Schluss auf Inhalt und Aussage des Gedichts?
6. Werden die einzelnen Arbeitsschritte durch **Absätze** voneinander getrennt?
7. Wird in der Untersuchung durchgängig das **Präsens** verwendet?
8. Werden **Textbelege** durch Anführungszeichen **gekennzeichnet** und Versangaben gemacht?

Kompetenz-Check: ein Gedicht untersuchen

Ob ich ihr sag, dass ich sie mag?
Christine von dem Knesebeck (1997)

Ich mag, wie sie lacht
und wie sie schaut.
Was sie auch macht,
was sie auch tut,
5 ich seh sie an
und mir geht es gut.
Ob ich ihr sag,
dass ich sie mag?

Ich möchte laut singen,
10 ich möchte laut pfeifen,
möchte hoch oben
nach Sternen greifen.
Wär es nicht schön,
zusammen zu sein?
15 Wär es nicht schön,
mit ihr zu gehn?
Ob ich ihr sag,
dass ich sie mag?

Ich möchte laut singen,
20 möchte vor Freude
am liebsten zerspringen.
Wohin ich schau:
Die Welt steht kopf –
alles ist neu.
25 Ob ich ihr sag,
dass ich sie mag?

Ich mag, wie sie lacht
und wie sie schaut,
was sie auch macht,
30 was sie auch tut.
Sie sieht mich an
und ich fühl mich gut.
Wär es nicht schön,
mit ihr zu gehn?
35 Sie sieht mich an
und ich fühl mich gut.

Ob ich ihr sag,
dass ich sie mag?

1 Untersuche das Gedicht genau und plane deinen Text.
  a) Mache dir neben dem Gedicht Randnotizen zum Inhalt.
  b) Markiere ebenfalls formale und sprachliche Regelmäßigkeiten oder Auffälligkeiten.
  c) Lege dir einen Schreibplan für eine Textuntersuchung an.

Folie
Folie

2 Schreibe deine Untersuchung als zusammenhängenden Text.
  Gehe dabei so vor:
  a) Formuliere eine Einleitung (TATTE).
  b) Gib den Inhalt der Strophen in eigenen Worten wieder. Achte darauf, dass die Gefühle des lyrischen Ichs deutlich werden.
  c) Beschreibe, wie sich die Gefühle des lyrischen Ichs verändern. Erkläre, durch welche formalen Besonderheiten diese Veränderung deutlich wird.
  d) Sollte das lyrische Ich der angesprochenen Person sagen, dass es sie mag? Nimm dazu Stellung.

3 Überarbeite deinen Text mithilfe der **CHECKLISTE** auf S. 180.

Im Blickpunkt: Sprache betrachten

Mittelhochdeutsche Liebesgedichte

Dû bist mîn, ich bin dîn.
des solt dû gewis sîn.
dû bist beslozzen
in mînem herzen;
5 verlorn ist das sluzzelîn:
dû muost ouch immer darinne sîn.
(Münchner Handschrift, 13. Jahrhundert)

1 a) Unterstreiche in dem mittelhochdeutschen Gedicht (siehe 1. Hinweis in der **INFO**) alle Wörter, die dir bekannt sind.
b) Suche nach Ähnlichkeiten bei den unbekannten Wörtern, z. B. *mîn, dîn, sîn, …* . Hier hat das i keinen i-Punkt, sondern ein „Dach". Heute haben wir für dieses î einen anderen Laut. Probiere aus, mit welchem Laut in allen Fällen sinnvolle Wörter entstehen.
c) Gehe mit den anderen Wörtern ähnlich vor. Welche Buchstaben müssen verändert werden, damit ein dir bekanntes Wort entsteht?
d) Schreibe deine Übersetzung in dein Heft und lest euch eure Texte vor.
e) Übe den Vortrag des Originaltextes. Lies hierzu den 2. Hinweis in der **INFO**.

Wie sich minne hebt daz weiz ich wohl
Albrecht von Johansdorf (ca. 1209)

Wie sich minne hebt daz weiz ich wol;
wie si ende nimt des weiz ich niht.
ist daz ichs inne werden sol
wie dem herzen herzeliep geschiht,
5 sô bewar mich vor dem scheiden got,
daz wæn bitter ist.
disen kumber fürhte ich âne spot.

Wie Liebe anhebt, weiß ich wohl,
wie sie endet aber, weiß ich nicht.
Wenn ich dessen inne werden soll,
wie dem Herzen Herzensglück widerfährt,
so bewahr' mich vor dem Scheiden, Gott,
das sehr, sehr bitter ist.
Diesen Kummer fürchte ich wirklich sehr.

2 a) Decke die Übersetzung ab und bearbeite das Gedicht wie in **1**.
b) Vergleiche dein Ergebnis dann mit der Übersetzung.
c) Markiere die Wörter, die heute völlig verändert sind: *minne / Liebe …*

ℹ INFO

Mittelhochdeutsch
1. Mittelhochdeutsch nennt man die Sprache, die von 1050 bis 1350 in Deutschland gesprochen wurde. Das wichtigste literarische Werk ist das „Nibelungenlied", das um 1200 entstand.
2. Das „Dach" über dem „i" bedeutete früher, dass der Laut lang gesprochen wird. Das „æ" besteht aus einem zusammengezogenen „a" und „e", entspricht also unserem heutigen „ä".

Im Blickpunkt: richtig schreiben

Zeichensetzung bei *dass* und *das*

Hans Peter Tiemann schreibt in seinem Gedicht „Gegendarstellung" aus dem Jahr 2002 über einen Jungen, dem es peinlich ist, vor seinen Freunden zuzugeben dass er verliebt ist.
Sören, der im Gedicht als lyrisches Ich auftritt, leugnet in der ersten Strophe
5 dass er in Stella verliebt ist und erklärt dass er sie wegen ihrer Eitelkeit nicht mag. In der zweiten Strophe beschreibt er ihre Magerkeit und ihre unangenehme Stimme. Auch betont er dass er sich absolut nicht für sie interessiert. Allerdings muss er dann zugeben dass er ihr während einer Unterrichtsstunde einen Brief geschrieben hat. Er behauptet aber, das nur aus Lange-
10 weile getan zu haben. Weiter wird ihm vorgeworfen dass er sie ständig anschaut und morgens sogar ihre Schultasche trägt. Das Tragen der Schultasche das Sören als Frühsport bezeichnet, hat für ihn nichts mit Verliebtheit zu tun. In der letzten Strophe gesteht er dass er sich abends mit ihr im Park verabredet hat, um angeblich für die Schule zu lernen. Erst im letzten Satz
15 deutet er an dass er doch in Stella verliebt ist.
Das Gedicht wirkt auf mich sehr interessant, da man nur Sörens Darstellung bekommt und sich die Fragen und Kommentare seiner Freunde selbst ergänzen muss. Sörens Gegendarstellung enthält viele Fragen und Ausrufe. Dadurch wird das Gedicht lebendiger und man hat das Gefühl, seine auf-
20 gebrachte Stimme wirklich zu hören.
Ich denke dass Sören in Stella verliebt ist. Er interessiert sich sehr für das Mädchen das er deshalb genau beschreiben kann. Er weiß sogar dass sie sich Glitzer ins Haar sprüht. Und wenn man sich mit jemandem im Park abends trifft, dann macht man sicherlich keine Hausaufgaben oder übt für die
25 Schule. Das kann man doch besser zu Hause tun.

1 Überprüfe und korrigiere die Zeichensetzung in der Textuntersuchung zu dem Gedicht „Gegendarstellung" von Seite 170.
    a) Achte auf das Komma vor „dass" und „das". Nutze dazu die INFO.
    b) Welchen Tipp kannst du diesem Schüler geben?

INFO

Die Zeichensetzung bei *dass* und *das*

1. Das Wort *dass* ist eine Konjunktion und leitet einen Nebensatz ein. Nebensatz und Hauptsatz werden durch ein Komma getrennt. *Sören will nicht zugeben, dass er verliebt ist.*
2. Das Wort *das* ist ein Relativpronomen, wenn es sich auf ein vorausgehendes Nomen oder eine vorausgehende Aussage bezieht. Es leitet einen Nebensatz ein. Deshalb steht auch vor dem *das* als Relativpronomen ein Komma. *Keiner schreibt einem Mädchen, das er nicht mag.*

Seite 257

Im Blickpunkt: Lesen
Gedichte gestaltend vortragen

Sommerferien

Sommerferien
                   IHN sehen
Fußballplatz
                   IHN sehen
                             Ansprechen
                             Sprechen
                             Versprechen
                             Verabredung
                   Herzklopfen
Kölner Dom – Dom – Dom – Dom – Dom

1 a) Tausche dich mit einem Partner darüber aus, welche Wörter beim Lesen besonders auffallen, und nenne Gründe dafür.
b) An welcher Stelle siehst du in diesem Gedicht den prickelnden Moment? Begründe deine Meinung.
c) Sprecht darüber, warum am Ende das Wort „Dom" so häufig wiederholt wird.

2 Bereite den Vortrag des Gedichts mit einem Partner vor. Bearbeite hierfür entweder Aufgabe A oder B.
A Teilt die Textzeilen untereinander auf. Überlegt euch, ob Verse auch gemeinsam gesprochen werden können.

Ich finde, wir sollten die Textzeilen so aufteilen, dass deutlich wird, welche links und rechts und welche in der Mitte stehen.

Das ist eine gute Idee, aber was machen wir mit dem letzten Vers?

Sommerferien: Sprecher A
IHN sehen: Sprecher B
Fußballplatz: Sprecher A
IHN sehen: …

 Folie

B Markiert zunächst im Text, welche Verse sich zur szenischen Gestaltung besonders eignen. Anschließend trägt einer das Gedicht vor, der andere unterstützt den Vortrag durch Mimik und Gestik.

Sommerferien: das kann man gestisch nicht darstellen
IHN sehen: sehnsuchtsvoller Blick
Fußballplatz:
IHN sehen:

3 Stellt euren Vortrag der Klasse vor. Beurteilt, ob die szenische Gestaltung die Aussage unterstützt.

Sommerabend
Rolf Krenzer

Es wird Abend. Wir nehmen den Kahn.
Die Ruder spritzen uns nass.
Wir legen an einer Insel an
und sitzen zusammen im Gras.

5 Weit spannt sich der Himmel über das Land.
Die Nacht fällt heute aus.
Rücke noch näher und gib mir die Hand.
Wir rudern noch nicht nach Haus.

Roter Sonnenball. Zärtlicher Wind.
10 Ich lege den Arm um dich.
Wenn wir ganz eng beieinander sind,
flüsterst du: „Liebst du mich?"

4 a) Markiere Textstellen, die deiner Meinung nach deutlich machen,
ob das lyrische Ich ein Junge oder ein Mädchen ist.
b) Wo siehst du den prickelnden Moment? Markiere die Stelle.
c) Vergleiche mit einem Partner, ob du den prickelnden Moment an derselben
Stelle siehst. Begründet eure Meinung.

5 Erzählt das Gedicht zu viert mithilfe eines Kamishibais (INFO) nach:
a) Wählt vier Situationen aus, die ihr in vier Bildern darstellen sollt.
b) Malt eure Bilder so groß (jeder eines), dass sie in den Bilderrahmen
hineinpassen. Entwerft abschließend ein Titelblatt für eure Geschichte.
c) Übt das Vorstellen der Bilder zu zweit ein: Erzählt im Wechsel, was passiert
und wie sich die beiden im Gedicht fühlen. Denkt an sinnvolle Überleitungen
zwischen den Bildern. Übt auch das Wechseln der Bilder.
d) Stellt euch eure Kamishibais gegenseitig in der Klasse vor.

INFO

1. Was ist ein Kamishibai?
Kamishibai ist japanisch und bedeutet **Papiertheater**. Früher fuhren die
japanischen Süßigkeitenhändler mit dem Fahrrad von Dorf zu Dorf. Um die
Kinder anzulocken, hatten sie ein Kamishibai auf dem Lenker befestigt.
Die Kinder, die etwas kauften, durften ganz vorne auf den besten Plätzen
sitzen und den Erzählungen, die durch Bilder unterstützt wurden, lauschen.

2. So fertigt ihr ein Kamishibai an:
Ihr benötigt einen **Bilderrahmen**, in den ihr von oben Bilder hineinstecken
könnt. Ihr sollt zu jedem Bild einen Teil der ganzen Geschichte erzählen.
Wichtig ist, dass ihr nicht die Bilder beschreibt, sondern erzählt, was in
dem Bild geschieht. Der Rahmen sollte ungefähr 30 × 30 cm groß sein.
Dann könnt ihr DIN-A4-Blätter zum Malen verwenden und den oberen Rand
abknicken, um eure Bilder nach und nach aus dem Rahmen zu ziehen.

Felix Groß (14) als Zerspanungsmechaniker in einer Metallfabrik: Nicht so gut fand ich, dass ich fast nichts machen konnte und meistens nur zugucken durfte. Deshalb hat mir auch am besten gefallen, wenn ich manchmal den Fräser bedienen durfte. Überrascht war ich darüber, dass kaum Frauen dort gearbeitet haben.

Thomas Jung (13) als Schlosser in einer Kunst- und Bauschlosserei: Mir hat nicht gefallen, dass ich oft dasselbe machen musste. Am besten aber fand ich, dass es immer was zu tun gab und mir nie langweilig war. Ich werde in diesem Betrieb mein Praktikum in der 9. Klasse machen, denn handwerkliches Arbeiten liegt mir.

Ein Tag in der Arbeitswelt

1. Welche Vorstellungen hast du von einem Tagespraktikum und was erwartest du davon? Tauscht euch darüber aus.

2. Schülerinnen und Schüler einer Realschule haben sich zu ihren Erfahrungen in einem Tagespraktikum geäußert. Betrachtet die Fotos und untersucht die Aussagen auf diesen Seiten:
   – Wo und in welchen Berufen haben die Schülerinnen und Schüler gearbeitet?
   – Was hat ihnen besonders gut gefallen?
   – Was kritisieren sie?

Sina Baum (13) als Sport- und Fitnesskauffrau in einem Fitnessstudio: In meinem späteren Beruf möchte ich mich viel bewegen und viel Kontakt mit Menschen haben. Das war beides im Fitnessstudio der Fall. Ich durfte mit den Trainern überallhin mitgehen und schon nach kurzer Zeit Übungen mitmachen oder Hilfestellungen geben. Deshalb hat mir der Tag sehr gut gefallen.

Marvin Schröder (13) als Bürokaufmann in einer Firma, die Böden herstellt: Mir hat die Führung durch die komplette Firma sehr gut gefallen. Die Tätigkeiten fand ich nicht anstrengend, aber am Abend taten mir die Augen von der Arbeit am Computer weh. Spaß gemacht hat mir der Telefondienst, den ich für einige Zeit übernehmen durfte. Aber ich werde mich auch noch nach anderen Berufen erkundigen.

Philipp Meier (14) als Erzieher in einem Kindergarten: Am besten fand ich es, mit den Kindern zu spielen. Die Jungen fanden es toll, dass auch mal ein Junge im Praktikum da war und nicht wie sonst meistens nur Mädchen.

Henrike Klinkewitz (13) als Gebäudereinigerin für eine Gebäudereinigungsfirma: Für mich war der Tag sehr aufschlussreich, weil mir klar geworden ist, dass ich später eine andere Arbeit machen will. Deshalb fand ich diese Erfahrung sinnvoll. Dieser Beruf ist körperlich sehr anstrengend, und ich musste sehr früh anfangen.

3 a) Notiere den Beruf, den du für ein Tagespraktikum auswählen würdest. Begründe deine Entscheidung.
b) Legt an der Tafel eine Tabelle an und tragt euren Berufswunsch für das Praktikum ein.
– Zählt aus, wie häufig die einzelnen Berufe genannt wurden.
– Notiert, ob ein Junge oder ein Mädchen den Beruf erwähnt hat.
c) Welche Berufe wurden besonders häufig genannt? Welche Berufe wurden von den Mädchen bzw. Jungen bevorzugt? Wertet die Tabelle aus und stellt Vermutungen darüber an, wie es zu diesen Ergebnissen kommt.

Beruf/Häufigkeit der Nennung	Junge	Mädchen
Zahnarzthelfer(in): III		III
...		

Da möchte ich arbeiten: sich telefonisch um ein Tagespraktikum bewerben

1 Julian will sich telefonisch um ein Tagespraktikum bewerben. Überlege, worauf er achten muss, und mache dir dazu Notizen:
- Welche Angaben über ihn sind für den Betrieb wichtig?
- Was sollte er über den Betrieb erfragen?

Julian:	Hallo!
Frau Wagener:	Guten Tag. Firma *Eisen und Stahl*. Sie sprechen mit Frau Wagener. Was kann ich für Sie tun?
Julian:	Hallo, hier ist Julian, ich rufe Sie an wegen eines Tagespraktikums.
5 **Frau Wagener:**	Wann ist denn Ihr Tagespraktikum?
Julian:	Im Sommer.
Frau Wagener:	Wann denn genau im Sommer? Kennen Sie das exakte Datum?
Julian:	Weiß ich nicht so genau. Warum müssen Sie das denn wissen? Ich bin doch nur einen Tag da.
10 **Frau Wagener:**	Ich muss das wissen, damit wir Ihr Praktikum vorbereiten können. Schließlich stellen wir Ihnen ja auch einen Betreuer zur Seite, der Sie den ganzen Tag über begleitet.
Julian:	Oh, tut mir leid. Das wusste ich nicht. (Pause)
Frau Wagener:	Auf welche Schule gehen Sie denn?
15 **Julian:**	Städtische Realschule.
Frau Wagener:	Wissen Sie denn schon, in welchem Bereich Sie Ihr Tagespraktikum absolvieren wollen? Möchten Sie lieber im Büro oder in der Werkstatt arbeiten?
Julian:	Ich weiß nicht genau, ob ich im Büro oder in der Werkstatt arbeiten will. Geht denn beides?
20 **Frau Wagener:**	Das kann ich Ihnen auch nicht genau sagen.
Julian:	Wer kann mir denn da weiterhelfen?
Frau Wagener:	Für unsere Praktikanten ist Herr Schmidt zuständig. Wenden Sie sich bitte an ihn. Seine Nummer lautet 0112233445.
Julian:	Danke, ich rufe dann ihn an.

2 Spielt das Telefongespräch nach.

3 Untersuche den Verlauf des Telefongesprächs:
a) Wie reagiert Frau Wagener auf Julians Anruf? Erkläre ihre Reaktion.
b) Warum muss Julian noch einmal anrufen? Belege deine Erläuterung mit passenden Stellen im Gespräch.
c) Beurteile, ob sich Julian ausreichend auf das Gespräch vorbereitet hat.

4 Bereitet in Partnerarbeit ein Telefongespräch zwischen Herrn Schmidt und Julian vor. Geht dabei so vor:

a) Legt die Rollen fest und notiert auf Rollenkarten jeweils für Julian und Herrn Schmidt die Informationen, die sie im Gespräch erfragen wollen. Lest dazu den **TIPP**.

> Rollenkarte Julian
> Termin des Tagespraktikums:
> Berufswunsch:
> Arbeitszeit:
> Ansprechpartner im Betrieb:
> …

> Rollenkarte Herr Schmidt
> Termin des Tagespraktikums:
> Berufswunsch:
> Arbeitszeit:
> Arbeitskleidung:
> …

b) Führt das Telefongespräch als stummes Schreibgespräch durch, damit ihr euch in Ruhe aufeinander beziehen könnt. Beachtet dabei die Hinweise auf dem Zettel am Rand.

<u>Herr Schmidt:</u> Guten Tag. Firma „Eisen und Stahl". Sie sprechen mit Herrn Schmidt.
<u>Julian:</u> Guten Tag, mein Name ist Julian Brück. Ich möchte mich bei Ihnen um einen Tagespraktikumsplatz bewerben.
<u>Herr Schmidt:</u> Wann soll denn Ihr Praktikum stattfinden?
…

> In einem **stummen Schreibgespräch** bezieht ihr euch direkt auf den Beitrag des anderen. Es darf nicht gesprochen werden.

5 Tragt eure Gespräche mit verteilten Rollen in der Klasse vor. Die anderen hören aufmerksam zu und machen sich Notizen zu folgenden Punkten:
– Die Schüler, die Julians Rolle übernommen haben, achten darauf, ob er die Hinweise 4–6 des **TIPPs** umsetzt.
– Die Schüler, die Herrn Schmidts Rolle übernommen haben, achten darauf, ob dieser alle wichtigen Informationen von Julian erhält.

💡 TIPP

So bewirbst du dich telefonisch um ein Tagespraktikum:
1. Notiere vorher alle wichtigen Aspekte: *Bewerbung um ein Tagespraktikum als …, Termin des Tagespraktikums, Ansprechpartner in der Schule, Adresse und Telefonnummer der Schule …*
2. Schreibe dir Fragen auf, die du stellen möchtest.
3. Lege dir für das Gespräch Papier und Stift zurecht.
4. Melde dich mit Vor- und Nachnamen, begrüße deinen Gesprächspartner.
5. Sprich in ganzen Sätzen.
6. Frage nach, wenn du etwas nicht verstanden hast.
7. Wenn du mit der Telefonzentrale verbunden bist, frage nach, wer für ein Praktikum zuständig ist. Lasse dir die Durchwahlnummer geben.
8. Schreibe den Namen deines Gesprächspartners auf.
9. Notiere während und nach dem Gespräch alle wichtigen Angaben.
10. Telefoniere am besten von zu Hause aus. Achte darauf, dass du nicht gestört wirst und dass es nicht laut ist.

Das möchte ich von Ihnen wissen: einen Interviewbogen erstellen

1 Die Ansprechpartner im Betrieb geben den Praktikanten in der Regel die Gelegenheit, Fragen zu stellen. Überlege, warum es sinnvoll ist, sich bereits vorher Fragen zu überlegen und diese in einem Fragebogen festzuhalten.

2 Untersuche die Fragen, die Miriam und Deniz aufgeschrieben haben: Entscheide, welche Fragen du in einem Interview mit deinem Praktikumsbetreuer stellen würdest und welche eher nicht. Begründe deine Wahl mithilfe des **TIPPs**.

Fragen von Miriam

1. Wie lange dauert die Ausbildung für diesen Beruf?
2. Welcher Schulabschluss ist dafür Voraussetzung?
3. Welche Schulfächer sind für den Beruf besonders wichtig?
4. Welche Noten hatten Sie in Ihrem Abschlusszeugnis?
5. Sind Sie verheiratet?
6. Braucht man besondere Fähigkeiten? Welche sind das?
7. Wer sollte diesen Beruf besser nicht ergreifen?
8. Wie viel Geld verdient man in der Ausbildung?
9. Würden Sie diesen Beruf noch einmal erlernen wollen?

Fragen von Deniz

1. Wie heißt Ihr Beruf genau?
2. Wie lange arbeiten Sie schon in diesem Beruf?
3. Wie finden Sie Ihre Kollegen und Ihren Chef?
4. Was finden Sie besonders anstrengend und schwierig in diesem Beruf?
5. Welche Vorteile und Nachteile hat dieser Beruf?
6. Wie viel Geld verdienen Sie?
7. Wie sind Ihre Arbeitszeiten und Pausen, wo arbeiten Sie hauptsächlich?
8. Müssen Sie oft Überstunden machen?
9. Mögen Sie das Essen in der Kantine?

3
a) Verfasse einen eigenen Interviewbogen mit höchstens zehn Fragen.
b) Vergleiche deinen Fragebogen mit dem eines Partners und sprich mit ihm über mögliche Unterschiede.
c) Überarbeite deinen Fragebogen.

> **TIPP**
>
> **So bereitest du ein Interview für das Tagespraktikum vor:**
> 1. Bereite dich auf das Gespräch mit deinem Ansprechpartner im Betrieb vor und notiere dir vorher deine Fragen.
> 2. Stelle Fragen, die den Beruf, die Ausbildung oder den Betrieb betreffen.
> 3. Stelle keine zu persönlichen Fragen.
> 4. Achte darauf, dass du deine Fragen sprachlich angemessen formulierst *(vollständige Sätze, keine Jugendsprache)*.

Deniz interviewt Herrn Bender, einen Freund seines Vaters, über dessen Beruf.

Deniz: Also, wir haben da in der Schule einen Interviewbogen fürs Tagespraktikum vorbereitet. Ich möchte dich nun über deinen Beruf befragen, so wie ich den Ansprechpartner im Betrieb auch interviewen würde.

Herr Bender: Na gut, aber dann müssen wir uns siezen.

Deniz: In Ordnung! Fangen wir an. Herr Bender, haben Sie etwas Zeit für mich? Ich würde Sie gerne über Ihren Beruf interviewen.

Herr Bender: Wenn Sie mich so nett fragen … Ja, ich habe eine Viertelstunde Zeit für Sie. Setzen wir uns doch.

Deniz: Danke. Zunächst möchte ich Sie bitten, mir die genaue Bezeichnung Ihres Berufes zu nennen.

Herr Bender: Ich bin Zerspanungsmechaniker.

Deniz: Wie lange arbeiten Sie schon in diesem Beruf?

Herr Bender: Seitdem ich mit der Schule fertig geworden bin. Mit 16 Jahren schloss ich die Realschule ab und fing sofort bei der Firma *Eisen und Stahl* die Ausbildung an. Ich arbeite nun seit 23 Jahren in diesem Beruf, und er macht mir weiterhin viel Spaß. Eine Ausbildung zum Zerspanungsmechaniker dauert dreieinhalb Jahre.

Deniz: Was muss ein Zerspanungsmechaniker denn tun?

Herr Bender: Das ist ganz einfach. Zerspanungsmechaniker fertigen Präzisionsbauteile aus Metall durch spanende Verfahren wie Drehen, Fräsen oder Schleifen an. Mittlerweile arbeiten wir mit CNC-gesteuerten Werkzeugmaschinen.

Deniz: Das verstehe ich nicht genau. Was ist denn CNC?

Herr Bender: CNC heißt Computerized Numerical Control. Vereinfacht gesagt sind CNC-Maschinen Werkzeugmaschinen, die über einen Computer programmiert werden. Man kann so sehr genau arbeiten.

Deniz: Ach ja, na klar. Zur nächsten Frage: Welche Schulfächer sind für den Beruf besonders wichtig? Welche Noten sollte man haben?

Herr Bender: Also, wir legen besonderen Wert auf die Hauptfächer. Vor allem in Mathematik sollte man eine gute Note haben, da Zerspanungsmechaniker mathematisches Verständnis haben müssen.

Deniz: Welche besonderen Fähigkeiten brauche ich, um diesen Beruf zu erlernen?

Herr Bender: Du solltest nicht zwei linke Hände haben und gerne mit Metall arbeiten.

Deniz: Super! Ich habe keine weiteren Fragen mehr. Vielen Dank für das Gespräch.

Herr Bender: Gern geschehen. Wenn du noch etwas wissen willst, frage mich nur.

4 a) Notiere in Stichworten, was Deniz von Herrn Bender über dessen Beruf erfährt.
b) Untersuche und beurteile die Gesprächsführung von Deniz:
– An welchen Stellen hat er genauer nachgefragt?
– Wo ist er noch einmal auf die Antwort von Herrn Bender eingegangen?
c) Welche Formulierungen in Deniz' Interview findest du besonders gut gelungen? Du kannst sie für deine eigene Befragung übernehmen.

5 a) Interviewe mit deinem Fragebogen einen Erwachsenen zu dessen Beruf.
b) Berichte anschließend von deinen Interviewerfahrungen und überarbeite, wenn nötig, deinen Fragebogen.
c) Halte die wichtigsten Informationen in einem Steckbrief zum Beruf fest.

Frag dich schlau! – Sich in einem Betrieb angemessen äußern und verhalten

1 a) Vertieft euch in das Bild und besprecht, wie ihr die Verhaltensweisen und Aussagen der Schülerinnen und Schüler beurteilt.
b) Welche Verhaltensweisen und Aussagen würdet ihr so übernehmen, welche nicht?
Begründet eure Einschätzungen mithilfe des **TIPPs** auf Seite 193.

Situation 1: Der Praktikant hat seine Aufgabe erledigt und bittet um eine neue Arbeit.

Situation 2: Der Praktikant fragt nach, weil er eine Aufgabe nicht verstanden hat.

Situation 3: Der Praktikant beschwert sich, weil er nur fegen bzw. Papiere einheften darf.

Situation 4: Der Praktikant möchte wissen, wo die Kantine ist.

Situation 5: Der Praktikant beschwert sich über den unhöflichen Ton eines Mitarbeiters.

Situation 6: Dem Praktikanten ist übel und er möchte wissen, wo die Toilette ist.

2 Verfasst in Partnerarbeit zu den Situationen 1–6 Dialoge. Teilt die folgenden Rollen untereinander auf: ein Praktikant oder eine Praktikantin, ein Ansprechpartner oder eine Ansprechpartnerin im Betrieb.
Formuliert eure Dialoge so, dass der Ansprechpartner im Betrieb auf das Anliegen des Praktikanten eingeht und ihm weiterhilft. Nutzt dazu den **TIPP**.

- <u>Praktikantin:</u>
  Ich bin mit der Aufgabe, die Sie mir vorhin gegeben haben, fertig. Hätten Sie noch eine weitere Tätigkeit, die ich für Sie erledigen könnte?
- …

- <u>Ansprechpartner:</u>
  Freut mich, das ging aber schnell. Da muss ich kurz überlegen, was ich Ihnen als Nächstes zu tun geben kann. Einen Augenblick.
- …

3 Spielt eure Dialoge in der Klasse vor. Die anderen achten darauf, wie der Praktikant sein Anliegen vorbringt und wie der Ansprechpartner darauf reagiert.

💡 TIPP

So kannst du höflich nachfragen und Wünsche oder Beschwerden angemessen äußern:
In einem Betrieb befindest du dich unter Erwachsenen und wirst auch wie ein Erwachsener behandelt. Es wird von dir erwartet, dass du selbstständig nachfragst und deine Wünsche oder Beschwerden angemessen vorträgst:
1. Bleibe immer **höflich**: Formuliere **Bitten** und **bedanke** dich.
   Verwende die **Modalverben** *dürfen, möchten, können* und den **Konjunktiv II**:
   – <u>Könnten</u> Sie mir bitte das Programm erklären?
   – <u>Vielen</u> Dank für den Hinweis.
   – <u>Hätten</u> Sie etwas dagegen, wenn ich Ihnen bei der Ablage helfe?
2. Sprich von dir in der **Ich-Form**, wenn du nachfragen, deine Meinung, eine Entschuldigung oder Beschwerde mitteilen willst. Bleibe höflich:
   – *Ich habe die Aufgaben nicht genau verstanden, könnten Sie sie mir bitte noch mal erklären?*
   – *Könnten Sie mir bitte eine neue Aufgabe geben?*
   – *Es tut mir leid. Mir ist das Glas heruntergefallen.*
   – *Ihr Kollege hat mich nach meiner Handynummer gefragt. Das ist mir aber zu persönlich, ich gebe meine Handynummer nur an Freunde weiter.*

Schon an morgen denken: sich um einen Praktikumsplatz bewerben

Dem Tagespraktikum folgt in der neunten Klasse ein mehrwöchiges Betriebspraktikum. Dazu verlangen einige Firmen eine schriftliche Bewerbung von ihren Praktikanten. Jede Praktikumsbewerbung besteht aus diesen Textelementen:

Absender / Anrede / Grußformel / Anschrift / Begründung des Praktikumswunschs / Datum / Betreff / Bitte um Rückmeldung / Unterschrift / Praktikumszeitraum / zurzeit besuchte Schule und Klasse

A   Jasmina Dickel
    Hüttenstr. 24
    54321 Kohlendorf
    Telefon: 054321 12345
 5 E-Mail: Jasmina.Dickel@Kohlendorf.de

B   Stadtverwaltung der Stadt Kohlendorf
    z. Hd. Frau Renate Kies
    Schotterweg 99
    54321 Kohlendorf

C 10 **Bewerbung um einen Praktikumsplatz
    in der Stadtverwaltung**

D   4. 3. 2011

E   Sehr geehrte Frau Kies,

F   nach den Sommerferien wird an der Realschule Kohlendorf vom 7. 11. bis
    zum 25. 11. 2011 ein Schülerbetriebspraktikum durchgeführt. Da ich gern mit
G 15 anderen Menschen zusammenarbeite und mich für die Ereignisse in unserer
    Stadt interessiere, würde ich gern das Praktikum bei Ihnen in der Stadt-
    verwaltung durchführen.

H   Zurzeit besuche ich die 8. Klasse der Realschule in Kohlendorf.

I   Bitte geben Sie mir Bescheid, ob ich bei Ihnen mein Praktikum absolvieren
 20 kann.

J   Mit freundlichen Grüßen

K   *Jasmina Dickel*

1 Ordne die oben aufgelisteten Textelemente den jeweiligen Abschnitten A–K in Jasminas Praktikumsbewerbung zu.

Folie

2 Untersuche Jasminas Anschreiben genauer: Markiere, welche Angaben sie über sich gemacht hat und welche Formulierungen ihr besonders gut gelungen sind.

Viktor Maus
Hüttenstr. 42
54321 Kohlendorf

Frau Brigitte Nett
5 Kinderweg 77
54321 Kohlendorf

4. 3. — Datum an falscher Stelle, Jahr fehlt

Bewerbung um einen Praktikumsplatz im Kindergarten

Sehr geehrte Damen und Herren,

10 nach den Sommerferien muss ich an einem Schülerbetriebspraktikum mitmachen. Mir bleibt keine Wahl. Da ich lernen muss, mit anderen Menschen zusammenzuarbeiten und mein kleiner Bruder noch in den Kindergarten geht, möchte ich mein Praktikum dort machen.
Ich sehe dann meinen Bruder öfter und ich spiele auch gerne mit kleinen
15 Kindern.
Zurzeit besuche ich die 8. Klasse der Realschule in Kohlendorf.
Sie können mich ja anrufen, wenn ich bei ihnen mein Praktikum machen darf.

Bis bald

20 *Viktor*

---

3 a) Vergleiche Viktors Bewerbung mit der von Jasmina.
b) Markiere mithilfe des **TIPPs** die Textstellen, die Viktor überarbeiten sollte, und schreibe Viktors Bewerbung neu.

Folie

4 Schreibe eine eigene Bewerbung an den Betrieb, in dem du dein Praktikum absolvieren willst. Orientiere dich an Jasminas Bewerbung und nutze den **TIPP**.

💡 TIPP

So formulierst du eine Bewerbung um einen Praktikumsplatz:
1. Beachte die **Form eines offiziellen Briefs mit folgenden Textelementen**: Absender, Anschrift, Datum, Betreff, Anrede, dein Anliegen mit Begründung, genaue Angaben zum Praktikumszeitraum, Angaben zu deiner Schule, Bitte um Rückmeldung, Grußformel, Unterschrift.
2. Formuliere durchgehend **höflich**, indem du **Modalverben** *(dürfen, möchten, können)* und den **Konjunktiv II** verwendest.
3. Sprich deinen Adressaten in der **Höflichkeitsform** an. Denke dabei an die Großschreibung der Anredepronomen: *Sie, Ihnen, Ihren …*

Gefahren im Netz

Mein Profil im Netz – öffentlich ganz privat?

SCHÜLERVERZEICHNIS

Andreas Meiers Seite (Realschule am Wald, Birkenhausen)

Andreas Fotos (2736) anschauen
Andreas ist auf 282 Fotos verlinkt
Andreas hat 269 Freunde
an der eigenen Schule
Andreas hat 1543 Freunde
an anderen Schulen

Ich bin gerade …

@home, sturmfreie Bude, komm doch vorbei: im wald 7

Gruppen:
- Mathe ist ein Arschloch und Physik sein kleiner Bruder
- Abschreiben? Wir nennen das Teamwork
- Ale die hamma snd hier rein
- Alle die Schule hassen hier rein
- Wer von euch Hässlichen hat gesagt ich bin oberflächlich?!
- Englischhasser
- Gegen gymnasium
- Nüchtern zu schüchtern – besoffen zu offen

Account
Name: Andreas Meier

Allgemeines: *[bearbeiten]*
Schule: Realschule am Wald
Status: Schüler(in)
Jahrgangsstufe: 8 b
Geburtstag: 03.03.1996

Schule *[bearbeiten]*
Ich bin: so kluk
Lieblingsfach: kunst, erdkunde
Hassfach: mathe, deutsch, englisch
Nebenjob: abschreiber
Was ich da mache: abschreiben???

Kontakt: *[bearbeiten]*
Mail: andi-meier@internet.de
Telefon: 02332/23223
ICQ: 1928374654
Ort: Im Wald 7, Birkenhausen
Land: Deutschland

Persönliches: *[bearbeiten]*
Auf der Suche nach: was sich so ergibt
Beziehungsstatus: für alles zu haben
Politische Richtung: konservativ
Hobbys: schlafen, saufen, WoW
Clubs, Vereine: FC Birkenhausen
Lieblingsmusik: Reggae, Lady Gaga
Lieblingsbücher: was ist das?
Lieblingsfilme: HP, Sherlock Holmes, Avatar
Was ich mag: buddys phil siebert, kai plöger und die megaheiße anna bauer
Was ich nicht mag: mathelehrer reichert, leute die die fresse aufreißen obwohl sie keine ahnung haben, spacken die keine eigene meinung haben
Über sich selbst: bin so cool! lass dich ankühlen

1 Im Internet gibt es mittlerweile mehrere soziale Netzwerke für Schüler wie SchülerVZ oder SchülerCC. Habt ihr auch ein Profil in einem solchen Netzwerk? Berichtet von euren Erfahrungen damit.

2 Auch Andreas hat sich in einem sozialen Netzwerk angemeldet und ein Profil von sich eingestellt. Schau dir das Profil auf Seite 196 in Ruhe an und tausche dich dann mit einem Partner zu folgenden Fragen aus:
   – Welchen Eindruck macht Andreas' Profil auf dich?
   – Was gefällt dir an dem Profil? Was nicht?
   – Würdest du Andreas im richtigen Leben kennenlernen wollen?
   Begründet jeweils eure Meinung.

3 a) Der Text unten trägt die Überschrift „Ich bin öffentlich ganz privat". Was könnte damit gemeint sein? Tauscht euch darüber in der Klasse aus.
   b) Lest nun den Text und fasst in einem Satz zusammen, worüber er informieren möchte. Hat er eure Vermutungen aus 3 a) bestätigt?
   c) Unterstreicht, welche Dinge nicht veröffentlicht werden sollten. Erklärt, warum es wichtig ist, sich in seinem Profil eher zurückzuhalten.
   d) Prüft noch einmal das Profil von Andreas.
   Markiert darin die Stellen, die er eurer Meinung nach ändern sollte. Begründet eure Einschätzung.

Folie

Ich bin öffentlich ganz privat

Viele junge Internetnutzer greifen mittlerweile auf soziale Netzwerke zurück, um sich im Internet zu präsentieren und sich mit anderen auszutauschen. Denn wo, wenn nicht hier, kann man mal unter sich sein und offen über Dinge sprechen, die einen bewegen oder über die man sich ärgert? Irrtum! Kein Ort kann von so vielen Menschen gleichzeitig eingesehen werden wie das Netz, und kein Ort hat ein längeres Gedächtnis. Was du einmal hier hinterlassen hast, kann noch Jahre später eingesehen werden. Gib daher immer nur so viel von dir in sozialen Netzwerken preis, wie du einer beliebigen Person auf der Straße mitteilen würdest. Persönliche Daten solltest du immer für dich behalten. Sie sind der Schlüssel zu deiner Person, über den dich jeder erkennen kann. Dazu gehören dein Foto, dein Nachname, deine Privatanschrift, deine Telefonnummer, E-Mail-Adressen, ICQ-Nummern und Passwörter. Es könnten sonst z. B. Personen, die dir nicht wohlgesonnen sind, deine Identität annehmen und Dinge tun, die dich in Schwierigkeiten bringen. Durch genaue Kontaktdaten machst du dich zudem nicht nur für Freunde auffindbar. Auch Erwachsene können sich hier recht einfach einschleusen, um Kontakt mit Minderjährigen aufzunehmen. Diese können dadurch Opfer von sexueller Belästigung oder sogar sexuellem Missbrauch werden. Darüber hinaus solltest du gut überlegen, welche Informationen du zu persönlichen Einstellungen veröffentlichst: Durch die Angabe politischer Sichtweisen, exzessiver Hobbys („chillen und saufen") oder Haltungen („denken is zu hoch für mich") könnte sich ein Außenstehender ein Bild von dir machen, das er im wirklichen Leben sonst nicht von dir erhalten hätte. Das gilt auch für die Mitgliedschaft in Gruppen, die mehr über dich aussagen, als du glaubst. Hassgruppen („Hass auf Mathelehrer") oder Gruppen, die Rückschlüsse auf ein problematisches Verhalten zulassen („Wer tanzt, hat nur kein Geld zum Saufen"), können dich beim künftigen Personalchef schnell in ein schlechtes Licht setzen.

Verhalten in Schülernetzwerken

Die Schülerzeitung der Weißtal-Realschule hat in ihrer letzten Ausgabe dazu aufgerufen, Fragen zum Thema „Schülernetzwerke" einzuschicken. Folgende Fragen gingen in der Redaktion ein:

1 Was würdest du jeweils auf die Fragen antworten? Mache dir Notizen und tausche dich mit deinem Nachbarn über die Probleme der Schüler aus.

2 Die Redaktion hat Informationen zu den geschilderten Problemen gesammelt und diese auf den Stichwortzetteln festgehalten.
   a) Ordne sie den Fragen oben zu. Vergleiche die Antworten mit deinen Notizen.
   b) Wähle einen Leserbrief aus und formuliere im Namen der Schülerzeitung einen Antwortbrief zu dem Problem. Nutze dazu die Stichwortzettel.

– Typen aus Freundesliste deines Accounts streichen
– schreiben, er soll dich in Ruhe lassen
– wenn er weiter schreibt:
  • Eltern informieren
  • beim Betreiber des Schülernetzwerks melden
  • bei weiteren Belästigungen anzeigen

– Profil für andere sperren
– Menüpunkt „Privatsphäre"
– „Nur meine Freunde" anklicken
– bestätigen mit „Einstellungen speichern"
– Tipp: auch andere Felder zum Datenschutz aktivieren (keinen Geburtstag anzeigen, Nachrichten nur von Freunden zustellen, Fotos nicht verlinken lassen ...)

– jeder hat ein „Recht am eigenen Bild"
– nur Bilder veröffentlichen, wenn Aufgenommene zugestimmt haben
– wenn ein anderer das Bild aufgenommen hat, auch ihn um Erlaubnis bitten

---

– Fotos werden wohl nie ganz verschwinden
– lösche die Verlinkungen
– Schreibe denen, die die Fotos veröffentlicht haben, sie sollen diese löschen

„Wer ... hasst, hier rein" – Cyber-Mobbing

1 a) Beschreibt, was auf den beiden Bildern jeweils zu sehen ist.
b) Versetzt euch in die Lage der Beteiligten: Was könnte ihnen in diesen Situationen durch den Kopf gehen? Wie fühlen sie sich wohl dabei? Tauscht euch darüber in der Klasse aus.
c) Was für Situationen werden in den Bildern dargestellt? Sprecht darüber, welche Gemeinsamkeiten und Unterschiede ihr feststellt.

Was ist Cyber-Mobbing?

Cyber-Mobbing findet z. B. im Internet oder per SMS statt. Dabei werden die Opfer durch Bloßstellung, permanente Belästigung oder Verbreitung falscher Behauptungen vor einem unüberschaubar großen Publikum gemobbt, und das rund um die Uhr. Es werden z. B. sogenannte Hassgruppen gegen eine Person
5 gegründet, Bilder und Filme der gemobbten Person im Internet eingestellt oder E-Mails/SMS mit Drohungen und Beschimpfungen verschickt. Besonders schlimm ist für das Opfer, dass Inhalte, die einmal im Netz stehen, nur schwer wieder entfernt werden können. Noch Jahre später können sie von anderen aufgerufen werden.
10 Im Internet greifen die Täter oft anonym an, sodass das Opfer nicht weiß, von wem es überhaupt gemobbt wird. Da der Täter sein Opfer nicht direkt vor Augen hat, ist die Hemmschwelle für sein Handeln sehr gering. Er fühlt sich unbeobachtet, weil er keine direkte Rückmeldung für sein Verhalten erhält. Dadurch fällt es ihm leicht, Lügen zu äußern oder andere zu beschimpfen.

 S. 9

2 a) Lest den oben stehenden Text. Erklärt dann am Beispiel des zweiten Bildes auf Seite 199, was Cyber-Mobbing bedeutet.
b) Wie unterscheidet sich Mobbing von Cyber-Mobbing?
Nutzt dazu die Erklärung für Mobbing auf Seite 9.

3 a) Wie könnte Lara sich gegen das Cyber-Mobbing zur Wehr setzen? Sammelt dazu an der Tafel Ideen in Form eines Clusters.
b) Vergleicht eure Ideen mit dem **TIPP**.
c) Schreibt Lara einen Brief. Macht ihr darin Mut, sich gegen das Cyber-Mobbing zu wehren, und gebt ihr Ratschläge, wie sie dabei vorgehen könnte.

💡 TIPP

So wehrst du dich gegen Cyber-Mobbing:
1. Antworte nicht auf unangenehme Nachrichten, auch wenn es dir schwerfällt. Denn wenn du auf seine Mails eingehst, fühlt der Mobber sich bestätigt.
2. Sichere die Nachrichten des Mobbers als Beweis und melde ihn beim Betreiber des Netzwerks. Sein Account wird dann gesperrt und er wird von dem Netzwerk ausgeschlossen.
3. Lass dich nicht einschüchtern und vertraue dich jemandem (z. B. *Eltern, Vertrauenslehrer ...*) an, der dir weiterhilft. Wenn du andere einbindest und das Problem öffentlich machst, zeigst du dem Mobber, dass du nicht alleine bist und er mit Folgen für sein Handeln zu rechnen hat.
4. Informiere die Schulleitung, wenn du von Mitschülern im Netz gemobbt wirst.
5. Bei schweren Fällen von Cyber-Mobbing solltest du den Mobber bei der Polizei anzeigen, denn Cyber-Mobbing ist ein Vergehen, das strafrechtlich verfolgt werden kann!

Im Blickpunkt: Lesen

Cybermob – Mobbing im Internet (Textauszug)
Susanne Clay

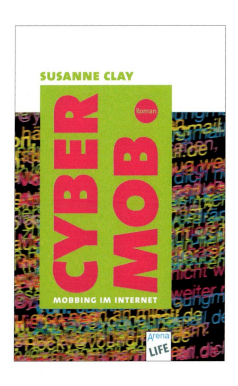

Carmen ist glücklich. Obwohl sie immer wieder an ihrem Können und an ihrem Aussehen zweifelt, hat sie in der Theater-AG eine begehrte Rolle im Musical „West Side Story" ergattert. Dafür bekommt sie viel Lob von ihren Freunden Nelli, Doro, Milla, Leon und auch dem süßen Fabio, bei dem bis jetzt sogar Nelli abgeblitzt ist. Doch dann wird alles anders, als Carmen plötzlich Mails von zwei Unbekannten erhält, in denen sie wüst beschimpft wird. Zunächst hält sie das für einen schlechten Scherz. Aber dann häufen sich die Belästigungen. Und was viel schlimmer ist: Die Unbekannten scheinen sie zu kennen …

Am Mittwochmorgen brauche ich nicht zu lügen, ich habe Kopfschmerzen. Meine Mutter fragt nichts, sieht mich nur an, sagt: „Bleib zu Hause, auf dem Herd ist Hühnersuppe. Iss ein bisschen was davon. Ich komm mittags auf jeden Fall und schau nach dir."
Als die Außentür ins Schloss fällt, starte ich den Rechner. Die ersten beiden Mails sind vom Abend vorher.
Jackknife@youngmail.de an Rocky@young-mail.de
[E-Mail-Adresse von Carmen]
Meinst du, ich hätte nicht gesehen, wo du dich versteckt hast? Glaub mir, das war nicht weit genug weg. Du musst noch viel weiter rennen. Viel weiter!

Die andere ging spät ein, kurz vor Mitternacht.
Jackknife@youngmail.de an Rocky@youngmail.de
Ich mein es ernst, bau bloß keine Scheiße. Ich weiß, wo du bist. Immer.

Die nächste hat er geschrieben, als ich durch die verschlossene Tür zuhörte, wie meine Mutter Mikko zu Petersen brachte und ihm sagte, dass es mir nicht gut ginge. Um kurz vor acht. Noch vor Beginn der ersten Stunde.
Jackknife@youngmail.de an Rocky@youngmail.de
Wir haben abgestimmt. Wir alle. Keiner will dich haben. Keiner! Kapier das endlich. Du bist allein, wir sind viele. Verpiss dich.
Ich sitze in meinem Zimmer. Die Geräusche von draußen, der Müllwagen, das Knallen, wenn die Tonnen eingerastet werden, das Hupen von ungeduldigen Fahrern dahinter, das Auf- und Abschwellen einer Alarmanlage, kurzes lautes Bellen; als ich hinhöre und horche, ob es Mikko ist, ist es schon wieder verstummt. Wie durch Nebel dringen all die Geräusche in meinen Kopf. Ich starre auf den Monitor. Scrolle hoch. Gehe schließlich auf den Amazon-Link einer alten Mail. Starre auf die Seite mit DVD-Sonderangeboten. Als ich die Seite schließe, kann ich mich an keinen der Titel erinnern. Es ist zwölf, als Spongebob die neue Mail ankündigt. Diesmal schreibt wieder Danny.
Danny@youngmail.de an Rocky@youngmail.de
Na, erinnerst du dich noch an mich? Ich mich zum Glück kaum noch an dich. Ekelhafte Bilder verdrängt man lieber. Bleib da, wohin du dich verkrochen hast. Es ist besser so, glaub mir.

Ich hab nicht mitbekommen, dass meine Mutter die Haustür aufgeschlossen hat. Erst als sie an die Tür klopft, zucke ich zusammen, schalte den Monitor aus, ohne den Rechner herunterzufahren. Sie streckt den Kopf zur Tür herein. Hält Mikko am Halsband, zieht ihn zurück, damit er nicht hereinstürmt. „Du bist wach, Schatz?", fragt sie. Ich schüttle den Kopf, antworte mit müder Stimme: „Bin bloß kurz aufgestanden. Musste ein Glas Wasser trinken." Für die Mattigkeit in meiner Stimme muss ich mich nicht anstrengen. Besorgt kommt sie zu mir, legt mir die Hand auf die Stirn. Zieht die Brauen zusammen, sagt: „Leg dich schnell wieder hin und versuch zu schlafen. Und morgen gehen wir zum Arzt." […]

„Komm, Mikko", sagt sie im Flüsterton, als mein Hund versucht, aufs Bett zu klettern. „Lass Carmen, Carmen muss schlafen, sie ist krank." Irgendwann bin ich wirklich eingeschlafen. Gesichtslose Menschen mit Kapuzen über dem Kopf, maskierte graue Gestalten geistern durch meine Träume. Mit langen blitzenden Messern bewaffnete Ungeheuer treiben mich an den Rand einer Klippe. Wenn ich falle, wenn ich mit weit aufgerissenem Mund stumm ins Endlose falle, reißen sie sich die Verkleidung herunter, haben abwechselnd die Gesichter von Nelli, von Fabio, von Doro, von Milla, von Leon. Ich bin schweißnass, als mich das durchdringende Geschrei von Spongebob aus einem weiteren Sturz ins Bodenlose zurückholt, mich weckt mit der aufgeregten Ankündigung einer neuen Nachricht.

Ich springe auf, bin mit drei Schritten am Rechner. Bevor ich die Lautsprecher ausstellen kann, ist der gelbe Schwamm bereits verstummt. Der Monitor ist schwarz. Eine Zeit lang sitze ich davor. Starre auf den Bildschirm. Dann schalte ich den Monitor ein. Bewege die Maus. Starte mein Mailprogramm. Sie ist von Jackknife. Meine Uhr zeigt kurz vor fünf. Meine Eltern werden bald kommen. Mikko war den ganzen Tag bei Petersen. Ich sitze da, die Mail markiert, die Pfeilspitze der Maus auf Löschen gerichtet. […] Ich ziehe die Maus zum Öffnen.

Jackknife@youngmail.de
an Rocky@youngmail.de
Wir haben ein neues Foto an unserer Pinnwand im Klassenzimmer. Schön, nicht wahr?

Unter der Mail ist ein Foto von uns allen. Ich erkenne es, es war auf unserer Weihnachtsfeier. Kerzen tauchen das Klassenzimmer in warmes orangefarbenes Licht. Alle sehen lachend in die Kamera. Ich weiß, ich habe auch gelacht. So wie alle. Es war kurz vor Weihnachten, die Ferien standen vor der Tür. Der Pulli, den ich trug, war rot und Nelli sagte, ich sähe aus wie Penélope Cruz. Ich hab meiner Mutter verboten, ihn in der Waschmaschine zu waschen, weil ich Angst hatte, dass er die Form verliert. Ich erinnere mich an diese Weihnachtsfeier. Es war das erste Weihnachten mit Mikko. Auf diesem Bild sind meine Augen mit einem schwarzen Tuch verbunden. Mein Kopf ist unnatürlich verdreht, seitlich abgeknickt. Dickes rotes Blut fließt über meine Schläfe, läuft über den Körper, bildet eine dunkle Pfütze auf dem Pult. Das Blut ist so rot wie der Pulli, den ich trage. Ich mache den Rechner aus. Lege mich auf mein Bett. […]

Um kurz vor fünf geht die Haustür. Mikko bellt wie verrückt, es klopft, mein Vater kommt herein, ohne meine Antwort abzuwarten. Er setzt sich neben mich auf mein Bett, zieht mir die Zeitschrift aus der Hand, aus der mir, seit ich sie genommen habe, das Gesicht von Beyoncé entgegenlächelt. Daneben eine Jeanswerbung. „Oma hat gerade angerufen", sagt mein Vater. Langsam drehe ich mich zu ihm hin und schaue ihn an. Ich nehme seine Konturen wahr, die Falten, die sich um seinen Mund herum eingegraben haben. Ein paar Stoppeln links unten am Kinn, da hat er nicht aufgepasst beim Rasieren. Ich sehe seinen unruhigen Blick, seine Augen, die durch den Raum huschen, mich nur kurz wie im Vorbeigehen streifen. Seine Finger, die auf die Zeitschrift trommeln. […] „Ich bin vielleicht zu blöd, aber ich kann mir überhaupt nicht vorstellen, was dich so krank und so fertigmacht. Und trotzdem kannst du nicht mit uns reden. Mit Mama und mir." Gedankenverloren dreht er Mikkos Ohren um seine Finger, bis Mikko aufjault und mit einem Kopfschütteln sein gekniffenes Ohr befreit. „Carmen, mein Engel, ich bin bestimmt nicht der Superpädagoge. Ich bin gar kein Pädagoge. Wir führen keine tiefsinnigen Gespräche. Aber ich hab gedacht, wenn was ist, dann weißt du, dass du immer auf mich zählen kannst. Egal, was ist. Ich weiß nicht, was du mit dir herumschleppst. Ist es Geld, gibt es Ärger in der Schule, ist es …?" Er kratzt sich am Kinn, tastet über die schlecht rasierte Stelle, zupft an den winzigen Stoppeln. „Also, wenn es was ist mit 'nem Jungen, Liebeskummer, ach Scheiße." Er dreht sich zu mir, sieht mich ernst an. „Das klingt alles so banal. Ich will nur, dass du weißt, es gibt nichts, was du nicht sagen kannst. Es ist auch okay, wenn du sagst, es geht mich oder uns nichts an. Aber wir machen uns Sorgen."

Es wäre so leicht gewesen. So leicht. Drei, vier Schritte, den Rechner eingestöpselt, hochgefahren, die Mails aufgerufen und gesagt: „Hier Papa, das ist es. Mach das weg. Mach, dass alles wieder gut ist." Es wäre so leicht gewesen. Ich sehe sein müdes Gesicht. Jede Falte, jeder Zug vertraut.
„Wieso sollte Marc Bauklötzchen nach dir werfen ohne Grund?", fragte meine Mutter, als ich vier war.
Das Blut auf meinem Pult.
„Lass Mikko bei mir", sage ich, als mein Vater aufsteht. Er nickte. „Okay, aber ich geh noch mal mit ihm raus später. Versuch zu schlafen."

1 Auf welche Weise wird Carmen gemobbt? Nenne Merkmale von Cyber-Mobbing, die du in diesem Textauszug wiederfindest. **S. 200**

2 Wie reagiert Carmen auf die Belästigungen durch die Mobber? Tausche dich mit einem Partner darüber aus, was die Mails bei Carmen bewirken. Nennt Textstellen, aus denen dies deutlich wird.

3 a) In Zeile 199–201 heißt es: *„Hier Papa, das ist es. Mach das weg. Mach, dass alles wieder gut ist." Es wäre so leicht gewesen.*
Besprich mit einem Partner mögliche Gründe, weshalb sich Carmen wohl nicht ihren Eltern anvertraut.
b) Erklärt in diesem Zusammenhang, weshalb sich Carmen wohl an einen Ausspruch ihrer Mutter erinnert, als sie vier gewesen ist (Zeile 203–205).

Am Ende des Buches wird das Projekt „Mob Cops" ins Leben gerufen.
Wie die Autorin, Susanne Clay, auf diese Idee gekommen ist, dazu hat sie sich in einem Interview folgendermaßen geäußert:
Ich hab darüber mit verschiedenen Polizisten gesprochen. Aber auch mit Lehrern und mit Schulleitern. Im Grunde hab ich dieses Modell entworfen und sowohl die Polizisten als auch die betroffenen Schulen, mit denen ich zusammengearbeitet habe, gefragt, ob so etwas denkbar wäre. Dann hab ich das den Opfern vorgestellt, mit denen ich Kontakt hatte. Und die haben alle gesagt: ja. Wenn es so etwas gäbe, dann könnte ich eine Mail dorthin schicken, ohne dass mein Name genannt ist. Und niemand erfährt das je. Denn das ist immer wieder ein typisches Verhalten: Ich will nicht, dass es jemand liest. Aber wenn man bei so einer Gruppe wäre, die das anonym recherchiert, dann würde ich das melden. Und damit ist Mobbingtätern die Grundlage entzogen.

4 Lies den Auszug aus einem Interview mit Susanne Clay.
a) Beschreibe, was das Besondere an dem Projekt „Mob Cops" ist.
b) Diskutiert in der Klasse, ob man mit diesem Projekt erfolgreich gegen Cyber-Mobbing vorgehen könnte.

Szene 5

Jonas spricht über Aynur:

„In den Ferien waren wir zusammen. Wie sie mich angeschaut hat. Am letzten Ferientag. Ich lieg so mit Thomas am Strand, einsame Bucht, weit und breit nur Sand und Meer. Ich denke, was für öde Ferien. Und dann diese Hitze. Ab und zu nicke ich ein. Träume irres Zeugs. Und plötzlich: eine Fata Morgana. Sie steht genau vor mir und schaut mich an. Ich denk nur, diese Augen."

Szene 3

Jonas spielt Aynur:

„Ich heiße Aynur, bin 15 Jahre alt und ich finde deutsche Jungs eigentlich ziemlich süß. Nicht alle. Logisch. Aber einer gefällt mir ganz besonders. Mit dem kann ich super reden. Stundenlang. Und wenn Hertha BSC gewinnt, schreien wir, bis dem andern die Ohren abfallen."

Türkisch Gold – Wir auf der Bühne

1 Die Fotos und Aussagen stammen aus dem Jugendtheaterstück *Türkisch Gold*. Untersuche sie genauer:
a) Was verbindest du mit dem Titel „Türkisch Gold"? Stelle Vermutungen an, worum es in dem Stück gehen könnte. Sammle deine Ideen in einem Cluster.
b) Stelle deine Ergebnisse einem Partner vor und begründe anhand der Fotos und Aussagen, wie du zu deinen Vermutungen gekommen bist. Danach geht dein Partner genauso vor.

2 Vergleiche jeweils den ersten Auftritt von Jonas und Luiza mit ihrem zweiten.
a) Welche Unterschiede entdeckst du, wenn du das erste und zweite Foto von Jonas' Auftritt sowie das dritte und vierte Foto von Luizas Auftritt vergleichst?
b) Überlege, was das Besondere an diesem Theaterstück sein könnte.

Szene 2

Luiza spricht über Aynur:

„Man kann nicht mit ihr diskutieren. Sie hält immer an ihrem Standpunkt fest. Und sie benutzt ein bisschen zu viel von diesem Vanille-Parfüm vom Body-Shop. Ich habe mal ein lustiges Erlebnis mit ihr gehabt. Es war Ramadan und Aynur hat einen Kaugummi gekaut und dann kamen ihre Kopftuch-Freundinnen und haben gesagt, es ist doch Ramadan, das darfst du nicht. Vor Schreck hat sie den Kaugummi verschluckt."

Szene 3

Luiza spielt Aynur:

„Ich heiße Aynur, bin 15 Jahre alt und deutsche Jungs interessieren mich nicht. Meine Freundinnen sagen auch alle: Wenn ein Freund, dann ein Türke. Mit einem Türken kann ich über dieselben Witze lachen. Unsere Mütter sagen beide, dass ‚Gebrochene Herzen' ihr Lieblingsfilm sei. Und, das ist das Wichtigste, wir kennen beide den türkischen Mond."

3 In dem Theaterstück stehen nur zwei Personen auf der Bühne: der fünfzehnjährige Jonas (im Rollentext abgekürzt durch: J) und die sechzehnjährige Luiza (im Rollentext abgekürzt durch: L).
Sie erfinden und spielen alle anderen Figuren in dem Stück.
a) Wen spielen sie in den unteren Ausschnitten?
b) Durch welche Requisiten wird das auf der Bühne dargestellt?

4 Jonas und Luiza haben unterschiedliche Vorstellungen von Aynur.
a) Mache dir Notizen zu folgenden Fragen:
– Wie steht Jonas / Luiza zu Aynur?
– Wie stellt Jonas / Luiza Aynur dar?
b) Vergleicht eure Ergebnisse mit einem Partner und besprecht dabei die unterschiedlichen Darstellungen. Wie kommt es zu diesen verschiedenen Sichtweisen?

Das Stück beginnt – ins Spielen kommen

Szene 1

Luiza: Und, wie war's? Langweilig?
Jonas: Bei dir?
Luiza: Langweilig. Jedes Jahr dasselbe. Tanten, Onkel, Cousinen, Küsschen hier, Küsschen da und jeden Abend irgendwo 'n Riesengelage.
Jonas: Klingt doch super.
Luiza: Weißt du, hier denke ich oft an Brasilien. Ans Meer. Manchmal hab ich so 'ne Sehnsucht, für immer dort zu leben. Aber wenn ich dort bin, will ich immer sofort wieder zurück.
Jonas: Luiza, ich hab dir was mitgebracht.
Kitschige Ohrringe.
Luiza: Türkisch Gold?
Jonas: Das sind Monde. Türkische Monde.
Sie zieht sie an, schickt ihm einen Luftkuss.
Luiza: War bestimmt total langweilig mit Thomas.
Jonas: Meistens.
Luiza: Allein mit dem Vater in den Ferien, das stell ich mir öde vor. – Und, hat er 'ne Frau aufgegabelt?
Jonas: Nee. Erstaunlich. Aber mit seiner Taktik reißt man in der Türkei nicht so schell eine auf.
Luiza: Stell dir mal vor, Thomas mit so einer Kopftuchfrau. Er grapscht und grapscht und plötzlich kommen die Brüder.
Luiza spielt Maschinengewehr.
Luiza: Die Türkei ist echt das ödeste Ferienziel für deinen Vater.
Jonas: Die Ohrringe stehen dir gut. Du bist halt auch so ein dunkler Typ, das passt.
Luiza: Und du bist erst braun geworden. Für deine Verhältnisse … Bist wohl die ganze Zeit nur am Strand rumgelegen.
Jonas: Ich find's gar nicht so langweilig, am Strand rumliegen.
Luiza: Sonst hast du immer gesagt …
Jonas: Diesmal war's eben anders. –
Luiza: Was jetzt?
Jonas: Nichts.
Luiza: Was jetzt?
Jonas: *bisschen verlegen* Ich hab halt jemanden kennengelernt.
Luiza: Was denn jetzt?
Jonas: Besser gesagt, richtig kennengelernt, anders, besser, eigentlich kannte ich sie ja schon.
Luiza: Sie? Und jetzt schreibt ihr euch?
Jonas: Das ist es ja, sie wohnt hier.
Luiza: Hier?
Jonas: Hier. Rat mal.
Luiza: Ich kenn sie auch?
Jonas: Aus deiner Schule. Denk an Anatolien.
Luiza: Wir sind so viele Ausländerinnen. Da weiß man gar nicht mehr, wer jetzt eigentlich wo herkommt.
Jonas: Sie ist keine Ausländerin. Sie ist hier geboren.
Luiza: Die? *Zeigt Locken.*
Jonas: Naja, eher glatt.
Luiza: Die kleine, ernste?
Jonas: So ernst ist die gar nicht.
Luiza: Aynur?
Jonas lächelt verlegen.
Luiza: Natürlich ist die Ausländerin. Was denn sonst?

Szene 2

Luiza: Sie hat aber kein glattes Haar.
Jonas: Aynur hat schwarzes langes Haar.
Luiza: Sie ist dunkelblond. Wenn eine nicht strohblond ist, sagen die Jungs immer gleich schwarzhaarig.
Jonas: Schöne Lippen, schöne Augen, schöne Wimpern.

Luiza: Ich finde, dass sie ziemlich schmale Lippen hat. Sie ist auch ganz schön ehrgeizig. Und sie trägt immer diese engen T-Shirts. Aber ohne Aufdruck. Sonst schauen die Jungs auf ihre Brüste.
Jonas: Aynur hat ein schönes Gesicht.
Luiza: Wenn du auf Pickel stehst.
Jonas: Schöne Füße, schöne Beine, schöne Hände. Alles schön. Aynur kann super tanzen.
Luiza: Man kann nicht mit ihr diskutieren. Sie hält immer an ihrem Standpunkt fest. Und sie benutzt ein bisschen zu viel von diesem Vanille-Parfüm vom Body-Shop. Ich habe mal ein lustiges Erlebnis mit ihr gehabt. Es war Ramadan und Aynur hat Kaugummi gekaut und dann kamen ihre Kopftuch-Freundinnen und haben gesagt, es ist doch Ramadan, das darfst du nicht. Vor Schreck hat sie den Kaugummi verschluckt.

Jonas: Du kennst sie nicht richtig.
Luiza: Hallo. Ich gehe seit drei Jahren in ihre Parallelklasse.
Jonas: Und ich bin mit ihr zusammen.
Luiza: Du bist mit ihr zusammen? [...]

1 **a)** Lies den Dialog zunächst allein.
 b) Fühle dich in eine der Rollen ein und lies den Text noch einmal mit einem Partner mit verteilten Rollen.

2 Führt zum „Aufwärmen" das *Weil-Spiel* durch, bevor ihr die Szenen spielt:

Das Weil-Spiel (Spiel in Vierergruppen):
Stellt euch im Kreis auf. Spieler A beginnt mit dem Satz: *„Jonas war in den Ferien in der Türkei."* Spieler B greift diesen Satz mit „Weil ..." auf und führt ihn mit seinen Ideen weiter fort, z. B.: *„Weil Jonas in den Ferien in der Türkei war, lag er am Strand."* Danach greift Spieler C die Ergänzung auf und macht daraus wieder einen Satz mit „Weil...". Und so geht es weiter (Spieldauer: ca. 5–10 Minuten).

3 Spielt die Szenen 1 und 2 zu zweit mit verteilten Rollen:
 a) Besprecht, wer welche Rolle übernimmt.
 b) Lies die Aussagen deiner Figur mehrfach leise durch und überlege dir, wie sich deine Figur fühlt und wie du den Text daher sprechen solltest.

4 Spielt den Dialog in der Klasse vor und wertet die Spielweise aus:
 – Wird die Stimmung im Gespräch angemessen vermittelt?
 – Sprechen und handeln die Personen realistisch?

Figurenkonstellationen untersuchen

Bevor ihr ein Theaterstück auf die Bühne bringen und die Figuren glaubwürdig darstellen könnt, ist es wichtig, die Figuren richtig kennenzulernen.
Daher solltet ihr vorher die Figurenkonstellation in dem Stück untersuchen.

 Folie

1 Erstelle eine Skizze, in der du die Figurenkonstellation darstellst. Lies dazu die **INFO** und gehe so vor:
a) Markiere im Rollentext auf Seite 206–207 Stellen, in denen deutlich wird, wie Jonas und Luiza zueinander stehen und welche Beziehung sie zu Aynur haben.
b) Übertrage das Schema ins Heft: Schreibe die Namen in die Kreise und verbinde sie mit Pfeilen. Beschrifte die Pfeile so, dass auf einen Blick die Beziehung zwischen den Figuren deutlich wird.
c) Ergänze auch Hinweise dazu, was du über die Figuren erfährst.

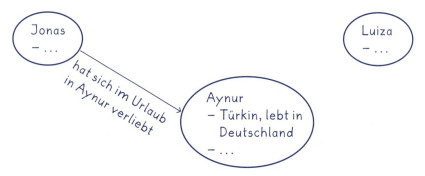

INFO

Was ist eine Figurenkonstellation?
1. Als **Figurenkonstellation** bezeichnet man die Beziehungen, in denen die Personen in einem Theaterstück zueinander stehen.
2. Die **Beziehungen der Hauptfiguren** untereinander und ihre **Beziehungen zu den Nebenfiguren** (weitere Rollen) geben Auskunft darüber, mit welchen Gefühlen und mit welchem Verhalten sie sich auf der Bühne begegnen.
3. Halte die Figurenkonstellation in einem **Schema** fest, um dir klarzumachen, wie du die Figuren spielen musst.

Durch die Stimme interpretieren

Fortsetzung von Szene 2 (S. 207)

Luiza: Woher willst du wissen, dass ihr beide jetzt zusammen seid? Habt ihr geküsst?
Jonas: Nein. Ja und nein.
Luiza: Habt ihr geküsst?
Jonas: Nein. Geredet.
Luiza: Die hat doch ihren Mund nicht aufgebracht.
Jonas: Stundenlang. Ihr war halt auch langweilig. Sie fährt jeden Sommer in dieses Kaff. Da kommt sie nämlich her, ihr Vater. Und als wir gemerkt haben, dass wir beide, dass wir uns von irgendwo irgendwie kennen, haben wir uns halt unterhalten. Sie steht auch auf Hip-Hop.
Luiza: Du und dein Hip-Hop.
Jonas: Hip-Hop gibt es auf der ganzen Welt. In allen Sprachen. Du musst dir mal die türkischen Rapper anhören. Das gefällt sogar dir. Und Aynur kann beatboxen. Die ist richtig gut.
Luiza: Aynur kann nie im Leben beatboxen.

1 Setze dich mit einem Partner zusammen. Probiert mit diesem kurzen Dialog unterschiedliche Stimmlagen und Sprechweisen aus.
  a) Lest zuerst den **TIPP**.
  b) Verteilt die Rollen und probiert verschiedene Varianten aus, zum Beispiel:
  – Jonas: unsicher, stottert / Luiza: zickig / spricht sehr schnell
  – Jonas: verliebt, wispert / Luiza: energisch, redet laut
  – …
  c) Sprecht darüber, wie sich die Wirkung jeweils verändert. Entscheidet, welche Variante am besten zu den Aussagen und Gefühlen im Theaterstück passt.

2 Lasst in der Klasse verschiedene Paare vorspielen. Diskutiert darüber, welche Variante am glaubwürdigsten und lebendigsten gespielt wurde.

3 Welche Möglichkeiten gibt es, die Sprechweise beim Proben aufzuschreiben?

> **TIPP**
>
> **So kannst du mit der Stimme einen Rollentext interpretieren:**
> 1. Beim Spielen kannst du durch die Stimmführung beeinflussen, wie die Zuschauer die **Aussagen und Gefühle deiner Figur verstehen**.
> 2. Um die **Stimmlage der Situation** angemessen gestalten zu können, musst du die Szene verstanden haben und dich in deine Figur einfühlen. So weißt du, ob du z. B. *traurig, selbstbewusst, energisch, fröhlich* … sprechen musst.
> 3. Vermittle die Stimmung deiner Figur durch **unterschiedliche Sprechweisen**, z. B. *laut schreien, flüstern, fragen, stottern, schnell sprechen, murmeln* …
> 4. Als Spieler musst du in deiner Rolle auf die Aussagen und Gefühle deiner Mitspieler reagieren. So entsteht eine Abfolge von **Aktion** und **Reaktion**.
> 5. Achte darauf, dass die Stimmlage und Sprechweise in einer Szene wechseln können. Mache diesen Wechsel auch durch **Mimik** und **Gestik** deutlich.

Texte gestaltend vorspielen

Wenn du eine Rolle lebendig und glaubwürdig spielen willst, musst du die Gefühle und Absichten der dargestellten Person genau kennen. Dazu musst du zunächst die **Spielvorlage** untersuchen.

1 a) Lies die vollständige Szene 9 (Teile A–D) und mache dir klar, in welche Rollen Jonas und Luiza jeweils schlüpfen. Wie hat die Autorin des Theaterstücks das für die Schauspieler deutlich gemacht?
b) Worüber reden Nine und Aynur? Welche Position vertreten sie jeweils?

Szene 9 *Jonas und Luiza spielen ein Gespräch zwischen Aynur und ihrer Großmutter (Nine) nach.*

Jonas: Aynur hat bestimmt eine Großmutter in Istanbul. Nicht so ein Putzteufel wie meine Oma. Die Südländer haben doch alle so liebe Großmütter, die in kleinen, dunklen, aber ganz gemütlichen Wohnungen leben, wo man sich in eine Wolldecke kuscheln kann und aus dem Kassettenrekorder kommen alte Schlager. Da singt eine Frau voller Sehnsucht von ihrem fremden Geliebten. Der Liebhaber mit den allerschönsten Augenbrauen.

Jonas spielt Nine (Großmutter) mit Zigarillo, Luiza spielt Aynur, die sich an ihre Großmutter kuschelt.

Nine (J): Dieser … Jonas … scheint ein Frauenheld zu sein, ich habe doch recht, er hat dein Herz erobert?
Aynur (L): Ich denke nicht.
Nine (J): Stellst du dir denn manchmal vor, wie es sein wird, wenn er dich in seine Arme nimmt?
Aynur (L): Sicher nicht, nein.
Nine (J): Findest du ihn denn nicht anziehend?
Aynur (L): Oma. – Na gut, er sieht nicht abstoßend aus.
Nine (J): Nicht wahr, Jonas hat dich mit seinen Blicken verschlungen. Habe ich es mir doch gedacht.
Aynur (L): Du spinnst doch.
Nine (J): Kind, warum werden deine Wangen rot?
Aynur (L): Er ist so ein deutsches Bleichgesicht.
Nine (J): Absolut reuerein.
Aynur (L): Alles spricht gegen ihn.
Nine (J): Was pumpt denn da unter deiner Brust? Da pumpt doch was.
Aynur (L): Oma. Lass mich in Ruhe.

Nine (J): Die Liebe, ja die Liebe. Manchmal kommt sie zu früh oder zu spät, am falschen Tag oder in komischen Stiefeln, aber niemals, mein Kind, niemals darfst du sie wegwerfen. Wär ich mit deinem Großvater nicht über fünf Berge und durch fünf Wälder geflohen, hätten wir nicht fünf Jahre Kälte und Hunger gelitten, wären wir nicht vor Angst und Kummer fast gestorben, was wäre ich heute für eine verschrumpelte, alte Jungfer. Verstehst du, was ich meine?
Aynur (L): Du bist eine verschrumpelte, alte Jungfer.
Nine lacht laut.

D

Nine (J): Die Menschen suchen ständig einen Grund, dem eigenen Glück im Weg zu stehen. Und doch finden sie immer zusammen, die feine Dame und der feine Herr im Groschenroman.
Aynur (L): Was genau heißt reuerein?
Nine (J): Gib mir einen Schluck Raki.
Aynur (L): Du trinkst?
Nine (J): Allah wird es mir verzeihen.
Aynur (L): Oma. Ich habe mir doch geschworen, ich will einen Mann, der den türkischen Mond kennt.
Nine (J): Und, kennt er ihn?
Aynur (L): Stimmt. Aber er hat ihn sich vielleicht noch nie richtig angeschaut. – Was heißt reuerein?
Nine (J): Freu dich, wenn er seine Lippen auf deine drückt.

2 Untersuche die folgende Bearbeitung eines Schülers zu Absatz A der 9. Szene.
 a) Wie hat der Schüler diesen Ausschnitt für das Spielen vorbereitet?
 b) Vergleiche deine Ergebnisse mit dem **TIPP**.

Jonas: Aynur hat <u>bestimmt</u> eine Großmutter in Istanbul. (abwertend) Nicht so ein Putzteufel wie <u>meine</u> Oma. / (schwärmerisch, mit verträumtem Gesichtsausdruck) Die Südländer haben doch <u>alle</u> so liebe Großmütter, die in kleinen, dunklen, aber (gedehnt) ganz gemütlichen Wohnungen leben, wo man sich in eine Wolldecke kuscheln kann (er kuschelt mit seiner Hand) und aus dem <u>Kassettenrekorder</u> (er fängt an zu tanzen) kommen alte <u>Schlager</u>. // Da singt eine Frau voller Sehnsucht von ihrem <u>fremden Geliebten</u>. (er hält ein Mikrofon) Der Liebhaber mit den <u>allerschönsten</u> Augenbrauen.
(Jonas spielt Nine (Großmutter) mit Zigarillo, Luiza spielt Aynur, die sich an ihre Großmutter kuschelt.)

3 Bereitet zu zweit die Absätze B–D ebenso für das Spielen vor:
 a) Wählt zunächst einen Absatz aus: Einer übernimmt die Rolle von Jonas (als Großmutter Nine), der andere die Rolle von Luiza (als Aynur).
 b) Probiert verschiedene Spielweisen aus. Verändert dazu jeweils den Gesichtsausdruck, die Körperhaltung, die Stimmlage und eure Handlung.
 c) Entscheidet euch für die glaubwürdigste Spielweise und notiert diese im Heft als Regieanweisungen wie in den roten Anmerkungen zu Absatz A.
 d) Übt euer gestaltendes Spiel mehrfach. Plant dafür auch ein, wie ihr die Verwandlungen von Jonas und Luiza auf der Bühne deutlich macht.

💡 TIPP

So ergänzt du Regieanweisungen:
1. Als Vorbereitung für das Theaterspiel ergänzt du die bereits vorhandenen Regieanweisungen mit Hinweisen zu deiner Figur: **Gesichtsausdruck** (Mimik): *verträumt*; **Körperhaltung** (Gestik): *kuschelt mit seiner Hand*; **Stimmlage** (Tonfall): *abwertend*; **Handeln auf der Bühne**: *fängt an zu tanzen*.
2. Unterstreiche die **Wörter, die du beim Sprechen besonders hervorheben möchtest,** und kennzeichne kurze (/) und lange (//) **Pausen**, um einer Handlung besonderen Ausdruck zu verleihen.

Gerüchteküche – eine Spielszene erweitern

1. Stelle Vermutungen dazu an, was wohl in der Schule los sein könnte, wenn die Mitschüler erfahren, dass Jonas und Aynur ein Paar sind.

Szene 11

Jonas und Luiza spielen ihre Mitschülerinnen und Mitschüler.

Sophie (L): Du Edita, weißt du, wen ich da grade mit Jonas gesehen habe? Aynur. Ich hab meinen Augen nicht getraut!
Edita (L): Beni, Aynur ist zusammen mit Jonas. Knutschen in der Öffentlichkeit. Ich hätte Respekt, aber sie werden schon wissen, was sie tun.
Beni (J): Welche Aynur?
Edita (L): Ich glaub die. *Zeigt Locken.*
Beni (J): Weißt du schon das Neuste, Meret? Jonas und Aynur sind zusammen. Ich finde das supersüß. We are one world.
Meret (L): Mit einer Türkin? Wenn das nicht wieder Zoff gibt!
Beni (J): Integration muss man eben leben, nicht nur davon sprechen.
Meret (L): Aber was meinst du, Moritz? Jonas und eine Blondine, das wär doch noch viel süßer.
Moritz (J): *johlt* Alle sind dabei, außer die Türkei!
Leyla (L): Yasemin, wie verzweifelt muss man sein, mit diesem Milchgesicht?
Yasemin (J): Aber Leyla, er wird sie auf Händen tragen. Schade, dass er kein Moslem ist.
Meret (L): Hast du das auch gehört: Die waren schon zusammen im Bett.
Moritz (J): Also unter meiner Decke hätte 'ne Türkin nichts verloren!
Moritz (J) / Meret (L): Alle sind dabei, außer die Türkei!
Yasemin (J): Was meinst du, was Kerim dazu sagt? Wenn mein Bruder so was von mir hören würde, uiuiui. [...]

2. Vergleiche die Bemerkungen aus dem Dialog mit deinen Vorüberlegungen: Welche Reaktionen hattest du erwartet? Welche sind neu?

3. Spielt diese Szene nach. Geht dabei so vor:
   a) Verteilt alle Rollen an verschiedene Mitschüler.
   b) Wie könnte die Szene nach Yasemins letzter Äußerung weitergehen? Überlege dir weitere Gerüchte, die zu deiner Rolle passen.
   c) Spielt die Szene nach und schließt dann weitere Äußerungen an. Achte darauf, dass du möglichst auf die Bemerkungen deiner Mitspieler reagierst.

Ausflug in die Türkei – Szenen improvisieren

Jonas und Luiza fliegen in ihrer Fantasie auf einem fliegenden Teppich in ihren Rollen als Jonas und Aynur in die Türkei.

1. a) Sprecht darüber, warum die beiden aus Deutschland (Berlin) fliehen und warum sie in die Türkei fliegen wollen.
   b) Überlegt, wie ihr auf der Bühne die Reise mit dem fliegenden Teppich darstellen könntet. Sammelt eure Ideen und vergleicht sie miteinander.

2. Was erleben die beiden wohl auf ihrer Fantasiereise? Bereitet euer Improvisationstheater so vor:
   a) Setzt euch mit einem Partner zusammen und verteilt die Rollen: Wer spielt Jonas – wer Aynur?
   b) Stelle vor dem Spiel Überlegungen zu deiner Figur an: Wer bin ich? / Wie stehe ich zu Aynur, wie stehe ich zu Jonas? / Wie redet meine Figur? Freut sie sich auf die Reise oder hat sie eher ein mulmiges Gefühl? …
   c) Macht euch gemeinsam Gedanken dazu, wie ihr den Flug so darstellen könnt, dass die Zuschauer „mitfliegen" können.

3. Übt eure improvisierte Spielszene:
   a) Lest dazu zuerst die **INFO**.
   b) Spielt dann die Szene mehrmals durch. Klärt nach dem Spiel, was ihr für die Vorstellung verändern wollt, um das Spiel besonders lebendig zu gestalten.

4. a) Stellt euer Spiel in der Klasse vor.
   b) Besprecht, ob es unterschiedliche Gesprächsausgänge gibt, und beurteilt, welche improvisierte Szene besonders glaubwürdig und lebendig wirkte.

ℹ INFO

Was heißt Improvisieren?
1. Beim Improvisieren gibt es **keinen vorgegebenen Text**. Die Spieler achten darauf, die angenommene Rolle angemessen und glaubwürdig zu spielen.
2. Bei mehrmaligem Spielen der Szene bleiben die **Standpunkte und die Gefühle gleich**, die Formulierungen der Aussagen müssen jedoch **nicht wörtlich wiederholt** werden.
3. Sprecht laut und verständlich, damit eure Zuschauer euch verstehen.
4. Passt euren Gesichtsausdruck, die Körperhaltung und das Handeln auf der Bühne dem an, was ihr sagt.

Auch in dem Stück fliegen Jonas und Luiza in ihrer Fantasie in die Türkei. Sie stellen sich dabei vor, wie das Leben in der Türkei sein könnte, und versuchen, die Erinnerungen an den Sommer lebendig zu machen. Aber Luiza stellt Aynur unruhig dar:

Szene 20

Am Strand, Luiza spielt Aynur.
Aynur (L): Jonas, komm, wir gehen nach Hause.
Jonas: Was?
5 **Aynur (L):** Ich hab Heimweh.
Jonas: Aber hier ist doch dein Zuhause. Aynur. Mir gefällt es hier viel besser als irgendwo sonst! Ich möchte nie mehr nach
10 Deutschland zurück, nie mehr.
Aynur (L): Und dein Vater?
Jonas: Der merkt doch nicht mal, dass ich weg bin.
Aynur (L): Und all deine Freunde? – Und Luiza? – Ich sag mir immer, 15 Zuhause ist für mich meine Familie. Und die sitzt jetzt auf dem Sofa und macht sich Sorgen. Ich hätte es ihnen einfach erklären müssen. Das mit uns beiden. Du 20 hast es halt gut, mit deutschen Eltern kann man über alles reden. Aber bei uns …
Jonas: Ich war vielleicht fünf, als ich meinem Vater das letzte Mal die 25 Wahrheit gesagt habe. (…)

5 a) Erkläre, warum Luiza Aynur unruhig und voller Heimweh darstellt.
b) Wie könntet ihr als Schauspieler dies auf der Bühne verdeutlichen?

6 Bringt die Szene auf die Bühne:
a) Zwei Schüler spielen den Dialog am Strand nach. Danach werden sie stumm und erstarren in ihrer Haltung.
b) Nacheinander treten verschiedene Schüler in den Rollen von Aynur und Jonas neben die beiden und lassen die Figuren sprechen: Was denken sie? Was wünschen sie sich? Wie geht die Szene wohl weiter?

7 a) Vergleicht die unterschiedlichen Gedanken der Figuren und beurteilt, ob sie realistisch sind.
b) Vergleicht diese Szene mit den Gesprächsausgängen eurer improvisierten Szene von Seite 213. An welchen Stellen gibt es Gemeinsamkeiten, wo Unterschiede?

Alles hat ein Ende ... – Eine Fortsetzung spielen

Szene 21 *Zurück in Berlin.*

Jonas: Luiza, willst du denn gar nicht, dass Aynur und ich je zusammenkommen? –
Luiza: Ich weiß einfach nicht, ob sie wirklich zu dir passt. Es gibt ja auch noch andere.
5 **Jonas:** Ich will aber keine andere. – Luiza, was ist denn los?
Luiza: Nichts. Eigentlich nichts.

1 Überlegt, warum Jonas am Ende des Theaterstücks diese Frage (Z. 1–2) stellt.

Szene 22 *Luiza verwandelt sich ein letztes Mal in Aynur.*

Jonas: Aynur. Ich muss dir noch was sagen. – Ist nicht so leicht.
Aynur (L): Sag schon.
Jonas: Also gut. Dass Aynur Mondstrahl heißt, das hab ich vor Ewigkeiten mal gegoogelt. Ich fand dich nämlich schon lange
5 gut. Du bist mir immer aufgefallen, wenn ich Luiza von der Schule abgeholt …
Sie küsst ihn. Jonas und Luiza schauen sich kurz irritiert an. Luiza bleibt verwirrt.
Jonas: Siehst du, Luiza, hab ich's nicht von Anfang an gesagt:
10 Aynur und ich gehören einfach zusammen. Ich weiß gar nicht mehr, was dein Problem war.
Luiza: Keine Ahnung. War mehr so ein Gefühl. Wo gehst du hin?
Jonas: Ja wohin wohl? Zu Aynur. Ich lad sie auf 'ne Cola ein.
Jonas geht.
15 **Luiza:** Und wann kommst du mal wieder bei mir vorbei?
Keine Antwort. Freundschaftszeichen. Luiza bleibt allein auf der Bühne zurück.

2 Wer küsst hier eigentlich wen? Stellt beide Möglichkeiten vor und wägt ab, welche am besten zu der Situation passt.

3 Wie könnte die Geschichte weitergehen? Entwickelt eine Fortsetzung als 23. Szene: Kommen Aynur und Jonas zusammen – oder bekommt Luiza Jonas?

4 a) Bereitet zu zweit euer Spiel vor. Lest noch einmal die **INFO** auf Seite 213.
  b) Spielt eure Szene in der Klasse vor und wertet sie aus:
  – Passt das Ende zu dem Theaterstück?
  – Passen Stimmlage und Sprechweise zu den Aussagen und Gefühlen der Figuren?
  – Wird die Beziehung der Personen zueinander deutlich?

Sprache betrachten

Einstiegstest zu den Wortarten

Auf den nächsten zwei Seiten kannst du testen, was du noch über die Wortarten weißt.

Mutter im Streik

Washington – Eine Hausfrau (✻) Frankfort im US-Bundesstaat Indiana ist (✻) ihrem Haus in den (✻) getreten. Regina Stevenson protestiere (✻) ihre faule (✻), berichteten US-Medien.

Die 41-jährige Mutter von vier (✻) saß (✻) dieser Woche nach einem (✻) Bericht
5 der Lokalzeitung *The Times* in einem Schaukelstuhl (✻) dem Bürgersteig vor ihrem (✻). Auf ihrem Schild (✻): „Mutter im Streik". Sie wolle ihre Familie zu besserer (✻) im Haushalt (✻) und werde den Streik so (✻) fortsetzen, bis die Familie mehr (✻), (✻) sie Reportern. Passanten und (✻) zeigten nach Angaben der Zeitung ihre Sympathie durch (✻) Zurufe und (✻) Hupen.

1 Ergänze im Text die fehlenden Wörter:

Haus (4), mithelfe, begeisterte (6), in, gegen, vor, Autofahrerinnen (11), Familie (4), Kindern (3), witzigen (3), auf, stand, Mitarbeit (9), aus, erziehen (5), lange (5), sagte (3,1), Streik (4), spontanes (5)

2 a) Übertrage die Tabelle in dein Heft und trage die Wörter in der Reihenfolge des Textes nach Wortarten geordnet in die Tabelle ein.
b) Die Zahl hinter den Wörtern sagt dir, welchen Buchstaben du brauchst, um das Lösungswort zu erhalten, z. B. *Streik (4. Buchstabe = e)*. Trage hierfür die entsprechenden Buchstaben spaltenweise von oben nach unten ein.

Nomen	Verben	Adjektive	Präpositionen
Str<u>e</u>ik			

Lösungswort: E_____

Car-Stuffing

„Car-Stuffing" ist lustige in Amerika eine besonders Disziplin weil Fernseh-Shows. Darunter versteht man das Vollstopfen eines Autos mit möglichst vielen Personen. Polizeistreife sind kreuz und quer, übereinander und zumeist liegend wie Ölsardinen in die Autos gequetscht. Lachten sind die Autos dann aber nicht
5 mehr.

Beim durch von Kindern ist diese Methode allerdings völlig fehl am Platz. Daher fällt die Fahrt eines Vaters in Wattenberg mit 17 Kindern an Bord eines
10 VW-Busses unter den Begriff „Wahnsinnsaktion"!

Kurz vor dem Gemeindeamt in Wattenberg fiel einer sie ein VW-Transporter auf, der mit einer Vielzahl an Kindern
15 besetzt war. Diese wurden teilweise stehend, liegend, auf jeden Fall ungesichert, in dem Bulli vom Kindergarten nach Hause gebracht.

Einige dieser Kinder fahrtüchtig die Polizeibeamten direkt Transport die Heck-
20 scheibe an, bei sie im Kofferraum standen. Der Wagen wurde von den Polizisten sofort gestoppt. Die Kontrolle ergab, dass sich der dem für 9 Personen zugelassenen VW-Bus insgesamt 20 Personen aufhielten. 17 davon waren Kindergartenkinder. Der fahrende Vater war jedoch nicht in einige Erwachsene, auf dem Beifahrersitz saßen seine Frau und eine Nachbarin. Den Fahrer erwarten eine
25 Anzeige und eine hohe Geldstrafe.

3 Die grünen Wörter stehen an der falschen Stelle. Sie wurden mit anderen Wortarten vertauscht. Um die Wörter wieder an die richtige Stelle zu setzen, musst du so vorgehen:
a) Bestimme die Wortart der grünen Wörter.
b) Vertausche die grünen Wörter und beachte dabei die folgenden Vorgaben:
– Adverb und Adjektiv vertauschen: *lustige* = Adjektiv; *besonders* = Adverb: „Car-Stuffing" ist besonders in Amerika eine lustige Disziplin
– Konjunktion und Präposition vertauschen: *weil* = Konjunktion ...
– Verb und Adjektiv vertauschen
– Nomen und Pronomen vertauschen
– Nomen und Präposition vertauschen
– Artikel und Präposition vertauschen

4 Werte deinen Test aus: Wie viele Wörter konntest du der richtigen Wortart zuordnen?
12–10 Wörter: Du bist ein Experte.
 9–6 Wörter: Du weißt noch einiges aus den vorangegangenen Jahrgängen.
 5–0 Wörter: Du solltest die Wortarten noch einmal üben.

Auf den folgenden Seiten kannst du noch einmal üben, welche Funktionen die Wortarten in den Sätzen haben und wie sie sich verändern.

Nomen und ihre Fälle

Ein Schüler hat die Überarbeitung seines Aufsatzes vorbereitet.

Eine peinliche Begegnung

Der Rastplatz war proppenvoll. Vor den Toiletten hatten sich wie immer in den Sommerferien lange Schlangen gebildet. „Da stell ich mich nicht an! Bis ich da drankomme, ist doch schon alles zu spät!", dachte sich Mara.
5 Mara steuerte dem Wald an. Ihre Mutter winkte ihre Tochter vom Beifahrersitz zu, den sie nicht verlassen wollte, da sich auf ihrem Schoß die Butterbrote und die hart gekochten Eier stapelten. Eigentlich wollten die Eltern ja gerade mit die Kinder während dem Fahrt frühstücken. Aber Mara hatte so sehr gejammert, dass der Vater dann doch den nächste Ausfahrt genommen hatte. „Lichtendorf,
10 nur 122 Kilometer entfernt von zu Hause und du musst schon!", hatte ihr Bruder genervt von sich gegeben, bevor sie in Richtung Toilettenhaus abseits den Parkplatzes verschwand. Der hatte eh keine Lust auf dem Familienurlaub am Meer. „Einmal musst du noch, nächstes Jahr kannst du dann meinetwegen mit deinem Freunden losziehen." Vater hatte mal wieder seinem Willen durchgesetzt. Aber
15 egal wie Janni darüber dachte, für Mara war alles besser, als gar nicht aus dem Pott rauszukommen.

Hinter der ersten Baumreihe fühlte sie sich noch nicht sicher genug. Tiefer ging sie in den kleinen Wald hinein. Als sie über eine Plastiktüte stolper-
20 te, verfluchte sie innerlich den Sandalen, die sie in Vorfreude auf Strand und Meer angezogen hatte. Mit die Chucks wäre das nicht passiert!
Die Frau grinste sie freundlich an und half ihr auf dem Beine. „Na, war dir die Schlange auch zu
25 lang?" Mara schaute verlegen auf den Boden. Oh, wie peinlich ist das denn? Soll ich mich jetzt zusammen mit diese Frau hinter einen Busch hocken? Die Frau war die Situation scheinbar auch unangenehm.

1 Welchen Fehlerschwerpunkt hat der Schüler? Überprüfe dazu die ersten beiden Markierungen im Text.

2 a) Lies den ersten und zweiten Hinweis in der **INFO** auf Seite 219 und frage nach den rot markierten Nomen und ihren Begleitern. Schreibe wie im Beispiel:
Wen oder was steuerte Mara an? Akkusativ: den Wald
b) Unterstreiche die Wörter vor den grünen Markierungen. Welche Wortart findest du hier?
c) Lies den dritten Hinweis in der **INFO** und frage dann nach den grün markierten Nomen und ihren Begleitern.
Mit wem wollten die Eltern frühstücken? Dativ: mit den Kindern

3 Wie geht es wohl mit Mara und der fremden Frau weiter? Schreibe einen passenden Schluss.

Ein Wort gibt das andere
Johann Peter Hebel (1809)

Ein reicher Herr im Schwabenland schickte (1 der) Sohn mit (2 sein) Segen nach Paris, dass er Französisch lernen sollte und ein wenig gute Sitten. Nach einem Jahr begegnet (3 der) Sohn (4 der) Knecht aus (5 das) Haus des Vaters in Paris. Als (6 der) junge Herr (7 der) Knecht erblickte, rief er voll Staunen und Freude
5 aus: „Ei, Hans, wo führt dich (8 der) Himmel her? Wie steht es zu Hause, und was gibt es Neues?"
„Nicht viel Neues, Herr Wilhelm, nur dass vor 10 Tagen (9 der) schöne Rabe krepiert ist, den Euch vor einem Jahr (10 der) Jägergesell geschenkt hat."
„Oh (11 das) arme Tier", erwiderte Wilhelm. „Was hat ihm denn gefehlt?"
10 „Weil er zu viel Aas gefressen hat, als unsere schönen Pferde tot umfielen, eins nach dem anderen. Ich hab's gleich gesagt."
„Wie! (12 der) Vaters vier schöne Mohrenschimmel sind tot?", fragte Wilhelm. „Wie ging das zu?"
„Weil sie zu sehr angestrengt worden sind mit (13 das) Wasserholen, als uns
15 Haus und Hof verbrannte, und doch hat nichts geholfen."
„Um Gottes willen!", rief Wilhelm voll Schrecken aus. „Ist (14 das) schöne Haus verbrannt? Wann das?"
„Weil man nicht auf (15 das) Feuer achtgegeben hat bei (16 die) Beerdigung Ihres Vaters und er ist bei Nacht begraben worden mit (17 die) Fackeln. So ein Fünk-
20 lein ist schnell verweht."
„Unglückselige Botschaft!", rief voll Schmerz Wilhelm aus. „Mein Vater tot? Und wie geht's (18 die) Schwester?"
„Weil sich Ihr Herr Vater zu Tode gegrämt hat, als Ihre Schwester (19 das) Kindlein gebar und hatte keinen Vater dazu. Es ist ein Büblein. – Sonst gibt's nicht
25 viel Neues", setzte er hinzu.

4 Setze die Begleiter in den richtigen Fall. Frage dazu nach den Nomen und ordne die Regeln aus der **INFO** zu. Notiere anschließend den Begleiter im richtigen Fall: 1: *Wen oder was schickte er? Regel 1 → den Sohn*

> **INFO**
>
> **Nomen und Artikel in den vier Fällen**
> Den Fall eines Nomens erkennst du an der Endung des Nomens und seiner Begleiter (Artikel, Adjektive, Pronomen):
> Singular: *der/ein Sohn – des/eines Sohnes – dem/einem Sohn –*
> *den/einen Sohn*
> Plural: *die Söhne – der Söhne – den Söhnen – die Söhne*
> **Überprüfe die Fälle der Nomen so:**
> 1. Wenn das Nomen vom Verb abhängt, frage zusammen mit dem Verb:
> *Wen oder was schickte er? – Akkusativ: den Sohn*
> 2. Die meisten Nomen im Genitiv erläutern ein anderes Nomen näher:
> *Den Knecht aus wessen Haus? – Genitiv: des Vaters Haus*
> 3. Hängt das Nomen von der Präposition ab, erfrage es mit der Präposition:
> *Mit wem schickte er ihn? – Dativ: Mit seinem Segen.*

Präpositionen: Ort oder Richtung?

Vor mir liegt eine Werbung aus den 50er-Jahren für ein Waschmittel.
5 Auf (das) Bild ist eine glückliche Familie zu sehen. Der Vater befindet sich in (die) Mitte des Bildes, die Mutter
10 steht rechts neben (ein) Baum und die Tochter links hinter (der) Wäschekorb. Sie sind in (der) Garten gegangen, um strahlend weiße Wäsche unter (ein) strahlend
15 blauen Himmel aufzuhängen. Der Wäschekorb steht auf (der) Rasen. Über (die) Familie hängt eine Wäscheleine so hoch, dass das Kind nur die Wäsche anreichen kann.
Der Vater ist hinter (ein) Laken halb verdeckt und scheint über (der) Rasen auf (das) Mädchen zuzugehen. Dazu muss er zwischen (die) Laken hindurch-
20 gehen. An (die) glücklichen Gesichtern kann man erkennen, dass die Familie sich über die saubere Wäsche freut. Die Mutter trägt über (ein) roten Kleid eine weiße Schürze. Das Kleid des Mädchens ist auch rot, und unter (das) Kleid trägt es eine weiße Bluse.

 Folie

1 a) Unterstreiche im Text alle Präpositionen.
b) Entscheide, in welchem Fall die Artikel in den Klammern stehen müssen. Lies dazu die **INFO**.
c) Notiere, ob es sich bei den Informationen um Angaben zu einem Ort (O) oder zu einer Richtung (→) handelt, z. B. *Auf dem Bild: O.*

2 Suche dir selbst aus einer Zeitschrift eine Werbeanzeige, die ein Bild enthält. Beschreibe das Bild in der Werbeanzeige möglichst genau, indem du die Präpositionen aus der **INFO** verwendest. Achte dabei auf den richtigen Gebrauch der Fälle.

ℹ INFO

Präpositionen und ihre Fälle
Die Präpositionen *in, an, auf, vor, hinter, über, unter, neben, zwischen* können sowohl mit dem Dativ als auch mit dem Akkusativ stehen. Durch die Fälle wird verdeutlicht, ob es sich bei der Angabe um einen **Ort** oder eine **Richtung** handelt.
— Der Dativ folgt auf das Fragewort „Wo?", er nennt also einen Ort.
— Der Akkusativ folgt auf das Fragewort „Wohin?", er nennt also eine Richtung.

Pronomen

Kleine Knobelei

Der Mittlere ist derjenige, der den weitesten Weg hatte. Lina wird dieses Jahr aus der Schule entlassen. Diese steht zwischen zwei Jungen und trägt eine rote Kappe. Jener, der rechts neben ihr steht, heißt Per. Er hat die Hände in seinen Hosentaschen und lächelt das Mädchen an, das links neben ihm steht. Fred guckt Per eifersüchtig an, da er in die verliebt ist, die nicht neben ihm, sondern neben Emre steht. Fred gibt Per die CD zurück, die er ihm gestern geliehen hat. Mona und Emre stehen jeweils ganz außen, da sie diejenigen sind, die zwar um die Ecke wohnen, aber trotzdem als Letzte kamen. Alle haben natürlich ihre Handys dabei, aber keiner hat es in der Hand. Diejenige, die von dem Jungen links neben Mona angehimmelt wird, ist glücklich, dass sie neben demjenigen steht, der ein cooler Typ ist und Basketballprofi werden will. Derjenigen, die mit ihm gekommen ist, sind die anwesenden Jungen egal, da sie schon einen festen Freund hat. Sie will nur mit jener, die die Älteste ist, für die Abschlussfeier shoppen gehen. Diejenigen, die die Mädchen begleiten, sind auch erst im 9. Schuljahr.

1 Wer steht hier eigentlich neben wem?
   a) Unterstreiche die Pronomen und ordne sie den verschiedenen Arten von Pronomen zu (**INFO**).
   b) Erkläre, worauf sich die Pronomen im Textzusammenhang beziehen.
   c) Schreibe die richtigen Namen zu den Personen ins Bild.

ℹ️ INFO

Pronomen
1. **Personalpronomen** können Nomen ersetzen und stellen Bezüge her: Singular: *ich, du, er/ sie/es;* Plural: *wir, ihr, sie.*
2. **Possessivpronomen** drücken eine Zugehörigkeit zwischen Personen und/ oder Sachen aus: Singular: *Mein/meine, dein/deine, sein/seine, ihr/ihre;* Plural: *unser/unsere, euer/eure, ihr/ihre*
3. **Demonstrativpronomen** heben eine Person oder eine Sache hervor. Sie werden sprachlich stärker betont und stehen meist am Satzanfang: *der, die, das, derjenige/diejenige, derselbe/dieselbe, dieser/diese, jener/jene ...*
4. **Indefinitpronomen** stehen für Dinge oder Personen, die nicht näher bestimmt sind: *alle, einige, keiner ...*

Verben

Vorzeitigkeit bei Texten im Präsens

Eine Schülerin hat eine Stellungnahme dazu geschrieben, ob es der Ich-Erzählerin in der Geschichte „Der Wahnsinnstyp" (S. 161–162) gelingen wird, den Jungen in ihrem Abteil zu erobern.

Am Ende der Geschichte sagt die Ich-Erzählerin, dass sie es schafft, den Wahnsinnstyp zu erobern. Ich denke auch, dass es ihr gelingt. Denn sie hat ja noch etwas mehr als eine Stunde Zeit. Ich vermute, dass sie in dieser Stunde mit dem Jungen ins Gespräch kommt und nicht mehr daran denkt, welche
5 Angst sie vorher hat.
Am Anfang der Geschichte, als sie einsteigt und sich dem Jungen gegenübersetzt, glaubt sie, dass er mit der gut aussehenden Blondine zusammen ist. Nachdem diese aber in Wuppertal aussteigt, ist der Ich-Erzählerin klar, dass die beiden kein Paar sind. Deshalb hofft sie, dass sich ihre eigene
10 Nervosität bald legt.
Ich stelle mir vor, dass der Junge im Laufe des Gesprächs merkt, dass sie gar nicht langweilig ist. Vielleicht lachen beide über das blonde Mädchen, das Wuppertal fast verschläft. Ich glaube, dass er sie am Ende auch nett findet und ihr vorschlägt, sie anzurufen, damit sie ein Treffen vereinbaren können.
15 Ich glaube nicht, dass sie die Bücher, die sie vorher lesen, noch einmal angucken.

1 Siehst du die Entwicklung in der Beziehung der beiden auch so positiv?

 Folie

 Folie

2 Die Schülerin hat in ihrem Text nur eine Zeitform verwendet.
a) Unterstreiche alle Prädikate und bestimme die Zeitform.
b) Welches Problem entsteht dadurch, dass nur eine Zeitform verwendet wird?
c) Entscheide mithilfe der **INFO**, welche Verben im Perfekt stehen sollten, und markiere diese im Text.
d) Vergleiche dein Ergebnis mit dem eines Partners und begründe, warum du welche Zeitform eingesetzt hast.

ℹ️ INFO

Vorzeitigkeit bei Texten im Präsens
1. **Textuntersuchungen** (z. B. Stellungnahmen) schreibst du im **Präsens**. Wenn du dabei auf ein Ereignis verweisen möchtest, das **zeitlich vorher** stattgefunden hat, musst du das **Perfekt** verwenden.
2. Signalwörter wie *vorher, zuerst, zuvor, am Anfang* zeigen dir, welche Handlung früher stattgefunden hat.
   Sie denkt nicht mehr daran, welche Angst sie vorher gehabt hat.
      Präsens   Perfekt

Vorzeitigkeit bei Texten im Präteritum

Ein anderer Schüler hat die Geschichte „Der Wahnsinnstyp" weitergeschrieben.

Ich <u>kramte</u> noch ein bisschen in meiner Tasche, um meine Gedanken zu sammeln. Denn jetzt <u>musste</u> ich das Gespräch möglichst cool fortsetzen. <u>Gestottert hatte</u> ich vorher schon genug. Als ich dann endlich all meinen Mut (zusammennehmen), ich (anfangen):
5 „Was hast du denn vor in Bonn? Familienbesuch?"
Na ja, das (sein) nicht besonders originell, aber ein Anfang.
„Ja, so ungefähr. Meine Schwester studiert in Bonn und zieht am Wochenende um. Da will ich ihr helfen." Nachdem sich das Gespräch bis hierhin so gut (entwickeln), (entspannen) sich
10 auch langsam meine Gesichtsmuskeln und das blöde Grinsen (verschwinden). „Wo zieht deine Schwester denn hin?" Das war schon die zweite sinnvolle Frage. Warum (machen) ich mir eigentlich vorher solche Sorgen? „Sie hat eine billige Wohnung in der Kessenicher Straße gefunden. Aber da muss noch einiges
15 renoviert werden. Und fürs Streichen bin ich der Spezialist in der Familie."
Das (sein) ja mal ein Zufall. Ich (sein) auf dem Weg zu meiner Tante, die schon seit Jahrzehnten im Sonnenpütz lebt, einen Katzensprung von der neuen Wohnung der Wahnsinnstypschwester weg. Als ich das (hören),
20 (sein) mir eins sofort klar: Meine Woche war gerettet! Ich (können) nicht nur der guten Tante entfliehen, sondern auch mit dem süßesten Jungen der Welt zusammen sein. Ich (müssen) ihm nur noch meine Hilfe anbieten.

1 a) Untersuche die unterstrichenen Prädikate. Was wird durch die unterschiedlichen Zeitformen verdeutlicht?
b) Setze die Verben in Klammern in die richtigen Zeitformen (siehe **INFO**).
c) Vergleiche dein Ergebnis mit dem eines Partners und sprecht über mögliche Unterschiede.

INFO

Vorzeitigkeit bei Texten im Präteritum
1. In erzählenden Texten schreibt man meistens im **Präteritum**. Wenn du dabei auf ein Ereignis verweisen möchtest, das vor der eigentlichen Handlung stattgefunden hat, musst du das **Plusquamperfekt** verwenden.
2. Signalwörter wie *vorher, zuerst, zuvor, nachdem* zeigen dir, welche Handlung früher stattgefunden hat.
3. Die Konjunktion *als* kann sowohl mit dem Präteritum (Gleichzeitigkeit) als auch mit dem Plusquamperfekt (Vorzeitigkeit) stehen. Mache die Austauschprobe.
Wenn du *nachdem* einsetzen kannst, muss das Plusquamperfekt stehen: *Als/Nachdem sie ihre Karte <u>gefunden hatte</u>, <u>zeigte</u> sie diese dem Zugbegleiter.*

Aktiv und Passiv

1. „Curling ist langweilig, die Spieler wischen doch nur das Eis."
2. „Curling ist langweilig, das Eis wird doch nur von den Spielern gewischt."

1 Vergleiche die beiden Aussagen. Was hat sich verändert? Wer oder was steht jeweils im Vordergrund?

Olympische Winterspiele in Vancouver 2010:
Curling – eine wenig bekannte Disziplin

Vancouver – Bobfahren, Skispringen, Biathlon ... – diese Disziplinen kennt jeder. Doch es gibt auch weniger bekannte Sportarten bei den Olympischen Winterspielen, die Aufmerksamkeit verdienen, so z. B. Curling.
Curling ist ein Spiel auf dem Eis zwischen zwei Mannschaften. Beide Mannschaften versuchen, mit einem Granitstein dem Zentrum möglichst nahe zu kommen. Für jeden Stein, der am Mittelpunkt des Zielkreises näher liegt als der Stein des Gegners, erhält die Mannschaft einen Punkt. Wer am Ende des Spiels die meisten Punkte hat, ist der Sieger. Eine Mannschaft besteht aus vier Spielern. Der Anführer beginnt das Spiel. Er setzt den Stein von der Startlinie in Richtung Zielkreis in Bewegung. Die Spieler 2 und 3 haben einen Besen und können damit das Eis wischen. Durch das Wischen entsteht auf dem Eis ein Wasserfilm. Das Wasser gefriert sofort wieder und macht das Eis glatter und schneller.
Auf diese Art und Weise wird das Gleiten des

Steines von den beiden Spielern beeinflusst. Der Stein wird dadurch noch genauer gelenkt. Es ist verboten, dass der Stein beim Wischen mit dem Besen von den Spielern berührt wird. Berührte Steine werden aus dem Wettkampf genommen. Die Einhaltung der Regeln wird von dem vierten Spieler überwacht. Nur wenn keine Einigung zwischen den beiden Mannschaften erzielt wird, entscheidet der Schiedsrichter. Curling wird sowohl im Freien als auch in der Halle ausgetragen. Es wurde 1998 wieder eine olympische Disziplin.

2 Erkläre einem Partner die unterschiedlichen Aufgaben der vier Spieler.

3 In den Zeilen 6–21 erfährst du, was auf dem Eis passiert. Im darauffolgenden Textabschnitt (Z. 22–34) stehen der Stein und die Regeln im Vordergrund.

 Folie

a) Markiere die Aktiv- und Passivprädikate in zwei verschiedenen Farben. Nutze dazu die **INFO** auf Seite 225.
b) Wähle einige Sätze aus dem Text aus und setze sie vom Aktiv ins Passiv oder umgekehrt. Wie verändert sich die Aussage?
Z. B. Z. 7–9: *Der Aktivsatz im Text („Beide Mannschaften versuchen, ...") betont die zwei Mannschaften. Wenn der Satz im Passiv steht, wird dagegen der Granitstein stärker betont: „Mit einem Granitstein wird von zwei Mannschaften versucht, dem Zentrum möglichst nahe zu kommen."*
c) Erkläre, warum nur im letzten Satz das Prädikat im Präteritum steht.

Die Punktevergabe beim Curling

Einen Punkt gewinnt die Mannschaft, deren Stein näher beim Zentrum liegt als der Stein des Gegners. Der weiße Stein liegt näher, also erhält die weiße Mannschaft einen Punkt. Da kein weiterer weißer Stein im Zentrum liegt, erhält die pinkfarbene Mannschaft für den zweiten Stein auch einen Punkt. In einem Spiel
5 werden zehn Runden gespielt. Die Mannschaft, die nach 10 Runden die meisten Punkte hat, gewinnt das Spiel.
Für die Tabelle zählt als Erstes die Anzahl der Siege. Bei einem Gleichstand teilen sich die Mannschaften einen Platz. Die Mannschaft mit den meisten Punkten im Score wird zuerst aufgeführt. Teilen sich zwei Mannschaften z. B.
10 den ersten Platz, gibt es keinen zweiten Platz. Es geht mit dem dritten weiter.

4 a) Skizziere mithilfe von Bild und Text zwei unterschiedliche Situationen, bei denen eine Mannschaft zwei Punkte und die andere keinen erhält.
b) Markiere die beiden Passivprädikate im Text. Von wem wird hier eigentlich etwas gemacht?

Folie

Platzierungen im Rollstuhl-Curling, Mixed

Platz	Team		Spiele	Siege	Ndlg.	Score	Punkte
1	Kanada	🇨🇦	9	7	2	78:41	7
1	USA	🇺🇸	9	7	2	65:49	7
3	Südkorea	🇰🇷	9	6	3	65:45	6
4	Italien	🇮🇪	9	5	4	62:55	5
4	Schweden	🇸🇪	9	5	4	55:53	5
6	Deutschland	🇩🇪	9	3	6	50:67	3

5 Bei den Paralympics fand ein Wettbewerb im Rollstuhl-Curling statt.
a) Fasse die Ergebnisse in einem kurzen Zeitungsartikel zusammen. Achte darauf, wann du die Mannschaften (Aktiv) und wann du die Ergebnisse (Passiv) betonen möchtest.
b) Vergleiche deinen Text mit dem deines Partners.

INFO

Aktiv und Passiv
1. a) Wenn du in den Vordergrund stellen möchtest, **wer** etwas tut, verwendest du das **Aktiv**:
Kanada gewann von den neun Spielen sieben.
b) Wenn du in den Vordergrund stellen möchtest, **was** getan wird, verwendest du das **Passiv**:
Sieben der neun Spiele wurden von Kanada gewonnen.
2. Das **Passiv** wird im Deutschen mit einer Zeitform von *werden* und dem Partizip Perfekt des Verbs gebildet: *Das Eis wird von den Spielern gewischt.*
Im Passiv wird der „Täter" durch *von* oder *durch* angekündigt.
Durch den Wechsel von Aktiv und Passiv erreichst du auch, dass ein Text abwechslungsreicher ist.

Konjunktiv I – indirekte Rede

Ich muss den Spruch „Home, sweet home" übersetzen. Damit kann eigentlich nur „Heimat" gemeint sein.

Ich sehe das etwas anders mit der Redewendung. Für mich bedeutet „Home" so viel wie Heim.

Jannis meinte, er sehe das etwas anders mit der Redewendung. Er vermutet, „Home" bedeute so viel wie Heim.

Pelda sagte, sie müsse den Spruch „Home, sweet home" übersetzen. Sie glaubt, damit könne eigentlich nur „Heimat" gemeint sein.

 Folie

1 Untersucht die oben stehenden Sätze:
   a) Welche Sätze geben den gleichen Inhalt wieder?
   b) An wen richten sich die Äußerungen jeweils?
   c) Welche Gemeinsamkeiten und Unterschiede stellt ihr in den Sätzen fest? Markiert sie in unterschiedlichen Farben.
   d) Überlegt, weshalb die Sätze wohl auf unterschiedliche Weise wiedergegeben werden. Vergleicht eure Ideen dann mit der **INFO**.

INFO

Indirekte Rede (Teil 1)

1. Wenn du wörtliche Rede nicht direkt wiedergibst, musst du kenntlich machen, dass es sich bei der Aussage um die eines anderen handelt. Sonst könnte man z. B. bei Meinungen oder Wertungen annehmen, du würdest es genauso sehen.

2. Um einen Satz indirekt wiederzugeben, musst du Folgendes beachten:
   a) Bevor du die wörtliche Rede wiedergibst, musst du in einem einleitenden Satz deutlich machen, von wem die Äußerung stammt. Dazu verwendest du Verben wie *sagen, meinen, vermuten, hoffen* …
   b) Im Konjunktivsatz musst du die Pronomen anpassen:
      ich → sie, er | *wir → sie* | *mein → ihr, sein*
   c) Du setzt das Verb dann in den **Konjunktiv I**: In der *Ich-*, *Wir-* und *Sie*-Form entspricht der Konjunktiv dem einfachen Präsens. Bei den übrigen Personalformen hängst du an den Wortstamm des Infinitivs ein **e** an:

ich	geb – *e*	wir	geb – *e* – n
du	geb – *e* – st	ihr	geb – *e* – t
er, sie, es	geb – *e*	sie	geb – *e* – n

   Der Lehrer sagt: „Ich gebe euch heute keine Hausaufgaben auf."
   Der Lehrer sagt, er gebe uns heute keine Hausaufgaben auf.

Tim: Ihr redet doch auch gerade über das Thema Heimat. Hast du die Geschichte mit dem griechischen Mädchen gelesen? Na, wie heißt die noch mal?

Melek: Du meinst Irina, die in Deutschland lebt und nach Griechenland umzieht.

Tim: Genau. Die Geschichte ist doch voll blöde. Griechin in Griechenland heult Deutschland hinterher.

Melek: Aber sie ist doch eigentlich Deutsche. Sie wurde in Deutschland geboren. Genau wie ich und du. Bist du denn kein Deutscher?

Tim: Die Geschichte ist trotzdem doof. Irina steht da am Straßenrand und verkauft Melonen. Und dann halten zufällig Touristen, die auch deutsch sind. Ich würde doch nicht an der Straße Melonen kaufen. Die gibt es doch in jedem Supermarkt billiger. Kauf nie etwas an der Straße!

Melek: Darum geht es doch gar nicht. Es geht doch um Irina und ihre Zerrissenheit. Sie hat in ihrer angeblichen Heimat Heimweh nach Deutschland, was eigentlich nicht möglich ist. Deutschland ist doch z. B. für ihren Großvater so was wie die Fremde. Und seine Enkelin hat Heimweh nach der Fremde. Wie soll sie ihm das erklären?

Tim: Wenn wir im Urlaub in Spanien sind, kriegen wir doch auch kein Heimweh. Ich genieße das Wetter, das Meer und das tolle Essen im Hotel. Und dabei bin ich ja gar kein Spanier.

Melek: Tim, bring doch nicht alles durcheinander! In der Geschichte geht es doch nicht um einen Urlaubstrip. Es geht um die neue Heimat!

2 a) Worum geht es in dem Gespräch?
b) Markiere Aussagen, mit denen du übereinstimmst, und solche, die du ablehnst, in unterschiedlichen Farben. Begründe deine Einschätzung.

Folie

3 Schreibe einen Brief an Melek oder Tim, in dem du dich auf das Gespräch beziehst und ihr oder ihm mitteilst, wie du zu den Äußerungen stehst. Gib dabei ihre Aussagen indirekt wieder. Nutze dazu die **INFO**.
Hallo Tim, ich fand die Geschichte auch ziemlich langweilig, deshalb stimme ich dir zu, wenn du sagst, sie sei blöd ... Melek meint, es gehe um ...

INFO

Indirekte Rede (Teil 2)
1. In der *Ich-*, *Wir-* und *Sie-*Form ist der Konjunktiv I identisch mit dem Präsens:
Tim sagt zu Melek, sie reden über das Thema Heimat.
Um deutlich zu machen, dass du die wörtliche Rede indirekt wiedergibst, kannst du eine Umschreibung mit *würden* wählen:
Tim sagt zu Melek, sie würden über das Thema Heimat reden.
2. Bei Imperativen (Befehlsform) umschreibst du den Konjunktiv mit *sollen*:
Tim meint, man solle nie an der Straße etwas kaufen.
3. Bei Fragen ohne Fragewort fügst du ein *ob* ein:
Tim fragt, ob sie die Geschichte gelesen habe.

Konjunktiv II – Wünsche und Vorstellungen äußern

A Wenn ich reich bin, fahre ich zurück nach Deutschland und lebe, wie es mir gefällt.

B Wenn ich reich wäre, führe ich zurück nach Deutschland und lebte, wie es mir gefällt.

1 a) Wie versteht ihr Oyas Aussagen? Sprecht darüber, was sie in Satz A und in Satz B jeweils zum Ausdruck bringt.
b) Untersucht, wie die Sätze gebildet wurden. Markiert die Unterschiede farbig.
c) In Satz B wird der Konjunktiv II verwendet. Überlegt, in welchen Situationen er eingesetzt werden könnte. Vergleicht eure Ideen mit der **INFO**.

 Folie

Morgen ist mein letzter Tag in der deutschen Schule. Ich würde am liebsten nicht mehr hingehen. Ich habe Angst davor. Wenn sich alle von mir verabschieden, werde ich bestimmt weinen. Am besten melde ich mich krank. Wie wäre es, wenn ich den ganzen Tag nur schlafen würde? Aber wenn ich dann in der Tür-
5 kei bin, würde ich mich bestimmt ärgern, dass ich den letzten Tag nicht genutzt habe. Ich könnte mit Lea noch einmal ins Café gehen. Das geht in der Türkei nicht. In der neuen Wohnung dürfte ich nicht mehr in Tops rumlaufen. Die Nachbarn könnten ja kommen und geschockt sein. Vater würde das sicher nicht wollen. Könnte ich wohl mit Freundinnen ausgehen oder ist das auch verboten?
10 Wenn das nicht geht, würde ich verzweifeln.

2 a) Kannst du Oyas Ängste und Träume nachvollziehen? Begründe.
b) Unterstreiche im Text die Prädikate. Erkläre, wodurch deutlich wird, ob es sich um eine Vorstellung oder um die Wirklichkeit handelt.
c) Welche Prädikate brauchen keine Umschreibung mit *würden*?
d) Schreibe einen eigenen Text über deine Zukunftswünsche. Berücksichtige dabei, wo und wie du gerne leben würdest und was du machen könntest.

INFO

Konjunktiv II
1. Den Konjunktiv II verwendest du, um über Wünsche, Träume und Fantasien zu sprechen: *Ich ginge jetzt am liebsten nach Hause.*
2. Der Konjunktiv II wird bei regelmäßigen Verben mit der Umschreibung *würden* und dem Infinitiv gebildet. *Ich würde bestimmt weinen.*
3. Bei den unregelmäßigen Verben leitet sich der Konjunktiv II vom Präteritumstamm ab. Dieser wird oft durch einen Umlaut verändert. Auch beim Konjunktiv II fügst du hinter dem Wortstamm ein *e* ein:

ich	käm – *e*	wir	käm – *e* – n
du	käm – *e* – st	ihr	käm – *e* – t
er, sie, es	käm – *e*	sie	käm – *e* – n

Adverbien – Aussagen genauer formulieren

LOS-Reisen und deine Ferien können was erleben

Morgen starten die Ferien! Und du? Sitzt du zu Hause und langweilst dich dort? Weißt du nicht, was du mit deiner Zeit anfangen sollst? Hast du schon vergebens nach Programmen für Jugendliche gesucht? Wir haben **bestimmt** die Lösung für dich! Ob Partys an spanischen Stränden oder Surfen an der holländischen Küste – LOS-Reisen bringt dich überallhin. Bestell doch schnurstracks unseren Katalog, in dem du ein **besonders** großes Programm entdecken wirst. Wir liefern sofort. Du hast keinen Durchblick? Deshalb haben wir die Reiseziele nach Interessen sortiert. Damit Ferien auch für alle Geldbeutel attraktiv sind, gibt es **natürlich** verschiedene Unterkünfte: vom Camp bis zum Drei-Sterne-Hotel. Oder möchtest du eine Rundreise buchen? Dies ist **selbstverständlich** kein Problem, die schönsten Ziele werden von uns **zweifelsohne** immer in fünf unterschiedlichen europäischen Ländern angesteuert. Und? Schon was gefunden, was dich hier interessiert? Dann beeile dich mit deiner Buchung und komm flugs bei uns vorbei. Denn **leider** sind die besten Angebote häufig schnell weg. Wir hoffen, dass du deine Ferien mit LOS-Reisen rundum genießen kannst. LOS geht's!

1 In dieser Werbeanzeige findest du 19 Adverbien.
   a) Schau dir die zwei unterstrichenen Adverbien an: Wozu werden sie in diesen Sätzen eingesetzt? Lies danach den ersten Hinweis in der **INFO**.
   b) Ermittle die 11 weiteren Adverbien, die farblich nicht hervorgehoben sind, indem du sie erfragst. Notiere sie und schreibe dahinter, um welches Adverb es sich handelt. Nutze dazu den zweiten Hinweis in der **INFO**:
   Wann starten die Ferien? – morgen (Adverb der Zeit)

2 a) In einigen Sätzen sind die Adverbien farblich hervorgehoben. Lies diese Sätze einmal mit und einmal ohne die Adverbien vor: Wie wirken sie auf dich?
   b) Erkläre, welche Aufgabe diese Adverbien wohl haben.
   c) Vergleiche deine Überlegung mit dem dritten Hinweis in der **INFO**.

> ### ℹ️ INFO
>
> **Mit Adverbien genauer formulieren**
> 1. Mit Adverbien kannst du ein Geschehen genau beschreiben, sodass der Hörer/Leser eindeutig weiß, was gemeint ist: *Mittags ist es drüben passiert.*
> 2. Sie gehören zu den unveränderlichen Wortarten, die du mithilfe folgender Fragen ermitteln kannst:
>   Adverbien des Ortes – *Wo? Wohin? Woher? draußen, dort …*
>   Adverbien der Zeit – *Wann? Seit wann? Wie lange? sofort, bald …*
>   Adverbien der Art und Weise – *Wie? Auf welche Weise? kopfüber, kaum …*
>   Adverbien des Grundes – *Warum? Weshalb? Wozu? deswegen, darum …*
> 3. Es gibt auch Adverbien, mit denen du ein Geschehen kommentieren und bewerten kannst. Du findest sie daher oft in Werbeanzeigen:
>   *zweifellos, erfreulicherweise, sicherlich …*
>   Diese Adverbien kannst du nicht erfragen.

Satzverknüpfungswörter – Sätze aufeinander beziehen

Sponsorenlauf – Laufen für die gute Sache

(1) unser Sponsorenlauf schon seit 5 Jahren durchgeführt wird, engagieren wir uns immer wieder gern für die gute Sache, (2) wir für ein Kinderheim in Chile laufen. Dort leben viele Waisen und Kinder, deren Eltern nur wenig Geld haben, (3) sie sie nicht ernähren können. (4) wir uns für das Kinderheim engagieren, kann die SV von dem Geld Bücher, Stifte, Hefte und Spiele besorgen. Wir haben festgestellt, (5) alle motivierter rennen, (6) sie wissen, (7) sie mit dem Geld andere Kinder glücklich machen. (8) wir den Scheck losschicken, freuen wir uns, (9) das Geld gut angelegt ist.

1 a) Ergänze im Text die passenden Konjunktionen. Lies vorher in der **INFO** die Hinweise 1–3 und wähle dann aus folgenden Wörtern aus:
sobald – weil – da –sodass – dass – wenn – obwohl – indem.
b) Sprecht darüber, welche Funktionen diese Konjunktionen haben.
c) Unterstreiche Haupt- und Nebensätze mit unterschiedlichen Farben.

A Wir laufen für andere. – (1) sind wir hoch motiviert.
B Einige Sponsoren sind skeptisch. – (2) können wir sie überzeugen.
C Wir gewinnen viele Sponsoren. – (3) kommt viel Geld zusammen.
D Das Geld schicken wir nach Chile. – (4) kauft man Essen und Schulbücher.

2 a) Lies in der **INFO** Punkt 4 und verbinde die gegenüberliegenden Sätze mit einem passenden Adverb: *dennoch, trotzdem, daher, dann, dort, deshalb ...*
b) Überprüfe mit der Ersatzprobe, ob du ein anderes Adverb einsetzen kannst.

INFO

Satzverknüpfungswörter
1. Mit **Konjunktionen** und **Adverbien** lassen sich Sätze verknüpfen.
2. Einige **Konjunktionen** verbinden Hauptsätze zu Satzreihen:
aber, denn, doch, und, oder ...
Die Schüler wollen einen Beamer anschaffen, aber die Schule hat schon drei.
        HS   Konjunktion   HS
3. Die meisten **Konjunktionen** in Satzgefügen leiten Nebensätze ein:
als, wenn, weil, obwohl, falls, indem, da, sofern ...
In Nebensätzen steht die Personalform des Verbs an letzter Stelle.
Wir kaufen einen Beamer, weil das Geld für die Klasse bestimmt ist.
    HS   Konjunktion   NS   Personalform des Verbs
4. Auch mit **Adverbien** kannst du Sätze verknüpfen. **Adverbien** sind ein selbstständiges Satzglied und können deshalb im Satz umgestellt werden:
deshalb, daher, dann, dort, trotzdem ...
Wir brauchen ein neues Regal für unser Material.
Deshalb besorgen wir Kataloge. / Wir besorgen deshalb Kataloge.
Adverb vor dem Prädikat   / Adverb nach dem Prädikat

A Meine Sponsoren sind meine Großeltern, weil sie soziales Engagement toll finden!!

B Seit wir den Lauf das erste Mal durchgeführt haben, unterstützen mich meine Nachbarn.

C Ich trainiere vorher, damit ich möglichst viele Runden um den Sportplatz schaffe.

D Wenn unser Briefträger mich auch unterstützt, habe ich schon drei Sponsoren.

E Meine Eltern finden die Idee so gut, dass sie extra zum Anfeuern kommen.

F Obwohl es regnet, sind viele Zuschauer da.

G Ich halte mich fit, indem ich Apfelschorle trinke.

3 a) Lies die Aussagen der Schülerinnen und Schüler. Worüber sprechen sie?
b) Markiere die Konjunktionen und unterstreiche die Nebensätze.
c) Lies die INFO und ordne zu, in welcher Beziehung die Sätze jeweils zueinander stehen. Schreibe eine kurze Begründung zu deiner Zuordnung auf, z. B.:
A = 1. Der Nebensatz gibt eine Begründung an („weil").
d) Probiere aus, welche Konjunktion du durch eine andere ersetzen kannst, ohne den Sinn zu verändern.

Folie

4 Untersuche, in welchen Sätzen du auch Adverbien verwenden könntest, ohne dass sich der Sinn ändert. Wähle dazu aus folgenden Adverbien aus:
folglich – sofort – so – deshalb – daher – dann – dort – darum – nun – gleich – damit.
Schreibe anschließend die Sätze neu auf. Manchmal musst du die Sätze dazu umstellen, z. B.: A Meine Großeltern finden soziales Engagement toll. Deshalb sind sie meine Sponsoren.

INFO

Beziehungen zwischen Sätzen
Durch die Wahl der Konjunktion kannst du die Beziehungen zwischen Hauptsatz und Nebensatz bestimmen.
1. Der Nebensatz gibt den **Grund** an: *Weil ich die gute Sache unterstütze*, habe ich ein gutes Gefühl.
2. Im Nebensatz wird die **Zeit** angegeben: *Als ich Tim fragte*, sagte er zu.
3. Der Nebensatz gibt den **Zweck** oder die **Absicht** an: Ich werde mich besonders anstrengen, *damit ich mehrere Runden durchhalte*.
4. Der Nebensatz gibt eine **Bedingung** an: *Falls ich zehn Runden schaffe*, erhalte ich von meinen Eltern einen kleinen Bonus.
5. Im Nebensatz wird eine **Folgerung** angegeben: Ich ziehe meine Regenjacke an, *sodass ich gegen jedes Wetter geschützt bin*.
6. Der Nebensatz gibt eine **Einschränkung** an: *Obwohl ich eine Erkältung habe*, laufe ich mit.
7. Der Nebensatz gibt die **Art und Weise** an: *Indem ich Pia anfeuere*, motiviere ich sie.

Satzverknüpfungswörter | 3.4.5 Satzverbindungen bilden

Satzglieder ermitteln: Subjekt und Prädikat

Fledermausalarm und Wildschweine im Wohnzimmer

Berlin – Die Fledermäuse hatten sich einfach verpeilt. Sie landeten bei ihrer nächtlichen Nahrungssuche in einem Berliner Wohnzimmer und versetzte die Mieter in Aufruhr.
5 Die Experten vom Fledermausnotdienst beförderten die harmlosen Kleinsäuger erst ins Freie. Berlin, das deutschlandweit auch als Hauptstadt der Tiere gilt, bieten Spannung pur: Ein freches Wildschwein spazierte vor
10 einiger Zeit über eine Terrasse ins Haus. Bewohner und Tiere standen sich nur eine Schrecksekunde starr gegenüber. Der Keiler ging dann zur Attacke über. Der Bewohner mussten ins Krankenhaus, das Borstentier
15 entkam auf Nimmerwiedersehen.
Die Hauptstadt ist ein Paradies für Wildtiere. Berlin ist europaweit eine der artenreichsten Großstädte. Biber, Fuchs, Marder, Waschbär, Fledermaus, Seeadler, Turmfalke und Kra- 20 nich – sie alle haben den städtischen Lebensraum erobert. Das Wildschweinvorkommen ist mit bis zu 8000 Tieren im Stadtgebiet einzigartig auf der Welt. Es gibt immer wieder Schlagzeilen, wenn Schweine den Straßenverkehr behindern oder aus einem Pool ge- 25 rettet werden muss.
Der Zuzug der Wildtiere in die Stadt hat verschiedene Gründe: Die Grünflächen werden nicht mehr gedüngt, weil das Geld dazu fehlten. Somit bieten die zahlreichen Parks, 30 Flüsse und Seen vielen Tierarten einen idealen Lebensraum. Wildtiere schätzen auch das reiche Nahrungsangebot aus den Mülltonnen, Imbissbuden und Komposthaufen.

1 Lies den Artikel eines Praktikanten bei der Zeitung: Warum kommen immer mehr Wildtiere in die Stadt Berlin?

2 Von seinem Betreuer hat der Praktikant folgende Tipps zur Verbesserung bekommen: *Der Text klingt etwas eintönig. Überarbeite ihn mit der Umstellprobe! – An einigen Stellen passen Subjekt und Prädikat nicht zusammen.* Lies vor der Bearbeitung der Aufgaben die **INFO**.

 Folie
a) Unterstreiche in jedem Satz das erste Satzglied und bestimme es. Was kannst du feststellen?

 Folie
b) Markiere die Prädikate. Passt ihre Personalform zum Subjekt?
c) Schreibe den Text noch einmal neu. Mache vorher mit jedem Satz die Umstellprobe, um den Text abwechslungsreicher zu gestalten.

ℹ INFO

Was sind Satzglieder?
1. **Satzglieder** sind die Bausteine eines Satzes. Sie können aus einem oder mehreren Wörtern bestehen. Du ermittelst sie durch die Umstellprobe.
2. Die **Umstellprobe** wendest du auch an, um Texte abwechslungsreicher zu gestalten.
3. Das Subjekt bestimmt die Personalform des Prädikats:
Subjekt (S) (Wer oder Was?) → Personalform des **Prädikats** (P) (Verben):
Die Fledermaus (S) fliegt (P). / Die Grünflächen (S) werden (P 1) nicht gedüngt (P2).

Satzglieder ermitteln: die Objekte

A Nicole Döpper hält ein Lama in ihrer Mietwohnung in Mülheim.
B Das dreibeinige Tier ist ihr wichtig geworden.
C „Socke" lebt im Wohnzimmer und denkt nur an Erbsen und Möhren.
D Jetzt wartet Nicole auf die fristlose Kündigung.

1 a) Ermittle in den Sätzen A und B die Objekte. Lies Hinweis 1 in der **INFO**.
b) Bestimme in den Sätzen C und D das unterstrichene Satzglied mithilfe der Fragewörter. Welches Wort musst du zu dem Fragewort ergänzen?
c) Erkläre, wovon abhängig ist, welche Präposition du ergänzen musst. Vergleiche dein Ergebnis mit dem 2. Hinweis in der **INFO**.

Mülheimer Familie droht Kündigung wegen eines Lamas

Vermieter in Mülheim drohen einer Familie (1). Das Frauchen von Lama „Socke" ist Rennreiterin und als solche (2) vorbereitet. Deswegen hatte sie auch keine Angst (3) für das Baby, das sie bei Zirkusleuten in Mecklenburg-Vorpommern entdeckt hatte. Die konnten sich nicht mehr (4) kümmern, nachdem es sich nach
5 der Geburt am Hinterlauf verletzt hatte. Die Frau verliebte sich sofort (5) und nahm es mit ins Ruhrgebiet. Heute ist das Lama kein Baby mehr und wiegt schon 150 Kilo. Die Besitzerin hofft aber immer noch (6). Nun bereitet sich die Familie gleich (7) vor. Das Lama braucht nach einer Amputation eine Prothese. Die Familie kann das Lama aber nicht (8) retten, weil die Behandlung mindes-
10 tens 5 000 Euro kostet. Nun hat sich die Stadt eingeschaltet: Zwar wird „Socke" nicht sofort beschlagnahmt, aber jetzt rechnet die Familie von Amts wegen (9).

Folie

2 Ergänze die fehlenden präpositionalen Objekte im Text:
a) Markiere dazu zuerst die Prädikate.
b) Notiere, welche der folgenden präpositionalen Objekte in die Lücken passen. Schreibe so: (1) = mit Kündigung

mit Kündigung / auf eine Gewöhnung an die Weide / mit einer Lösung / auf größere Vierbeiner / auf doppeltes Unglück / vor einem Hüftschaden / vor der Verantwortung / in „Socke" / um das kleine Tier

INFO

Was sind Objekte?
1. Objekte erfragst du so: **Genitivobjekt** (Wessen?): *Der Fall bedarf einer Entscheidung.* / **Dativobjekt** (Wem?): *Das Lama gehört Nicole Döpper.* / **Akkusativobjekt** (Wen oder was?): *Erbsen und Möhren frisst das Lama.*
2. Einige Verben werden zusammen mit einer Präposition gebraucht: *für, auf, an, von, um, über, vor, mit, nach*; z. B. warten auf, vorbereiten auf …
Das folgende Objekt nennt man **präpositionales Objekt**. Du kannst dies nur mit einer Präposition erfragen:
Nicole kümmert sich um das Lama. → *Um wen oder was kümmert sie sich?*
Aber: *Das Lama wohnt im Haus.* → *Wo?* adverbiale Bestimmung des Ortes

Adverbiale Bestimmungen – genaue Angaben machen

Nun siehst du endlich das bekannteste Werk Hoppers. Er hat es im Jahr 1942 mit Öl auf Leinwand gemalt. Bis zum heutigen Tage hängt es im „Art Institute of Chicago". Sicher fällt dein Blick sofort auf die Bar im Neonlicht, weil rundherum alles menschenleer und dunkel ist. Diese Bar befindet sich in einem
5 Eckgebäude der Straße. Nur drei Besucher sitzen am Tresen. Sie reden nicht miteinander. Die Frau starrt mit leerem Blick auf die Glut ihrer Zigarette, der Mann neben ihr starrt eher auf den Tresen. Der zweite Mann trägt ebenso einen Anzug mit Hut. Er sitzt mit dem Rücken zum Fenster an der vorderen Seite der Bar. Deshalb wirkt die Szene einsam. Wenn du ganz genau hin-
10 schaust, erkennst du, dass der Kellner wie ein Matrose gekleidet ist …

1 Lies den Anfang des Audioführertextes zu dem Gemälde „Nighthawks" von Edward Hopper und tausche dich mit einem Partner darüber aus, warum er gut gelungen ist.

2 a) Lies den Text ein zweites Mal ohne die unterstrichenen Satzglieder. Was hat sich verändert?
b) Übertrage die Tabelle in dein Heft und ordne die unterstrichenen Satzglieder ein. Wenn du dir nicht sicher bist, lies die **INFO** auf Seite 235.

adv. Bestimmung des Ortes	auf Leinwand …
adv. Bestimmung der Zeit	endlich …
adv. Bestimmung der Art und Weise	mit Öl …
adv. Bestimmung des Grundes	…

3 a) Schreibe den Audioführertext weiter. Orientiere dich dazu am **TIPP** auf Seite 119. Verwende dabei viele adverbiale Bestimmungen, um möglichst genau zu beschreiben.
b) Kontrolliere, ob du genau beschrieben hast, indem du in deinem eigenen Text alle adverbialen Bestimmungen unterstreichst.

A Seine Bilder inspirierten unter anderem Filmregisseure wie Alfred Hitchcock. *(+ adv. Bestimmung des Grundes)*
B Hitchcock wählte für das Hotel in „Psycho" das Bild „House by the Railroad" (1925) als Vorbild. *(+ adv. Bestimmung des Grundes)*
C *(adv. Bestimmung der Zeit +)* Im selben Jahr (1942) entstand Hoppers Bild „Nighthawks".
D Im Film saß schon Humphrey Bogart neben der schönen Ingrid Bergmann an einer Bar. *(+ adv. Bestimmung der Zeit)*
E *(adv. Bestimmung des Grundes +)* Auch der Regisseur Ridley Scott soll das Bild „Nighthawks" als Vorlage für seinen Film „Blade Runner" verwendet haben.

4 Ergänze die Sätze A– E durch passende Adverbialsätze. Wähle dazu aus den Beispielen unten aus. Manchmal musst du die Sätze A– E umstellen. Achte beim Zusammenfügen der Sätze auch auf die Zeichensetzung.

denn die Atmosphäre in seinen Werken ist sehr beeindruckend – als der Film „Casablanca" veröffentlicht wurde – noch bevor Hopper in seinem Bild den Mann neben die schöne Frau setzte – da das abgebildete Haus seinen Vorstellungen genau entsprach – weil ihn die menschenleere Szene anregte und die Einsamkeit faszinierte

INFO

Was sind adverbiale Bestimmungen?
Adverbiale Bestimmungen sind Satzglieder, die eine Handlung oder ein Geschehen genauer erläutern. Du kannst folgende Arten unterscheiden:
1. **Adverbiale Bestimmung des Ortes:** Wo? Woher? Wohin? Wie weit?
   Er hat es im Jahr 1942 mit Öl auf Leinwand. (Wohin? – auf Leinwand)
2. **Adverbiale Bestimmung der Zeit:** Wann? Wie lange? Seit wann? Wie oft?
   Bis zum heutigen Tag hängt es im „Art Institute of Chicago".
   (Seit wann? – bis zum heutigen Tag)
3. **Adverbiale Bestimmung der Art und Weise:** Wie? Woraus? Womit? Wodurch?
   Sicher fällt dein Blick sofort auf die Bar im Neonlicht. (Wie? – sicher)
4. **Adverbiale Bestimmung des Grundes:** Warum? Wozu?
   Deshalb wirkt die Szene einsam. (Warum? – deshalb)
5. Auch **Nebensätze** können adverbiale Bestimmungen sein. Deshalb nennt man sie auch **Adverbialsätze:**
   Sicher fällt dein Blick sofort auf die Bar im Neonlicht, weil rundherum alles menschenleer und dunkel ist. (Warum? – weil rundherum alles menschenleer und dunkel ist)

Relativsätze und andere Attribute – Nomen näher erläutern

1. Sonnenstrahlen werden direkt in Strom umgewandelt.
2. Sonnenstrahlen, die auf Solarzellen scheinen, werden direkt in Strom umgewandelt.

 1 a) Markiere, was die Sätze 1 und 2 unterscheidet. Mache mit einem Pfeil deutlich, worauf sich die Ergänzung bezieht.
b) Sprecht darüber, was durch die Ergänzung erreicht werden soll, und vergleicht euer Ergebnis mit der **INFO**.

 2 Kennzeichne mit einem Pfeil, auf welches Nomen sich der Relativsatz bezieht.

A Die Umwandlung, die in den Solarzellen vollzogen wird, nennt man Fotovoltaik.
B Eine kleine Stromzelle kann Strom erzeugen, der für einen Taschenrechner reicht.
C Solaranlagen, welche auf der Südseite von Häusern gebaut sind, erzeugen mittags um 12 Uhr die meiste Energie.
D Wenn auf alle Dächer in Deutschland, die nach Süden ausgerichtet sind, Solaranlagen gebaut würden, könnte jede zweite Wohnung in Deutschland mit Strom aus Fotovoltaik versorgt werden.

3 a) Setze mündlich die passenden Relativpronomen ein. Beachte dazu auch den dritten Hinweis in der **INFO**.
b) Schreibe den Text ab: Ergänze die Kommas und unterstreiche die Relativsätze.

Solarstrom (1) noch sehr teuer ist ist besonders umweltfreundlich. Solaranlagen (2) man beim Neubau nicht verzichten sollte kosten viel Geld. Doch es gibt Fördermittel (3) Bauherren zurückgreifen können. Aber Solarzellen (4) in großen Mengen hergestellt werden lassen die Kosten schrumpfen. Bald können sich viel mehr Menschen eine Solaranlage leisten (5) umweltfreundlich ist.

INFO

Was sind Relativsätze?
1. Der Relativsatz erläutert ein vorausgehendes Nomen.
2. Relativsätze sind Nebensätze, die durch ein Relativpronomen *(der, die, das, welcher, welche, welches)* eingeleitet werden.

   Sonnenstrahlen, die auf Solarzellen scheinen, werden in Strom umgewandelt.
3. Manchmal ist das Relativpronomen mit einer Präposition verbunden *(von dem, über das, in den ...)*:

   Es gibt Fördermittel, auf die Bauherren zurückgreifen können.
4. Den Relativsatz trennst du durch ein Komma vom Hauptsatz ab.

Strom aus Windkraft (3)

Der schlanke ( ) Turm einer Windkraftanlage ( ), an dem sich in der Regel drei Rotorblätter drehen ( ), ist in der Regel 60 bis 100 Meter hoch. Neben so einem riesigen ( ) Windrad aus Beton ( ) sieht man ganz klein aus. Durch die Drehung der Rotorblätter ( ) wird wie bei einem
5 Fahrraddynamo ein Generator angetrieben, der Strom erzeugt ( ).
Ein großes ( ) Windrad, das 2 Megawatt Strom produziert ( ), kann 880 Haushalte mit Strom versorgen. In Deutschland gibt es 11 500 Windräder, die mit der richtigen Windstärke Strom für 5 Millionen Haushalte erzeugen können ( ). Die Strommenge, die mit einem Windrad produziert werden
10 kann ( ), ist abhängig von der Windgeschwindigkeit, der Grundvoraussetzung für die Energiegewinnung ( ). Deshalb ist es wichtig, dass die Rotorblätter auf einer windstarken ( ) Höhe stehen und dass sich das Windrad dort ( ) immer in den Wind hineindrehen kann.

4 a) Lies den Text ohne die unterstrichenen Textteile. Wie wirkt er auf dich?
b) Bestimme mithilfe der **INFO** die unterstrichenen Attribute im Text. Schreibe die passende Ziffer aus der **INFO** in die Klammern dahinter.

Folie

In der Nordsee wird ein Offshore-Windpark gebaut. Dort bläst ein Wind und dadurch kann fast Strom erzeugt werden wie mit vergleichbaren Anlagen. Dort stören die Geräusche nicht die Menschen. Aber das Surren ist auch nützlich: So sind Vögel gewarnt und können rechtzeitig abdrehen. Natürlich wird der Windpark nicht im Naturschutzgebiet gebaut.

5 a) Zeitungsmeldungen sind zwar knapp, aber so knapp doch nicht. Führe die Erweiterungsprobe durch und ergänze in der Meldung die Attribute, die für das Verständnis wichtig sind. Nutze das folgende Wortmaterial:

neuer – eine Ansammlung von Windrädern im Meer – der weitab von den Wohngebieten liegt – stärkerer – doppelt so viel – der Rotorblätter – der Windräder – neue

b) Vergleicht die verschiedenen Möglichkeiten. Überprüft, ob sie sinnvoll sind.

i INFO

Was sind Attribute?
Mit **Attributen** machst du genauere Aussagen zu einem Nomen. Sie machen Texte informativer, anschaulicher und lebendiger.
1. **Adjektiv:** *der hohe Turm*
2. **Adverb:** *der Turm dort*
3. **Präpositionalausdruck:** *der Turm aus Beton*
4. **Nomen im Genitiv:** *der Turm einer Windkraftanlage*
5. **Relativsatz (Attributsatz):** *der Turm, der 60 bis 100 Meter hoch sein kann, …*
6. **Apposition:** *der Turm, ein wesentlicher Bestandteil der Windkraftanlage, …*

dass-Sätze, Infinitivsätze – abwechslungsreich formulieren

Strom aus Biomasse

Holz, Stroh und Biogas sind Energieträger. Der Vorteil dieser Rohstoffe ist, dass man sie immer wieder neu produzieren kann. Durch Verbrennen von Stroh oder Holz kann man Wasser erhitzen. Der dabei entstehende Wasserdampf kann eine Dampfturbine antreiben, die mithilfe eines Generators Strom erzeugt. Außerdem ist es möglich, dass man mit dem heißen Wasserdampf Wohnungen beheizt oder Duschwasser erwärmt. Als Brennholz verwendet man häufig Abfallholz, das in den großen Sägewerken zentnerweise als Holzspäne anfällt. Diese eignen sich für die Energieerzeugung hervorragend. Es muss also nicht sein, dass man dafür extra Wälder abholzt.

Für Biogas ist Voraussetzung, dass Mist oder Gülle in einem großen luftdichten Tank vergoren wird. Mithilfe von Bakterien gelingt es, dass daraus Methangas und Dünger erzeugt wird. Das Methangas treibt einen Motor an, der Strom erzeugt. Wenn es gelingt, dass man auch die dabei erzeugte Wärme verwenden kann, dann haben Biogasanlagen einen großen Wirkungsgrad. Für Landwirte, die Biogasanlagen betreiben, ist es naheliegend, dass sie den entstandenen Dünger auf die Felder bringen.

1 Die Umwelt-AG informiert über Biomasse als Energielieferant. Wozu spricht sie sich aus – und warum?

 Folie

2 a) Markiere die *dass*-Sätze, die im Text verwendet werden.
b) Die Autoren hätten aber auch anders formulieren können. Lies dazu den **TIPP**.
c) Formuliere die *dass*-Sätze, bei denen das möglich ist, in *Infinitivsätze* um, z. B. Zeile 1–2: Der Vorteil dieser Rohstoffe ist, sie immer wieder neu produzieren zu können.
d) Entscheide, an welchen Stellen du eher einen *dass*-Satz und wo du einen *Infinitivsatz* formulieren willst. Schreibe den Text dazu neu.

> ### 💡 TIPP
>
> **So formulierst du abwechslungsreich mit *dass*-Sätzen und Infinitivsätzen:**
> 1. Die **Konjunktion *dass*** leitet einen Nebensatz ein und steht oft nach Verben wie *wissen, meinen, behaupten, vermuten, sich freuen, behaupten, wollen, glauben:* Ich meine, dass Bioenergie sinnvoll ist. / Dass Bioenergie sinnvoll ist, meine ich.
> 2. Manche ***dass*-Sätze** kannst du auch in **Infinitivsätze** umformulieren:
>   – Der Vorteil dieser Rohstoffe ist, dass man sie immer wieder neu produzieren kann.
>   – Der Vorteil dieser Rohstoffe ist, sie immer wieder neu produzieren zu können.
> 3. Wenn du dich abwechslungsreich ausdrücken möchtest, verwende **sowohl** *dass*-Sätze als auch *Infinitivsätze*.

Ist das sachlich? – Sprachfunktionen erkennen

A Hier siehst du das Bild „Abend in Cape Cod" von Edward Hopper aus dem Jahr 1939. Dazu musst du wissen, dass das Ehepaar Hopper in South Turo auf Cape Cod ein Sommerhaus mit Atelier besaß …

B Kommt zur Hopper-Ausstellung in der Bibliothek unserer Schule, denn diesem berühmten Vertreter des amerikanischen Realismus ist unsere neue Ausstellung gewidmet. Erstmalig zeigt unser Kurs „Darstellen und Gestalten" die zahlreichen Bilder, die wir nach Hoppers Vorbild gemalt haben. Wir freuen uns auf euren Besuch!

C Wir kamen am Abend in Cape Cod an. Es war schon dunkel, und wir hatten keine Zeit mehr, uns draußen umzusehen. Als wir unsere Koffer aus dem Auto holten, begann es zu regnen. „Es regnet hier zwar öfter, aber nie lange", ich hatte noch die Worte unserer Wirtin beim Einchecken im Ohr. Ich hoffte, dass sie recht behielt …

1 Beurteile die Textanfänge und ordne zu:
- Welche Absicht verfolgt der Verfasser (informieren, appellieren, unterhalten)?
- Um welche Textart handelt es sich und wo könnte der Text erschienen sein?
- Welcher der Texte ist sachlich formuliert? Lies dazu die **INFO**.

Hopper-Ausstellung ein voller Erfolg!

Nachdem die Ausstellung des Kurses „Darstellen und Gestalten" mit einer endlos langen Rede durch den Schulleiter und die nervösen Kursteilnehmer in der Aula eröffnet worden war, kamen unzählige Schüler. Der Kurs hatte berühmte Hopper-Bilder nachgemalt und stellte sie nun dem Publikum zur Bewertung vor. Es herrschte so reger Andrang, dass die Aufsicht ganz nervös wurde, da sie Angst um die Bilder hatte. „Ihr seid doch alle Rüpel!", dachte sie bestimmt. Die Besucher wählten das Bild *Lighthouse and Buildings* von Kemal Güler (8.6) auf Platz eins. Er hatte ein Haus auf sein Bild geschmuggelt, das bei Hopper fehlte. Tröste dich, Kemal, das hat keiner bemerkt!

2 a) Beurteile mithilfe der **INFO**, an welchen Stellen dieser Bericht eines Schülers nicht sachlich formuliert ist. Begründe deine Beurteilung.
b) Überarbeite den Text und schreibe ihn in dein Heft.

INFO

Was ist sachliches Schreiben?
1. Wenn du etwas **beschreibst**, über ein Ereignis **berichtest** oder einen Text **untersuchst**, schreibst du sachlich, um andere zu **informieren**.
2. Du solltest möglichst **genau formulieren** und dabei auch **treffende Adjektive und Vergleiche** verwenden, um etwas anschaulich und abwechslungsreich darzustellen. Zudem solltest du Interesse bei deinem Adressaten wecken.
3. Darauf solltest du in einem sachlichen Text **verzichten**: die eigene Meinung, Kommentare, Spannungsmacher, Ausgedachtes.

Sich verständlich ausdrücken

Situation 1
In den Ferien auf dem Bauernhof in Norddeutschland:
Mike: Was machen Sie denn da?
Bauer: Watt geiht son Kiek in de Kumm, datt an watt ick koken kann?
Mike: Ich versteh nur Bahnhof …

Situation 2
Im Mathematikunterricht:
Lehrer: So, ihr löst jetzt bitte die folgende Aufgabe: Fälle mit dem Satz des Thales ein Lot von einem Punkt auf einer Geraden g, indem du ausgehend von einem beliebig gewählten Punkt M einen Kreis mit einem Radius der Länge der Strecke MP konstruierst und anschließend den entsprechenden Schnittpunkt des Kreises mit der Geraden g mit dem Punkt P verbindest.
Schüler: Ich dachte, man könnte nur Bäume fällen …

Situation 3
Im Deutschunterricht beim Diktat kurz vor Ende der Stunde:
Lehrer: Anja, kommst du mit?
Anja: Nee, ich muss gleich in der Pause zu Frau Steegmanns.

1 a) Was sind die Gründe dafür, dass es in den Situationen 1–3 zu Missverständnissen kommt? Notiere sie.
   b) Welche weiteren Gründe fallen dir ein? Ergänze deine Notizen

gleiche Sprache oder gleichen Dialekt sprechen …

2 a) Übertrage das Schaubild in dein Heft und notiere in dem Pfeil die Bedingungen dafür, dass der Junge das Mädchen richtig verstehen kann. Berücksichtige auch deine Ergebnisse aus Aufgabe **1**.
   b) Was müsste das Mädchen außerdem berücksichtigen, wenn es mit einem Erwachsenen spricht, den es nicht kennt? Ergänze die Kriterien.

Erfolgreich Gespräche führen

Gespräch bei einem Jugendhearing im Jugendtreff

Henrike: Also, so geht das ja nicht. Erst bestellen Sie uns hierher, und dann lassen Sie uns gar nicht zu Wort kommen. Handeln Sie!
Leiterin des Jugendamtes Frau Kranz: Ich möchte eigentlich nur nicht, dass alle durcheinanderreden. Jeder sollte seine Position vorstellen dürfen.
5 **Henrike:** Ach, das ist doch alles nur Gelaber … Wir wollen einen neuen Jugendtreff! Sie haben unseren alten Bahnwaggon doch abreißen lassen.
Kay: Genau! Jetzt müssen Sie auch für Ersatz sorgen.
Frau Kranz: Jetzt aber mal langsam. Zuerst sollten wir klären, wie genau ihr euch einen Ersatz vorstellt. Das geht nur, wenn wir alle Vorschläge der Reihe
10 nach sammeln.
Kay: Wir sollen doch nur wieder vertröstet werden. Wir fordern sofort eine Lösung. Wir sitzen auf der Straße. Und dafür sind Sie verantwortlich.
Henrike: Eben. Deshalb sollten Sie handeln! Unternehmen Sie gefälligst was!
Frau Kranz: So kommen wir sicher nicht weiter. Ich denke, wir brechen das
15 Gespräch hier ab. Ihr könnt eure Vorschläge ja schriftlich einreichen.

1 a) Lies das Gespräch während dieses öffentlichen Jugendhearings und überlege, was die Jugendlichen eigentlich erreichen wollen.
b) Wie reagiert Frau Kranz auf die Äußerungen von Henrike und Kay?
c) Überlege, wie der Konflikt mit Frau Kranz vermeidbar gewesen wäre.

2 a) Markiere die Formulierungen der Jugendlichen, die dir unhöflich und unangemessen erscheinen.
b) Formuliere die Äußerungen von Henrike und Kay so um, dass sie respektvoll klingen. Verwende dabei nicht den Imperativ, sondern höfliche Appelle mit dem Konjunktiv II, z. B.: *Frau Kranz, es wäre schön, wenn wir zuerst unsere Vorstellungen äußern dürften*.
c) Spielt das neue Gespräch nach. Achtet dabei auf Blickkontakt und eine offene Körpersprache.

Folie

3 a) Formuliere mit einem Partner Ratschläge für ein erfolgreiches Gespräch.
b) Vergleicht euer Ergebnis mit der **INFO**.

ℹ️ INFO

Erfolgreich Gespräche führen
1. Um erfolgreich Gespräche zu führen, musst du **eindeutig formulieren** und **aufmerksam** zuhören.
2. Ob sich Menschen in einem Gespräch verstehen, hängt auch von ihrer **Beziehung untereinander** sowie ihrer **Stimmlage** und **Körpersprache** ab:
   – Begegne deinem Gesprächspartner höflich und freundlich.
   – Gehe durch Nachfragen auf deinen Gesprächspartner ein.
   – Zeige dein Interesse auch durch eine offene Körpersprache.

Fachbegriffe verstehen und anwenden

1. Metapher   A Wiederholung derselben Wortgruppe in Satz- oder Versanfängen
2. Personifikation B Wiederholung gleicher Satzstrukturen
3. Vergleich   C bildhafter, übertragener Vergleich
4. Anapher   D Vermenschlichung; Gegenstände oder Tiere erhalten die Eigenschaften oder Fähigkeiten von Menschen
5. Parallelismus   E sprachlich etwas gleichsetzen (mit *wie* oder *als*)

1 Ordne den Fachbegriffen links die passende Definition rechts zu.

2 a) Übertrage die Tabelle und trage die Fachbegriffe und ihre Definition ein.

Fachbegriff	Definition	Beispiel
Metapher	...	...

b) Wähle aus den folgenden Formulierungen jeweils ein passendes Beispiel aus und schreibe es in die dritte Spalte:

Er lächelt sie an. Er spricht sie an. / Ein tiefes Rot erfasst ihr Gesicht. / Ein tiefes Rot schleicht sich auf ihre Haut. / Wie sitzt meine Frisur? Wie wirkt mein Make-up? / stärker als Herzklopfen / heftiger als Gewittergrollen / Gedanken jagen ihr durch den Kopf. / Gedanken wirbeln ihr durch den Kopf. / Der Bauch spricht zu ihr. / Der Bauch trommelt. / ein Herzensblick / ein Augenwinken / die Schmetterlinge im Bauch / die Flugzeuge im Bauch

c) Trage weitere Fachbegriffe für sprachliche Mittel (z. B. von Seite 81) in deine Tabelle ein. Ergänze die Definition und finde ein Beispiel.
d) Vergleicht eure Tabellen untereinander und ergänzt sie wenn nötig.

3 Lege dir eine Fachwortkartei an (siehe **TIPP**) und übe damit.

> **TIPP**
>
> **So arbeitest du mit einer Fachwortkartei:**
> 1. Notiere den Fachbegriff, den du dir einprägen willst, auf der Vorderseite einer Karteikarte. Schreibe die Erklärung, ein Beispiel und die Wirkung auf die Rückseite. Du kannst auch Begriffe aus dem Basiswissen üben.
>   *Metapher: Sprachliches Bild, z. B.: „Ich hatte Schmetterlinge im Bauch."*
>   *Wirkung: Veranschaulichung, etwas lebendig darstellen*
> 2. Präge dir die Fachbegriffe ein. Wenn du die Erklärung in einer Woche dreimal richtig wiedergeben konntest, steckst du die Karteikarte hinter die anderen. Diese wiederholst du einmal in der Woche.

Soll ich es heute wagen?
Tausend Gedanken .... *(Personifikation)*
Zuerst nur ein Blickkontakt,
danach ein erstes Lächeln, ... *(Metapher)*
Sie wird verlegen und ein tiefes Rot .... *(Personifikation)*
Das Licht ist gedämpft, leise Musik erklingt.
Er kommt auf sie zu.
Plötzlich breitet sich Unsicherheit aus,
der Bauch .... *(Personifikation)*
und .... werden bei jedem Schritt, *(Metapher)*
den er näher kommt,
.... *(Vergleich)*
Sehe ich gut aus?
.... *(Parallelismus)*
Er steht vor ihr. .... *(Parallelismus)*
Er nimmt sie an der Hand und geht mit ihr nach draußen.

4 **a)** Überfliege den Lückentext.
b) Tauscht euch aus, in welcher Stimmung sich das lyrische Ich befindet.

5 **a)** Ergänze die Lücken im Gedicht sinnvoll. Übertrage dazu das Gedicht
in dein Heft und nutze die folgenden Hilfen, wenn du unsicher bist.
1. Hilfe: Die Fachwörter in den Klammern geben dir Hinweise zur sprachlichen
Gestaltung. Wenn du unsicher bist, nutze deine Zuordnung von Seite 242,
deine Fachwortkartei oder das Basiswissen.
2. Hilfe: Wenn dir selbst nichts einfällt, nutze das Wortmaterial von Seite 242.
b) Finde eine Überschrift, die zu deinem fertigen Gedicht passt.

6 **a)** Lest euch gegenseitig eure Texte vor.
b) Überprüft gemeinsam, ob die eingesetzten sprachlichen Mittel der Vorgabe
in den Klammern entsprechen und ob sie zum Inhalt passen.
c) Sprecht darüber, wie sich die Gedichte in Inhalt und Wirkung unterscheiden.

7 Schreibe eine weitere Strophe dazu, wie es mit den beiden weitergehen könnte.
Verwende dabei sprachliche Gestaltungsmittel.

Fachbegriffe | 3.4.6 Wortbedeutungen korrekt verwenden

Richtig schreiben

Rechtschreibstrategien anwenden

Schulduell in der großen Pause

R1
R2
R3, R4
R5
R6
R7
R8, R9
R10, R11
R12, R13
R14

Große Aufregung herrschte gestern auf dem Schulhof der Erich-Kästner-Gesamtschule. Ein Team des Senders 1live hatte für ein Kwiz Mikrofone aufgebaut und eine risige Zeituhr aufgestellt. Dreißig Schüler waren
5 ausgewählt worden, jeder mit einem Buchstabenschilt ausgestatet. Es galt, möglichst schnell die Lösungswörter mit den Schildern anzugeben. „Buchstabiert ein Mitglied der Gruppe Die Ärzte!", lautete die erste Frage und schon brüllte alles durcheinander: „Bela, Farin". Man einigte sich auf Farin. Jetzt mußten sich die Schüler mit den entsprechenden Buchstaben-
10 schildern nur noch in der richtigen Reihenfolge aufstelen. Nächste Frage … Nach 35 Sekunden waren alle Fragen beantwortet. Eine gute Zeit? Im großen und ganzen nicht schlecht, aber das Berufskolleg in Datteln hatte die fünf Fragen in nur 13:75 Sekunden beantwortet und lag damit vorne. Dadurch war der Traum von einem Gastspiel der Gruppe „Silber-
15 mond" an dieser Schule vorbei. Aber der Spass beim mitmachen war allen Schülerinnen und Schülern noch anzusehen, als sie wieder zurück in die Klassenräume strömten.
„Das schnelle umstellen der Schilder ist uns noch schwer gefallen. Aber es war schön, dass Lehrer und Schüler zusammen für den Sieg gekempft
20 haben", sagte Sylvia aus der 8 b zum Ergebnis ihrer Schule.

 Folie

1 a) Finde die Fehler in dem Text und markiere sie.
b) Übernimm die unten stehende Tabelle in dein Heft und ordne darin die Fehler ein. Welche Fehlerarten kommen am häufigsten vor?
c) Überlege, welche Rechtschreibstrategie dir bei der Verbesserung der Fehler jeweils helfen könnte. Du findest sie in der Übersicht auf Seite 245.
d) Korrigiere nun die Fehler. Gib dabei die entsprechende Strategie an.

Fehlerarten	Fehler	Verbesserung	Strategie
Doppelkonsonanten *(ll, mm, …, ck, tz)*			
s-Schreibung *(s, ss, ß)*			
Wörter mit Dehnungszeichen *(h, ie)*			
b, d, g im Auslaut			
Schreibung von *ä/äu*			
Groß- und Kleinschreibung			
Zusammen- und Getrenntschreibung			
Lernwörter, Fremdwörter	R1	Quiz	Nachschlagen
andere Fehler			

A Silbenprobe

Bist du unsicher, ob ein Wort
- mit doppeltem Konsonanten *(ll, mm, nn, ... ss, ck, tz)* geschrieben wird?
- mit *ie* oder mit *ß* geschrieben wird?
→ Die Silbenprobe hilft dir herauszuhören, ob der Vokal in einer Silbe kurz oder lang gesprochen wird:

Der Vokal klingt kurz, wenn die Silbe durch einen Konsonanten geschlossen wird: *das Wet ter, schüt ten, es sen.*

Der Vokal klingt lang, wenn die Silbe offen ist:
be ten, krie chen, wir a ßen.

Verlängere einsilbige Wörter. Du hörst dann, ob die Silbe offen oder geschlossen ist: *Maß → Ma ße.*

B Verlängerungsprobe

Bist du unsicher, ob ein Wort im Auslaut mit *b, d, g* geschrieben wird?
→ Durch die Verlängerungsprobe bringst du die Endung zum Klingen:

das Lob → lo ben

das Feld → die Fel der

er fliegt → flie gen.

C Ableitungsprobe

Bist du unsicher, ob ein Wort mit *ä/äu*, Dehnungs-*h* oder silbentrennendem *h* geschrieben wird?
→ Bilde Ableitungen, indem du Wörter der gleichen Wortfamilie (= Wörter mit dem gleichen Wortstamm) suchst:

Äpfel → Apfel

Räume → Raum

lehnen → Lehne, Stuhllehne, anlehnen (Lernwörter mit Dehnungs-*h*)

sehen → Fernseher, er sieht (Wörter mit silbentrennendem *h*).

D Proben für die Großschreibung

Bist du unsicher, ob ein Wort großgeschrieben wird?
→ Wende die Artikelprobe an:
Kannst du vor das Wort einen Artikel setzen, wird es großgeschrieben:
Bringe bitte b/Butter mit! → die Butter.

Achte bei Wortarten, die eigentlich kleingeschrieben werden, auf Signalwörter für die Großschreibung:
das Schöne und Gute, etwas Großes, viel Unangenehmes, das Schreiben, zum Heulen, vom Lachen, beim Schreiben, schnelles Laufen.

E Nachschlagen

Schlage bei Zweifelsfällen im Wörterbuch nach, z.B. bei der Getrennt- und Zusammenschreibung, bei Lernwörtern oder Fremdwörtern, deren Aussprache von der Schreibweise abweicht: *Boutique, Keybord.*

Großschreibung

Nomen an Signalwörtern erkennen

A Für uns alle ist morgen ein außergewöhnlicher Tag.
B Das Außergewöhnliche besteht darin, dass alle den Tag in einem Betrieb verbringen.

C Amani schwärmt schon von ihrem Tagespraktikum.
D Beim Thema „Tagespraktikum" gerät Amani ins Schwärmen.

 Folie

1 a) Erkläre, warum die unterstrichenen Wörter in den Satzpaaren mal groß- und mal kleingeschrieben werden. Lies dazu den **TIPP**.
b) Markiere die Signalwörter für Großschreibung

1. „Ich muss dir noch FOLGENDES sagen", sagte mein Praktikumsbetreuer.
2. „Im GROßEN und GANZEN kannst du dich hier überall herumbewegen.
3. Natürlich ist KLAR, dass du keinen Unsinn machen darfst.
4. Du wirst viel INTERESSANTES sehen und dazu Fragen stellen wollen.
5. Das EINZIGE, worum ich dich bitte, ist, deine Fragen an mich zu richten.
6. Denn die Mitarbeiter müssen sich beim ARBEITEN sehr KONZENTRIEREN.
7. In der Pause ist Zeit zum REDEN, wenn du etwas BESONDERES willst.
8. Hier habe ich ein paar Aufgaben zum ERLEDIGEN.
9. Da kannst du dein bisheriges KÖNNEN beweisen.
10. Alles ÜBRIGE erfährst du von Frau Bode. Ich werde dich zu ihr BRINGEN.
11. Ich wünsche dir für den heutigen Tag alles GUTE."

2 a) Schreibe die Sätze in richtiger Groß- und Kleinschreibung auf und unterstreiche die Signalwörter. Nutze dazu die Hinweise im **TIPP**:
„Ich muss dir noch Folgendes sagen", sagte …
(Artikelprobe: das Folgende)
b) Besprich dein Ergebnis mit einem Partner. Begründe deine Schreibweise.

💡 TIPP

So erkennst du Nomen:
Nomen erkennst du an ihren Signalwörtern. Das gilt auch für Wörter anderer Wortarten, wenn sie als Nomen gebraucht werden.
1. Achte auf folgende Signalwörter für Nomen:
    → **Artikel:** _das_ (_ein_) Praktikum, _das_ Außergewöhnliche
    → **Demonstrativ- und Possessivpronomen:** _dieser_ Tag, _mein_ Zögern
    → **Adjektive:** das _nächste_ Praktikum, das _rechtzeitige_ Ankommen
    → **Präposition + Artikel:** _im_ (in + dem) Betrieb, _ins_ (in + das) Grübeln
    → **Wörter wie alles, etwas, genug, nichts, viel:** _nichts_ Großes, _etwas_ Gutes.
2. Wenn Signalwörter fehlen, wende die Artikelprobe an. Überprüfe dazu, ob das Wort mit einem Artikel stehen kann: Natürlich soll ein Praktikum Spaß (der Spaß) machen und informativ (das informativ) sein.

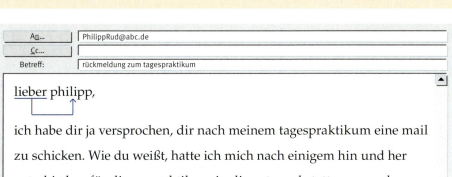

An... | PhilippRud@abc.de
Cc... |
Betreff: | rückmeldung zum tagespraktikum

lieber philipp,

ich habe dir ja versprochen, dir nach meinem tagespraktikum eine mail zu schicken. Wie du weißt, hatte ich mich nach einigem hin und her entschieden, für dieses praktikum in die autowerkstatt rex zu gehen. etwas anderes kam für mich eigentlich nicht in frage. ich war morgens schon als erster da, weil ich große angst hatte, mich zu verspäten. herr rex begrüßte mich und machte mich mit den anderen mitarbeitern bekannt. als nächstes wurde die arbeit verteilt. ich wurde herrn güz zugewiesen. ein audi 3 musste für den TÜV überprüft und fertig gemacht werden. im wesentlichen wird dazu eine checkliste abgearbeitet und dann das notwendigste repariert. wir stellten fest, dass die bremsklötze hinten ausgetauscht werden mussten. des weiteren war ein fernlicht kaputt. sonst war alles in ordnung. am nachmittag gab es noch eine reihe von weiteren dingen zu tun. am schluss musste ich noch beim aufräumen helfen.

ich habe beim tagespraktikum viel nützliches gelernt und kann jetzt schon den kompressorschrauber zum anschrauben der reifen bedienen. das beste war, dass die zeit ganz schnell vorbeiging.

ich finde gut, dass man in diesem beruf nicht immer das gleiche tun muss. für mich wäre das genau das richtige. ich habe herrn rex gefragt, ob ich bei ihm auch das betriebspraktikum machen kann.

er hat zugestimmt. das war für mich das größte. durch das frühe aufstehen bin ich abends allerdings beim fernsehen eingeschlafen. übrigens: wenn du demnächst einen ölwechsel machen musst, kann ich dir jetzt helfen.

tschüss

dennis

3 **a)** Unterstreiche alle Signalwörter, die auf die Großschreibung hinweisen. Kennzeichne dann durch einen Pfeil das dazugehörige Nomen.
b) Schreibe den Text dann in der richtigen Groß- und Kleinschreibung ab. Denke daran, dass das erste Wort in einem Satz immer großgeschrieben wird.

Folie

Nomen oder Adjektiv? – Großschreibung von Farben

1 Beschreibt euch gegenseitig das Bild. Macht dabei genaue Farbangaben. Lest dazu den **TIPP**.

INFOTAFEL:
– Edward Hopper
– „The Bootlegers", dt. „Die Schmuggler"
– entstanden 1925

Das Bild „The Bootlegers" malte Edward Hopper im Jahre 1925. Es ist fast vollständig in *blau/Blau* gehalten. Nur das Boot mit den drei Männern im Vordergrund des Bildes ist *weiß/Weiß*. Das *rot/Rot* und das dunkle *grün/Grün* der Positionslampen auf dem Schiff sind die einzigen Farbtupfer. Die Bugwelle schäumt
5 *weiß/Weiß*, das bedeutet, dass das Boot schnell fährt. Ein Mann mit einem *braunen/Braunen* Hemd sitzt auf der Reling. Neben ihm ist ein weiterer Mann zu sehen, und ein dritter steht neben der Kajütentür. Die Kleidung der beiden ist *schwarz/Schwarz*. Die drei Männer schauen zu einem Haus am nahen Ufer, das *hellblau/Hellblau* gestrichen ist, die Fensterläden und das Dach sind *dunkelblau/*
10 *Dunkelblau*. Das Haus hebt sich stark von dem Hintergrund in *schwarz/Schwarz* ab, der ein Wald oder ein Bergmassiv sein könnte. Am *blaugrauen/Blaugrauen* Himmel befinden sich Wolken mit *beigen/Beigen* Streifen, die schon den kommenden Morgen ankündigen. Offensichtlich wird das Boot erwartet. Denn das fahle *gelb/Gelb* der Fenster zeigt, dass im Haus Licht ist. Auch ein Mann, ganz in
15 *schwarz/Schwarz*, wartet vor dem Haus auf das Boot. Das Bild macht einen düsteren, kalten und unheimlichen Eindruck. Vielleicht bringen die Schmuggler gerade ihre Ware oder wollen neue von dem *hellblauen/Hellblauen* Haus abholen. Auf jeden Fall scheuen sie das Licht des Tages.

 Folie

2 Entscheide, ob du die Farbangaben groß- oder kleinschreiben musst. Markiere die Signalwörter und unterstreiche dann die entsprechende Schreibweise.

> ## 💡 TIPP
>
> **So entscheidest du über die Groß- und Kleinschreibung bei Farbangaben:**
> 1. Eine Farbangabe kann ein Nomen oder ein Adjektiv sein.
> 2. Achte bei Nomen auf die Signalwörter (Artikel, Präposition, Adjektiv): *das helle Weiß …, in Rot gehalten …, im hellen Grün* → Was?
> 3. Als Adjektive stehen die Farbbezeichnungen vor einem Nomen *(das rote Haus)* oder sie beziehen sich auf ein Verb: *Das Haus leuchtet/ist gelb.* → Wie?

Groß- und Kleinschreibung bei Eigennamen

Unser Sonderangebot:
Greifen Sie ruhig zu den Sternen!
„Stella" ist zwar nicht der (G/g)roße Wagen, aber spritzig, ökonomisch und daher ökologisch sinnvoll.
Autohaus Müller und Co.

Gasthaus „Am Eck"
Am (E/e)rsten Weihnachtsfeiertag haben wir für Sie geöffnet!
Genießen Sie unsere Spezialitäten: (H/h)amburger Aalsuppe und (P/p)olnische Mastgans mit (B/b)öhmischen Klößen.

Wo Sie noch unberührte Natur finden …
Im (B/b)ayerischen Wald finden Sie Ruhe. Sie können in den riesigen Wäldern wandern und dort den (R/r)oten Milan beobachten.

Besuchen Sie Potsdam!
Genießen Sie die (B/b)randenburgische Gastfreundschaft!
Kommen Sie ins Schloss Sanssouci und schlafen Sie im Bett von Friedrich dem (G/g)roßen!

Wir laden Sie ein:
Kommen Sie nach Münster, die Stadt des (W/w)estfälischen Friedens und des (W/w)estfälischen Schinkens.
Immer eine Reise wert!
Fremdenverkehrsverein Münster

Medienkritik
Im (E/e)rsten Programm wurde die Dokumentation „Der (E/e)rste Weltkrieg und die Dolchstoßlegende" gezeigt. Kein Thema hat die Deutschen vor dem (Z/z)weiten Weltkrieg so bewegt wie die Frage, ob …

1 a) Schreibe die Ausdrücke in Klammern in der richtigen Groß- und Kleinschreibung auf. Gib dabei die entsprechende Regel aus der **INFO** an:
der Große Wagen → Bezeichnung aus der Astronomie.
b) Vergleiche deine Ergebnisse mit denen deines Nachbarn.

INFO

Schreibung von Adjektiven in Eigennamen
1. Unter Eigennamen versteht man die Benennung von „einmaligen" Personen, Firmen, Institutionen, Orten, Tier- und Pflanzenarten. Enthalten die Eigennamen Adjektive, werden auch sie großgeschrieben:
   – Namen von Personen und Ereignisse aus der Geschichte: *Katharina die Große, der Dreißigjährige Krieg*
   – Bezeichnungen aus Geografie/Astronomie: *das Rote Meer, der Große Bär*
   – Gattungsbezeichnungen in der Biologie: *der Nebelgraue Trichterling*
   – Namen für Kalendertage: *der Heilige Abend*.
2. Adjektive, die von geografischen Namen abgeleitet sind und auf *-er* enden, werden großgeschrieben: *Schweizer Käse, Frankfurter Würstchen*.
3. Adjektive zu geografischen Angaben, die auf *-isch* enden, werden kleingeschrieben: *italienische Nudeln, holländische Sauce*.

Getrennt- und Zusammenschreibung

Verbindungen aus Nomen und Verb

Zweimal Glück gehabt

Münster. Gestern musste ein Privatflugzeug auf einer Wiese wegen Benzinmangels landen. Die (1) *Not/landende* Maschine kam vor einem Bauernhof zum Stehen. Der Pilot stand (2) *Hilfe/rufend* vor seinem Flugzeug, als ein (3) *Zähne/fletschender* Rottweiler auf ihn zukam. Der (4) *Kampf/erprobte* Hund ließ keinen Zweifel an seinen Absichten, sodass der Pilot sich (5) *Schutz/suchend* in sein Flugzeug zurückzog. Erst als der Bauer erschien und den (6) *Respekt/einflößenden* Hund an die Leine nahm, wagte sich der Pilot wieder heraus, um einen Notruf abzusetzen.

Realschule sucht den Superstar

Billerbeck. Auf eine (1) *Erfolg/versprechende* Idee kam eine 10. Klasse, die für ihre Abschlussfahrt noch nach Finanzierungsmöglichkeiten suchte. Zunächst dachte man an die Aufführung eines (2) *Herz/zerreißenden* Theaterstückes. Doch dann entwickelte sich die (3) *Bahn/brechende* Idee, an der eigenen Schule den Wettbewerb „Billerbeck sucht den Superstar" auszurufen. Zunächst hatten viele die (4) *Irre/führende* Vorstellung, dass sich nur Gesangskünstler bewerben sollten. Als sich aber Schüler mit anderen Fähigkeiten (5) *Rat/suchend* an die Initiatoren wandten, wurde entschieden, diesen Wettstreit für alle zu öffnen. Die erste Vorstellung wird am Freitag *statt*(6)*finden*. Für jeden (7) *Teil/nehmenden* Schüler gibt es einen Preis.

1 a) Lies diese Texte aus einem Zeitungsprojekt. Worüber berichten sie?
  b) Untersuche die bezifferten Verbindungen von Nomen und Verb und entscheide, wie sie geschrieben werden müssen. Lies dazu die **INFO**.
  Schreibe zusammengeschriebene Verbindungen klein: (1) notlandend
  c) Besprich mit einem Partner dein Ergebnis. Begründe dabei deine Schreibweisen.

> **INFO**
>
> **Getrennt- und Zusammenschreibung von Nomen und Verb**
> 1. Die meisten Verbindungen aus Nomen und Verb schreibst du getrennt: *Rad fahren, Fußball spielen, Zeitung lesen ...*
> 2. In solchen Verbindungen kann das Verb in der Partizipform *(fahrend, gefahren)* stehen. Der Ausdruck <u>kann</u> getrennt- oder zusammengeschrieben werden: *das Rad fahrende Kind* oder *das radfahrende Kind*.
> 3. Aber: <u>mit</u> Angst erfüllen → angsterfüllt / <u>die</u> Zähne blecken → zähnebleckend
>   Wird in dem Ausdruck mit Partizip ein Wort eingespart, dann muss er zusammengeschrieben werden. Bilde die Grundform, um dies herauszufinden: *angst?erfüllt* → <u>mit</u> Angst erfüllen = angsterfüllt.
> 4. Die folgenden Verbindungen werden immer zusammengeschrieben: *eislaufen, heimgehen, kopfstehen, leidtun, nottun, preisgeben, standhalten, stattfinden, stattgeben, teilhaben, teilnehmen, wundernehmen.*
> 5. Das gilt auch für die Partizipform: *eislaufend, stattfindend, teilnehmend.*

Verbindungen aus Adjektiv und Verb

A Das hoch fliegende Flugzeug war kaum zu sehen.
B Sie konnte ihre hochfliegenden Pläne nicht verwirklichen.

C Auf diesem Pflaster kann man leicht fallen.
D Die Arbeit wird ihm leichtfallen.

E Ali hat bei seinem Referat frei gesprochen.
F Der Jugendliche wurde vor Gericht freigesprochen.

1 a) Weshalb werden in den Sätzen oben die gleichen Verbindungen von Adjektiv und Verb unterschiedlich geschrieben? Tausche dich darüber mit einem Partner aus.
b) Vergleicht eure Überlegungen mit dem dritten Hinweis in der **INFO**.

Wellensittich löst Großeinsatz der Polizei aus

In Minden musste gestern die Polizei zu einem (1) *groß/angelegten* Einsatz ausrücken. Ein Bewegungsmelder hatte die Alarmanlage einer (2) *einsam/gelegenen* Villa ausgelöst. Zunächst konnten die Beamten von außen nichts (3) *fest/stellen*. Da die Bewohner nicht anwesend waren, stürmten die Polizisten (4) *kurz/ent-*
5 *schlossen* die Villa. Allerdings konnten sie nur einen Wellensittich (5) *fest/nehmen*, der auf seinem Käfig saß und sich offensichtlich (6) *lang/weilte*. Gerade als die (7) *schrill/tönende* Alarmanlage von der Polizei (8) *kurz/geschlossen* worden war, kamen die Bewohner von einem Einkauf zurück. Auf die (9) *nahe/liegende* Idee, während ihrer kurzen Abwesenheit die Alarmanlage auszuschalten, waren sie
10 nicht gekommen. Sie beteuerten zwar, dass es ihnen (10) *fern/lag*, die Polizei zu belästigen. Dennoch wird ihnen nichts anderes (11) *übrig/bleiben*, als die Kosten des Einsatzes zu übernehmen.

2 Entscheide, wie du die Verbindungen aus Adjektiv und Verb schreiben musst. Begründe deine Schreibweise: (1) groß angelegter Einsatz, ...

INFO

Verbindungen aus Adjektiv und Verb
1. Meistens schreibt man diese Verbindungen getrennt: *laut lachen, viel essen*.
2. Verbindungen aus Adjektiv und Verb kannst du trennen oder zusammenschreiben, wenn das Adjektiv das Ergebnis eines Vorgangs ausdrückt: *ein Glas leer trinken/leertrinken, ein Brot klein schneiden/kleinschneiden*.
3. Du musst zusammenschreiben, wenn die Verbindung eine neue Gesamtbedeutung erhält: *Die Arbeit ist ihm schwergefallen.* (= Er hatte große Schwierigkeiten.) *Ich muss den Fehler richtigstellen* (= korrigieren). Dies gilt auch, wenn das Verb in einer Verbindung mit neuer Gesamtbedeutung als Partizip verwendet wird: *der kaltgestellte Politiker*.

Verbindungen aus „anderen Wortarten" und Verb

A Bei diesem Spiel müssen wir alle zusammenhalten.

B Könnt ihr das Brett bitte zusammen halten?

1 a) Untersuche die beiden Verbindungen mit *zusammen*:
- Welche unterschiedlichen Bedeutungen haben die Ausdrücke jeweils?
- Sprich beide Verbindungen aus: Auf welchem Teil liegt jeweils die Betonung?
- In welchem Fall kann man einen Satzteil zwischen die Verbindung schieben?

b) Vergleiche deine Ergebnisse mit der INFO.

Hin- und hergerissen (Teil I)

In der Pause fragte mich Ali, ob ich mit ihm heute Nachmittag (1) *zusammen/lernen* wollte. Als er mir diese Frage stellte, bin ich richtig (2) *zusammen/gezuckt*. Ausgerechnet mich fragte er. Klar, unsere Lehrerin hatte uns aufgefordert, doch gemeinsam für die Mathearbeit den Stoff zu (3) *wieder/holen*. Ich konnte allerdings (4) *vorher/sehen*, dass das Üben mit Ali nur Stress geben würde. Wir hatten nämlich in unserer Clique vereinbart, mit Ali nicht mehr zu reden, Luft sollte er für uns sein. Warum, weiß ich nicht mehr, er ist halt manchmal komisch. Ich merkte schon, wie alle zu mir (5) *hin/sahen* und uns beobachteten. Ich wollte einfach (6) *weiter/gehen*, aber ich konnte mich nicht (7) *durch/ringen*, ihn mit seinem Angebot stehen zu lassen. Außerdem ist Ali in Mathe klasse und ich nicht. „Also gut", sagte ich, „machen wir. So gegen drei bei mir." Ich werde schon keinen Schaden (8) *davon/tragen*, wenn ich mit ihm übe, dachte ich mir.

2 Entscheide, wie du die kursiv gesetzten Ausdrücke schreiben musst. Begründe die Schreibweise mithilfe der Hinweise in der INFO.

INFO

Verbindungen aus „anderen Wortarten" und Verb

1. Adverbien und Präpositionen wie *ab, auf, aus, durch, fort, her, heran, hin, los, mit, nach, über, um, vor, weg, weiter, wider, wieder, zu, zurück, zusammen* können mit vielen Verben Verbindungen eingehen: *aufgehen, auflaufen, auftauchen, aufwischen* ... Sie werden meistens zusammengeschrieben.
2. Einige dieser Wörter treten jedoch getrennt- und zusammengeschrieben auf. Je nach Schreibweise ergibt sich eine andere Bedeutung: *etwas vorher sagen* (= früher sagen) – *etwas vorhersagen* (= weissagen).
3. Achte auf die Betonung! Bei getrennter Schreibweise wird das Verb betont: *etwas vorher sagen*. Bei der Zusammenschreibung liegt die Betonung auf dem ersten Wort: *ein Unglück vorhersagen*.
4. Wende die Erweiterungsprobe an: *etwas vorher mit Überzeugung sagen*. Sie ist nur bei der Getrenntschreibung möglich.

Hin- und hergerissen (Teil II)

„Was war das denn eben mit Ali?", fragte Sandra ziemlich aggressiv, als ich zu den anderen (1) *hinüber/gegangen* war. Ich hatte keine Zeit mehr, in Ruhe (2) *nach/zu/denken*,
5 wie ich mich jetzt (3) *raus/reden* könnte. Außerdem hatte ich keine Lust, den anderen etwas (4) *vor/zu/machen*. „Ich habe Ali gebeten, bei mir (5) *vorbei/zu/kommen*, um (6) *zusammen/zu/üben*", sagte ich, während mir
10 das Blut in den Kopf schoss. Sandra lachte schrill auf und schrie: „Bist du total bescheuert oder was is'?" Es machte keinen Sinn, mit ihr jetzt (7) *darüber/zu/streiten*, denn wenn Sandra so richtig in Fahrt war, würde sie nicht
15 (8) *zu/hören*. Gott sei Dank ertönte der Pausengong, Zeit also, wieder in die Klasse (9) *zurück/zu/gehen*. Während der folgenden Deutschstunde hatte ich große Mühe, richtig (10) *zu/zu/hören* und dem Unterricht (11) *zu/folgen*. Dabei ging es um prickelnde Momente in Gedichten oder so ähnlich.
20 Immer ging mir Ali im Kopf herum und es schien mir aussichtslos, das Problem (12) *zu/lösen*, nämlich mit ihm (13) *zu/üben* und gleichzeitig die Clique nicht (14) *zu/verprellen*. Da bekam ich von hinten einen Zettel (15) *zu/gesteckt*, auf dem stand: „Kann ich heute Nachmittag auch zu dir kommen? Ich muss in Mathe unbedingt eine Drei schreiben! Kevin." Plötzlich ging es mir wieder gut. Denn
25 Kevin gehörte auch zu unserer Clique. Auch für ihn war es wichtiger, mit Ali (16) *zu/lernen*, als ihn weiterhin wie einen Aussätzigen (17) *zu/behandeln*. Vielleicht könnte es uns beiden gelingen, die anderen (18) *zu/überzeugen*, über Ali vernünftig (19) *nach/zu/denken* und normal mit ihm (20) *um/zu/gehen*. Denn zusammen ist man weniger allein, und das gilt auch für Ali.

3 Wie hättest du anstelle des Erzählers gehandelt? Begründe deine Meinung.

4 a) Entscheide, ob du die hervorgehobenen Wörter zusammen- oder getrenntschreiben musst. Lies dazu den **TIPP**.
b) Notiere die hervorgehobenen Wörter in deinem Heft: (1) hinübergegangen

---

💡 TIPP

Aufpassen bei der Präposition *zu*:
1. Mit der Präposition *zu* gibt es viele zusammengeschriebene Verbindungen: *zusagen, zuhören, zuschlagen ...*
2. Von diesen Verbindungen musst du aber den getrennt geschriebenen Infinitiv mit *zu* unterscheiden: *Vergiss nicht, die Tür zu schließen.*
3. Bei zusammengeschriebenen Verbindungen mit „anderen Wörtern" steht *zu* in der Verbindung:
Ich beschloss, wegzugehen. Vergiss nicht, die Tür zuzuschließen.
Aber: *Er entschied sich, nicht mit mir zusammen zu spielen.*

Fach- und Fremdwörter richtig schreiben

Neue Wege suchen (I)

Ein kalter Winter beweist noch nicht, dass die Gefahr einer <u>Klimakatastrophe</u> gebannt ist. Nur wenn der Ausstoß an schädlichen Treibhausgasen bis 2050 um 80 Prozent <u>reduziert</u> wird, kann die globale Erwärmung voraussichtlich unterhalb der 2-Grad-Grenze bleiben. Um die <u>Mobilität</u> und <u>Energieversorgung</u>
5 unserer Gesellschaft zu sichern, müssen neue Lösungen gefunden werden. Diese müssen mit möglichst geringen <u>Emissionen</u> auskommen und gleichzeitig die eingesetzten Mittel (Rohstoffe) <u>effizient</u> nutzen. Bei allen Lösungen muss das Problem des <u>Recyclings</u> mitgedacht werden. Für die Autoindustrie bedeutet das z. B., dass es nicht ausreicht, auf die <u>Optimierung</u> bisheriger Kraftstoffe und
10 <u>Antriebstechnologien</u> zu setzen. <u>Innovative</u> Wege müssen beschritten werden.

1 a) Lies den Text. Welche Probleme werden darin beschrieben?
b) Tausche dich mit einem Partner darüber aus, was die unterstrichenen Wörter bedeuten könnten.
c) In der Liste unten sind die Bedeutungen der unterstrichenen Fach- und Fremdwörter aus dem Text angegeben. Ordne das entsprechende Fach- oder Fremdwort der richtigen Erklärung zu und notiere sie in deinem Heft.

1. Technik, die fortbewegt (Motoren)
2. wirksam und wirtschaftlich
3. verringern
4. Kraft zur Erzeugung von Wärme oder Bewegung
5. Beweglichkeit
6. Ausstoß von Schadstoffen
7. Zusammenbruch des Klimas
8. neuartig
9. größtmögliche Verbesserung
10. Wiederverwendung von Rohstoffen

2 Die Schreibweise von Fremd- und Fachwörtern muss man sich einprägen, da man sie sich oft nicht herleiten kann. Wie du sie üben kannst, verrät dir der **TIPP**. Wende ihn für die Begriffe aus dem Text an.

💡 TIPP

So prägst du dir die Schreibung von Fremd- und Fachwörtern ein:
1. Nimm ein DIN-A4-Blatt und knicke es im Querformat zweimal. Es entstehen drei nebeneinanderliegende Spalten.
2. Zuerst schreibst du die Wörter in der ersten Spalte untereinander auf und unterstreichst Rechtschreibbesonderheiten.

| 1. Klimakatas-trophe 2. ... | Klimakatas-trophe | ~~Kliemakatas-trofe~~ |

3. Schau dir nun das erste Wort an.
4. Klappe die erste Spalte um und schreibe das Wort in die dritte Spalte.
5. Stellst du Fehler fest, schreibst du das Wort richtig in die zweite Spalte.

Neue Wege suchen (II)

Im Automobilbau bietet die Technologie der Brennstof(?)zelle ein großes Poten(?)ial für die weitere Entwicklung. Die Effizien(?) dieses elektrochemischen Energ(?)umwandlers ist enorm: Wasserstoff wird in Strom verwandelt und als Endprodukt fällt nur Wasser an. Da Wasserstoff schnell getankt werden kann,
5 haben Fahrzeuge mit dieser Technik einen großen Aktionsra(?)ius.
Eine andere Antriebstechnologie setzt ebenfalls auf Strom, der aber in Ba(?)erien gespeichert wird. Nach dem jetzigen Stand der Technik sind so ausgerüstete Fahrzeuge eher für den Gebrauch in Städten geeignet.
Weltweit wird mit Hochdruck an der Realis(?)rung dieser Technologien ge-
10 arbeitet, damit möglichst rasch kom(?)erzielle Produkte entstehen. Um auch Deutschland in diesem Se(?)ment konkurren(?)fähig zu machen, gibt es in zwei In(?)ovationsprogrammen eine Ko(?)peration zwischen Wissenschaft und Wirtschaft, die von öffentlichen Trägern sub(?)entioniert wird. Das eine Programm will die Praktikabilität der Brennstoffzelle vorantreiben, während das andere
15 Programm die Infrastru(?)tur für Fahrzeuge mit Batterien, also die Einrichtung von Auflademöglichkeiten, verbessern will.

3 a) Mache dir die Bedeutung der Wörter klar. Verwende dazu ein Wörterbuch oder erkläre die Bedeutung aus dem Textzusammenhang.
b) Schreibe auch diese Wörter auf deinen Zettel (Aufgabe **2**, Seite 254) und ergänze dabei die fehlenden Buchstaben. Bei zusammengesetzten Wörtern musst du eventuell unter beiden Wörtern nachschlagen.
c) Übe diese Wörter wie im TIPP auf Seite 254 beschrieben.

4 Diktiert euch nach dem Üben die Texte im Partnerdiktat.

5 Schreibe dir aus den Texten des Kapitels *Global denken – lokal handeln* weitere Fremd- und Fachwörter heraus und übe sie.

S. 96–119

Rechtschreibprüfung am PC

Sehr geehrte Frau Tauber,
auch dieses Jahr wird es an unser Schule wieder einen Sponsorenlauf geben. Wir möchten vorschlagen, diesmal das Geld für das anschaffen von neuen Schliesfächern zu verwenden. Wir finden das aus folgenden Gründen wichtig:
1. Leider wird ja auch an unserer Schule gestolen. Durch Schließfächer hat jeder Schüler die Möglichkeit, Geld oder teure Gegenstände dort sicher ein zu schließen.
2. Sie werden verstehen, das es uns schwer fällt, jeden Tag alle Bücher für den Unterricht mit zu schleppen. Das schöne an den Schließfächern ist, dass wir unsere Taschen entlasten und beim heimfahren nur die Bücher mitnehmen müssen, die wir für die Hausaufgaben brauchen.
3. Bislang haben wir zum ablegen unserer Portvoliomappen keine Möglichkeit. Auch diese könnten in den Schließfächern Platz finden und so für uns jederzeit zugänglich sein.

Um das verlieren von Schlüsseln zu vermeiden, schlagen wir vor, Zalenschlösser zu verwenden. Das Geld, dass wir noch übrig haben, können wir für neue Bücher verwenden.

Mit freundlichen Grüßen
Klasse 8c

1 a) Sprecht über die roten und grünen Wellenlinien: Welche Fehler zeigen sie an? Lest anschließend den ersten und zweiten Hinweis im **TIPP**.
b) Korrigiere die Fehler mit den roten und grünen Wellenlinien.

2 a) Untersuche die unterstrichenen Fehler. Sie werden von der Rechtschreibprüfung des PCs nicht erkannt. Um welche Fehlerarten handelt es sich?
b) Korrigiere auch diese Fehler mithilfe des dritten Hinweises im **TIPP**.

💡 TIPP

Aufpassen bei der Rechtschreibprüfung am PC!
1. Das Rechtschreibprogramm gleicht die Schreibweise mit einem internen Wörterbuch ab. Fehler erkennst du an einer roten (Rechtschreibfehler) oder an einer grünen Wellenlinie (Grammatikfehler).
2. Aktiviere den Fehler. Klicke dazu in der Menüleiste auf *Extras* und dann auf die Funktion *Rechtschreibung und Grammatik*. Das Programm macht dir Verbesserungsvorschläge, die du überprüfen und durch *Ändern* korrigieren kannst.
3. Aufpassen musst du bei folgenden Fehlerarten, die das Rechtschreibprogramm häufig nicht erkennt:
   – Großschreibung von Verben und Adjektiven, die als Nomen gebraucht werden: *das Lachen, im Folgenden*. (→ **TIPP** auf Seite 246)
   – Zusammenschreibung von Adjektiven und Verben, die eine neue Gesamtbedeutung ergeben: *einen Angeklagten freisprechen*. (→ **TIPP** auf Seite 251)
   – Zusammenschreibung von Verbindungen aus „anderen Wortarten" und Verben. (→ **TIPP** auf Seite 252)

Kommasetzung bei Haupt- und Nebensätzen

Satzreihe und Satzgefüge

A Die Erzählung „Fahrkarte bitte!" stammt von Antina Heinolff, die den Text 2005 veröffentlicht hat.
B Darin erzählt sie, wie der Schüler Tobias nach der Schule im Bus nach Hause fährt.
C Tobias regt sich sehr über einen Ausländer auf, dieser Mann hilft ihm aber später aus einer peinlichen Situation.
D Tobias ist schon sehr schlecht gelaunt, als er in den Bus steigt.
E Sein Lehrer hat ihn vor der ganzen Klasse blamiert, und eine Mitschülerin wollte nicht mit ihm zusammenarbeiten.
F Im vollen Bus wird er auch noch beschimpft, weil er einem Mann aus Versehen auf den Fuß getreten ist.
G Auf einmal sieht er einen freien Fensterplatz neben einem dunkelhäutigen Mann, der fest schläft.

1 Dies ist der Anfang einer Textuntersuchung zu der Erzählung, die du auf Seite 154–156 findest. Sieh dir die Sätze A–G an und begründe die Kommasetzung. Gib dazu die Ziffer des entsprechenden Hinweises in der **INFO** an:
A = Hinweis 5
Wenn du unsicher bist, worin sich Haupt- und Nebensätze voneinander unterscheiden, schlage im Basiswissen nach.

INFO

Die Kommasetzung in Satzreihen und Satzgefügen

1. **Hauptsätze** können zu einer **Satzreihe** verbunden werden. Sie werden durch Komma voneinander getrennt:
   Die Erzählung stammt von Antina Heinolff, sie hat diese 2005 veröffentlicht.
2. Dies ist auch der Fall, wenn die Hauptsätze mit *aber, denn, doch, daher, sondern* verbunden werden:
   Die Erzählung ist modern, denn sie wurde 2005 veröffentlicht.
3. Vor *und/oder* muss kein Komma stehen: *Diese Erzählung stammt von Antina Heinolff (,) und sie hat diese Geschichte 2005 veröffentlicht.*
4. Ein **Satzgefüge** besteht aus einem Hauptsatz und mindestens einem Nebensatz. Der Nebensatz wird oft mit einer Konjunktion *(als, dass, weil, nachdem ...)* eingeleitet. Haupt- und Nebensatz werden durch Komma getrennt:
   Tobias erlebt eine peinliche Situation, als er mit dem Bus nach Hause fährt.
5. **Relativsätze** sind Nebensätze, die mit einem Relativpronomen eingeleitet werden und sich auf ein vorausgehendes Nomen beziehen:
   Die Erzählung, die von Antina Heinolff stammt, wurde 2005 veröffentlicht.

Z1	Der Mann belegt fast auch noch den zweiten Platz daher ärgert sich
	Tobias über den Mann. Endlich sitzt er auf seinem Platz. Ihm fällt
Z2	auf dass der Mann abgetragene Hosen anhat und ein Jackett mit
Z3	Flicken trägt. Tobias hält den Mann weil er auch sehr nach Schweiß
Z4	⁵ riecht für einen Obdachlosen.
Z5	Sein Ekel vor diesem Mann wird noch größer als durch das Bremsen
	des Busses die Hand des Mannes auf sein Knie fällt und der Kopf an
	seine Schulter rutscht.
Z6	Nachdem an der nächsten Haltestelle ein Kontrolleur eingestiegen ist
Z7	¹⁰ freut sich Tobias. Er glaubt nämlich dass der Mann sich nur schlafend
Z8	stellt und jetzt erwischt wird. Tobias kann es fast nicht glauben als
	der Mann jedoch dem Kontrolleur seine Fahrkarte zeigt. Dann muss
Z9	Tobias seine Fahrkarte vorweisen doch er findet sein Portemonnaie
Z10	nicht. Ihm fällt ein dass er es wohl beim letzten Einkauf im Geschäft
	¹⁵ liegen gelassen hat. Doch da hilft ihm der Mann aus seiner Verlegen-
Z11	heit. Er behauptet gegenüber dem Kontrolleur dass er Tobias kenne
Z12	und wisse dass er eine Monatskarte habe. Er gibt Tobias sogar eine
Z13	leere Fahrkarte damit er diese entwerten kann. Der Kontrolleur
Z14	glaubt dass der Mann die Wahrheit sagt. Tobias ist gerettet! Aller-
Z15	²⁰ dings schämt er sich sehr. Der Mann bedankt sich noch bei Tobias
Z16	weil er ihn nicht geweckt habe. Er habe fest geschlafen denn er sei
	sehr müde von der Schichtarbeit gewesen. Da Tobias sehr verwirrt
Z17, Z18	ist muss der Mann lachen. Aber dann lacht Tobias der jetzt keine
Z19	Schuldgefühle mehr hat auch.

 Folie

2 a) Markiere auf einer Folie die fehlenden Kommas. Beachte den **TIPP**.
b) Schreibe die Textuntersuchung ab und setze die fehlenden Kommas.

> ### 💡 TIPP
>
> **Achte auf die Stellung der Nebensätze!**
> In einem Satzgefüge kann der Nebensatz **vor** dem Hauptsatz, **in der Mitte** und **nach** dem Hauptsatz stehen. Darauf musst du bei der Kommasetzung achten:
> **Vorangestellter Nebensatz:**
> *Weil er einem Mann auf den Fuß getreten ist,* wird Tobias im Bus beschimpft.
>   NS   HS
> **Nachgestellter Nebensatz:**
> *Tobias wird im Bus beschimpft, weil er einem Mann auf den Fuß getreten ist.*
>   HS   NS
> **Eingeschobener Nebensatz:**
> *Tobias wird, weil er einem Mann auf den Fuß getreten ist, im Bus beschimpft.*
>   HS   NS   HS
> Ein **Relativsatz** kann nur nachgestellt oder eingeschoben werden:
> *Man beschimpft im Bus Tobias, der einem Mann auf den Fuß getreten ist.*
> *Tobias, der einem Mann auf den Fuß getreten ist, wird in dem Bus beschimpft.*

Komplexe Satzgefüge

Tobias denkt für sich: „Typisch, dass sich so einer gleich auf zwei Plätzen breitmacht."

1 Wie lautet der Satz, wenn du ihn in indirekter Rede formulierst? Schreibe deine Vorschläge auf. Denke daran, den Konjunktiv I zu verwenden.

Seite 226–227

2 a) Vergleiche die folgenden Vorschläge miteinander:

A Tobias denkt für sich, dass es typisch sei, dass so einer sich gleich auf zwei Plätzen breitmache.

B Tobias denkt für sich, es sei typisch, dass sich so einer gleich auf zwei Plätzen breitmache.

– Wodurch unterscheiden sich die beiden Formulierungen?
– Welcher Vorschlag gefällt dir besser? Begründe deine Meinung.

b) Begründe in beiden Fällen die Kommasetzung. Lies dazu die **INFO**.

Als der Kontrolleur zu Tobias kommt muss er feststellen dass sein Portemonnaie noch in dem Geschäft liegt das er vor der Busfahrt noch besucht hat. Der Kontrolleur will ihm schon eine Geldstrafe verpassen da mischt sich der Fremde ein und behauptet er kenne den Jungen der bestimmt seine Fahrkarte nur vergessen habe. Er werde ihm eine Karte geben die er gleich entwerten könne. Tobias ist darüber sehr beschämt weil er ja vorher über diesen fremden Mann der ihm jetzt aus dieser Patsche hilft nur schlecht gedacht hat. Erst als der Mann über ihn lacht weil er so verlegen dreinschaut verliert er seine Schuldgefühle und kann auch lachen.

3 Schreibe den Text ab. Markiere zuerst die Verben und umkreise die dazugehörigen Sinneinheiten. Setze dann die fehlenden Kommas ein.

ℹ️ INFO

Abfolge von Nebensätzen

1. Beachte, dass in einem Satz mehrere Nebensätze aufeinander folgen können. Sie werden durch Kommas voneinander getrennt:
   Tobias glaubt (= HS),
       dass der Mann keine Fahrkarte habe, (= NS 1)
           da er zu den Leuten gehöre, (= NS 2)
               die sich durchschnorren. (= RS)

   HS = Hauptsatz   NS = Nebensatz   RS = Relativsatz

2. Bei indirekter Rede kann eine einleitende Konjunktion auch fehlen:
   Tobias glaubt, der schlafende Mann habe keine Fahrkarte.

Kommasetzung bei Infinitivgruppen

> Der Kontrolleur befiehlt ihm die Fahrkarte zu zeigen.
>
> A) Der Kontrolleur befiehlt ihm (Tobias), dass er die Fahrkarte zeigen soll.
>
> B) Der Kontrolleur will, dass Tobias ihm (dem Kontrolleur) die Fahrkarte zeigt.

1 a) Wie verstehst du die Aussage an der Tafel? Wähle eine Formulierung.
b) Setze das Komma so, dass die von dir gewählte Aussageabsicht ohne Missverständnisse deutlich wird. Lies dazu die INFO.

Die Autorin verwendet einen Trick um die Gedanken von Tobias deutlich zu machen: Sie gibt seine Gedanken in der Ich-Form wieder. Diese Überlegungen und Gefühlsäußerungen von Tobias sind in kursiver Schrift gesetzt und heben sich dadurch deutlich von dem übrigen Text ab. Der Leser fühlt
5 sich unmittelbar angesprochen. Man ertappt sich dabei auch schon so gedacht zu haben. Oft verurteilt man Menschen nur aufgrund ihrer Kleidung oder ihres Aussehens ohne sie wirklich zu kennen. So zieht Tobias sofort den Schluss, dass der Mann ein Schnorrer sein müsse. Um selbst nicht angezeigt zu werden nimmt er aber die Fahrkarte des Mannes an. Es fällt nicht schwer
10 nachzuvollziehen, dass dies für Tobias der peinlichste Augenblick seines Lebens ist. Erst als der Mann anfängt laut zu lachen, kann er ebenfalls mitlachen. Wenn Tobias am Ende lacht anstatt sich zu schämen, dann zeigt das, dass er den Mann verstanden hat. Denn dieser hat dadurch gezeigt, dass er Tobias nicht böse ist. Tobias lacht mit ihm um auch selbst zu zeigen, dass
15 er seine Vorurteile aufgegeben hat.

 Folie

2 Markiere, an welchen Stellen der Textuntersuchung du ein Komma setzen willst bzw. musst. Nimm die INFO zu Hilfe, wenn du dir nicht sicher bist.

> **ℹ️ INFO**
>
> **Die Kommasetzung bei Infinitivgruppen**
> 1. Infinitive mit *zu (zu sagen, zu gehen)* bezeichnet man als Infinitivgruppen. Diese können durch ein Komma abgetrennt werden:
>   *Da fängt der Mann an(,) zu lachen.*
> 2. Setze ein Komma, wenn der Satz dadurch eindeutig wird:
>   *Er beschloss, schnell den freien Platz einzunehmen.*
>   *Er beschloss schnell, den freien Platz einzunehmen.*
> 3. Infinitivgruppen, die mit *um, ohne, statt, anstatt, außer* eingeleitet werden, musst du durch ein Komma abtrennen: *Um ihn zu kontrollieren, fragt der Kontrolleur Tobias nach seiner Fahrkarte. Er geht weiter, ohne Tobias anzuzeigen.*

Texte zum Üben verwenden

Mit Energie gewinnen
Margit Roth

„Das Sparen von Energie lohnt sich!" – Dies können schon einige der 42 Düsseldorfer Schulen behaupten, die am Projekt *Mit Energie gewinnen* teilnehmen. Sie passen auf, dass so wenig Energie und Wasser wie möglich an ihrer Schule verbraucht wird. Nach jedem Einsparjahr kommt die Stunde der Wahrheit. Das Amt für Immobilienmanagement berechnet, wie viel Geld Lehrkräfte, Hausmeister und Schüler durch die Veränderung ihres Verhaltens eingespart haben. So konnten in den Jahren 1999–2002 an fünf teilnehmenden Schulen die Strom-, Heizungs- und Wasserkosten um rund 50 000 € reduziert werden. Ohne zu übertreiben, kann man daher das Projekt als mustergültig bezeichnen. Das Besondere dieses Projekts liegt nun darin, dass die Stadt im Rahmen eines 50:50-Modells mit den Schulen „fifty-fifty" macht: Anstatt alles zu behalten, fließt die Hälfte der Kosten, die eingespart wird, als Sachmittel an die Schulen. Doch wovon hängt der Erfolg eines Energiesparprojektes ab? In erster Linie ist die Effizienz in starkem Maße vom persönlichen Engagement der beteiligten Personen einer Schule abhängig. Das Umweltamt fördert solche Energiesparprojekte dadurch, dass sie Experten zur Beratung bereitstellt und Hausmeister fortbildet. Außerdem stellt es Messkoffer zur Verfügung, mit denen alle Beteiligten Temperaturen und Lichtstärken in den Unterrichtsräumen und Turnhallen messen können. Durch das Ablesen der Zähler können die Schüler den Erfolg ihrer Maßnahmen feststellen. Sie wissen dann genau, wie viel Energie an ihrer Schule eingespart worden ist. Diese Daten müssen am Ende eines Projektjahres dem Umweltamt zum Auswerten gegeben werden. So lassen sich schließlich die Ergebnisse aller beteiligten Schulen miteinander vergleichen. Um diese ökologisch und ökonomisch sinnvolle Idee weiterzutragen, führt das Umweltamt auch eine *Projektmesse der Düsseldorfer Energiesparschulen* durch, auf der die Schulen ihre Projekte vorstellen können.

1 Auch mit Zeitungstexten kannst du Rechtschreibung und Zeichensetzung üben. Bearbeite dazu mit dem oben stehenden Text folgende Stationen des Übungszirkels, die deinen Fehlerschwerpunkten entsprechen (vgl. Seite 244).
Du kannst natürlich auch andere Texte nehmen.

Station 1:
Wörter mit Doppelkonsonanten

1. Schreibe alle Wörter mit Doppelkonsonanten in Silben zerlegt heraus. Kennzeichne den kurzen Vokal mit einem Punkt: *kön nen*.
2. Suche zu drei Wörtern Beispiele aus der gleichen Wortfamilie: *können: kann, konnte, der Alleskönner ...*

Station 2:
ss oder ß? (A)

1. Schreibe Wörter mit *ss* in Silben zerlegt auf. Kennzeichne den kurzen Vokal mit einem Punkt: *Was ser*.
2. Suche zusammengesetzte Wörter wie *Messkoffer*: Zeige durch Verlängern der ersten Silbe den kurzen Vokal in der ersten Silbe auf: *Messkoffer → mes sen*.

Station 3:
ss oder *ß*? (B)

Untersuche bei Wörtern mit *ss*, ob sich der Wortstamm und damit auch die Schreibweise ändern kann, z. B.: *messen*.

1. Bilde in der *wir-Form* das Präteritum und das Perfekt: *wir ma ßen, wir haben gemes sen*.
   Erkläre durch die Silbenprobe die Schreibung des *s*-Lauts nach dem Vokal.

2. Schreibe Wörter der gleichen Wortfamilie auf, die aber mit *ß* geschrieben werden:
   das Maß, maßvoll …
   Benutze dein Wörterbuch.

Station 4:
ss oder *ß*? (C)

1. Schreibe alle Wörter mit *ß* in Silbenbögen heraus, eventuell musst du das Wort verlängern. Unterstreiche den langen Vokal:
   der Fraß, der Fuß → die Füße

2. Ergänze Wörter aus der gleichen Wortfamilie, die ebenfalls mit *ß* geschrieben werden.
   Schlage dazu im Wörterbuch nach.

Station 5:
Wörter mit *ie*

1. Schreibe alle Wörter mit dem Dehnungszeichen *ie* heraus und unterstreiche die *ie*-Schreibung:
   Energie, …

2. Schreibe zu drei Wörtern deiner Wahl Wortzusammensetzungen auf:
   Energiesparer, Sonnenenergie …

Station 6:
Wörter mit Dehnungs-*h*

1. Schreibe alle Wörter mit Dehnungs-*h* in Silben zerlegt heraus. Bilde, wenn nötig, die Pluralform. Unterstreiche dann den langen Vokal mit dem *h*:
   Energiesparjah re …

2. Schreibe zu drei Wörtern deiner Wahl weitere Beispiele aus der Wortfamilie auf:
   Jahr, jährlich …

Station 7:
Fremdwörter (A)

1. Schreibe Fremdwörter heraus und schlage deren Bedeutung nach:

   Immobilienmanagement

   Gebäude   ?

2. Unterstreiche Stellen, die Rechtschreibbesonderheiten aufweisen.

3. Bilde mit den Fremdwörtern einfache Sätze und schreibe sie auf:
   In Düsseldorf gibt es ein Amt für …

Station 8:
Fremdwörter (B)

1. Ergänze die Fremdwörter durch weitere Beispiele aus der gleichen Wortfamilie:
   Energie, energiebewusst, Energieeinsparung, energiesparend …
   Benutze dazu ein Wörterbuch.

2. Ergänze bei Zusammensetzungen mit zwei Fremdwörtern mithilfe des Wörterbuchs Beispiele aus beiden Wortfamilien, z. B. bei *Immobilienmanagement*.

Station 9:
Großschreibung (A)

1. Lies den TIPP auf Seite 246.
2. Suche im Text Wörter (z. B. Adjektive, Verben) heraus, die als Nomen gebraucht und daher großgeschrieben werden. Schreibe sie mit dem jeweiligen Signalwort heraus: *das Sparen*.

Station 10:
Großschreibung (B)

1. Lies den TIPP auf Seite 246.
2. Suche im Text fünf Verben, die in der Grundform stehen. Gebrauche diese Verben in Sätzen als Nomen: *gewinnen – Zum Gewinnen von Energie kann man auch Windkraft einsetzen.*
3. Suche fünf Adjektive heraus und gebrauche sie in kurzen Sätzen als Nomen: *wenig – Das Wenige reicht oft nicht.*

Station 11:
Zusammenschreibung

1. Schreibe alle zusammengeschriebenen Wörter heraus, die keine zusammengesetzten Nomen *(z. B. Einsparjahr)* sind: *teilnehmen, bereitstellen …*
2. Erkläre die Zusammenschreibung mithilfe der TIPPs und INFOs auf den Seiten 250–253.
3. Bilde mit den zusammengeschriebenen Wörtern kurze Sätze.

Station 12:
Kommasetzung (A)

1. Markiere im Text alle Sätze mit Komma.
2. Schreibe drei Beispiele heraus, in denen ein Haupt- und ein Nebensatz durch Komma voneinander getrennt werden. Lies dazu die INFO auf Seite 257.
3. Unterstreiche die Konjunktion, die den Nebensatz einleitet. Markiere mit einem Farbstift das Komma.

Station 13:
Kommasetzung (B)

1. Schreibe drei Beispiele zu Relativsätzen heraus. Lies dazu die INFO auf Seite 257.
2. Unterstreiche das einleitende Relativpronomen (und gegebenenfalls eine begleitende Präposition). Markiere das Komma mit einem Farbstift.
3. Kennzeichne mit einem Pfeil, welches Nomen durch den Relativsatz näher erläutert wird.

Station 14:
Kommasetzung (C)

1. Schreibe Satzbeispiele heraus, in denen eine Infinitivgruppe mit Komma abgetrennt wird. Lies dazu die INFO auf Seite 260.
2. Unterstreiche die Infinitivgruppe. Markiere das Komma mit einem Farbstift.

Methoden und Arbeitstechniken

Partnerpuzzle – arbeitsteilig arbeiten

Werbeanzeigen arbeitsteilig untersuchen

1 Führt zur Untersuchung der Werbeanzeigen von den Seiten 78 und 79 ein Partnerpuzzle durch. Setzt euch dazu in Vierergruppen zusammen. Lest die **INFO** auf Seite 265 und macht euch zuerst den Ablauf klar.

Ⓐ Ⓐ Ⓑ Ⓑ

2 Macht euch zu *Experten für je eine Werbeanzeige*. Je zwei Schüler untersuchen die Anzeige von Seite 78 und zwei die von Seite 79.
a) Übertrage die folgende Tabelle von Seite 85 auf eine DIN-A4-Seite im Querformat.

	Werbeanzeige (Seite 78)		Werbeanzeige (Seite 79)	
	Inhalte	Wirkung	Inhalte	Wirkung
Einleitung Firma: Produkt u. Name:				
...	...	...	...	...

Ⓐ | Ⓐ | Ⓑ | Ⓑ

b) Untersuche zunächst alleine deine Anzeige und trage die Ergebnisse zu den einzelnen Untersuchungsschwerpunkten in die Tabelle ein.

Ⓐ + Ⓐ
Ⓑ + Ⓑ

3 Arbeite jetzt mit dem Partner zusammen, der dieselbe Aufgabe (hier: dieselbe Werbeanzeige) hat:
– Stellt euch gegenseitig eure Ergebnisse vor und erklärt dabei auch, wie ihr darauf gekommen seid.
– Derjenige, der zuhört, vergleicht die Ergebnisse mit seinen eigenen Notizen, stellt Fragen und korrigiert oder ergänzt seine eigenen Notizen.

4 Bildet in der Tischgruppe neue Paare: **A + B**
Nun arbeiten zwei Schüler zusammen, die unterschiedliche Aufgaben bearbeitet haben, d. h. *zwei Experten mit unterschiedlichen Werbeanzeigen.*
a) Schlagt zuerst die Werbeanzeige auf Seite 78 im Schülerbuch auf.
– Der Schüler, der diese Anzeige untersucht hat, stellt seine Ergebnisse vor und erklärt, wie er darauf gekommen ist.
– Derjenige, der zuhört, notiert die genannten Stichworte in die Spalte seiner Tabelle, die noch frei ist, und stellt Verständnisfragen. Er kann auch eigene Anmerkungen machen oder etwas ergänzen.
b) Geht mit der Anzeige auf Seite 79 genauso vor: Der Experte für Seite 79   **B + A**
stellt seine Ergebnisse vor, der andere ergänzt die freie Spalte seiner Tabelle.

....

So könnt ihr nach dem Partnerpuzzle mit euren Ergebnissen weiterarbeiten:

5 a) Entscheide dich, zu welcher Anzeige (Seite 78 oder 79) du eine schriftliche Textuntersuchung schreiben willst, und formuliere anhand deiner Notizen einen Text. Orientiere dich dazu an den Seiten 86 und 87.
b) Führt in euren Vierergruppen eine Schreibkonferenz durch. Nutzt dazu die **CHECKLISTE** von Seite 88. Geht dabei so vor:
– Gebt eure Texte einen Platz weiter.
– Schreibt eure Anmerkungen, das heißt Lob und Verbesserungsvorschläge, an den Rand. Verwendet dazu die bekannten Korrekturzeichen.
– Dieses Verfahren wiederholt ihr so lange, bis jeder aus der Gruppe alle anderen Texte korrigiert hat.
– Überarbeite deinen eigenen Text mithilfe der Rückmeldungen deiner Mitschüler und schreibe ihn noch einmal sauber ab.

INFO

Was ist ein Partnerpuzzle?
Das **Partnerpuzzle** könnt ihr immer dann gut durchführen, wenn ihr euch gemeinsam neue Lerninhalte aneignen oder Bekanntes üben wollt.
Beim Partnerpuzzle bekommen zwei der vier Gruppenmitglieder dieselbe Aufgabe. Sie arbeiten dann folgendermaßen weiter:
1. Zuerst bearbeitet jeder allein die an ihn gestellten Aufgaben und macht sich zum Experten (Einzelarbeit) → A / A / B / B.
2. Dann tauschen sich die Partner mit den gleichen Aufgaben über ihre Ergebnisse aus und korrigieren oder ergänzen gegenseitig ihre Ergebnisse (Partnerarbeit der Experten untereinander) → A + A / B + B.
3. Danach stellen sich die Schüler, die unterschiedliche Aufgaben haben, jeweils ihre Ergebnisse vor (Partnerarbeit der Experten mit unterschiedlichen Aufgaben) → A + B / A + B.

Richtig zitieren – Untersuchungsergebnisse belegen

A) Im Werbetext der Anzeige behauptet die Firma EDEKA: „Da kennen wir die Plantagen, auf denen sie wachsen." (S. 88, Z. 5–6), um deutlich zu machen, dass der Anbau kontrolliert wird.

B) Die Firma EDEKA behauptet im Werbetext der Anzeige, sie kenne die Plantagen, auf denen die Orangen wachsen würden (S. 88, Z. 5–6), um deutlich zu machen, dass der Anbau kontrolliert wird.

1 Die Sätze A und B stammen aus verschiedenen Textuntersuchungen. Erkläre, worin sie sich unterscheiden. Achte auch auf die verwendeten Verben.

2 a) Erkläre, warum du in Textuntersuchungen deine Aussagen belegen sollst.
b) Stelle Vermutungen dazu an, worauf du beim Zitieren achten musst.

Textuntersuchung zu „Seltsamer Spazierritt" von J. P. Hebel

Die Erzählung „Seltsamer Spazierritt" ist in der Er-Erzählform verfasst. Dabei nimmt der Erzähler eine neutrale Erzählhaltung ein (Z. ___ .: <u>Ein Mann reitet auf seinem Esel nach Haus und lässt seinen Buben zu Fuß nebenherlaufen</u>). Der Leser erfährt das Geschehen deshalb von außen. Dadurch wird er auf die Hand-
5 lung und die belehrende Absicht (Z. ___ : So weit kann's kommen, wenn man es allen Leuten will recht machen) gelenkt. Im Verlauf der Handlung begegnen Vater und Sohn vier verschiedenen Wanderern, die kritisieren, wie sich die beiden fortbewegen. Der erste und zweite Wanderer beginnen ihre Kritik mit den Worten Das ist nicht recht ... (Z. ___ und ___). Nach der ersten Bemerkung
10 lässt der Vater den Sohn reiten, nach der zweiten setzen sich beide auf den Esel (Z. ___ : Da saßen beide auf und ritten eine Strecke). Der dritte Wanderer beschimpft die beiden: Was ist das für ein Unverstand, ... (Z. ___). Da steigen beide wieder ab, und nun gehen alle drei zu Fuß. Der letzte Wanderer reagiert verwundert: Ihr seid drei kuriose Gesellen. (Z. ___). Daraufhin versuchen
15 Vater und Sohn etwas ganz anderes: Sie tragen den Esel, denn der Mann fragt, ob es nicht genug sei, wenn zwei zu Fuß gehen würden (Z. ___).

3 Ein Schüler hat zu der Erzählung von Seite 152 eine Textuntersuchung geschrieben. Hier kannst du den Hauptteil lesen.

a) Unterstreiche wie im Beispiel die Stellen, die der Schüler wörtlich aus dem Text übernommen hat.
b) Lies den ersten Hinweis im **TIPP** auf Seite 267 und mache dir klar, auf welche Weise du in Textuntersuchungen wörtlich zitieren musst.

c) Setze die Anführungszeichen und ergänze in den Klammern die fehlenden Zeilenangaben als Belege. Entnimm sie dem Text von Seite 152.
d) Lest den Schülertext einmal ohne Zitate. Sprecht darüber, welche Aufgabe die Textbelege in dem Schülertext erfüllen.

Gedichtuntersuchung zu „Auf Wolken" von Bettina Weis

Die Überschrift ist eine Metapher. Das lyrische Ich scheint verliebt zu sein. ⎤ „Auf Wolken"
Es geht ihm gut, denn es denkt an einen anderen Menschen, den es sehr mag.
Insgesamt besteht das Gedicht aus drei Strophen. Dadurch, dass jede aus
5 vier Versen besteht, wirkt es regelmäßig. Nur im letzten Vers wird diese
Regelmäßigkeit unterbrochen, denn er ist viel kürzer als die anderen
Verse. Jemand steht an der Tür und schellt. Was dann passiert, ist offen.
Hier kann sich der Leser selbst überlegen, was passieren wird.
Alle drei Strophen beginnen mit den drei gleichen Worten, was die
10 Regelmäßigkeit unterstreicht. In der ersten Strophe läuft das lyrische Ich
durch die Stadt. Es wirkt dabei glücklich, das wird durch eine Metapher
deutlich. Es hat eine ganz bestimmte Person im Kopf. Auch wenn es
Schwierigkeiten befürchtet, ist es doch sicher, dass es diese überwinden
kann.
15 In der zweiten Strophe wird dargestellt, wie das lyrische Ich im eigenen
Zimmer mit dem Handy herumläuft ...

4 Ein Schüler stellt in seiner Untersuchung des Gedichts „Auf Wolken" von Seite
175 viele Ergebnisse vor, ohne sie durch Textstellen zu belegen.
a) Überlege, welche Untersuchungsergebnisse durch Zitate und Belege ergänzt   Folie
werden sollten. Ergänze die Anmerkungen am Rand.
b) Schreibe den Text mit den Zitaten und Belegen ab. Überlege, ob du direkt
oder indirekt zitieren willst. Lies dazu auch den zweiten Hinweis im **TIPP**.

💡 TIPP

So zitierst du richtig:
In Textuntersuchungen sollst du deine Behauptungen immer anhand von
Zitaten belegen und veranschaulichen.
1. **So zitierst du wörtlich:**
   a) Wenn du eine Textstelle wörtlich wiedergibst, musst du sie buchstabengetreu übernehmen: Setze das Zitat in Anführungszeichen und gib die Seite bzw. die Zeilen in Klammern an. Der Schlusspunkt des Satzes steht nach der Seiten- bzw. Zeilenangabe: *Die Headline deutet schon auf die Zeit des Karnevals hin („Macht doch nichts, wenn jetzt alle verrückt spielen", S. 84).*
   b) Wenn du Zitate in deinen Satzbau einbaust, setze sie in Anführungsstriche und achte darauf, dass dein Satz immer noch grammatikalisch richtig ist: *Mit den Ausdrücken „Wimpernklimpern" und „Augenglänzen" (S. 168, Z. 1–2) zeigt die Autorin, dass die Person im Gedicht flirtet.*
2. **So zitierst du indirekt:**
   Wenn du nur den ungefähren Wortlaut oder den Sinn einer Aussage wiedergeben willst, musst du die indirekte Rede verwenden (Konjunktiv I).   Seite 226–227
   Ergänze auch hier die Seiten- oder Zeilenangabe: *Das lyrische Ich gibt an, dass es bei der geliebten Person sei, und sei sie auch noch so fern (S. 177, Z. 13).*

Richtig zitieren | Textbelege wörtlich oder indirekt wiedergeben

Fundgrube – produktives Schreiben

Auf diesen beiden Seiten findest du einige Möglichkeiten, mit denen du eigene Texte zu den Themen aus *Klartext 8* schreiben kannst.

Zeitungscollage

- Schneide aus Zeitungen, Zeitschriften oder Werbeanzeigen einzelne Wörter oder kurze Satzteile aus.
- Ordne deine Schnipsel so an, dass daraus ein neuer Text (beispielsweise ein Bericht, eine Begegnungs- oder Heimatgeschichte) entsteht. Du kannst Lücken auch handschriftlich mit eigenen Wörtern füllen.

Bild des Tages

Wähle ein Foto aus der Tageszeitung aus und erfinde dazu einen neuen Text (z. B. einen Bericht, eine Geschichte zu einem der Kapitelthemen …). Du kannst auch eine Sprechblase oder Gedankenblase ergänzen.

Wenn die wüssten, dass ich den Vertrag als Bundestrainerin schon in der Tasche habe.

Bundeskanzlerin als Trainerin im Gespräch
Berlin. Angela Merkel bringt sich zunehmend in der Bundestrainerfrage ins Gespräch. Gestern erschien sie zur Plenarsitzung bereits mit ihrem möglichen neuen Arbeitsgerät. „Das war schon immer mein Traum", äußerte Merkel, „und dass ich den Jungs zeigen kann, wo es langgeht, habe ich bewiesen."

Zitatenwandel

- Wähle ein Kapitelthema (*Heimat hier und anderswo, Global denken – lokal handeln, Prickelnde Momente* …) aus und sammle dazu passende Aussagen, z. B. Sprichwörter, Redewendungen, Zitate:
  Die Erde hat Fieber – und das Fieber steigt. (Al Gore)
- Entscheide dich für eine Aussage und notiere dir zunächst, was dir dazu einfällt.
- Verdichte (*Die Erde hat Fieber = Erdfieber*) bzw. erweitere deine Notizen, sodass dadurch ein kurzes Gedicht entsteht, z. B.:

Erdfieber
Vulkane brodeln …
Meere schäumen …
Die Erduhr tickt …
Der Zeiger steht auf fünf vor zwölf …
Werden die Menschen rechtzeitig wach?

Ein Interview führen

Wähle aus den Kapiteln einen Text aus und führe mit einer der dort vorkommenden Personen ein Interview.
Sammle dazu zunächst Fragen, die ein Reporter der Person stellen könnte. Antworte dann mithilfe des Textes.
z. B.: „Tante Wilma riecht nach Knoblauch" (Seite 150–151)

Reporter: Frau Wilma, vor einiger Zeit ist eine türkische Familie zu Ihnen ins Haus gezogen. Was ist Ihnen dabei als Erstes durch den Kopf gegangen?

Tante Wilma: …

Momentaufnahmen

Schreibe eine „Begegnungsgeschichte" oder schildere einen „prickelnden Moment".
- Schließe dazu die Augen und erinnere dich intensiv an eine bestimmte Begegnung und lass diesen Moment noch einmal an dir vorbeiziehen.
- Notiere dann stichpunktartig deine Eindrücke:
  Was hast du gefühlt?
  Was hast du gerochen?
  Was hast du gedacht?
- Schreibe dann aufgrund deiner Notizen die Geschichte.

Paralleltexte oder Gegentexte schreiben

Wähle einen Text aus einem Themenkapitel aus und schreibe dazu einen **Paralleltext** oder einen **Gegentext**.

1. Bei einem Paralleltext schreibst du zu **demselben Thema**, bei einem Gegentext zu einem **inhaltlich gegensätzlichen Thema** (z. B. Originaltext: *Daheim*; Gegentext: *Fremd*).
2. Notiere, was dir spontan zu dem **Thema** des Textes einfällt. Bei einem Gegentext ersetze die Textstellen, die du ändern möchtest, durch gegensätzliche Gedanken und Gefühle:
   Fremd fühle ich mich, wenn ...
3. Übernimm **Form und Sprache** des Originaltextes: Satzanfänge, Satzbau, Satzarten (Fragen, Aufforderungen), Zeitform.
4. Schreibe nun deinen eigenen Text, in dem du deine Ideen aus Punkt 2 einsetzt und ausformulierst.

E-Mail-Austausch (Partnerarbeit)

Wählt eine Geschichte aus, in der mehrere Personen vorkommen, und führt zwischen zwei der Personen einen E-Mail-Austausch durch:
- Entscheidet euch zunächst für eine Person und schlüpft in deren Rolle.
- Schreibt euch anschließend aus der Perspektive eurer Person und auf der Grundlage des Textes abwechselnd E-Mails.

z. B.: „Allmorgendlich" (Seite 158–159)

Hi du,
kaum zu glauben, dass ich dir mittlerweile maile. Kannst du dich noch an unsere ersten Begegnungen im Bus erinnern? Ich weiß ja nicht, wie es dir ging, aber ich muss sagen, ich fand dich einfach nur unmöglich. Wie ging es dir eigentlich mit mir? Sag doch mal!

Antwortmail: ...

Lupengedicht

- Wähle ein Gedicht aus und markiere darin 7 Wörter, die dich besonders ansprechen.
- Schreibe anschließend diese Wörter untereinander.
- Bilde zu jedem dieser Wörter einen Satz, sodass ein neues Gedicht oder ein neuer Text entsteht:

z. B.: „Glück auf Ruhrgebiet!" (Seite 132)

Nicht nur in Duisburg
leuchtet das Abendrot
blendend hell.
Überall ist Ruhrgebiet:
gibt es Bilder,
die in mir spazieren
und mich an frühere Zeiten erinnern.

Schaubilder auswerten

Die grüne Lunge der Welt

Mit ihren Blättern und Nadeln wirken Bäume wie riesige Filter. Ein Hektar Buchenwald kann z. B. jährlich 70 Tonnen Staub aus der Luft herausfiltern. Zudem produzieren Bäume wie alle grünen Pflanzen Sauerstoff, den die Menschen und Tiere zum Atmen benötigen. Ohne Bäume hätten wir aufgrund der Luftverschmutzung, Verkehrsabgase sowie der Wärme- und Industrieabgase kaum noch Sauerstoff zum Atmen.

1 Lies den Text und erkläre, was mit der *grünen Lunge der Welt* gemeint ist.

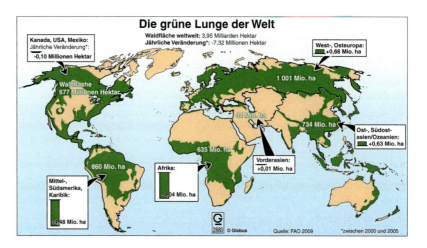

2 a) Verschaffe dir einen Überblick über die Informationen, die in dem Schaubild dargestellt werden. Gehe so vor, wie im **TIPP** beschrieben.
b) Überprüfe mit einem Partner, ob du die Aussagen verstanden hast: Notiere dir Fragen und dazu passende Antworten, z. B.: *In welchem Kontinent gibt es die meisten Waldflächen?* Beantwortet im Wechsel die Fragen eures Partners.

> **TIPP**
>
> **So wertest du Schaubilder aus:**
> Ein **Schaubild** ist eine bildliche Darstellung von Zusammenhängen, Abfolgen oder Beziehungen. Verschiedene Informationen werden z. B. durch Bilder, Diagramme und Zahlen veranschaulicht.
> 1. Mache dir klar, welche **Form der Darstellung** gewählt wurde: *Landkarte, Säulendiagramm, Kreisdiagramm …*
> 2. Lies die **Überschrift** und **Beschriftung:** Worum geht es? Auf welche Fragen gibt das Schaubild Antworten?
> 3. Markiere **Schlüsselwörter** und mache **Randnotizen:** Was wird miteinander in Beziehung gesetzt? Welche Aussagen sind besonders bemerkenswert? Welche Schlussfolgerungen kannst du aus der Grafik ziehen?
> 4. Notiere die **Quelle** und den **Zeitpunkt/Zeitraum,** auf den sich die Daten beziehen.

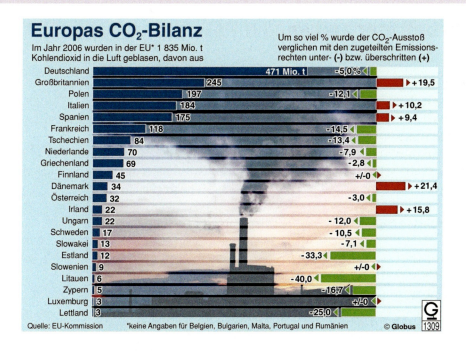

Emissionsrechte:
Seit 2005 wird in der Europäischen Union für jedes Mitgliedsland festgelegt, wie viel CO_2 es ausstoßen darf.

3 a) Erschließe dieses Schaubild mithilfe des **TIPPs** von Seite 270.
  b) Beantworte die folgenden Fragen in Stichworten:
   – Wie viele Tonnen CO_2 wurden in Europa 2006 in die Luft freigesetzt?
   – Welche Länder wurden bei den Messungen noch nicht berücksichtigt?
   – Wie viele Millionen Tonnen blies Deutschland mehr als Irland in die Luft?
   – Welche Länder überschritten ihre Emissionsrechte?

4 Halte deine Auswertungsergebnisse mithilfe des **TIPPs** in einem Text fest.

5 a) Erkläre, wie die Schaubilder auf Seite 270 und 271 zusammenhängen.
  b) Ziehe Schlussfolgerungen: Was könnte passieren, wenn noch mehr Waldflächen verschwinden und der CO_2-Ausstoß weiter zunimmt?

💡 TIPP

So fasst du deine Auswertungsergebnisse zusammen:
1. Beschreibe das Schaubild kurz: **Thema, Art des Diagramms** (hier: Balkendiagramm), **Quelle, Zeitpunkt/ Zeitraum:** *Das Schaubild besteht aus einem Balkendiagramm. Es informiert über …*
2. Erkläre die **Zahlenangaben:** *Deutschland setzte mit 471 Millionen Tonnen das meiste CO_2 in der EU frei. Aber im Jahr 2006 hat es die zugeteilten Emissionsrechte um 5 % unterschritten …*
3. Vergleiche die **Zahlenangaben** miteinander und versuche, sie zu erklären: *Während Deutschland den größten CO_2-Ausstoß hatte, produzierten Luxemburg und Lettland jeweils nur 3 Millionen Tonnen. Das liegt daran, dass diese Länder kleiner sind und nur wenig Industrie besitzen.*
4. **Kommentiere** am Schluss das Schaubild: *Auffällig ist, dass … / Überraschend finde ich, dass … / Ich hätte erwartet/ nicht erwartet, dass …, weil …*

Übersicht: Arbeitstechniken (TIPPs)

Sprechen, Zuhören und Vortragen

So diskutiert ihr fair und ergebnisorientiert	23
So kannst du Argumente adressatenorientiert entfalten	24
So kannst du Einwände adressatenorientiert entkräften	25
So führt ihr ein 4-Ecken-Gespräch	39
So bewirbst du dich telefonisch um ein Tagespraktikum	189
So bereitest du ein Interview für das Tagespraktikum vor	190
So kannst du höflich nachfragen und Wünsche oder Beschwerden angemessen äußern	193
So kannst du mit der Stimme einen Rollentext interpretieren	209
So ergänzt du Regieanweisungen	211

Schreiben

So schreibst du einen inneren Monolog	11
So schreibst du adressatenbezogen	27
So formulierst du eine Aufforderung (Appell)	39
So schreibst du einen appellativen Text	41
So arbeitest du mit dem ESAU-Verfahren	42
So schreibst du einen Zeitungsbericht	61
So gliederst du deine Untersuchung der Werbeanzeige	87
So schreibst du einen informativen Broschürentext	101
So beschreibst du genau und lebendig	117
So beschreibst du ein Bild für einen Audioführer	119
So schreibst du einen Paralleltext oder einen Gegentext	131
So schreibst du zu einem Text einen Dialog	133
So fasst du Inhalte eines erzählenden Textes zusammen	149
So gibst du wichtige Aussagen indirekt wieder	151
So fasst du den Inhalt eines Gedichts zusammen	172
So formulierst du eine Bewerbung um einen Praktikumsplatz	195

Lesen und Verstehen

So arbeitest du mit einem Venn-Diagramm	99
So wertest du Schaubilder aus	100
So wertest du Schaubilder aus	270

Kritisch mit dem Computer umgehen

So wehrst du dich gegen Cyber-Mobbing	200

Sprache betrachten

So kannst du Sätze sinnvoll miteinander verknüpfen	32
So wählst du die richtige Zeitform	68
So weckst du das Interesse deines Adressaten	123
So erschließt du den Zusammenhang zwischen Inhalt und Form	173
So formulierst du abwechslungsreich mit *dass*-Sätzen und Infinitivsätzen	238
So arbeitest du mit einer Fachwortkartei	242
So zitierst du richtig	267

Richtig schreiben

So setzt du das Komma zwischen Haupt- und Nebensätzen (Satzgefüge)	33
So unterscheidest du zwischen *das* und *dass*	111
So schreibst du Straßennamen	143
So zitierst du richtig	164
So erkennst du Nomen	246
So entscheidest du über Groß- und Kleinschreibung bei Farbangaben	248
Aufpassen bei der Präposition *zu*	253
So prägst du dir die Schreibung von Fremd- und Fachwörtern ein	254
Aufpassen bei der Rechtschreibprüfung am PC!	256
Achte auf die Stellung der Nebensätze!	258
So fasst du deine Auswertungsergebnisse zusammen	271

Basiswissen

Fett gedruckte Wörter findest du ebenfalls im Basiswissen.

Adjektiv   117, 216, 248, 251
Wortart. Mit Adjektiven beschreibst du Lebewesen, Gegenstände, Gedanken oder Ereignisse. *Das Spiel war spannend. Wir haben eine große Schule.* Viele Adjektive lassen sich steigern: *gut – besser – am besten; schlau – schlauer – am schlausten.* Mit Adjektiven kannst du daher Personen und Gegenstände vergleichen: *Luca ist schneller als Ingo. Der Vogel fliegt so hoch wie ein Flugzeug.* Eine Reihe von Wörtern werden zu Adjektiven, wenn sie eine Adjektivendung erhalten:
-lich = ängstlich; -isch = erzählerisch;
-ig = freudig; -bar = furchtbar.

Adressatenbezogenes Schreiben   26–27, 123
In Texten, bei denen du dich an andere wendest (z. B. bei Briefen oder **Audioführern**), ist es wichtig, dass du den Adressaten mit einbeziehst, damit du ihn leichter von deinem Anliegen überzeugen oder für deine Sache interessieren kannst.

Adverb   229
Wortart. Adverbien (Singular: Adverb) beschreiben die genaueren Umstände eines Geschehens. Mit ihnen kannst du ausdrücken, wo *(dort, hier ...)*, wann *(freitags, nun ...)*, auf welche Art und Weise *(genauso, vergebens ...)* und warum *(deshalb, trotzdem)* etwas geschieht. Mit einigen Adverbien kannst du auch eine Aussage bewerten oder kommentieren *(leider, natürlich)*. Adverbien gehören zu den vier unveränderlichen **Wortarten**.

Adverbiale Bestimmungen   234, 235
Satzglied. Adverbiale Bestimmungen können aus mehreren Wörtern bestehen. Du verwendest sie, um genaue Angaben zu machen. Es gibt vier Arten von adverbialen Bestimmungen. Du kannst sie durch die Frageprobe ermitteln: adverbiale Bestimmung
– der Zeit: *Wann? Wie lange? Wie oft?*
  Sie spielen heute Eishockey.
– des Ortes: *Wo? Woher? Wohin?*
  Der Puck flog in das Tor.
– der Art und Weise: *Wie? Wie sehr?*
  Das Spiel endet unentschieden.
– des Grundes: *Warum? Wieso?*
  Wir haben wegen der Hitze schulfrei.

Adverbialsatz   235
Der Adverbialsatz ist ein **Nebensatz**, der den **Hauptsatz** durch eine **adverbiale Bestimmung** näher erläutert.
Weil die Sonne schien, fuhr er Fahrrad.
    Adverbialsatz   Hauptsatz
Der Adverbialsatz kann durch eine **adverbiale Bestimmung** ersetzt oder in eine **adverbiale Bestimmung** umgeformt werden.
Wegen des Sonnenscheins fuhr er Fahrrad.
    Adverbiale Bestimmung des Grundes
Da der Adverbialsatz ein Satzglied ersetzen kann, wird er auch Gliedsatz genannt.

Akkusativ   218, 219, 220
4. Fall (**Kasus**) des **Nomens**. Du kannst ihn mit den Fragen *Wen?* oder *Was?* ermitteln: *den Ball; an einen Mitspieler; an ihn.*

Akkusativobjekt   233
Satzglied. Das Akkusativobjekt ermittelst du mit den Fragen *Wen?* oder *Was?*.
Fabian spielt den Ball zu Sabine.
Was spielt Fabian zu Sabine?

Aktiv   224–225
Wenn du einen Satz im Aktiv formulierst, betonst du, wer etwas tut: *Inga und Sabine engagieren sich in der Umwelt-AG.*
Die Aktivform wirkt daher meistens persönlicher als eine Passivform. (Vgl. Verwendung des **Passivs**)

Anglizismus 92
Anglizismen sind Wörter aus dem Englischen, die in die deutsche Sprache übernommen wurden: *Chatten, Computer, cool ...*

Anredepronomen 48, 195
Wortart. Anredepronomen können **Personalpronomen** oder **Possessivpronomen** sein. Wenn du in einem Brief jemanden mit *Sie* ansprichst, werden die entsprechenden Anredepronomen großgeschrieben: *Sie, Ihr, Ihnen, Ihre, Ihren, Ihrem.* Beispiel: *Unterstützen Sie den Sponsorenlauf?* Die Anredepronomen *du/Du, dein/Dein, euch/Euch* kannst du in Briefen groß- oder kleinschreiben.

Antonym
Antonyme sind Wörter, die eine gegensätzliche Bedeutung haben:
groß ↔ klein, hoch ↔ niedrig

Appell/appellativer Text 39–46
Durch einen Appell (Aufforderung) will man jemanden dazu bewegen, etwas zu tun. Durch einen appellativen Text will man einen Leser zu einer Handlung auffordern. Zu den appellativen Texten gehören: *Aushang, Leserbrief, persönlicher Brief, Plakat.*

Apposition 69, 237
Eine Apposition erklärt ein **Nomen** näher. Die Apposition wird dem **Nomen** nachgestellt und durch Kommas abgetrennt. Eine Apposition enthält nie ein **Verb**: *Der Reporter, ein etwa dreißigjähriger Mann, besuchte während des Zeitungsprojekts unsere Schule.*

Argument (Begründung) 24–31
Wenn du zu einem Thema **Stellung nimmst**, sollst du überzeugende Argumente (Begründungen) finden, die deine Meinung stützen. Deine Argumente werden überzeugender und anschaulicher, wenn du sie durch Beispiele und Erläuterungen, die Nennung der Folgen oder durch Vergleiche entfaltest. Außerdem solltest du bei der Wahl und Entfaltung der Argumente stets deinen Adressaten einbeziehen.

Argumentationsplan 26, 29
Ein Argumentationsplan hilft dir, einen argumentierenden Brief zu planen.

Artikel 219
Wortart. Der Artikel ist der Begleiter des **Nomens.** Du unterscheidest den bestimmten Artikel (*der, die, das*) und den unbestimmten Artikel (*ein, eine, ein*). Die Artikel geben das grammatische Geschlecht des Nomens an, also ob es **Maskulinum** (*der/ein* Baum), **Femininum** (*die/eine* Amsel) oder **Neutrum** (*das/ein* Schiff) ist. Der Artikel wird mit dem **Nomen** in den **Singular** (Einzahl) oder **Plural** (Mehrzahl) und in die einzelnen **Fälle** gesetzt.

Attribut 237
Attribute bestimmen ihr Bezugswort (z. B. ein **Nomen**) näher. Deine Texte werden durch Attribute anschaulicher und lebendiger. Das Attribut ist Teil eines **Satzglieds**.
Das Attribut findest du in folgenden Formen:
1. **Adjektiv:**
   die aktuelle Zeitung
2. **Adverb:**
   die Zeitung gestern
3. **Präpositionalgruppe:**
   die Zeitung aus Lüdenscheid
4. **Nomen im Genitiv:**
   die Zeitung meines Nachbarn
5. **Relativsatz:**
   die Zeitung, die ich gestern gelesen habe, ...
6. **Apposition:**
   die Zeitung, ein wichtiger Lieferant aktueller Informationen, ...

Audioführer 114–122
Audioführer kann man sich häufig in Museen ausleihen. Der Audioführer begleitet die Besucher durch Ausstellungen und informiert sie über Kopfhörer über die gezeigten Gegenstände (Bilder, Figuren ...).

Ballade
Balladen sind umfangreiche Gedichte mit **Reimen** und **Strophen**. Meist wird ein außergewöhnliches Geschehen beschrieben, z. B. eine besondere Heldentat, ein gespenstisches Ereignis oder ein tragisches Unglück.
In der Ballade sind Merkmale von Gedichten, Erzählungen und szenischen Texten enthalten.

Bericht, Zeitungsbericht 54–55, 60–65
Ein (Zeitungs-)Bericht informiert sachlich über aktuelle Ereignisse, Vorgänge und deren Verlauf. Die Zeitform des Berichts ist das **Präteritum**. In einem Bericht werden zunächst die wichtigsten W-Fragen (*Wer? Was? Wann? Wo?*) beantwortet und anschließend der Leser über die Ursachen (*Warum/Weshalb?*), die Folgen (*Welche Folgen?*) und den Ablauf (*Wie?*) informiert. Der Bericht enthält keine Meinungen oder Wertungen.

Bilder beschreiben 117–122
Beim Beschreiben eines Bildes nennst du den Titel des Bildes, den Maler und das Entstehungsjahr. Dann gehst du ausführlich auf das Dargestellte ein. Du beschreibst genau, was du erkennst, z. B. Gebäude, Figuren und Gegenstände. Du gibst auch deinen Gesamteindruck von dem Bild wieder und erklärst, welche Stimmung das Bild für dich ausdrückt. Wichtig ist eine sinnvolle Reihenfolge der Beschreibung, etwa von oben nach unten, von links nach rechts oder vom Zentrum nach außen. Du schreibst dabei im **Präsens**.

Cluster 37, 77, 95, 96, 128, 131, 133
Ein Cluster hilft dir, Einfälle zu sammeln, z. B. für einen Aufsatz.

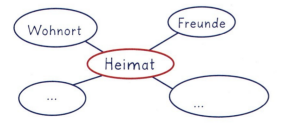

Dass-Satz 111, 183
Ein *dass*-Satz folgt oft nach Verben wie *denken, meinen, sagen, finden, wollen …*
Ein *dass*-Satz wird durch ein Komma vom übrigen Satz getrennt: *Jessica meint, dass die Umwelt-AG sehr interessant ist.*
Durch die Ersatzprobe kannst du *dass* von *das* unterscheiden:
Dass lässt sich nicht durch *dies, dieses* oder *welches* ersetzen.

Dativ 219, 220
3. Fall (**Kasus**) des **Nomens**. Du ermittelst ihn mit der Frage *Wem?*:
dem Trainer; ihm; ihr.

Dativobjekt 233
Satzglied. Das Dativobjekt ermittelst du mit der Frage *Wem?*: *Das Buch gehört Steffi. Wem gehört das Buch?*

Dehnungs-*h* 262
Das Dehnungs-*h* hebt einen langen betonten Vokal besonders hervor. Es steht nur vor den Konsonanten *l, m, n, r*: *fehlen, nehmen, gähnen, fahren.*

Demonstrativpronomen 221
Wortart. Mit Demonstrativpronomen kannst du auf eine Tatsache, ein Geschehen oder einen Zustand zurück- oder vorweisen. Es kann sich auf ein Wort, eine Wortgruppe oder einen ganzen Satz beziehen. Demonstrativpronomen sind: *der, die, das/ dieser, diese, dieses/ jener, jene, jenes/ solcher, solche, solches/ derselbe, dieselbe, dasselbe.* Beispiel: *Wir lesen jeden Morgen in der Schule die Zeitung. Das ist eine schöne Abwechslung.*

Dialog 132–141, 204–215
Damit wird das abwechselnd in Rede und Gegenrede geführte Gespräch zwischen zwei oder mehr Personen (z. B. auf der Bühne) bezeichnet.

Diphthong (Zwielaut)
Diphthonge gehören zu den Vokalen: *Kaiser, Bauer, träumen, beißen, keuchen.*

Diskussion 22–23
Bei einer Diskussion wird ein strittiges Thema besprochen. Ziel einer Diskussion ist es, die anderen mit seinen **Argumenten** zu überzeugen. Eine Diskussion sollte mit einer gemeinsamen Entscheidung oder einem Kompromiss enden. Diskussionen sollten fair und ergebnisorientiert geführt werden.

Einwände entkräften 25, 27
Beim Diskutieren oder schriftlichen Argumentieren ist es hilfreich, die Einwände des Gesprächspartners oder Adressaten zu entkräften, indem man mögliche Folgen und Bedenken abschwächt oder einen Vorschlag macht, der den Einwand entkräften kann.

Ersatzprobe
Die Ersatzprobe wendest du bei der Überarbeitung eines Textes an. Du überprüfst damit, ob du ein Wort oder einen Ausdruck ersetzen willst.

Erweiterungsprobe
Mit der Erweiterungsprobe überprüfst du, ob ein Text durch die Ergänzung von **Attributen** (z. B. **Adjektiven**) verbessert werden kann.

Erzählform und Erzählhaltung 153
Eine Erzählung kann in der Ich-Form oder der Er-/Sie-Form erzählt werden. Der Erzähler kann in beiden Formen eine neutrale Erzählhaltung einnehmen: Er erzählt dann nur das, was man von außen sehen kann. *Kathrin/Ich schlich langsam nach Hause. Sie/Ich lächelte.* Bei der personalen Erzählhaltung beschreibt der Erzähler auch die Gedanken und Gefühle einer bestimmten Person. *Kathrin/Ich schlich langsam nach Hause und dachte über den Brief von Viktor nach. Die Freude auf ein Wiedersehen ließ sie/mich lächeln.*

ESAU-Verfahren 42
Mit dem ESAU-Verfahren kannst du deine eigenen Texte oder die deiner Mitschüler überarbeiten. E steht für Einfügen, S für Streichen, A für Austauschen, U für Umstellen.

Fachwort 254–255
Fachwörter stammen aus einem bestimmten Fachgebiet, z. B. aus dem Bereich Klimaschutz: *Klimawandel, Solarstrom, Treibhauseffekt …* Fachwörter sind genauer und kürzer als Erklärungen. Wichtig ist aber, dass alle Gesprächspartner die Fachbegriffe kennen.

Figurenkonstellation 208
Als Figurenkonstellation bezeichnet man die Beziehungen, in denen die Personen in einem Theaterstück zueinander stehen.

Fremdwort 254–255, 262
Fremdwörter sind Wörter, die aus einer anderen Sprache ins Deutsche übernommen wurden. Sie haben manchmal eine besondere Schreibung oder Aussprache: *Solartechnik, Katastrophe …*

Femininum (weiblich)
Grammatisches Geschlecht des **Nomens**: *die Sonne, eine Solaranlage, die Argumentation.*

Futur (Zukunft)
Zeitform des **Verbs**. Das Futur benutzt du, wenn du eindeutig ausdrücken willst, dass etwas in der Zukunft geschieht. Das Futur I bildest du mit dem Hilfsverb *werden* und dem **Infinitiv** eines Verbs:
Wir werden einen Film sehen.

Gegentext 131, 269
Bei einem Gegentext behältst du den formalen Aufbau des Ausgangstextes als Muster bei, wählst aber ein inhaltlich gegensätzliches Thema.

Genitiv 219
2. Fall (**Kasus**) des **Nomens**. Du ermittelst ihn mit der Frage *Wessen?*: *des Spiels, des Korbs*.

Geschlossene Silbe 245, 261, 262
Das Wort *Bal ken* besteht aus zwei Silben, wobei die erste betonte Silbe mit einem Konsonanten endet. Die Silbe wird durch den Konsonanten geschlossen und der Vokal *a* daher kurz gesprochen.

Gestik (Körperhaltung) 209

Getrennt- und Zusammenschreibung
143, 250–253, 263
Meistens werden Verbindungen aus zwei Wörtern getrennt geschrieben:
Verb + Verb:
Ich werde diesen Sommer tanzen lernen.
Nomen + Verb:
Jan will später Schlittschuh laufen.
Steht das Verb in der Partizipform *(laufend)* kann der Ausdruck getrennt oder zusammengeschrieben werden: *der Schlittschuh laufende Jan* oder *der schlittschuhlaufende Jan.*
Adjektiv + Verb:
Sebastian wird schnell laufen.
Verbindungen aus **Adjektiv** und **Verb** kannst du getrennt oder zusammenschreiben, wenn das **Adjektiv** das Ergebnis eines Vorgangs ausdrückt: *eine Bank rot streichen/rotstreichen*.
Verbindungen aus **Verb** und **Verb** oder aus **Adjektiv** und **Verb** werden zusammengeschrieben, wenn sich durch die Verbindung eine neue, übertragene Bedeutung ergibt:
Die Aufgabe wird mir mit dir leichtfallen.
Verbindungen eines Verbs mit Adverbien und Präpositionen wie *ab, auf, aus, durch, fort, her, heran, hin, los, mit, nach, über, um, vor, weg, weiter, wider, wieder, zu, zurück* schreibst du meistens zusammen: *zurücknehmen, weglaufen* ...

Großschreibung 124, 263
Namen, **Nomen** und das erste Wort in einem Satz schreibst du groß. **Verben** im **Infinitiv** und **Adjektive** schreibst du ebenfalls groß, wenn sie als Nomen verwendet werden. Du erkennst sie an den davorstehenden Signalwörtern:
Ihr Rufen habe ich nicht gehört.
Das grelle Rot sticht in seinen Bildern hervor.

Hauptsatz/Nebensatz
32, 230–231, 235, 236, 238
Ein Hauptsatz enthält immer **Subjekt** und **Prädikat**. Im Aussagesatz steht das **Prädikat** an der zweiten Satzgliedstelle. Ein Nebensatz kann nicht ohne einen Hauptsatz stehen. Ein Satz wie *Obwohl es klingelt* macht alleine keinen Sinn. Aber: *Obwohl es klingelt, schreiben wir weiter.* Nebensätze beginnen meist mit einer **Konjunktion**. Die gebeugte Form des **Verbs** steht am Ende.

Imperativ 39, 82
Aufforderungs- und Befehlsform des **Verbs**. Mit dem Imperativ äußerst du Befehle, Wünsche, **Appelle**, Aufforderungen:
Hör mir zu! Gib mir bitte das Buch!

Indefinitpronomen 221
Wortart. Du verwendest Indefinitpronomen, wenn du die genaue Anzahl von Personen oder Dingen nicht kennst oder nicht nennen willst *(jemand, manche, einige, alle, etwas)*.

Indirekte Rede 148–151, 163, 226–227
Bei Inhaltszusammenfassungen gibst du wörtliche Rede durch die indirekte Rede wieder. Verwende dazu den **Konjunktiv I** oder einen *dass*-Satz: *Adrian sagte: „Ich habe verschlafen." → Adrian sagte, er habe verschlafen.* Oder: *Adrian sagte, dass er verschlafen habe/hat.*

Infinitiv
Grundform des **Verbs**. Der Infinitiv eines Verbs endet auf *-en* oder *-n*: *schlafen, jubeln*.

Information, informieren 96–97, 114–121
Informationen gibt man an einen Empfänger (z. B. Leser, Zuhörer) über eine Person oder einen Gegenstand (z. B. Luftverschmutzung, Klimawandel, Bild, Künstler) und zu einem bestimmten Zweck (z. B., um Maßnahmen zum Klimaschutz zu fordern). Die Auswahl der Informationen und die Formulierung des Textes richten sich nach dem Adressaten (z. B. Jugendliche, Erwachsene).

Inhalte zusammenfassen 98–104, 148–149, 172
Du fasst Texte zusammen, um dir den Inhalt klarzumachen, um jemanden, der den Text nicht kennt, die wichtigsten Inhalte mitzuteilen oder um aus einer Reihe von Texten die wichtigsten **Informationen** zu einem bestimmten Thema zu sammeln. Dazu teilst du einen Text in **Sinnabschnitte** ein. Aus den Überschriften und Stichpunkten, die du im nächsten Schritt zu den Abschnitten notiert hast, bildest du vollständige Sätze. Sie sind die Grundlage für deine Inhaltszusammenfassung. In einem einleitenden Satz zu dieser Zusammenfassung nennst du den Titel des Textes, den Autor, die Textart, das Erscheinungsjahr und das Thema. Wörtliche Rede gibst du in **indirekter Rede** wieder. Als Zeitform verwendest du das **Präsens**.

Innerer Monolog 11, 156
Beim inneren Monolog gibt der Erzähler die Gedanken und Gefühle einer Figur aus der Sicht der Figur wieder. Er verwendet dabei die Ich-Form und schreibt im **Präsens**.

Kasus 218–220
So nennt man die vier Fälle (**Nominativ, Genitiv, Dativ, Akkusativ**) des **Nomens**. Durch Fragen kann man den jeweiligen Fall bestimmen. Nach dem Kasus richten sich die Form des **Artikels** und die Endung des **Nomens**.

Kommentar 59
In einem Kommentar gibt ein Autor seine eigene Meinung zu einem Thema wieder. Er stellt zunächst das Thema vor und begründet anschließend seine Ansicht. Der Kommentar schließt mit einer Schlussfolgerung oder Forderung.

Komparativ (Steigerung)
Adjektive, die eine Eigenschaft bezeichnen, kann man steigern. Man unterscheidet drei Steigerungsstufen: die Grundstufe (Positiv), die Höherstufe (Komparativ) und die Höchststufe (Superlativ). Beispiel: *klein* (= Positiv) – *kleiner* (= Komparativ) – *am kleinsten* (= Superlativ). Auch einige **Adverbien** können gesteigert werden.
Beispiel: *Pia rechnet gut. Meike rechnet besser als Pia, aber Lisa rechnet am besten.*

Konjunktion (Satzverknüpfungswort)
 32, 230–231
Wortart. Mit Konjunktionen werden Wörter, Wortgruppen oder Sätze miteinander verbunden: *Lisa und Konrad schreiben einen Brief an den Direktor, weil sie ihm den Vorschlag der Klasse mitteilen wollen. Sie möchten, dass der Lauf den ganzen Schultag andauert.* Mit Konjunktionen kannst du in deinen Texten Zusammenhänge deutlich machen: *und, weil, wenn, damit, denn, da, obwohl, nachdem ...* Die Konjunktion *dass* ist nicht mit dem **Relativpronomen** *das* zu verwechseln. Die Konjunktion *dass* steht meist nach Verben wie *denken, fühlen, wünschen, glauben ...* Sie lässt sich nicht durch *welches* ersetzen.

Konjunktiv I 148–151, 163, 226–227

Wenn du wörtliche Rede indirekt wiedergibst verwendest du den Konjunktiv I. Im Konjunktivsatz musst du die **Pronomen** aus der wörtlichen Rede anpassen und das **Verb** verändern:
Dennis sagte: „Ich bin doch nicht in Lea verliebt!" → Dennis sagte, er sei doch nicht in Lea verliebt.

Konjunktiv II 228

Du verwendest den Konjunktiv II, um Wünsche oder Vorstellungen auszudrücken, die nicht möglich oder sehr unwahrscheinlich sind. Der Konjunktiv II wird bei regelmäßigen Verben mit *würden* umschrieben und bei unregelmäßigen Verben vom Präteritumstamm abgeleitet: *Wenn ich Millionär wäre, würde ich etwas Geld spenden und ginge auf Weltreise.*

Lesemethode für erzählende Texte

1. Schritt: sich orientieren
   - Lies die Überschrift des Textes. Worum geht es wohl in der Erzählung?
   - Lies den Text und überprüfe, ob deine Vermutungen stimmen. Lies nun beim gründlichen Lesen den Text „mit dem Stift".
2. Schritt: unbekannte Begriffe klären
   - Markiere mit einer Wellenlinie Begriffe und Ausdrücke, die du nicht kennst.
   - Versuche, die Bedeutung selbst herauszufinden, indem du das Wort im Satzzusammenhang betrachtest. Du kannst auch im Wörterbuch nachschlagen. Notiere die Bedeutung am Rand.
3. Schritt: **Schlüsselstellen** unterstreichen
   - Unterstreiche **Schlüsselstellen**. Das sind Stellen, die Antworten auf folgende Fragen geben:
     – Welche Personen handeln?
     – Wo und wann spielt die Erzählung?
     – Worum geht es?
     – Was findest du außerdem wichtig?
   - Halte am Rand weitere Beobachtungen fest:
     – Welche Stimmung vermittelt der Text?
       (lustig, ernst, spannend)
     – Wie wird die Geschichte erzählt?
       (Ich-Form, Er-/Sie-Form)
     – Wie ist die **Erzählhaltung**?
       (personal, neutral)
4. Schritt: Wichtiges herausschreiben
   - Bilde **Sinnabschnitte**. Das sind Absätze, die inhaltlich eng zusammengehören. Ein neuer **Sinnabschnitt** beginnt, wenn z. B. eine neue Person auftritt oder ein wichtiges Ereignis geschieht.
   - Formuliere zu jedem **Sinnabschnitt** eine Überschrift (Stichwort oder kurzen Satz) und halte sie auf einem Notizzettel fest.
   - Schreibe unter jede Überschrift wichtige Angaben (**Schlüsselstellen**) heraus.

Lesemethode für Gedichte

1. Schritt: sich orientieren
   - Lies die Überschrift des Gedichts und die Anfänge der einzelnen Strophen. Worum geht es wohl?
   - Fallen dir bestimmte Wörter oder **Verse** sofort ins Auge? Überprüfe, ob deine Vermutungen stimmen: Lies nun den Text „mit dem Stift".
2. Schritt: unbekannte Begriffe klären
   - Markiere mit einer Wellenlinie Begriffe und Ausdrücke, die du nicht kennst.
   - Versuche, die Bedeutung selbst herauszufinden, indem du das Wort im Zusammenhang betrachtest. Du kannst auch im Wörterbuch nachschlagen. Notiere die Bedeutung am Rand.
3. Schritt: **Schlüsselstellen** unterstreichen
   - Unterstreiche **Schlüsselstellen**. Das sind Stellen, die Antworten auf folgende Fragen geben:
     – Was wird dargestellt
       (Gefühle, Erlebnisse, Fragen …)?
     – Welche Stimmung wird im Gedicht deutlich?
     – Gibt es handelnde Personen?
       Gibt es ein **lyrisches Ich**?
     – Was findest du außerdem wichtig?

- Halte am Rand weitere Beobachtungen zur Form und Sprache fest:
  - In wie viele **Strophen** und **Verse** ist das Gedicht eingeteilt?
  - Kannst du ein **Reimschema** feststellen?
  - Welche **sprachlichen Bilder** kannst du entdecken (**Metaphern, Personifikationen ...**)?
- Mache dir auch Notizen zur Wirkung des Gedichts: – Wie wirkt das Gedicht *(lustig, ernst, traurig ...)*? – In welcher Verbindung stehen Überschrift und Text?

4. Schritt: Wichtiges herausschreiben
- Formuliere auf einem Notizzettel zu jeder **Strophe** eine Überschrift.
- Schreibe unter jede Überschrift wichtige Angaben (**Schlüsselstellen**) heraus.
- Notiere deine Beobachtungen zu Form, Sprache und Wirkung. Welche Zusammenhänge kannst du erkennen?

Lesemethode für Sachtexte

1. Schritt: sich orientieren
   - „Überfliege" den Text. Lies die Überschrift, die Zwischenüberschriften und schau dir die Bilder an. Worum könnte es in dem Text gehen?
   - Was weißt du schon zum Thema?
   - Stelle W-Fragen an den Text *(Was ...? Wer ...? Warum ...? Wo ...? Wann ...?)* und schreibe sie auf.
2. Schritt: unbekannte Begriffe klären
   - Lies den Text „mit dem Stift". Markiere beim ersten Lesen mit einer Wellenlinie Begriffe und Ausdrücke, die du nicht kennst.
   - Erkläre deren Bedeutung aus dem Sinnzusammenhang oder durch Nachschlagen im Wörterbuch und schreibe sie an den Rand.
3. Schritt: **Schlüsselstellen** unterstreichen
   - Achte beim zweiten Lesen auf Antworten zu deinen Fragen oder andere interessante Informationen. Unterstreiche diese **Schlüsselstellen**.

4. Schritt: Wichtiges herausschreiben
   - Vergleiche nach dem Lesen deine Vermutungen, die du vor dem Lesen hattest, mit dem Inhalt des Textes: Was ist eingetroffen? Welche zusätzlichen Informationen hast du erhalten?
   - Schreibe auf einem Notizzettel oder ins Heft zu jedem **Sinnabschnitt** eine Überschrift (kurzer Satz oder Stichwort). Ein **Sinnabschnitt** enthält Informationen, die inhaltlich eng zusammengehören, und kann im Text einen oder mehrere Absätze umfassen.
   - Notiere dir unter jeder Überschrift wichtige Informationen (**Schlüsselstellen**) in kurzen Sätzen oder Stichwörtern.
   - Formuliere aus den Stichwörtern einen zusammenhängenden Text im Präsens.

Lyrisches Ich 170–171
Den Sprecher in einem Gedicht nennt man lyrisches Ich. Die Stimmung und die Aussage eines Gedichtes werden so persönlicher. Das lyrische Ich darf nicht mit dem Dichter gleichgesetzt werden.

Maskulinum (männlich)
Grammatisches Geschlecht des **Nomens**: *der Schlaf, ein Tag, der Mond.*

Meldung 54
Die Meldung ist eine Kurzform des **Zeitungsberichts**.

Metapher 81, 176, 242
Eine Metapher ist ein bildhafter, übertragener Vergleich: *Baumkrone = Spitze eines Baums, Nussschale = kleines Schiff.* Die Metapher steht ohne die Wörter *wie* oder *als* ob.

Mimik (Gesichtsausdruck) 209

Mindmap 67, 116, 120

Mit einer Mindmap stellst du deine Ideen zu einem Thema geordnet dar: **Oberbegriffe** (also deine Hauptgedanken) stehen auf „Ästen", von denen kleinere „Zweige" für **Unterbegriffe** (deine Nebengedanken) abgehen. Eine Mindmap eignet sich, um Themen und Textinhalte zu gliedern sowie als Gedächtnisstütze für Vorträge und zum Wiederholen.

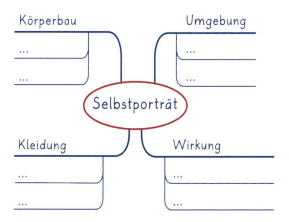

Modalverb 39, 193

Mithilfe von Modalverben kannst du Fragen oder Aufforderungen höflich formulieren: *dürfen, können, sollen, müssen …*

Monolog

So nennt man das Gespräch einer Person auf der Bühne mit sich selbst. Häufig werden so Gedanken, Gefühle und Träume wiedergegeben, aber auch Inhalte von Briefen.

Mündlicher und schriftlicher Sprachgebrauch

Wenn du im mündlichen Sprachgebrauch Vergangenes erzählst oder berichtest, verwendest du das **Perfekt**. Beim schriftlichen Erzählen benutzt du das **Präteritum**.
Bei mündlichen und schriftlichen Anfragen musst du möglichst höflich formulieren, ohne zu übertreiben. Besonders bei schriftlichen Anfragen (E-Mail und Brief) solltest du Umgangssprache vermeiden. Sachtexte, die über Aktuelles oder noch immer Gültiges informieren, sowie Beschreibungen und Anleitungen verfasst du im **Präsens**.

Neutrum (sächlich)

Grammatisches Geschlecht des **Nomens**: *das Tier, ein Ziel, das Gefühl.*

Nomen 246–247

Wortart. Mit Nomen bezeichnet man Lebewesen (Menschen, Tiere, Pflanzen), Gegenstände sowie Gedachtes und Gefühle: *Mädchen, Hund, Baum, Paradies, Auto, Ferien, Angst.*
Die meisten Nomen kommen im **Singular** und im **Plural** vor. Nomen können mit einem **Artikel** stehen: *der Schuh, das Blümchen, die Langeweile.* Jedes Nomen hat ein grammatisches Geschlecht: **Maskulinum** (*der Hammer*), **Femininum** (*die Erbse*), **Neutrum** (*das Buch*). Wenn du ein Nomen im Satz verwendest, gehört es immer einem der vier Fälle (**Nominativ, Genitiv, Dativ, Akkusativ**) an. Nomen werden großgeschrieben. Nomen erkennst du an folgenden Begleitern: **Artikel** (*das Glück*), versteckte **Artikel** (*zum = zu dem Glück*); **Adjektive** (*großes Glück*), **Pronomen** (*dein Glück*) und an bestimmten Endungen (*Heiterkeit, Gesundheit, Freundschaft, Zeichnung, Erlebnis, Reichtum*).

Nominativ 219

1. Fall **(Kasus)** des **Nomens**. Du ermittelst ihn mit den Fragen *Wer?* oder *Was?*: *der Gegner; das Spielfeld.*

Oberbegriff

Oberbegriffe sind Wörter, denen man **Unterbegriffe** zuordnen kann. Die Oberbegriffe haben eine umfassendere Bedeutung, die **Unterbegriffe** dagegen eine eingegrenzte Bedeutung: *Zeitung* (= Oberbegriff) → *Boulevardzeitung, Abonnementzeitung …* (= **Unterbegriffe**).

281

Objekt (Ergänzung) 233
Satzglied. Objekte sind im Satz eng mit dem **Verb** verbunden. Das **Verb** legt fest, in welchem Fall ein Objekt steht (z. B. **Dativ** oder **Akkusativ**). Objekte können aus einem oder mehreren Wörtern bestehen: *Sandra besucht Nadine. Der Sieg gehörte der roten Mannschaft.* Einige **Verben** werden immer mit einer **Präposition** verwendet. Das darauffolgende Objekt heißt daher **präpositionales Objekt:** *Julia freut sich über das Geschenk.*

Offene Silbe 245, 261, 262
Das Wort *Blu me* besteht aus zwei Silben, wobei die erste betonte Silbe mit einem Vokal (hier: *u*) endet, sie ist also offen. Den Vokal sprichst du deshalb lang.

Offizieller Brief 29–31, 45–46
Ein offizieller Brief hat eine festgelegte Reihenfolge: Absender, Ort und Datum, Adressat, Betreffzeile, Anrede, Briefinhalt, Gruß, Unterschrift. Da du den Adressaten meistens nicht kennst oder zumindest kein vertrautes Verhältnis zu ihm hast, verwendest du eine höfliche Anrede und „siezt" ihn:
*Sehr geehrte Frau Groß,
wir möchten Sie bitten, ...*

Paralleltext 131, 169, 269
Bei einem Paralleltext werden der formale Aufbau sowie das Thema des Ausgangstextes als Muster beibehalten.

Partizip 225, 250, 251
Von Verben kannst du Partizipien bilden:
Partizip Präsens: *lachend, schreibend.*
Partizip Perfekt: *gelacht, geschrieben.*
Häufig werden Partizipien als Adjektive gebraucht: *das lachende Kind, der geschriebene Brief.*

Passiv 224–225
Wenn du einen Satz im Passiv formulierst, betonst du, mit wem oder was etwas getan wird:
Die Redaktionssitzung wird für heute abgesagt.
Das Passiv wird mit *werden* (hier: *wird*) und dem Partizip Perfekt des **Verbs** (hier: *abgesagt*) gebildet. Passivsätze werden häufig in **Zeitungsberichten** verwendet; in Schlagzeilen wird die Passivform oft verkürzt ohne eine Form von *werden* wiedergegeben: *Bankräuber in Detmold gefasst.*

Perfekt 222
Zeitform des **Verbs**. Mit dem Perfekt drückst du die Vergangenheit aus. Du verwendest es vor allem, wenn du etwas mündlich erzählst. *laufen – sie ist gelaufen; fragen – er hat gefragt*

Personalpronomen 221
Wortart. Personalpronomen bezeichnen die sprechende oder angesprochene Person. Personalpronomen sind: *ich, du, er, sie, es, wir, ihr, sie* und die entsprechenden Formen im **Dativ**: *mir, dir, ihm, ihr, uns, euch, ihnen* und **Akkusativ**: *mich, dich, ihn, ihr, uns, euch, sie.*

Personifikation 176, 242
Sprachliche Bilder, in denen Dinge oder abstrakte Begriffe menschliche Tätigkeiten ausführen, nennt man Personifikation. Beispiel: *Die Sonne lacht.*

Plural (Mehrzahl)
die Hunde; wir fahren

Plusquamperfekt 223
Zeitform des **Verbs**. Das Plusquamperfekt beschreibt Tätigkeiten, die sich noch vor einem bestimmten Zeitpunkt in der Vergangenheit ereignet haben: *Nachdem Thomas einen Pass gespielt hatte, schoss Nicole ein Tor.*

Possessivpronomen 221
Wortart. Possessivpronomen geben an, wem etwas gehört: *ich → mein, du → dein, er → sein, sie → ihr, es → sein, wir → unser, ihr → euer, sie → ihr.*

Prädikat 232
Satzglied. Das Prädikat ist der Kern eines Satzes und wird immer durch ein **Verb** gebildet. Es benennt eine Tätigkeit oder einen Zustand. Das Prädikat kann aus mehreren Teilen bestehen: *Die Langschläfer stehen gerade auf (aufstehen). Jannik hat einen Preis bekommen* (zusammengesetzte Zeitform). Das Prädikat steht im **Hauptsatz** an der zweiten Satzgliedstelle: *Jannik bekommt den Preis.* Im Fragesatz ohne Fragewort steht es an erster Stelle: *Schläft sie noch?*

Präfix (Vorsilbe)
Vorangestellter Wortbaustein. Das Präfix bestimmt die Bedeutung des Wortes: *ver-folgen, be-folgen.*

Präposition 220
Wortart. Mit einer Präposition gibst du z. B. räumliche oder zeitliche Verhältnisse an: *Tina fällt vom Pferd. Während des Spiels fing es an zu regnen.* Die Präposition bestimmt den Fall des darauffolgenden Nomens: *Wegen des schlechten Wetters* (= **Genitiv**) *blieb ich zu Hause. Gegenüber der Schule* (= **Dativ**) *befindet sich der Supermarkt. Es macht Spaß, durch den Sand* (= **Akkusativ**) *zu laufen.* Manchmal hängt es von deiner Aussage ab, ob das darauffolgende Nomen im Dativ oder Akkusativ steht. Beispiel: *Der Vater kocht in der Küche* (Wo? = Dativ). *Ich trage den Korb in die Küche* (Wohin? = Akkusativ). Präpositionen können mit dem Artikel verschmelzen: *ans* (an + das), *zum* (zu + dem), *beim* (bei + dem).

Präpositionales Objekt 233
Satzglied. Einige Verben werden immer mit einer **Präposition** verwendet. Das darauffolgende **Objekt** heißt daher präpositionales Objekt. Es lässt sich nur zusammen mit der Präposition erfragen: *Die Umwelt-AG kümmert sich um den Sponsorenlauf. Um wen oder was kümmert sich die Umwelt-AG?*

Präsens 68, 222
Zeitform des **Verbs**. Das Präsens benutzt du, wenn du über etwas berichtest oder erzählst, das gerade passiert. Auch wenn du etwas beschreibst, deine Meinung begründest oder einen Text zusammenfasst, verwendest du diese Zeitform: *schlafen – du schläfst.* Manchmal wird das Präsens auch verwendet, um auszudrücken, dass etwas in der Zukunft geschieht: *Morgen spielen wir Eishockey.*

Präteritum 68, 223
Zeitform des **Verbs**. Du verwendest das Präteritum, wenn du schriftlich von einem Ereignis in der Vergangenheit erzählst oder berichtest, z. B. in einem **Zeitungsbericht**: *schlafen – wir schliefen.*

Pronomen 221
Wortart. Pronomen sind Wörter, die für ein **Nomen** stehen. Mit Pronomen gestaltest du deine Texte abwechslungsreicher. Du kennst **Indefinit-, Personal-, Relativ-, Demonstrativ-** und **Possessivpronomen**.

Regieanweisung 211
Erläuterungen des Autors oder des Regisseurs, wie eine bestimmte **Szene** gespielt werden soll, nennt man Regieanweisungen. Neben dem Redetext helfen sie den Spielenden, sich die Personen und das Geschehen besser vorzustellen.

Reim 81, 173
Durch Reime erhalten Gedichte eine bestimmte Klangwirkung. Durch den Gleichklang der Reimwörter am Ende eines **Verses** werden zwei oder mehr Verszeilen miteinander verbunden. Oft verwendete Reimformen sind: Paarreim (aabb) – Kreuzreim (abab) – umarmender Reim (abba).
Ein Reim, der nur ungefähr stimmt, ist ein unreiner Reim: *Tier – dafür.*

Relativpronomen 110, 236, 258–259, 263
Wortart. Das Relativpronomen steht am Anfang eines **Relativsatzes**. Es bezieht sich auf ein vorausgehendes **Nomen**. Beispiel: *Der rote Pullover, der dort im Schaufenster liegt, gefällt mir.* Relativpronomen sind: *der, die, das, welcher, welche, welches.*

Relativsatz 110, 236, 258–259, 263
Ein Relativsatz ist ein **Nebensatz**, der durch ein **Relativpronomen** eingeleitet wird. Er wird durch Komma vom **Hauptsatz** abgetrennt:
Die Broschüre, die wir im Unterricht geschrieben haben, verteilten wir auf dem Sportfest.
Manchmal ist das **Relativpronomen** auch mit einer **Präposition** verbunden:
Ich gehe zur Umwelt-AG, in der ich schon viel über neue Energien gelernt habe. Es gibt auch eingeschobene Relativsätze: *Die Broschüre, die auch viele Bilder enthält, wird auf unserer Schulhomepage veröffentlicht.* Ein Relativsatz erklärt ein **Nomen** oder **Pronomen** genauer und gehört zu den **Attributen**.

Reportage 56–58
Eine Reportage informiert und unterhält zugleich. Sachliche **Informationen** und persönliche Eindrücke wechseln sich ab. Oft gibt ein Journalist darin die Eindrücke, Gefühle und Meinungen von Gesprächspartnern wieder und lässt auch seine persönliche Meinung einfließen. Eine Reportage beginnt mit einem lebendigen, ungewöhnlichen Anfang und endet oft mit einer Pointe.

Requisit 205
Dazu zählen alle zur Aufführung eines Stückes auf der Bühne erforderlichen Ausstattungsgegenstände mit Ausnahme von Kostümen und Kulissen, z. B. Geschirr, Tasche …

Rolle 205–215
So nennt man die Gestalt oder Figur, die ein Schauspieler auf der Bühne verkörpert, z. B. Bösewicht, Liebhaber …

Sachtexte 52–53, 55, 94, 98–99, 103–106, 108, 125–126, 197, 200
Unter Sachtexten versteht man **informierende** Texte (z. B. Broschürentexte, **Zeitungsberichte**). Sie sind meistens in einer sachlichen Sprache geschrieben. Sachtexte enthalten häufig auch Abbildungen, um etwas anschaulich zu machen, und Tabellen, um **Informationen** kurz und übersichtlich darzustellen.

Satzarten
Sätze werden vier verschiedenen Satzarten zugeordnet, die in der gesprochenen Sprache durch die Stimmführung und in der geschriebenen Sprache durch Satzschlusszeichen gekennzeichnet werden:
– Aussagesätze: *Ich bin krank.*
– Fragesätze: *Was hast du denn?*
– Aufforderungssätze: *Bringe mir bitte Medizin!*
– Ausrufesätze: *Wärst du doch schon wieder gesund!*

Satzgefüge 33, 230–231, 257–260
Die Verbindung von **Hauptsatz** und **Nebensätzen** nennt man Satzgefüge: *Weil wir eine Schule in Afrika unterstützen wollen, organisieren wir einen Sponsorenlauf.*

Satzglied 232–235
Ein Satz besteht aus Satzgliedern. Diese kannst du durch die **Umstellprobe** ermitteln. Ein Satzglied kann aus einem Wort, einer Gruppe von Wörtern oder auch einem **Nebensatz** (Gliedsatz) bestehen. Die meisten Sätze im Deutschen bestehen mindestens aus einem **Subjekt** und **Prädikat**. Andere Satzglieder sind: **Dativ-, Genitiv-, Akkusativobjekt, adverbiale Bestimmungen.**

Satzreihe 257
Aneinandergereihte **Hauptsätze** bilden eine Satzreihe, die oft mit **Konjunktionen** verbunden sind und durch Komma getrennt werden:
Der Klimaschutz betrifft uns alle, aber wir tun noch immer nicht genug dafür.

Satzzeichen 33, 69, 110, 165, 183, 257–260, 263
Satzzeichen helfen, einen Satz bzw. einen Text übersichtlich zu gestalten und lesbarer zu machen. Dazu werden Sinneinheiten durch Punkte oder Kommas getrennt. Das Satzende kennzeichnest du je nach **Satzart** durch einen Punkt, ein Ausrufungs- oder durch ein Fragezeichen.

Schlüsselstellen, Schlüsselwörter
Wenn du einen Text verstehen und ihn wiedergeben oder zusammenfassen willst, suchst du zunächst nach den Textstellen, die die wichtigsten **Informationen** enthalten. Das sind meistens solche Sätze oder Wörter, die dir Antworten auf die W-Fragen (Wo?, Wer?, Was?, Wie?, Warum?) geben. Mithilfe dieser Stellen oder Wörter erschließt du dir den Text.

Schreibplan
Ein Schreibplan hilft dir dabei, die Arbeitsschritte zu deinen schriftlichen Texten (Briefe, Erzählungen, Beschreibungen) zu organisieren. So behältst du passend zur Aufgabenstellung (z. B. einen argumentierenden Brief schreiben) die Übersicht und entwickelst einen roten Faden für deinen Text.

Silbentrennung
Beim Trennen von mehrsilbigen Wörtern am Zeilenende setzt du nach einer Silbe einen Trennstrich. Silben, die aus nur einem Vokal am Wortanfang oder -ende bestehen, werden nicht getrennt: *Igel, Haie*.

Singular (Einzahl)
ein Hund; er fährt

Sinnabschnitt
Ein inhaltlich abgeschlossener Teil eines Textes bildet einen Sinnabschnitt. Meistens besteht er aus einem oder mehreren Absätzen. In **Sachtexten** enthalten Sinnabschnitte jeweils einen neuen Sachverhalt. In erzählenden Texten beginnt ein neuer Sinnabschnitt dann, wenn eine neue Person eingeführt wird, der Ort wechselt oder sich die Handlung ändert. Das Bilden von Sinnabschnitten hilft dir beim Verstehen, Zusammenfassen und Wiedergeben von Texten.

Slogan 80–81
Slogans werden vor allem in der Werbung verwendet. Ein Slogan ist ein kurzer einprägsamer Satz, der häufig besondere sprachliche Mittel enthält. Dadurch soll das Interesse auf ein Produkt oder eine Idee gelenkt werden: z. B. Ritter Sport: *Quadratisch, praktisch, gut* (= Dreier-Figur).

Sprachliche Bilder 81, 176, 242
Um eine besonders lebendige und anschauliche Wirkung zu erzielen, verwenden Schriftsteller oft sprachliche Bilder: *Mein Herz hüpfte vor Freude.* Häufig werden auch Naturerscheinungen mit Menschen verglichen: *Herr Winter*.

s-Schreibung 261-262
Nach kurzen Vokalen und wenn die betonte Silbe geschlossen ist, schreibst du den stimmlosen s-Laut als *ss*: *Klas se, has sen*. Nach langen Vokalen, wenn die betonte Silbe offen ist und du einen scharfen, gezischten s-Laut hörst, schreibst du *ß*: *flie ßen; Stö ße*. Wenn du aber nach einer offenen Silbe einen weichen s-Laut hörst, den du summen kannst, schreibst du *s*: *Wie se, rei sen*.

Stellung nehmen 20–31
In einer Stellungnahme äußerst du deine Meinung mündlich oder schriftlich zu einem bestimmten Thema *(z. B. Verwendung der Einnahmen aus dem Sponsorenlauf)*. Dabei nennst du in einer sinnvollen Reihenfolge möglichst viele überzeugende **Argumente** (Begründungen). So gehst du vor: – das Thema nennen und kurz die Situation beschreiben, – deine Meinung äußern und Begründungen anführen, – mögliche Gegenargumente deines Adressaten entkräften, – abschließend zusammengefasst deinen Standpunkt oder deine Forderung nennen.

Stichwortzettel anlegen (Notizzettel)

Nicht alles kann man sich merken. Damit du nichts vergisst, solltest du dir Notizen machen. Auch zum Auswerten von Texten, bei Vorträgen, **Diskussionen** und Telefongesprächen sind Stichwortzettel nützlich. Gliedere die Stichwörter mit Spiegelstrichen (–) und zeige mit Pfeilen (→) Zusammenhänge auf.

Strophe 173

Als Strophe bezeichnet man die einzelnen Absätze eines Gedichts. Mindestens zwei **Verszeilen** werden in einer Strophe zusammengefasst. Oft beginnt mit einer neuen Strophe ein neuer Gedanke.

Subjekt (Satzgegenstand) 232

Satzglied. Das Subjekt bezeichnet jemanden oder etwas, von dem eine Tätigkeit ausgeht oder der in einem bestimmten Zustand ist. Es kann aus mehreren Wörtern bestehen und steht häufig am Satzanfang. Du kannst das Subjekt mit den Fragen *Wer?* oder *Was?* ermitteln:
Die Spieler stehen vor dem Tor. (Wer steht vor dem Tor?) *Sie* warten gespannt. (Wer wartet gespannt?)

Suffix (Nachsilbe)

Nachgestellter Wortbaustein: *Heiter-keit*. Das Suffix bestimmt die Wortart eines Wortes: *Ärger*nis – Nomen; *ärger*lich – Adjektiv; *ärger*n – Verb.

Synonym

Wörter, die eine gleiche oder ähnliche Bedeutung haben, nennt man Synonyme: *toll, klasse, super, sehr gut*.

Szene 205–215

So wie einzelne Kapitel zusammen ein Buch ergeben, ist die Szene ein kurzer abgeschlossener Teil in einem Theaterstück. Eine Szene ist begrenzt durch das Auftreten neuer Figuren oder das Abtreten bislang anwesender Figuren. Meistens erlischt am Ende einer Szene auch die Bühnenbeleuchtung.

Umstellprobe 232

Mithilfe der Umstellprobe kannst du bestimmen, wie viele **Satzglieder** ein Satz hat. Die Wörter, die beim Umstellen im Satz immer zusammenbleiben, bilden ein **Satzglied**: *Das blaue Team / ergatterte / gestern / den Sieg. Gestern / ergatterte / das blaue Team / den Sieg.*

Unterbegriff

Unterbegriffe sind Wörter, die man einem gemeinsamen **Oberbegriff** zuordnen kann. Die **Oberbegriffe** haben eine umfassendere Bedeutung, die Unterbegriffe dagegen eine eingegrenzte Bedeutung. *Temperaturanstieg, Hochwasser, Dürre* … sind Unterbegriffe, die sich dem **Oberbegriff** *Klimawandel* zuordnen lassen.

Venn-Diagramm 99–101

Mit einem Venn-Diagramm kannst du Informationen aus verschiedenen Texten oder Schaubildern zusammenfassen und vergleichen. In den Kreisen notierst du die Informationen aus den einzelnen Materialien und in der Schnittmenge die Gemeinsamkeiten zwischen beiden Materialien.

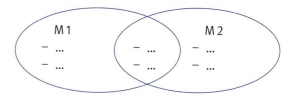

Verb 222–228

Wortart. Mit Verben bezeichnest du Tätigkeiten (*lachen, schreiben, rennen*) oder Zustände (*sein, werden*). Im Wörterbuch findest du ein Verb im **Infinitiv** (Grundform). In Sätzen wird das Verb in der gebeugten Form verwendet.

Es informiert dich so über
- Person (Personalform):
  ich, du, er/sie/es, wir, ihr, sie,
- Zahl: **Singular** (Einzahl), **Plural** (Mehrzahl),
- Modus: Indikativ, **Konjunktiv**
- Zeitform: **Präteritum, Perfekt, Plusquamperfekt, Präsens, Futur.** Verben bilden das **Prädikat** eines Satzes.

Vergleich 176
Mit einem sprachlichen Vergleich kannst du etwas anschaulicher darstellen:
Er ist mutig wie ein Löwe.

Verlängerungsprobe 245
Endet ein Wort mit *b, d* oder *g,* dann klingen diese Laute häufig wie *p, t* oder *k.* Durch die Verlängerungsprobe kannst du die Buchstaben deutlich heraushören. So kannst du verlängern:
- bei **Nomen** den **Plural** bilden:
  Dieb → die Diebe
- **Adjektive** mit einem **Nomen** verwenden:
  gesund → das gesunde Frühstück
- von **Verben** die Wir-Form (1. Pers. Plural) bilden:
  er hebt → wir heben. Auch wenn du sicher sein willst, ob ein Wort mit *s* oder *ß* geschrieben wird, hilft dir die Verlängerung:
  stö?t → stoßen, Mau? → Mäuse.

Vers 173
Die Zeile eines Gedichts nennt man Vers.

Weglassprobe
Mithilfe der Weglassprobe kannst du Texte straffen. Du streichst Stellen, die dir überflüssig erscheinen.

Wörtliche Rede
Mit der wörtlichen Rede gibst du in einem Text wieder, wenn jemand spricht. Damit der Leser das erkennt, setzt du diese Textteile in Anführungszeichen. Der Begleitsatz zur wörtlichen Rede kann an unterschiedlichen Stellen stehen:
- vorangestellter Begleitsatz:
  Simon sagt: „Ich fahre gerne Fahrrad."
- nachgestellter Begleitsatz:
  „Fährst du auch mit dem Rad zur Schule?", fragt Kathrin.
- eingeschobener Begleitsatz:
  „Jeden Morgen", sagt Simon, „fahre ich mit dem Rad zur Schule."

Wortableitungen
Durch Anfügen von **Präfixen** und **Suffixen** an den Wortstamm lassen sich verschiedene Wörter bilden: *ge-fahr-los, be-fahr-en, Er-fahr-ung.*

Wortart
Die Wörter der deutschen Sprache lassen sich verschiedenen Wortarten zuordnen, z. B. **Nomen, Artikel, Adverbien, Pronomen, Verben, Adjektive** und **Konjunktionen**.

Wortfamilie
Wörter, die einen gemeinsamen **Wortstamm** haben, gehören zu einer Wortfamilie. Die Mitglieder einer Wortfamilie können verschiedenen **Wortarten** angehören und unterschiedliche Bedeutungen haben: *fahren, Fahrt, Autofahrt, gefahrlos ...* Wortfamilien entstehen durch **Wortableitungen** oder **Wortzusammensetzungen**. Das Bilden von Wortfamilien hilft dir bei der Schreibung von Wörtern mit *ä/äu* oder *e/eu*: *Bälle – Ball, Bäume – Baum.*

Wortfeld
Wörter der gleichen **Wortart**, die etwas Ähnliches bedeuten, bilden ein Wortfeld: *gehen, laufen, rennen, stapfen, rasen, marschieren ...* Wortfelder können dir beim abwechslungsreichen Schreiben deiner Texte helfen.

Wortstamm

Der Wortstamm ist der Kern eines Wortes. Durch Anhängen von **Suffixen** und **Präfixen** und durch **Zusammensetzungen** entstehen verschiedene Wörter mit unterschiedlicher Bedeutung: *wegfahren – Fahrer – Autofahrt*. Wörter mit dem gleichen Wortstamm bilden eine **Wortfamilie**.

Wortzusammensetzungen (Komposita) 93

Wörter kann man zusammensetzen. Dadurch entsteht ein neues Wort mit einer neuen Bedeutung, z. B. *die Küche + das Messer = das Küchenmesser*.
Das Bestimmungswort (*die Küche*) erläutert das Grundwort (*das Messer*) näher. Das Grundwort bestimmt die **Wortart** und bei **Nomen** auch den **Artikel**. Auch **Verben** und **Adjektive** lassen sich mit **Nomen** zusammensetzen, z. B. *braten + Pfanne = Bratpfanne* **(Verb + Nomen)** oder *kühl + Schrank = Kühlschrank* **(Adjektiv + Nomen)**.

Achte darauf, dass du manchmal einen Fugenbuchstaben einsetzen musst, z. B. die *Tomatensuppe*.

Zeitangaben

Wenn **Nomen** eine Zeit angeben, schreibst du sie groß: *gegen Morgen, am Abend ...* Wenn **Adverbien** eine Zeit angeben, schreibst du sie klein: *morgens, abends ...* Tageszeiten nach **Adverbien** schreibst du groß: *heute Morgen, gestern Vormittag...* Uhrzeitangaben schreibst du klein: *um halb sieben, gegen drei ...*

Zeitdehnung, Zeitraffung

In erzählenden Texten spricht man von Zeitdehnung, wenn eine kurze Handlung sehr ausführlich beschrieben wird: *Während ich nach Hause fuhr, überlegte ich, dass ...*
Von Zeitraffung spricht man, wenn eine Zeitspanne, die in Wirklichkeit sehr lange dauert, kurz zusammengefasst wird: *Er fuhr los und kam eine Stunde später zu Hause an.*

Textsortenverzeichnis

Anzeigen und Aushänge
An alle	41
Hallo Hüttennutzer	44

Appellative Texte
Leute, rafft euch auf!	37
Hi Nachbarn	45
Auf zur Wahl des Jugendsprechers	47
Hallo Leute	47
You are wanted!!!!	60
Lass deiner Fantasie freien Lauf!	67
Wenn es um Klimaschutz geht	102

Bericht (siehe Zeitungsartikel)

Briefe
E-Mails
Lieber Philipp	247

Leserbriefe und Antworten
Waren das noch Zeiten …	47

Offizielle Briefe
Sehr geehrte Frau Schulze	30
Sehr geehrter Herr Meurer	37
Sehr geehrte Frau Bürgermeisterin	46
Bewerbung um einen Praktikumsplatz in der Stadtverwaltung	194
Bewerbung um einen Praktikumsplatz im Kindergarten	195

Dialogische Texte
Gruppendiskussion	22
Gespräch zwischen Spiros und Irina	139
R. Bonhorst, Dr. Antonia und der Wen-sein-Fall	142
Telefongespräch	188
Gespräch bei einem Jugendhearing im Jugendtreff	241

Erzählende Texte
E. Krause-Gebauer, Kennt ihr die Leute?	74
F. Hohler, Daheim	130
A. Heinrichs, Sweet home Magdeburg	134
M. Steenfatt, Im Spiegel	148
G. Pausewang, Tante Wilma riecht nach Knoblauch	150
A. Heinolff, Fahrkarte bitte!	154
M. Seul, Allmorgendlich	158
K. Reider, Der Wahnsinnstyp oder: Während sie schläft	161
I. Strothmann, Jenny und Sebastian	165

Gedichte
K. Allert-Wybranietz, Mein Einkaufsnetz muss Löcher haben	76
F. Frei, Selbstporträt	147
N. Clormann-Lietz, Was zum Kuss gehört	168
M. Mai, wenn's anfängt	169
H.-P. Tiemann, Gegendarstellung	170
B. Winter, ohne Titel	172
B. Weis, Auf Wolken	175
J. W. Goethe, Nähe des Geliebten	177
C. von dem Knesebeck, Ob ich ihr sag, dass ich sie mag?	181
Dû bist mîn, ich bin dîn	182
A. von Johansdorf, Wie sich minne hebt daz weiz ich wohl	182
Sommerferien	184
R. Krenzer, Sommerabend	185

Informationstexte/Sachtexte
Wozu Werbung?	94
Der Treibhauseffekt – Ursachen des Klimawandels	98
Aus und vorbei – nie wieder hitzefrei!	105
Familie Angerer macht's vor: Stromsparen in Privathaushalten	108
Edward Hopper: Sein Leben – seine Bilder	125
Ich bin öffentlich ganz privat	197
Was ist Cyber-Mobbing?	200
M. Roth, Mit Energie gewinnen	261

Internet-Blog
T. Altan, Blog: Mitreden ist echt anstrengend	

Interviews
Interview mit Dudley Stokes	64
Interview zwischen Deniz und Herrn Bender	191

Jugendbuch (Auszüge)
A. Tuckermann, Weggemobbt	10, 12–15
S. Lloyd, Euer schönes Leben kotzt mich an	112

S. Schuster-Schmah, Staatsangehörigkeit:
griechisch 137
K. König/ H. Straube/ K. Taylan,
   Oya: Fremde Heimat Türkei 140
S. Clay, Cybermob – Mobbing im Internet 201

Jugendtheaterstück (Auszüge)
T. Müller,
   Türkisch Gold   204–207, 209–212, 214–215

Kalendergeschichten
J. P. Hebel, Seltsamer Spazierritt 152
J. P. Hebel, Ein Wort gibt das andere 219

Kommentar
J. Albrecht, Angemerkt 59

Liedtext
Glück auf Ruhrgebiet 132
Advanced Chemistry,
   Fremd im eigenen Land 144

Nicht lineare Texte
Die Entstehung des Treibhauseffektes 100
Energieverlust durch fehlende Dämmung 106
Verteilung des Stromverbrauchs
   in Privathaushalten 109
Die grüne Lunge der Welt 270
Europas CO_2-Bilanz 271

Radioaufzeichnung
Wir schalten um nach Calgary 63

Reportage
S. Menzel, Nasenbäriges Happy End 57

Werbeanzeigen
Familienurlaub im Heidepark 78
Der Kopfschmerz-Ratgeber von vivimed 79
Macht doch nichts, wenn jetzt alle
   verrückt spielen 84
Bei unserem Obst achten wir
   auf traditionelle Werte 88
Wir wissen genau, wo unsere besten
   Köpfe herkommen 91

Zeitungsartikel (Print und Internet)
W. Kleinfeld, Rund 1000 tapfere Schüler
   beim Sponsoren-„Waten" 34
W. Kleinfeld, 31 Runden mit dem Abi
   in der Tasche 34
Jugendliche sollen an Entscheidungen
   beteiligt werden 36
Jugendtreff Bahnwaggon vor Neustart 40
Bunt besprühte Hütte beherbergt
   Jugendliche 43
Erneut wilde Party auf Bergwiese 46
Jugendtreff steht vor Wahl des Sprechers 47
Offene Ohren im Netz – Webseiten zum
   Mitreden 49
Überfall auf Geldtransporter 52
„Abstrakte Kunst am kalten Buffet" 52
Lehrer sollen Schüler anzeigen 52
Löw: Qual der Wahl 53
Daimler investiert drei Milliarden 53
Prinz Philip, 88 – ein Mensch wie du und ich 53
Nasenbären auf der Flucht 55
Ratten-Horror in Dortmund 70
Ratten flüchten von Baustelle 70
Wir zapfen Sonnenlicht an, du auch? 103
Wir sparen Wasser. Mach mit! 103

Stichwortverzeichnis

Adjektiv 117, 216, 248, 251
Adverb 229
Adverbiale Bestimmungen 234, 235
Akkusativ, Akkusativ-Objekt 218, 219, 220, 233
Aktiv 224–225
Alliteration 81
Anglizismus 92
Anredepronomen 48, 195
Appell/appellative Texte 39–46
Apposition 69, 237
Argumentieren 24–31
Attribut 237
Audioführer 114–122

Bericht, Zeitungsbericht 54–55, 60–65
Bewerbung 194–195
Bilder beschreiben 117–122
Boulevardzeitung 71
Broschüre, Broschürentext 96–109

Cluster 37, 77, 95, 96, 128, 131, 133

das, dass in Nebensätzen 111, 183
Dativ, Dativ-Objekt 219, 220, 233
Dehnungs-h 262
Demonstrativpronomen 221
Dialog 132–141, 204–215
Diskussion 22–23
Dreier-Figur 81

Erzählform und Erzählhaltung 153
Erzähltechniken 156
ESAU-Verfahren 42

Fachwort 254–255
Fälle (Kasus) 218–220
Figurenkonstellation 208
Fremdwort 254–255, 262
Futur

Gegentext 131, 269
Genitiv, Genitiv-Objekt 219
Gestik 209
Getrennt- und Zusammen-
    schreibung 143, 250–253, 263

Groß- und Kleinschreibung
– bei Farbbezeichnungen 124, 248
– bei Adjektiven in Eigennamen 249
– bei Nomen 246–247

Hauptsatz 32, 230–231, 235, 236, 238
Hyperbel 81

Imperativ 39, 82
Improvisieren 213
Indefinitpronomen 221
Indirekte Rede 148–151, 163, 226–227
Informieren
– Informationen entnehmen und
    bewerten 13–16, 96–97
– Informationstexte schreiben 96–109, 114–123
Inhaltszusammenfassung 148–149, 172
Innerer Monolog 11, 156
Interviewen 190–191, 268

Kalendergeschichte 152
Kamishibai 185
Kommasetzung
– zwischen Haupt- und Nebensätzen 33, 257–259
– bei Appositionen 69
– Infinitivgruppen 260
– zwischen Hauptsätzen 257
Kommentar 59
Konjunktion 148–151, 163, 226–227
Konjunktiv I 148–151, 163, 226–227
Konjunktiv II 228

Leseverstehen 34–35, 49–51, 70–71, 94–95, 112–113,
    125–127, 144–145, 165–167, 184–185
Lyrisches Ich 170–171

Meinungen äußern und vertreten 22–23, 38–39
Meldung 54
Metapher 81, 176, 242
Mimik 209
Mindmap 67, 116, 120
Mittelhochdeutsch 182
Modalverb 39, 193

Nebensatz 32, 230–231, 235, 236, 238
Neologismus 81
Nomen 246–247

Objekte 233
Offizieller Brief 29–31, 45–46

Parallelismus 173
Paralleltext 131, 169, 269
Partizip 225, 250, 251
Partnerpuzzle 83, 264–265
Passiv 224–225
Perfekt 222
Personalpronomen 221
Personifikation 176, 242
Placemat 118
Plusquamperfekt 223
Possessivpronomen 221
Prädikat 232
Präposition 220
Präpositionales Objekt 233
Präsens 68, 222
Präteritum 68, 223
Pronomen 221

Rechtschreibprüfung am PC 256
Rechtschreibstrategien 244–245
Regieanweisung 211
Reim 81, 173
Relativpronomen/
   Relativsatz 110, 236, 258–259, 263
Reportage 56–58
Requisit 205
Ressorts einer Zeitung 53
Rolle 204–215
Rollenspiel 17–18

Satzgefüge 33, 230–231, 257–260
Satzglied 232–235
Satzreihe 257
Satzzeichen 33, 69, 110, 165, 183, 257–260, 263
Schaubild 100, 106, 109, 270–271
Silbenprobe 245
Slogan 80–81
Sprachliche Bilder 81, 176, 242
Sprachvarianten 142
s-Schreibung 261–261
Stellung nehmen 20–31
Subjekt 232

Tagebucheintrag 12
Text überarbeiten 29–30, 45, 63–65, 88–90,
   105–107, 120–121, 137–139, 158–160, 179–180

Umstellprobe 232

Venn-Diagramm 99–101
Verb 222–228
Vergleich 176
Verlängerungsprobe 245
Vier-Ecken-Gespräch 39

Werbeanzeige 78, 84–91
Werbebotschaft 79
Werbeslogan 80–81
W-Fragen 54, 55, 61
Wortzusammensetzungen mit Bindestrich 93

Zeichensetzung bei Zitaten 164
Zeitung 52–71
Zitieren 266–267

Textquellen

10, 12, 13, 15 Anja Tuckermann, Weggemobbt, © 2005 Arena Verlag GmbH, Würzburg (Textauszüge).

34 Wolfgang Kleinfeld, Rund 1000 tapfere Schüler beim Sponsoren-„Waten", aus: Lüdenscheider Nachrichten vom 13.7.2004.

34 Wolfgang Kleinfeld, 31 Runden mit dem Abi in der Tasche, aus: Lüdenscheider Nachrichten vom 28.6.2005.

36 Alix Sauer, Jugendliche sollen an Entscheidungen beteiligt werden, aus: Billerbecker Anzeiger vom 16.05.2009 (Text geändert).

40 Nikolas Holecek, Jugendtreff Bahnwaggon vor Neustart, aus: WAZ Dorsten vom 24.02.2008 (Text geändert).

43 Bunt besprühte Hütte beherbergt Jugendliche, aus: Dorstener Zeitung vom 9.06.2006 (Text geändert).

46 Inga Kujas und Alix Sauer, Erneut wilde Party auf Bergwiese, aus: Allgemeine Zeitung Coesfeld vom 23.06.2009 (Text geändert).

49 Offene Ohren im Netz – Webseiten zum Mitreden, aus: www.monstersandcritics.de/artikel/200742/article_34808.php/Offene-Ohren-im-Netz-Webseiten-zum-Mitreden-f%C3%BCr-Jugendliche? (05.08.09).

49 Tugba Altan, Blog: Mitreden ist echt anstrengend (Originalbeitrag).

52 Andreas Poulakos, Lehrer sollen Schüler anzeigen, aus: www.wdr.de/themen/politik/recht/jugendkriminalitaet/071005.jhtml?rubrikenstyle=politik (11.3.2010).

52 „Abstrakte Kunst am kalten Buffet", aus: Ruhr Nachrichten, Teil Dortmunder Kultur 23.01.2010 (Text geändert).

53 Daimler investiert drei Milliarden, aus: Braunschweiger Zeitung vom 23.10.2009 (Text geändert).

55 Nasenbären auf der Flucht, aus: WAZ Dorsten vom 11.08.2009 (Text geändert).

57 Susanne Menzel, Nasenbäriges Happy End, aus: WAZ Dorsten vom 14.08.2009 (Text geändert).

63 Wir schalten um nach Calgary (Originalbeitrag; Text nicht authentisch).

64 Interview mit Dudley Stokes, Fahrer des Jamaika-Bobs (Originalbeitrag; Text nicht authentisch).

67 Lass deiner Fantasie freien Lauf!, aus: http://www.mauerfall09.de/dominoaktion/sei-dabei.html (23.10.2009). (Text geändert).

68 Nicole Schubert, Von A wie a capella bis Z wie Zaubertricks, aus: Ruhr-Nachrichten, Stadtteil-Nachrichten vom 23.01.2010 (Text geändert).

70 Ratten flüchten von Baustelle, aus: Ruhr-Nachrichten, Teil Dortmunder Zeitung vom 23.01.2010.

74 Erika Krause-Gebauer, Kennt ihr die Leute, aus: Der fliegende Robert. 4. Jahrbuch der Weltliteratur, hrsg. von Hans-Joachim Gelberg, Weinheim: Beltz Verlag 1977.

76 Kristiane Allert-Wybranietz, Mein Einkaufsnetz muss Löcher haben, aus: K. Allert-Wybranietz, Liebe Grüße, Fellbach: Lucy Körner Verlag 1990.

98 Britta Pawlak, Der Treibhauseffekt – Ursachen des Klimawandels, aus: http://www.helles-koepfchen.de/artikel/2439.html (10.06.2010) (Text geändert).

103 Wir zapfen Sonnenlicht, du auch?, aus: http://www.euranet.eu/ger/Archiv/Wiadomosci/German/2009/March/Umwelt-schutz-in-deutschen-Schulen (10.06.2010) (Text geändert).

103 Wir sparen Wasser. Mach mit! (Originalbeitrag).

105 Aus und vorbei – nie wieder hitzefrei! (Originalbeitrag).

108 Familie Angerer macht's vor: Stromsparen in Privathaushalten (Originalbeitrag).

112 Saci Lloyd, Euer schönes Leben kotzt mich an, © 2009 Arena Verlag GmbH, Würzburg (Textauszug).

125 Edward Hopper: Sein Leben – seine Bilder (nach Informationen aus Wikipedia).

130 Franz Hohler, Daheim, aus: Die blaue Amsel, München: Luchterhand 1995.

132 Spardosen-Terzett, Glück auf Ruhrgebiet, aus: http://www.spardosen-terzett.de/gluck_auf.html (10.06.2010)

134 Andrea Heinrichs, Sweet home Magdeburg (Originalbeitrag).

137 Sigrid Schuster-Schmah, Staatsangehörigkeit: griechisch, Baden-Baden: Signal-Verlag 1978 (Textauszug).

140 Karin König, Hanne Straube, Kamil Taylan, Oya: Fremde Heimat Türkei, © 1988 München: Deutscher Taschenbuch Verlag GmbH & Co. KG, 17. Aufl. 2005 (Textauszug).

142 Rainer Bonhorst, Dr. Antonia und der Wensein-Fall, aus: R. Bonhorst, Dr. Antonia Cervinski-Querenburg. Daaf ich Sie noch ma wat lernen?, Bottrop: Verlag Henselowsky Boschmann 2010.

144 Advanced Chemistry, Fremd im eigenen Land, aus: http://www.lyricsdownload.com/advanced-chemistry-fremd-im-eigenen-land-lyrics.html (10.06.2010) (Text gekürzt).

147 Frederike Frei, Selbstporträt, aus: Gedichte für Anfänger, hrsg. von Joachim Fuhrmann, Reinbek bei Hamburg: Rowohlt Verlag 1980 (gespiegelte Darstellung).

148 Margret Steenfatt, Im Spiegel, aus: Augenaufmachen, 7. Jahrbuch der Kinderliteratur, hrsg. von Hans-Joachim Gelberg, Weinheim u. Basel: Beltz & Gelberg Verlag 1984.

150 Gudrun Pausewang, Tante Wilma riecht nach Knoblauch, aus: G. Pausewang, Ich habe einen Freund in Leningrad, © Ravensburg: Otto Maier Verlag 1986.

152 Johann Peter Hebel, Seltsamer Spazierritt, aus: Die Kalendergeschichten. Sämtliche Erzählungen aus dem Rheinischen Hausfreund, Deutscher Taschenbuchverlag, München 2010.

154 Antina Heinolff, Fahrkarte bitte! (Originalbeitrag).

158 Michaela Seul, Allmorgendlich, aus: Abseits der Eitelkeiten, hrsg. von Kristiane Allert-Wybranietz, München: Heine Verlag 1978.

161 Katja Reider, Der Wahnsinnstyp oder: Während sie schläft, aus: Ich schenk dir eine Geschichte 2006. Geschichten vom Reisen, © 2006 München: Omnibus Verlag in der Verlagsgruppe Random House.

165 Irene Strothmann, Jenny und Sebastian, aus: Herzflattern, hrsg. von Renate Boldt u. Norgard Kohlhagen, Reinbek bei Hamburg: Rowohlt Taschenbuch Verlag 1996.

168 Nora Clormann-Lietz, Was zum Kuss gehört, aus: Oder die Entdeckung der Welt, 10. Jahrbuch der Kinderliteratur, hrsg. von Hans-Joachim Gelberg, Weinheim u. Basel: Beltz & Gelberg Verlag 1997.

169 Manfred Mai, wenn's anfängt, aus: M. Mai, 1000 Wünsche, © 1986 Ravensburg: Otto Meier Verlag.

170 Hans-Peter Tiemann, Gegendarstellung, aus: Lust auf Lyrik. Ideen zum Umgang mit Gedichten 7/8, hrsg. von H.-P. Tiemann, Aachen: Bergmoser & Höller 2002.

172 Barbara Winter, ohne Titel (Orginalbeitrag).

175 Bettina Weis, Auf Wolken (Originalbeitrag).

177 Johann Wolfgang Goethe, Nähe des Geliebten, aus: Goethes Werke, Bd. 1, Hamburg: Christian Wegner Verlag (Hamburger Ausgabe) 1948.

181 Christine von dem Knesebeck, Ob ich ihr sag, dass ich sie mag?, aus: Oder die Entdeckung der Welt, 10. Jahrbuch der Kinderliteratur, hrsg. von Hans-Joachim Gelberg, Weinheim u. Basel: Beltz & Gelberg Verlag 1997.

184 Sommerferien, o. O., o. J.

185 Rolf Krenzer, Sommerabend, © Rolf Krenzer.

204–207, 209–212, 214–215 Tina Müller, Türkisch Gold (Textauszüge), © Tina Müller 2006, Aufführungsrechte Rowohlt Theater Verlag, Reinbek bei Hamburg.

219 Johann Peter Hebel, Seltsamer Spazierritt, aus: Die Kalendergeschichten. Sämtliche Erzählungen aus dem Rheinischen Hausfreund, Deutscher Taschenbuchverlag, München 2010.

232 Fledermausalarm und Wildschweine im Wohnzimmer, aus: http://www.handelsblatt.com/archiv/tierische-hauptstadt-fledermausalarm-und-wildschweine-im-wohnzimmer; 770434 (21.06.2010) (Text verändert).

233 Mülheimer Familie droht Kündigung wegen eines Lamas, aus: www.wdr.de/themen/panorama//25/muelheim/_lama/index.jhtml (23.10.2009) (Text verändert).

261 Margit Roth, Mit Energie gewinnen, aus: www.umweltschulen.de/audit/duesseldorf/projekte_energiegewinn.htm (21.06.2010) (Text verändert).

Bildquellen

Abbildungen:

akg-images GmbH, Berlin: 66 (unten), 132 (oben) (E. Bracht/1912), 182; **alamy images, Oxfordshire:** 187 (links), 224 (PCN Photography); **Allgäuer Alpenmilch GmbH, Mühldorf:** 72 (Bär); **Arena Verlag GmbH, Würzburg:** 201 (Cover zu Susanne Clay: Cybermob. Mobbing im Internet); **argus Fotoarchiv GmbH, Hamburg:** 52 (oben links) (Mike Schroeder); **Avenue Images GmbH, Hamburg:** 108 (oben); **Bausparkasse Schwäbisch Hall AG, Schwäbisch Hall:** 72 (Fuchs); **Bludau, Guido:** 55, 57; **Caro Fotoagentur GmbH, Berlin:** 40 (hinten), 105 (Mitte); **Chocoladenfabriken Lindt & Sprüngli GmbH, Aachen:** 75; **Cinetext Bildarchiv, Frankfurt/Main:** 52 (unten rechts), 235; **Corbis, Düsseldorf:** 120 (Edward Hopper: Summer Evening 1947/Privatsammlung), 125 (oben), 132 (unten), 126 (unten) und 234 (Edward Hopper: Nighthawks 1942/Art Institute of Chicago); **Dorstener Zeitung:** 43; **Dr. Gerhard Mann Chem.-Pharm. Fabrik, Berlin:** 79, 264 (rechts); **Eckel, Jochen, Berlin:** 129 (unten); **EDEKA Zentrale, Hamburg:** 88; **Foddanu, Martin, Hamburg:** 37 (unten), 40 (vorne); **Fotex Medien Agentur GmbH, Hamburg:** 70 (Andre Maslennikov); **frb Güttler, Berlin:** 125 (Grafik unten); **FREELENS Pool, Hamburg:** 105 (rechts); **getty-images:** Umschlagfoto; **Grafikfoto.de Michael Staudt, Flensburg:** 96 (oben links); **Haribo GmbH & CO. KG, Bonn:** 72 (Gummibär); **Heide-Park Soltau GmbH, Soltau:** 78, 264 (links); **Iglo GmbH, Hamburg:** 73 (Kapitän); **imagetrust:** 97 (rechts) (Bernd Arnold); **Jahreszeiten Verlag GmbH, Hamburg:** 97 (unten); **Judith, Wiebke, Gilzum:** 60; **Kohn, Klaus, Braunschweig:** 19, 22, 204, 205, 207, 208, 212, 214, 215; **Kraft Foods Deutschland Services GmbH & Co. KG, Bremen:** 73 (Kuh); **Langner, Peter, Hemmingen:** 100, 102 (oben), 106, 109, 130, 143; **Linz, Jochen, Lünen:** 20; **LOOK-foto, München:** 96 (unten) (Konrad Wothe); **Märkischer Zeitungsverlag, Lüdenscheid:** 34 (Lüdenscheider Nachrichten); **National Gallery of Art, Washington, D.C.:** 118 (Edward Hopper: Cape Cod Evening 1939); **Neumann, Conny, Raesfeld-Erle:** 129 (oben links); **Panther Media GmbH, München:** 64, 104 (rechts), 108 (unten), 225, 237; **Pennsylvania Academy of the Fine Arts, Philadelphia (PA)/John Lambert Fund:** 123 (Edward Hopper: Apartment house 1923/Pennsylvania Academy of the Fine Arts, PA; John Lambert Fund); **Picture-Alliance, Frankfurt/Main:** 37 (oben), 53 (oben und unten), 63, 66 (oben), 96 (oben rechts), 97 (oben), 105 (links), 128 (oben rechts), 128 (unten links), 129 (oben rechts), 132 (Mitte), 186 (links), 186 (rechts), 187 (rechts unten), 220, 233, 238, 270 (Globus Infografik 2880), 271 (Globus Infografik 1309); **pixelio media GmbH, München:** 44 (unten); **Privatbesitz:** Edward Hopper: Four Lane Road 1956, 122; **REWE GROUP (REWE Zentral AG), Hürth:** 91; **Scala Archives, Bagno a Ripoli/Firenze:** 126 (oben) (Edward Hopper: House by the railroad 1925/Museum of Modern Art, New York); **Schneider, W., Köln:** 128 (unten rechts); **Seiler, Egmont, Osnabrück:** 36, 38; **Sparkasse Hanau, Hanau:** 84; **Stocki, Angelika von, Berlin:** 268; **The Currier Museum of Art, Manchester/New Hampshire:** 248 (Edward Hopper: The bootleggers, 1925/Currier Funds); **vario images GmbH & Co. KG, Bonn:** 104 (links), 187 (rechts oben), 255; **Werner & Mertz GmbH, Mainz:** 73 (Frosch); **Whitney Museum of American Art, New York:** 116 (Edward Hopper: Self Portrait 1925–1930); **www.antje.de:** 73 (Antje); **Yale University Art Gallery, New Haven, Connecticut:** 124; **ZDF Enterprises GmbH, Mainz:** 72 (Mainzelmännchen).

Illustrationen:

Matthias Berghahn, Bielefeld: 196, 198–199, 216–218, 221, 223, 226, 240, 243

Thomas Escher, Hamburg: 8–13, 15, 17–18, 146–148, 152–155, 158, 163, 165, 167

Sabine Kranz, Frankfurt a. M.: 25–27, 29, 31, 33, 39, 44, 49–50, 111–113, 131, 134, 137–138, 140, 142, 144, 168–170, 175–176, 180, 184–185, 213, 253, 257,

Klaus Müller, Berlin: 54, 56, 59, 68–69, 114–115, 188, 192

Jaroslaw Schwarzstein, Hannover: 74, 76, 80–81, 83, 94

© 2010 Bildungshaus Schulbuchverlage
Westermann Schroedel Diesterweg Schöningh Winklers GmbH, Braunschweig
www.westermann.de

Das Werk und seine Teile sind urheberrechtlich geschützt. Jede Nutzung in anderen als den gesetzlich zugelassenen Fällen bedarf der vorherigen schriftlichen Einwilligung des Verlages.
Hinweis zu § 52a UrhG: Weder das Werk noch seine Teile dürfen ohne eine solche Einwilligung gescannt und in ein Netzwerk eingestellt werden. Das gilt auch für Intranets von Schulen und sonstigen Bildungseinrichtungen.
Auf verschiedenen Seiten dieses Buches befinden sich Verweise (Links) auf Internet-Adressen.
Haftungshinweis: Trotz sorgfältiger inhaltlicher Kontrolle wird die Haftung für die Inhalte der externen Seiten ausgeschlossen. Für den Inhalt dieser externen Seiten sind ausschließlich deren Betreiber verantwortlich. Sollten Sie bei dem angegebenen Inhalt des Anbieters dieser Seite auf kostenpflichtige, illegale oder anstößige Inhalte treffen, so bedauern wir dies ausdrücklich und bitten Sie, uns umgehend per E-Mail davon in Kenntnis zu setzen, damit beim Nachdruck der Verweis gelöscht wird.

Druck A^2 / Jahr 2011
Alle Drucke der Serie A sind im Unterricht parallel verwendbar.

Redaktion: Stefanie Hein, Nicole Rösingh
Herstellung: Andreas Losse
Illustrationen: Matthias Berghahn, Thomas Escher, Sabine Kranz, Klaus Müller, Jaroslaw Schwarzstein
Umschlaggestaltung: KLA**X**GESTALTUNG, Braunschweig
Typografisches Konzept: designbüro Arndt + Seelig, Bielefeld
Satz: Jesse Konzept & Text GmbH, Hannover
Druck und Bindung: westermann druck GmbH, Braunschweig

ISBN 978-3-14-**120178**-9

Übersicht der Lerninhalte

Hier finden sich die Kompetenzen des Kernlehrplans in Klartext 8.

Kapitel	3.1	Sprechen und Zuhören
Weggemobbt Mündlicher Aufgabentyp 3b)	3.1.2 3.1.13	Intentional und situationsgerecht erzählen 9 Rollen im szenischen Spiel erproben 17–18
Auf die Plätze, fertig, los! Mündlicher Aufgabentyp 3a) Schriftlicher Aufgabentyp 3	3.1.1 3.1.6 3.1.8	Eine zuhörergerechte Sprechweise entwickeln 23 Standpunkt vortragen und begründen 24–25 Fremde Gespräche untersuchen / sach- und personen- bezogene Äußerungen unterscheiden 22–23
Stopp! – Wir reden mit Schriftlicher Aufgabentyp 5	3.1.2 3.1.5	Intentional- und situationsgerecht erzählen 36–37 Forderungen adressatenbezogen äußern 38–39
Was gibt es Neues? Schriftlicher Aufgabentyp 2	3.1.2	Intentional- und situationsgerecht erzählen 52–54
Schaust du nur oder kaufst du schon? Schriftlicher Aufgabentyp 4a)	3.1.2 3.1.5	Intentional- und situationsgerecht erzählen 72–73 Gedanken situationsangemessen äußern 74, 76
Global denken – lokal handeln Schriftlicher Aufgabentyp 4b	3.1.2	Intentional- und situationsgerecht erzählen 96–97, 102
Bilder von Menschen – Menschen in Bildern Mündlicher Aufgabentyp 1a) Schriftlicher Aufgabentyp 2	3.1.3 3.1.4	Informationen beschaffen und auswerten 116–117 Informationen mediengestützt präsentieren 116–121
Heimat hier und anderswo Schriftlicher Aufgabentyp 6	3.1.6	Einen eigenen Standpunkt vortragen 128
Begegnungen mit mir und anderen Schriftlicher Aufgabentyp 4a)	3.1.2	Intentional- und situationsgerecht erzählen 146
Prickelnde Momente – in Gedichten aufgespürt Mündlicher Aufgabentyp 2b) Schriftlicher Aufgabentyp 4a)	3.1.12	Gedichte sinngebend vortragen 182, 184–185
Ein Tag in der Arbeitswelt Mündlicher Aufgabentyp 3c)	3.1.5 3.1.7 3.1.11	Wünsche situationsangemessen äußern 188–191 Sachbezogen ein Gespräch führen 189 Sprechgestaltende Mittel einsetzen 192–193
Gefahren im Netz	3.1.2	Intentional- und situationsgerecht erzählen 197
Türkisch Gold – Wir auf der Bühne Mündlicher Aufgabentyp 2a)	3.1.11 3.1.13	Sprechgestaltende Mittel einsetzen 209–210, 214–215 Szenisch spielen 206–207, 211